国家社科基金重大委托项目"新中国 70 年社会治理研究"（批准号：18@ZH011）子课题"百村社会治理调查"阶段性成果

北京师范大学中国社会管理研究院/社会学院

中国社会治理智库丛书·百村社会治理调查系列

SOCIAL GOVERNANCE THINK TANK

百村社会治理研究

（2019）

萧　放　主编

贺少雅　副主编

中国社会科学出版社

图书在版编目（CIP）数据

百村社会治理研究. 2019 / 萧放主编 . —北京：中国社会科学出版社，2020. 12

（中国社会治理智库丛书. 百村社会治理调查系列）

ISBN 978 - 7 - 5203 - 7557 - 3

Ⅰ. ①百… Ⅱ. ①萧… Ⅲ. ①农村—社会管理—中国—文集 Ⅳ. ①C912. 82 - 53

中国版本图书馆 CIP 数据核字（2020）第 244149 号

出 版 人	赵剑英	
责任编辑	吴丽平	
责任校对	刘　娟	
责任印制	李寡寡	

出　　版	中国社会科学出版社
社　　址	北京鼓楼西大街甲 158 号
邮　　编	100720
网　　址	http://www.csspw.cn
发 行 部	010 - 84083685
门 市 部	010 - 84029450
经　　销	新华书店及其他书店

印　　刷	北京明恒达印务有限公司
装　　订	廊坊市广阳区广增装订厂
版　　次	2020 年 12 月第 1 版
印　　次	2020 年 12 月第 1 次印刷

开　　本	710 × 1000　1/16
印　　张	27
插　　页	2
字　　数	360 千字
定　　价	148.00 元

中国社会治理智库丛书
百村社会治理调查系列编委会

主　任　魏礼群

副主任　赵秋雁　萧　放

成　员　（以姓氏拼音为序）

　　　　贺少雅　黄家亮　鞠　熙　李建军　宋贵伦

　　　　王海侠　尉建文　魏礼群　萧　放　杨共乐

　　　　杨积堂　赵秋雁　朱　霞

主　编　萧　放

副主编　贺少雅　鞠　熙

开展百村社会治理调查
助力乡村振兴战略实施

魏礼群

乡村振兴战略，是新时代解决"三农"问题的总抓手和行动纲领。开展"百村社会治理调查"要全面认识乡村振兴战略的时代意义，并以此为遵循，认真总结、深入调查、深入研究，提出有效对策。

开展"百村社会治理调查"的主要目的，是服务于党的乡村振兴战略落地，服务于农村基层社会的治理与建设，服务于学校交叉学科的创建。"百村社会治理调查"将产生五大成果：一是为党政决策提供咨询服务；二是推进理论创新和学术创新；三是在交叉学科建设上做出成绩；四是在社会实践中培养和锻炼人才；五是搭建广泛和密切联系的合作平台。

做好"百村社会治理调查"需要把握七个方面：一是调查点选择要兼顾典型性和普通性；二是调查内容要做到"四个结合"；三是调查设计要精心细致；四是调查工作要力求全面系统和可持续；五是调查团队要组织落实；六是调查成果要多样化和高质量；七是调查活动要做好统一保障工作。

我们决定开展百村社会治理调查活动，并作为一个重大研究项目，目的在于深入、全面了解和研究当代中国乡村社会治理的现状、趋势，服务国家的战略需求和学校的学科建设，促进社会治理智库建设与交叉学科创新建设密切结合，协同发展。

党的十九大开启了新时代中国特色社会主义发展的新征程。习近平总书记在大会报告中提出："实施乡村振兴战略。"这是着眼于决胜全面建成小康社会、全面建设社会主义现代化国家的重大战略选择。实施好这一战略，必须按照"产业兴旺、生态宜居、乡风文明、治理有效、生活富裕"的总要求，统筹推进"五位一体"建设，加快农业农村现代化。其中，加强乡村社会建设和社会治理是一项重大而艰巨的任务，对于全面推进国家建设和治理的现代化至关重要。北京师范大学中国社会管理研究院/社会学院（以下简称"中社院"）作为服务于国家战略要求的社会治理智库，应当义不容辞地担负起这个历史使命并有所作为。

在实施国家"十三五"规划开局的 2016 年，为了深入、全面了解和研究当代中国乡村社会治理的现状、趋势，服务决胜全面建成小康社会和推进社会治理现代化的决策部署，我们中社院提出深入研究乡村社会治理问题，决定开展"百村社会治理调查"活动。在充分听取各方面意见与论证的基础上，2017 年，"百村社会治理调查"项目正式启动。该项目作为北京师范大学培育国家高端智库的重要抓手，被列入学校交叉学科创新工程总任务，旨在做出有深厚度、有时代感、有应用性的科研成果，既服务于党和国家战略决策、推进乡村社会治理，又助力北师大创办新兴学科，加强交叉学科平台建设。

现在看来，我们决定开展百村社会治理的调查活动，与党的十九大精神高度契合，是十分正确的。这个项目上接党中央的乡村振兴战略，下接农村基层社会治理的现实，实施一年多来，取得了初步成果，也发现了一些问题。我们要认真梳理与总结项目进展的情况，以利于下一步工作的推进。

一　开展"百村社会治理调查"的时代背景

马克思主义认为，城市与乡村发展差距拉大，是特定历史阶段的必然趋势，而生产力发展到一定程度后，推动城乡融合发展和一体化又是社会发展进步的内在要求，实现城乡共同繁荣发展是终极的目标。中国共产党秉持马克思主义基本立场，历来高度重视农业、农村、农民问题，将其置于革命、建设和改革的首要问题。特别是党的十八大以来，以习近平同志为核心的党中央将解决"三农"问题作为全部工作的重中之重，办了很多顺民意、惠民生的好事，解决了很多农民群众牵肠挂肚的难事，城乡发展一体化迈出新步伐，农村社会焕发新气象。党的十九大提出乡村振兴战略，回答了新时代乡村为什么要振兴、振兴什么、如何振兴、依靠谁振兴等一系列理论与实践问题，为新时代中国特色城乡融合发展和一体化发展指明了方向，是从根本上解决我国"三农"问题的新部署，是决胜全面建成小康社会进而全面建设社会主义现代化国家的新要求。

乡村振兴战略，是新时代解决"三农"问题的总抓手和行动纲领。乡村振兴的目标，是实现"产业兴旺、生态宜居、乡风文明、治理有效、生活富裕"。"产业兴旺"是首位，发展是第一要务，是乡村全面振兴的前提，要加快建立与完善现代化农业产业体系。"生态宜居"是核心，不仅要求环境美，更要求生态美与满足人民美好生活需要高度统一。"乡风文明"是境界，坚持物质文明与精神文明一起抓，这是乡村永续发展的支撑和智力支持。"治理有效"是关键，不仅要求加强和创新乡村社会治理方式，更要求治理效率的提升，要紧紧抓住乡村社会治理机制建设，把自治、法治、德治结合起来。"生活富裕"是根本。说到底，乡村振兴是为了让亿万农民生活得更美好，使农民在共建共治共享发展中有更多获得感。由此，产业兴旺、生态宜居、乡风文明、治理有效、生活富裕共同构成了乡村振兴的丰富内涵，它是一个系统工程，需要整体推动，才能相互促进、相得益彰。

在过去一个时期，中国现代化进程中工业化过快于城市化，在一些地区城市繁荣与乡村衰落并存，乡村发展滞后成为中国现代化建设的突出"短板"。中国现代化不能走一些国家曾经走过的以乡村衰落换取工业化城市化突飞猛进的道路，而要开创一条城乡融合发展、共生共荣、各美其美的新路。这是解决当代中国社会主要矛盾的关键，也是新时代社会主义现代化建设的根本要求。因此，习近平总书记反复强调，任何时候都不能忽视农业、不能忘记农民、不能淡漠农村；中国要强，农业必须强；中国要美，农村必须美；中国要富，农民必须富。

搞好"百村社会治理调查"要全面认识乡村振兴战略的时代意义，并以此为遵循，认真总结我国改革开放 40 年正反两方面历史经验，深入研究在当代中国社会大变革中，各领域、各方面变革发展给乡村基层社会带来怎样广泛而深刻的影响，深入调查农村基层社会治理领域发生了哪些变化，农民的要求是什么，农村发展趋势又会怎样，如何正确引导乡村振兴，这些都需要深入调查研究并提出有效对策。

二 "百村社会治理调查"的主要任务和做法

随着改革开放和社会主义现代化建设的持续推进，当代中国乡村已经和正在发生历史性变化。村落的布局与环境，村落的形态与结构，村落的人口与教育，村落的组织与秩序，村落的文化活动与生活方式，都面临着新的挑战与抉择。本项目通过对一些乡村进行全面、系统、深入的调查，着重调研不同地区特定自然条件、生活环境、产业发展的乡村，调查历史传承发展与当代社会治理结合的情况，要全面掌握调查对象的历史变迁、改革开放以来的变化和现状、成绩与问题。总结新经验，发现新问题，探讨乡村推进社会治理现代化的路径，研究解决乡村社会治理问题的对策，着力研究基层现代社会治理变革的特点和规律。总结中华优秀传统文化与现代乡村社会对接、融合的途径，探索民族文化在基层传承的有效方式，探索传统文化资源、传统社会治理对实现乡村振兴的实践意义，构建有利于现代乡村文明的治理模式。

经过一年多的工作，项目组探索了一套行之有效的工作思路，也积累了一些有益的工作经验。

（一）合理组建调查团队，充分发挥中青年作用

研究团队的组建是项目成功的重要保证。要优化调查力量，建立项目责任制。前期阶段，一方面邀请了社会学、历史学、公共管理学、法学、经济学等不同学科具有深厚研究功底的专家学者参加项目组。另一方面，注重发挥中青年教学、研究人员的重要作用。在首批研究团队中，青年力量占70%以上，吸收了北京师范大学、中国社会科学院、中国人民大学等11所高校和科研单位的研究人员参加。具有一定研究能力的博士后、博士研究生等作为研究队伍的重要力量，通过参加项目工作，既丰富了对乡村变革发展实际情况的认识，又提高了进行具体调查研究的本领，增强了全面发展进步的素质与能力。

（二）精心选择调查地点，注重调研实际效果

项目调查工作本着积极进取、逐步推进的方针，2017年在全国选择了26个村落，涵盖北京、黑龙江、内蒙古、河北、山西、陕西、宁夏、湖北、四川、贵州、江西、浙江、广东13个省（市、自治区），涉及非物质文化遗产传承与利用、优秀民俗传统与乡风文明建设、灾后重建、红色文化资源的挖掘和建设、生态环境保护与治理等多个有特色的村落。调研人员深入基层、深入群众，面对面了解实际情况，实地考察村落变化的面貌，倾听各方面人员的意见和诉求。一

年多来，参与调研的校内外专家百余人，共进行田野调查 50 余次，形成一批重要成果，包括调查报告 26 份，发表研究论文 17 篇，还有 20 余篇调研成果有待印发。在一些特色乡村设立了"北京师范大学百村社会治理智库基地"，为深入、持续开展乡村治理调查建立了稳定的调研基地。

（三）重视数据收集管理，确保调查可持续性

当今社会变革广泛深刻，信息化发展日新月异，互联网、大数据普遍运用，全面、系统、即时掌握相关数据至关重要。我们中社院社会治理创新信息库建设，紧密配合，致力于打造原创的乡村大型统计数据库。项目组数据库开发团队将百村社会治理数据库规划为两个子系统，分别对项目产生的结构化数据（调查问卷数据）和非结构化数据（文档、图片、音视频）进行统一存储、管理和应用，既可满足本院本校的科学研究和教学使用，还可以服务社会各界和服务国家乡村治理的需求。所收集的数据库将成为国家社科基金特别委托重大项目"中国社会管理创新研究信息库建设"的重要组成部分。

三 "百村社会治理调查"的预期目标和成果

开展"百村社会治理调查"的主要目的，是服务于党的乡村振兴战略落地，服务于农村基层社会的治理与建设，服务于学校交叉学科的创建。改革开放以来，随着工业化、城镇化、市场化进程加快，中国农村成为现代化进程中问题最集中、最复杂的地域。基层社会发展过程中出现的问题只有通过深入调查才能真切认知。例如，如何从各地实际情况出发提升乡村治理水平，如何把社会建设与社会治理有机结合起来，"空心村"如何治理，资本进入村庄后如何治理，村庄合并后如何治理，有传统文化特色和优势的村落如何继承创新发展，党的组织如何做到全覆盖和有力发挥作用，如何才能使自治、法治、德治结合好，等等。这些问题已有不少地方进行了积极探索并取得了经

验，新生事物大量涌现，但也有一些问题需要深入研究解决。

开展"百村社会治理调查"将产生以下重要成果。

一是为党政决策提供咨询服务。要通过深入的社会调查，形成一批有价值、高质量的资政建言成果，向党和政府提供决策咨询建议。我们中国社会管理研究院/社会学院已经成为国家高端智库培育单位的重要组成，国家高端智库的核心要务就是为党和国家提供决策咨询服务。

二是推进理论创新和学术创新。推进社会治理的理论创新、学术创新，是建设高校智库的重要任务。社会治理既涉及社会学科，又涉及公共管理、民俗学、人类学、法学、历史学等多学科。运用多学科视角观察和研究问题，将会有效地推动社会治理理论创新和学术创新。

三是在交叉学科建设上做出成绩。新时代的社会治理需要发展交叉学科，包括推动社会学科、公共管理学科，以及民俗学、民族学、人类学等多学科融合发展。交叉学科建设致力于在传统学科的基础上产生新学科。期望通过百村社会治理调查在交叉学科建设创新上能够作出积极探索。

四是在社会实践中培养和锻炼人才。通过开展乡村社会治理调查，引导教师和学生走向社会、深入社会、了解社会，培养认知社会、洞察社会的能力和理论联系实际的能力。同时，要通过实施这一项目，吸引汇聚校内外教研人员特别是地方农村基层社会治理人才，在共同调查中提升社会治理的现代化水平。

五是搭建广泛和密切联系的合作平台。在开展百村社会治理项目活动中，将推动学校社会治理智库密切联系部门、地方、企业，聚力聚智，优势互补，平等合作，建立稳固联系，共同促进发展，携手助力农村社会治理现代化建设。

四 做好"百村社会治理调查"的希望和要求

搞好"百村社会治理调查"，必须以习近平新时代中国特色社会主义思想为指导，全面贯彻党的十九大精神和近年来党中央关于实施乡村振兴战略的部署，运用辩证唯物主义和历史唯物主义的立场、观点和方法，注重理论联系实际，坚持问题意识和应用导向，深入乡村做全面、系统、详实的调查，并作出科学分析和研究，务求产生一批多样性有价值高质量的调查研究成果。为此，需要把握以下几个方面。

第一，调查点选择要兼顾典型性和普通性。中国农村发展极不平衡，历史文化传统也存在很大差异。因此，村落选点要紧紧围绕本项目实施的目的，通盘考虑、审慎确定。着力研究当前中国乡村变革中的热点问题和普遍性问题，以发现、反映和解决乡村现代化进程中社会领域出现的新问题为目的，特别要考虑村落的地区布局和类型，尽可能兼顾到不同地区、各类村庄特色。本着"积极作为，量力而行，注重实效"的原则，选择好调查的村落。

第二，调查内容要做到"四个结合"。即定性调查和定量调查相结合、静态调查和动态调查相结合、人的调查和物的调查相结合、有形调查和无形调查相结合。在实际调查中，有的村落在改革开放前后有很大变化，这种变化不是单纯的数据分析可以体现的，要通过深入调查全面了解村落历史和变迁的过程。静态的调查内容包括历史遗留和传承下来的各类事物；动态的调查内容包含村庄人口流动、村庄经济社会发展的不断变化等。人口结构变动是社会变动的重要体现，要重点调查分析。通过深入调查要能够发现规律性的东西；整个国家发生变化，各类村庄也会随之发生变化，时代变迁对村庄经济、政治、社会、文化、生态发展所产生的影响是深刻的。有形调查可以是能够看到的村史、具体制度；无形调查针对的是意识形态的东西，比如价值理念、宗族、民俗文化等，这些方面都要考虑到。不能仅仅搞信息数据调查，更要着眼于认识规律、把握趋势。

第三，调查设计要精心细致。只有做好整体设计，调查的方向、对象、重点内容、方法等才能清晰。百村社会治理调查不是一般的调查，要为国家、民族和社会治理现代化提供实证性研究成果。因此，必须全面设计相关调查内容。比如，社会建设中的平安社会、小康社会、法治社会、健康社会、智慧社会、和谐社会、环境社会等，都要考虑到。传统文化中的家族文化、村史和乡贤人物的作用，都要考虑到。人口变化方面，可以选择具有典型意义的"空心村"，调查其成因和对策。村史馆、文化站、信息图书馆等公共服务设施建设也都是社会治理的重要方面。通过调研，对每个调查的村庄都应撰写出改革开放以来的变化历程、主要成就、存在问题、做法经验、对策建议等。项目组还可以帮助有条件的村落设计并推进村史馆、文化站等建设。

第四，调查工作要力求全面系统和可持续。调查方式可以灵活多样，做到传统调查方式与现代调查方式相结合。一方面，传统的调查方式不可少，包括田野调查、走访、个别座谈、问卷调查、文献收集、不同时段的对比调查等。同时，也要充分利用信息化技术，包括录像、录音、统计、微信、微博互动，以及互联网、大数据等现代化技术手段。要重视走访不同阶层人员和不同年龄层次的人员，对村落情况进行全面系统的把握。调查问卷也要反映全面的动态情况，特别是反映改革开放以来的变化。要注重搞好具有社会治理典型经验的村落调研，注意发现新事物和新经验，通过举办研讨会等多种形式，总结和推介新经验。要建立动态调查机制，入选百村调查项目的村落，要实行跟踪调查，持续提供新情况，不断产出新成果。

第五，调查团队要组织落实。这个调查项目主体是北京师范大学社会治理智库团队，也要组织多方面人员与力量协同参加。要吸引校内外专家学者和青年研究人员参与。同时，可以与企业合作，包括利用他们已经在一些村里建立好的调查系统，请企业协助调查；企业可以在技术手段方面为社会治理调查提供有益的帮助；也可以接受企业提供的资金支持，包括招募本地人员协助调研，也可以考虑建立长期联系的调查基地。各方面调查人员要合理分工、密切合作，共建共享调研成果。

第六，调查成果要多样化和高质量。一是要紧扣党的十九大提出的"乡村振兴战略"，抓紧形成一批决策咨询成果。决策要反映普遍规律和趋势，不能只反映个别现象。二是撰写村落调查综合报告和系列专项报告，包括综合性成果，以及针对具体村落的若干系列研究成果。要系统总结调研村落的基本情况与分析报告，对每个调查村都应写出综合调研报告。三是举办研讨会、论坛和出版专著等。中国社会治理论坛每年举办一届，已经举办七届了，参加者既有党政干部，也有学界研究者，还有来自基层社区的工作者和一些企业家，大家围绕社会治理这个主题，从自己的研究领域出发来讨论和交流，收到良好的效果。2018年7月将举办第八届中国社会治理论坛，百村调查项目可以设一个专题分论坛，组织大家讨论乡村社会治理问题，提出建议。要提倡搞专题性、接地气的问题研究。四是在公开刊物和报纸上发表调研报告等文章。《社会治理》杂志将开辟专栏，百村调查项目组有什么成果，可以随时发表。族谱、家训，地方乡贤发挥的作用等，都是用传统文化助力当代社会治理的好做法。可以研究建立什么样的激励机制，引导各类人才返乡，服务乡村振兴，反哺农村现代化建设，这是一个值得研究的重要课题。中国所追求的现代化，必须是农村和城市共同发展繁荣的现代化，决不是城市锦上添花、乡村凋敝衰败的城乡分化景象。五是充实加强社会治理创新信息库建设，提供丰富扎实的基础数据。可以把调研成果纳入已创建的中国社会治理创新信息库，作为以后调查、研究、教学的参考资料。

第七，调查活动要做好统一保障工作。搞好调查研究工作，是智库研究的基础，也是智库建设的基石；同时，加强调查研究工作也是学科建设的重要平台，是建设一流大学的重要平台，是发现人才和培养人才的重要平台。我们中社院领导成员、各职能部门都要积极支持调查项目工作。要加强组织协调，智库研究和教学人员要尽可能多地组织起来，还可以适当组织一些学生主要是研究生参加，参加调研的学生在不影响学习的基础上，到一个村里去搞社会调查，这会对他们成长进步更有帮助。还要从多方面争取支持，提供各种条件，保障调查活动持续有效地开展。

基层不牢、地动山摇。农村基层社会治理关乎中国社会主义现代化建设全局与进程，基层治理如果出现问题，国家发展就会遭遇挫折。本项目要致力于为党为国家为人民作贡献的主旨，做好长期打算，持续不断搞下去。虽然项目调查初期还存在这样那样的问题，但办法总比困难多。只要大家不忘初心，坚定不移，认真搞好乡村社会治理调查，就一定能够在中国乡村振兴、在农村社会治理现代化进程中大有作为，作出积极的贡献。

（原文刊发于《社会治理》2018 年第 5 期）

目　　录

乡村社会治理研究

乡村文化治理研究

脱贫攻坚与乡村振兴研究

乡村生态文明研究

乡村社会治理研究

新时代坚持和发展"枫桥经验"的启示

北京师范大学"百村社会治理调查"项目组*

2018 年，是毛泽东同志批示学习推广"枫桥经验"55 周年和习近平同志指示坚持和发展"枫桥经验"15 周年。为了深入学习研究"枫桥经验"的深刻内涵、全面了解枫桥镇近年来社会治理的新进展新经验、深刻挖掘"枫桥经验"对新时代社会治理的指导意义，2016 年以来，北京师范大学社会治理智库在开展"百村社会治理调查"活动中，对浙江"枫桥经验"进行了重点调查。北京师范大学中国教育与社会发展研究院会同浙江省诸暨市人民政府联合举办了以"乡村振兴与社会治理"为主题的研讨会。13 个省（市、区）26 个乡镇的与会代表、北京师范大学"百村社会治理调查项目"的全体成员参加了研讨会，集中研讨了近年"枫桥经验"的研究成果。国务院研究室原主任、北京师范大学社会管理研究院院长魏礼群发表了题为"深入学习和研究'枫桥经验' 提升新时代乡村社会治理现代化水平"的主旨演讲，与会代表实地考察了"枫桥经验"的发源地枫桥镇，从理论与实践结合上对"枫桥经验"进行深入的研讨。与会人员对"枫桥经验"的时代意义、丰富内涵形成了六点共识和

* 本文撰写团队包括"百村社会治理调查"项目总负责人：魏礼群；子项目负责人：杨共乐、萧放、赵秋雁、李建军；主要成员：陈鹏、李芳、鞠熙、贺少雅、彭庆辉、章飞燕。

七点启示，并对新时代坚持发展"枫桥经验"提出五点建议。

一 深化对"枫桥经验"丰富内涵的认识

"枫桥经验"是半个多世纪以来政法战线上的一面旗帜，近十多年特别是党的十八大以来，枫桥干部群众认真贯彻习近平总书记关于坚持和发展"枫桥经验"的重要指示，在新的历史条件下积极推进社会治理创新，成为新时代加强和创新社会治理的典范。"枫桥经验"的有效性和可推广性是多方面的，其中最重要、最宝贵的经验有六个方面。

（一）坚持加强和完善党的领导是"枫桥经验"的政治灵魂

"枫桥经验"之所以保持长盛不衰的生命力，其根本就在于把党的领导落实到基层，使党组织成为基层社会治理的"主心骨"。尤其是近年来，枫桥镇各级党组织自觉加强党的全面领导，提升了基层党组织的领导力。选优配强村"两委"班子，特别是村党支部书记这个"带头人"，党支部书记和村主任分别担任治保、调解委员会主任，压实村级治理的党政引领责任；开拓社会组织党建新领域，做到基层党组织全覆盖；通过乡镇干部驻村连心，机关干部"返乡走亲"，党员干部结对联户交心，好党员亮业绩评分，使每个党员发挥模范作用，使每个党支部成为战斗堡垒。

（二）坚持重视和做好群众工作是"枫桥经验"的根本法宝

"枫桥经验"历久弥新，关键在于始终贯彻党的群众路线，坚持从群众中来、到群众中去，一切为了群众，一切相信群众，充分发动群众，坚决依靠群众。根据不同时期社会发展变化，适时创新群众工作内容和方法。近些年来，枫桥镇成立各类社会组织223家，参与人数达1.8万余人，平均每3个枫桥人就有1人参加了社会组织。同时，成立社会组织服务中心、孵化中心和志愿服务中心，建立社会组织发展公益基金，实施公益创投项目，探索政府购买服务的路径。通过这些措施，充分发挥了社会组织在基层治理中的作用。乡贤参事会、枫桥大妈等有影响力的社会组织参与到基层治理和志愿服务中，充分发挥了人民群众参与社会治理的积极性与创造精神。枫桥干部说："千难万难，依靠群众就不难。"

（三）坚持预防和化解矛盾是"枫桥经验"的思想精髓

枫桥经验，特别注重预防和化解矛盾，充分依靠社区的力量，做到与民共解矛盾纠纷、共查安全隐患、共创平安环境，实现了"小事不出村、大事不出镇、矛盾不上交、就地化解"。在实际工作中就是"哪里有矛盾，哪里就有调解组织；哪里有纠纷，哪里就有调解工作"。近些年成立了调解志愿者协会等民间调解组织，把调解工作做到最基层。网格化管理员成了"基层不安定因素的侦察兵，民间纠纷的和事佬，突发事件中的信息特快员"。"枫桥经验"通过抓源头、抓苗头、抓基础，把矛盾化解在基层，把问题解决在当地，把隐患消除在萌芽状态，从而实现了社会稳定和谐平安。

（四）坚持尊重和维护人民权益是"枫桥经验"的核心要义

以理服人，实现捕人少、治安好，这是"枫桥经验"最初、最成功的做法。多年来，在维护社会稳定中，充分尊重和维护群众的基本权利和权益。坚持在维权中做好稳定工作，实现维权与维稳的有机统一。从这个意义来说，"枫桥经验"尤为可贵之处在于，始终把人民群众的利益放在最高位置，坚持维稳的实质就是维权，维权就是维护人民群众的切身利益，抓源头、建制度、求长效是治本之举。

（五）坚持注重和加强平安建设是"枫桥经验"的重大创新

"平安"是一个比"治安"人民性更突出、内涵更丰富的范畴。平安，既是全体人民幸福安康的基本要求，也是改革发展的重要目的。平安的时代定位，涉及对风险、威胁、紧急事件、危机、灾害、灾难等一系列不安全现实的深刻理解，涉及对安全、和谐、稳定等一系列价值判断的认知提升。"枫桥经验"将平安建设贯穿于社会治理的全过程、全领域、全环节，通过平安建设来编织安全网，使得社会平安成为人民群众的重要民生福祉。近年来，枫桥人将"枫桥经验"由"社会治安综合治理"转型升级为"基层社会治理"，创造了"四前工作法""网格化管理、组团式服务"、矛盾纠纷"大调解"机制等典型做法，开创了人民群众住得安稳、行得安全、过得安宁的平安景象。

（六）坚持与时代同步伐是"枫桥经验"的鲜明风格

根据时代发展的变化，不断创新社会治理内涵与模式，使"枫桥经验"在实践中逐步升华。由一般的自治活动到灵活多样的社区协商民主；由单一主体调解矛盾到多元主体调解转变；由条块分割管理到"四个平台"治理升级；由传统管控向"互联网＋"社会治理，全面提升了社会治理的专业化、社会化、智能化。这些都展示了与时俱进、引领创新的时代风格。

二 坚持和发展"枫桥经验"的重要启示

与时俱进的"枫桥经验"，充分彰显了中国特色乡村社会治理的本质要求和前进方向，给进一步加强和创新社会治理以多方面的重要启示。

（一）必须切实创新社会治理的基本理念

正确的社会治理理念是实施有效治理的前提和基础。这里最为重要的就是，要真正地实现从传统社会管控向现代社会治理的转变，坚持系统治理、依法治理、源头治理、综合治理，实现治理主体从"单一主体"向"多元主体"的转变、治理环节从"事后处置"向"源头治理"的转变、治理方式由"被动应付"到"主动应对"的转变、治理手段从单一行政手段向法律、经济、道德等多种手段综合运用的转变，真正促进政府治理和社会自我调节、居民自治良性互动。

（二）必须坚持以人民为中心的根本立场

加强和创新社会治理必须坚持以人民为主体的地位。一要坚持一切为了群众，自觉把以人民为中心作为看问题、想对策、抓落实的出发点和落脚点，回应人民群众对美好生活的向往。二要坚持一切依靠群众，充分发挥人民群众的主体作用，这样才能更有效地破解当前基层社会治理中的各种疑难杂症。三要坚持一切服务群众，不断提升政府办事办证服务便捷化和城乡公共服务均等化水平，打造人民满意的服务型政府。只有切实坚持以人民为中心，推广"枫桥经验"才能拥有更加坚实的社会基础。

（三）必须构建共建共治共享的社会治理格局

要坚持走中国特色社会主义的社会治理之路，以良法善治为目标，以社会协同为路径，以改革创新为动力，推进体制创新、制度创新，构建在党的全面领导下政府和社会多元主体共建共治共享的社会治理新格局，打造人人有责、人人尽责的命运共同体，提高社会治理社会化、法治化、智能化和专业化水平。

（四）必须健全"三治融合"的社会治理体系

"三治融合"，即自治、法治、德治相融合的乡村治理体系，是加强乡村社会治理的重大创新。要完善村民自治制度，发展基层民主，全面加强法治，推进法治乡村建设，提高基层干部依法办事的水平，引导广大农民群众自觉守法用法，用法律维护自身权益。充分发挥村规民约作用。大力推进思想道德建设和精神文明建设，传播先进文化，弘扬优秀传统文化，唱响主旋律，形成新风尚。同时，要做到自治、法治、德治"三治"相融合、相促进。

（五）必须传承和弘扬乡村传统特色文化

乡村振兴和乡村治理，离不开文化的引领和滋养。要突出乡村特色、地方特色和民族特色。我国农村传统文化的氛围较为浓厚，传统的精神和价值观念、民俗礼仪、风土人情、生活方式等文化要素传承较好，各种物质文化遗产和非物质文化遗产非常丰富。在推进乡村社会治理中，必须坚持从各地乡村实际出发，立足乡情、乡风、乡俗、乡愿，遵循乡村发展规律，保护好古村落、古村镇特色风貌，增强当地村民对自身文化的认同感、归属感，让传统美德扎根村民心灵深处。

（六）必须坚持社会治理与其他治理相互结合

社会治理创新是一项长期且复杂的系统工程，不是单项推进就可以一蹴而就的，而必须与经济治理、文化治理、生态治理紧密结合，相互促进、相辅相成，实现乡村治理的整体性提升。对于乡村社会而言，基层社会治理的创新，离不开基本的生产条件、基础设施、生态环境的支撑。与此同时，农村社会的和谐稳定、主体多元、活力充沛，也会为乡村的经济、文化、生态建设提供良好的条件和保障。这就要求在乡村社会治理中牢固树立整体观、系统观、协同观。

（七）必须充分运用现代信息技术

信息时代下的中国已经形成了规模巨大、构成复杂、形态多元的网络社会，其复杂性、风险性前所未有，不稳定、不确定性因素难以完全预料，这使得社会治理难度加大。同时，信息技术的快速发展也为有效的社会治理提供了技术支撑。必须高度重视运用现代信息技术，打造"互联网＋"社会治理模式，把精细化、标准化、智能化、专业化贯穿于社会治理全过程，把体制机制变革与现代科技应用深度融合起来，有效利用大数据、云计算、物联网、人工智能等信息化手段，不断提高社会治理的质量、效率和效能。

三 新时代坚持和发展"枫桥经验"需要把握的问题

"枫桥经验"为新时代乡村社会治理提供了样本。深入学习、研究、宣传和推广"枫桥经验"，对于实施乡村振兴战略、全面提高乡村社会治理现代化水平具有重大意义。在实际工作中，需要着力把握以下五个方面。

（一）坚持和发展"枫桥经验"，要学深悟透习近平新时代社会治理思想

习近平新时代社会治理思想，是马克思主义在当代中国最新理论成果的重要部分，具有深邃的时代内容和思想内涵，具有重大的政治意义、理论意义、实践意义和方法论意义。这一思想围绕社会建设与社会治理，形成了一个系统完整、逻辑严密、相互贯通的科学理论体系，为社会治理体系与治理能力现代化提供了科学理论指导和行动指南。应明确提出，在全党、全社会形成全面深入学习习近平新时代社会治理思想热潮的要求，要在学深悟透上下功夫，准确把握思想精髓，学以致用；要在纷繁复杂的社会治理实践中，坚持正确的政治方向，创新社会治理理念，丰富社会治理内涵，完善社会治理体系，形成社会治理新格局，提升解决实际问题的能力。

（二）坚持和发展"枫桥经验"，要与全面实施乡村振兴战略结合起来

治理有效是全面实施乡村振兴战略的重要组成部分。实现乡村振兴，必须推进"五位一体"总体布局，全面提高农村现代化水平，发展农村生产力，改善人民生活，提高文明程度和治理水平，实现经济、政治、社会、文化、生态等各领域全面繁荣和发展。社会治理是社会建设的重要组成部分，社会建设的现代化必然要求社会治理的现代化。同时，治理有效必然要求生产关系和上层建筑相关环节的完善，社会治理才能更好促进生产力发展，使农村更加和谐安定、富有活力地有序运行，为农村全面振兴和繁荣提供制度保障。

（三）坚持和发展"枫桥经验"，要强调从各地实际情况出发

"枫桥经验"具有强烈的实践性和普遍的真理性，全国乡村都应认真学习、效仿。但不能把这个经验当作唯一模式，不能生搬硬套、机械复制。枫桥创造的是经验，不是公式，是活的灵魂，不是僵硬模

式，要提倡各地根据实际情况探索新路径，创造新经验。只有把枫桥经验与各地实际情况紧密结合起来才更具普遍意义，才能更为有效、更具有活力。

（四）坚持和发展"枫桥经验"，要根据时代和实践发展不断完善创新

枫桥经验历经改革开放前后两个时期，经久不衰的根本之道在于，这一经验是与时俱进的，是开放发展的。时代在前进，社会在发展，"枫桥经验"不可能一成不变，应该创造更多符合时代要求的新做法新经验，在实践中不断丰富内容、完善制度、创新方法。这样，"枫桥经验"才能保持旺盛的生命力和强大的影响力、辐射力。

（五）坚持和发展"枫桥经验"，要着力加强基层党组织建设

我国乡村社会领域正在并将继续发生深刻的变革。面对广泛而深刻的社会革命，必须始终坚持和全面加强党的领导，充分发挥这一中国特色社会主义的最大优势。学习"枫桥经验"，推进乡村社会治理现代化，必须加强党的自身建设。要加强党的政治领导，以学习、研究、宣传与推广"枫桥经验"为契机，增强农村党组织和党员干部政治意识、大局意识、核心意识与先锋意识，真正形成乡村社会治理的坚强核心。要加强基层党组织建设，推进服务型党组织建设水平，努力使基层党组织成为服务群众、凝聚人心、主动作为的战斗堡垒。要不断提升党组织的领导能力。乡村振兴战略的推进，对党的组织领导能力提出了更高要求，不仅要求有更高的学习发展能力、政治领导能力、改革创新能力、科学发展能力、依法办事能力，也需要更多的专业化知识，更强的专业化水平。在全国范围内深入开展学习枫桥经验，宣传中国特色乡村社会治理的新思路新理念新办法，有助于提高新时代党领导农村工作的能力和水平，使党的领导作用真正落实落细，从而有效提升社会治理现代化水平。

（原文刊发于《社会治理》2018 年第 8 期）

"枫桥经验"的发展历程及新时代展望

李　芳[*]

　　55 年前，毛泽东同志对浙江枫桥的干部群众在社会主义教育运动中实践探索出的"依靠群众就地化解矛盾"的经验给予亲笔批示，要求各地效仿，推广去做。习近平同志在 2002—2007 年主政浙江期间，多次就"枫桥经验"作出重要讲话和指示，2013 年再次作出"把'枫桥经验'坚持好、发展好"的重要指示。半个多世纪以来，"枫桥经验"根植中国特色实践的沃土，紧扣时代跳动的脉搏，与时俱进地赋予新的时代内涵，源源不断地为社会治理提供基层智慧。回顾发展历程，"枫桥经验"伴随着社会主要矛盾的转化而呈现出三个发展阶段，凸显出特色鲜明的阶段性特征；展望新时代愿景，"枫桥经验"必然要以满足人民美好生活需要为目标，以"坚持与发展并举"为指导方针，努力践行"三个始终坚持、三个创新发展"，开创新时代"枫桥经验"新局面。

一　社会主要矛盾转化推动"枫桥经验"转型升级

　　唯物辩证法认为，矛盾存在于一切事物发展的过程中，"在复杂的事物的发展过程中，有许多的矛盾存在，其中必有一种是主要的矛

---

　　* 作者简介：李芳，浙江工业大学副教授，北京师范大学中国社会管理研究院博士后。

盾，由于它的存在和发展规定或影响着其他矛盾的存在和发展"。"捉住了这个主要矛盾，一切问题就迎刃而解了。"中国共产党在执政过程中，先后于1956年党的八大、1962年党的八届十中全会、1981年党的十一届六中全会和2017年党的十九大对社会主要矛盾做出不同的概括，并依据社会主要矛盾来认识和把握国家发展方向，确定和调整不同时期党和国家的工作重心，制定相应的路线方针政策。"枫桥经验"诞生于1963年的社会主义教育运动中，是在当时社会主要矛盾指导下的基层阶级斗争工作实践中探索出的经验。随着社会主要矛盾的转换，"枫桥经验"不断地与国家根本任务、工作重心衔接，创新时代鲜活内涵，呈现出三个发展阶段。

（一）20世纪60年代初到70年代末，作为"用民主方式化解阶级矛盾的样板"

1962年，党的八届十中全会否定党的八大对社会主要矛盾做出的判断，重新强调"在无产阶级革命和无产阶级专政的整个历史时期，在由资本主义过渡到共产主义的整个历史时期"都"存在着无产阶级和资产阶级之间的阶级斗争，存在着社会主义和资本主义这两条道路的斗争"。这样"以阶级斗争为纲"冲击了经济建设的中心地位，成为当时国家的主要任务。浙江枫桥的干部群众在处理"四类分子"阶级矛盾中，探索出"区别对待、发动群众、说理斗争、捕人少"等实践做法，得到毛泽东同志亲笔批示和推广。"文化大革命"期间，枫桥的干部群众秉承"枫桥经验"的精神，创造了运用管头、管脚、管肚皮的"三管"方针就地改造流窜犯的经验、帮教失足青少年和一般违法人员的经验、为"四类分子"评审摘帽的经验。

在这一阶段，"枫桥经验"的鲜明特征是用民主方式来化解阶级矛盾，发扬了人性和善良的力量，调动了基层社会生产生活的积极因素，促进了经济社会发展，巩固了新生的人民民主政权。所以说，此阶段的"枫桥经验"是用民主方式化解阶级矛盾的样板。

（二）20 世纪 80 年代初到党的十八大前，作为"社会治安综合治理的典范"

改革开放以后，中国共产党对我国社会主要矛盾进行了新的审视。党的十一届六中全会通过的《关于建国以来党的若干历史问题的决议》指出："在社会主义改造基本完成以后，我国所要解决的主要矛盾，是人民日益增长的物质文化需要同落后的社会生产之间的矛盾。""落后的社会生产"成为主要矛盾的主要方面，"贫穷""落后"成为当时中国人的最大感受。党和国家把解决生产落后问题作为主要任务，坚持以经济建设为中心，全面深入实施改革开放战略。伴随着这一伟大历程，国家经济建设快速发展，人民富裕程度很大提升。同时相伴而来的是，人民内部矛盾大量增多，民间纠纷大量产生，大案要案发生率大幅度提升，社会治安状况一度恶化。富则思安。在快速致富的过程中，人们对安全稳定的需求越来越强烈。为顺应人民生活的新需要，平安、治安成为"枫桥经验"的重要内容。在平安创建活动过程中，创造了"四前工作法""四先四早机制""网格化管理、组团式服务"、矛盾纠纷滚动排查机制、矛盾纠纷"大调解"机制、"三调联动"平台建设、群防群治网络建设、"八创八进"平安创建工作等典型做法。

在这一阶段，"枫桥经验"的内涵由治安好、犯罪少的"小治安"延展到覆盖经济、政治、文化和社会各方面宽领域、大范围、多层面的"大平安"，融入了法治思维和法治方式的元素。实践创新举措越来越丰富多样，对全国的辐射力越来越大，形成了"党政动手、各负其责，依靠群众、化解矛盾，维护稳定、促进发展"以及"小事不出村，大事不出镇，矛盾不上交"的成功经验，实现了"矛盾少、治安好、发展快、社会文明进步"的良好局面。所以说，此阶段的"枫桥经验"是社会治安综合治理的典范。

（三）党的十八大以来，作为"基层社会治理的典型"

中国特色社会主义进入新时代，我国社会主要矛盾已经转化为人民日益增长的美好生活需要和不平衡不充分的发展之间的矛盾。新的社会主要矛盾给社会治理提出了新要求；从需求侧来看，新时代人民追求的美好生活既包括质量更高、更安全、更多样化、更方便的物质文化方面的"硬需要"，还包括在民主、法治、公平、正义、安全、环境等方面的"软需要"，而诸多"软需要"必须以良好的社会治理来满足。从供给侧来看，当前我们社会治理的发展状况存在城乡、区域以及省市之间的显著差别，总体发展水平也有待提高。这就是说，人民日益增长的"软需求"与社会治理发展不平衡、不充分之间的矛盾是当前社会治理领域的主要矛盾。同时，从国内外环境来看，中国和世界都处于百年未有之广泛而深刻的社会变革之中，国内经济、政治等领域的风险向社会领域传导，这些因素给提升社会治理水平、解决社会治理领域的主要矛盾增加了新难度。"枫桥经验"作为党的优良传统，无疑是创新基层治理、强化基层基础、防控社会风险的一剂良方。新时代"枫桥经验"应以满足人民美好生活需要为目标，以"坚持与发展并举"为指导方针，因地制宜创新基层社会治理模式，在全国各地焕发出全新光彩，成为基层社会治理的典型。

二 "枫桥经验"始终坚持的基本精神

在新时代的起点上抚今追昔，"枫桥经验"历经55年栉风沐雨，却如常青藤一样始终保持着旺盛的生机与活力，究根结底，因为"枫桥经验"始终坚持其基本精神没有变。

（一）始终坚持党的领导

全面加强党的领导，是习近平同志社会治理思想的灵魂，是中国特色社会治理的最重要特征。"枫桥经验"保持长盛不衰的政治生命力在于坚持党的领导。新时代更要始终坚持与完善党的领导。始终围绕社会主要矛盾、党的根本任务和工作重心谋划发展；始终在党的领导下实践、总结、提升和推广"枫桥经验"；始终按照党建引领的要求，抓党建、带队建、促业务；始终深耕基层党建工作，建好村社区党组织，做好"两新组织"党建工作，发挥党员先锋模范作用，全面提升基层党组织战斗堡垒作用。

（二）始终坚持党的群众路线

群众路线是"枫桥经验"的精髓所在。习近平同志曾指出："创新'枫桥经验'，必须相信依靠群众"，"把党的群众路线坚持好、贯彻好"。新时代在坚持群众路线中，更要创新群众工作方法。采取政策支持、基金扶持等措施大力发展和培育社会组织，让社会组织直接为群众提供公共服务，发挥社会治理协同作用。成立乡贤联合会，积极引导乡贤参与乡村治理，重塑乡贤民主治理模式。建立社会工作者、心理咨询师、专业调解员等专业人才队伍，引导专业人才广泛参与社会治理工作。通过熟人社会声誉激励、适当物质鼓励、规章制度保障等措施动员和培育志愿者队伍。

（三）始终坚持夯实基层基础

注重基层建设，是习近平同志社会治理思想的突出风格。"枫桥经验"实质上是一个强基层、打基础的经验，突出了固本强基、基层治理的理念。新时代创新发展"枫桥经验"，依然要坚持强化基础，激发基层新动能。切实加强以党组织为核心的村级组织建设，选好配强村级班子，提升基层干部能力；推动各类社会治理资源向基层一线下沉，人往基层走，钱往基层投，考核重基层；深化全科网格管理，选优配强网格长、专兼职网格员队伍，实行全科信息员、服务员、宣传员"三员合一"，及时掌握、收集、上报基层动态信息，提高基层治理精细化水平；通过预防化解矛盾，预警排除隐患，提高富民、惠民、便民水平，确保基层和谐稳定。

三 "枫桥经验"的创新发展趋势

与时俱进是马克思主义的理论品质,也是"枫桥经验"历久弥新的法宝。新时代"枫桥经验"必须在始终坚持其基本精神的前提下,直面基层治理新问题,不断在"创新发展"上下功夫。

(一)创新发展"枫桥经验"的"三共交融"治理格局

党的十九大报告做出"打造共建共治共享的社会治理格局"的重要部署,鲜明体现了社会治理以人民为中心的思想,即依靠全体人民"共建"和"共治"社会,坚持让全体人民"共享"发展和治理成果。以群众路线为精髓的"枫桥经验"契合了新时代社会治理格局的要义。共建共治共享在基层社会治理中实现"三共交融"是新时代"枫桥经验"创新发展的必要方向。

在"共建"方面,要坚持人民主体地位,优化基层社会治理主体格局。夯实基层党建基础,发挥基层党委在社会治理中总揽全局、协调各方的领导作用,确保基层社会治理的正确政治方向;基层政府一方面要强化履职的责任意识,明确履职的责任清单,另一方面要创新履职的方式方法,大力支持和推动社会组织、群团组织、乡贤精英、企业、群众等社会力量积极参与社会治理,最终形成以党的领导为核心,政府负责,社会各方参与相结合的"一核一主多元"的治理新格局,形成政府治理和社会调节、居民自治良性互动的生动局面。

在"共治"方面,要坚持"两创协同",促进多元治理主体的有效共治。"两创"是指体制机制创新和科技应用创新,二者协同推进基层社会治理方式创新。例如,"枫桥经验"的发源地枫桥镇在贯彻落实"最多跑一次"改革中,通过整合资源力量,引入大数据,在乡镇层面形成综治工作、市场监管、综合执法、便民服务四个功能平台。网格员巡查中发现的治理问题、群众要办的事务通过信息化应用终端及时输入综合信息指挥中心,管理人员在系统内部进行流转和指派，最终完成问题或事务的处理。"四个平台"建设重构了基层社会事务处理机制，体现了科技应用创新和治理流程再造的协同，大大提升了基层治理效率。

在"共享"方面，要树立"三共交融"的共享观念。坚持让全体人民"共享"发展和治理成果，体现了习近平同志社会治理思想的根本政治立场，也必然是创新发展"枫桥经验"的目标。同时，也要在全社会宣讲科学的共享观，应当激发群众积极性、强化公共意识，推动公众积极参与社会治理，在"共建""共治"中提升群众的获得感、价值感和幸福感。

（二）创新发展"枫桥经验"的"三治合一"治理体系

"健全自治、法治、德治相结合的乡村治理体系"是党的十九大报告提出的又一重大任务。乡村社会具有自治、法治、德治相结合的内在机理。村落中居住的大多数村民世代比邻而居，属于某个或几个宗族，普遍具有自我服务、自我管理、自我监督的团体自治属性。同时，法治和德治成为团体自治所必需的两种主要机制。新时代"枫桥经验"应该着力于创新发展"三治合一"治理体系的方式方法。

在自治方面，一是通过村级组织自治，逐步建立村两委（党支部和村委会）、村两会（村民代表大会和村民大会）、村务监委会、乡贤参事会相结合的村级民主自治制度，健全民主协商、决策和监督机制、乡贤精英助力机制。二是通过社会组织自治，借力社会组织中的社会工作者、心理咨询师、专业调解员等专业人才提供专业化服务，以提高自治的专业化水平。三是通过志愿服务自治，广大群众积极主动加入平安志愿者、网格管理员、调解志愿者、社区工作者等志愿者队伍，由原来的治理对象转变为治理主体，自主管理村中事务。

在法治方面，一是把法治思维贯彻于"枫桥经验"实践始终。扎实开展普法教育宣传工作，引导民众树立法治信仰，形成依法办事、用法解难、依法化解矛盾、靠法维护权益的法治思维。二是创新"枫桥经验"法治化的方式。促进公检法机构在村级设立警务中心或联络站，派出或聘请法律专业人员驻村提供法律服务；培育和发展专业性调解委员会，聘请专业人员进行专门领域调解，同时做到诉调无缝对接，促进矛盾纠纷调解从"情理法"向"法理情"转变；依法修订村规民约，发挥"软法"约束作用，促进基层自治法治化。

在德治方面，一是广泛开展社会主义核心价值观宣传教育，把核心价值观融入文明村建设、星级文明家庭评选等各类乡村文明创建活动中，形成好家风、好乡风氛围；二是通过加强古村落保护，编写族谱、家训等，继承发展地缘文化、家族宗亲文化，发挥传统优秀文化的德治功能；三是在农村基层成立"道德评判团"这样的群团组织，以评立德，强化道德约束力，形成"好坏大家判"的民间氛围。基层社会的良好秩序同时需要自我管理、法律规约和道德引导"三治合一"的维护。

（三）创新发展"枫桥经验"的"两网结合"驱动力

两网结合是指全科网格＋互联网。网格化管理是"枫桥经验"的经典做法，把村（社区）内的居民户划分为若干网格，每个网格配备网格长和网格员。升级为"全科网格"，意在将安监、消防、城管、卫计、市场监管、民生服务等社会事务全部纳入网格，授权于网格长和网格员巡查管理，发现问题首先自行处理，不能处理的上报指挥平台，通过事件流转处理、网格验收成效完成网格管理任务，做到了基层治理"底数清、动态明、反应快、服务好"，大大提高基层社会治理效率。

同时，互联网已全面融入经济和社会发展的各个方面，互联网不仅是社会矛盾问题的发生地，也是解决矛盾问题的场所，还是发现预警风险的场域。互联网与社会治理的深度融合推动"网上枫桥经验"的实践探索。比如建设在线矛盾纠纷多元化解平台、公共领域监控视频联网的"雪亮工程""一体化办案系统"等工程，以"互联网＋"

驱动公共服务、公共安全、矛盾化解等模式创新。

促进全科网格＋互联网的结合，必须借助科学技术的运用。互联网已进入到"大智移云"（大数据、智能化、移动互联网、云计算的统称）的新阶段。一方面要利用移动互联网、信息通信等技术建立一体化社会治理信息平台，确保全科网格中的各类信息及时、便捷地传输到信息平台；另一方面要利用大数据、智能化、云计算等技术推动数据采集、数据整合、数据应用"三大工程"建设，构建信息畅通渠道，深化数据分析应用，提高社会风险预警、社会矛盾化解的能力。

（原文刊发于《社会治理》2018 年第 11 期）

发挥乡村学校的基层治理体系塑造功能

萧　放　王宇琛[*]

学校不仅是乡村传承中华优秀文化、提高人民群众精神素质的重要载体，也是治理村庄"空心化"、培育社会主义现代新农人不可或缺的平台。实现农村乡风文明和有效治理，离不开以乡村学校为主要抓手的基层治理体系的确立。由此建议，在暂停撤并的基础上加强乡村学校的建设，根据新时代需求保留、升级和改造乡村学校，让乡村学校成为基层社区文化培育与人心聚合中心，促进乡村社会治理现代化。

一　乡村学校教育在社会治理中的重大作用

自古以来，乡村学校都是国家在基层农村的文化桥头堡。中国农村土地广袤分散、不易管理，自元至清各朝都通过同时创立农村基层社区组织"社"和社学，保证儒家文化在乡村基层得到学习和贯彻。元代村落中每五十家为一社，每社设立学校一所，延请通晓经书者在农隙时节教授《孝经》《小学》《大学》《论语》《孟子》等。社学的普及极大促进了儒家道德伦理渗入乡村生产生活的方方面面。通过养

---

　　* 作者简介：萧放，北京师范大学中国社会管理研究院社会学院教授；王宇琛，北京师范大学中国社会管理研究院社会学院博士研究生。

成人与人之间积极正向的处事规范，有效巩固了当时的乡村基层组织——社。在国家最基层组织中推广学校，需要国家有力的行政能力支持。元明清三代新朝甫立之时，无不以建立社学为要务，但随着王朝衰落、吏治腐败而难以为继。但是乡村私塾、义塾等多种民间的基础教育形式弥补了这块短板。总体来说，在历史上，最基层的乡村学校一直被执政者视为国家意志和国家文化的桥头堡，保证当时国家倡导的意识形态能够扎根在广大乡村。

在各种思想文化激烈交锋的当下，乡村学校思想阵线的作用愈见其重。在社会教育资源相对匮乏的乡村，乡村学校是唯一能濡染基层群众、引导精神文明走向的国家文化机构，也是唯一深入基层人民日常的教育机构，与乡村之间保持着天然而持久的密切关系。中国经济社会正在进行深刻变革，互联网技术和新媒体崛起、对外开放日益扩大，各种外来思想不经辨别侵入乡土社会。农村传统道德体系逐渐解纽，广大农村出现了精神的真空地带，国家文化安全受到威胁。进入 21 世纪以来，经济、社会、政策等多方原因使得乡村学校急剧消弭，乡村思想阵线不进反退，国家对于乡土社会精神文化的直接指导能力遭到削弱，这其中潜藏着丢失文化传承、丧失精神信仰的危机。

乡村学校是为乡村留住精英人口、扶持贫困人口、应对乡村"空心化"的有力抓手。到 2020 年，我国常住人口城镇化率要达到 60% 左右，户籍人口城镇化率要达到 45% 左右。在这个数据的背后是大量农村青壮年人口的流失、乡村发展内卷化。在此背景下，教育资源城乡发展的不平衡加剧了乡村人口外流。我们在浙江省村落调研中，当地群众反映，本村小学撤销后，不少夫妇不得不带孩子外出就学，乡村成了回不去的家。群众也在相关新闻报道中表达，村里没了学校，就像家里没有了孩子，失去了朝气和希望。这些感性话语传达出教育是农村民众生存之外的头等大计，乡村学校是构成农村共同体的核心力量。从受教育权的角度讲，国家应当为每一个有儿童的地方提供教育服务。从更为现实的意义上说，乡村学校生存条件的劣化，将更多的乡村精英人口驱赶到乡镇等教育资源更优越的地方，而农村贫困人口由于无力外迁而不得不接受无学可上的困境，彻底丧失了上升通道。

乡村学校是完善新型职业农民培育体系的基础一环。虽然近年来，国家先后组织实施了一系列新型农民培训工程，但依然无法扭转现有农村培养不出现代农业人才、更留不住人才的现状。目前撤点并校的后果之一，就是农民子弟从小寄宿在乡镇学校，切断了与家庭、乡土环境的情感联系，丧失了家庭教育、社会教育、自然教育的机会；而学校教学的内容又以城市文明为导向。长此以往，学生学成后对农业不熟悉，对家乡无感情，遑论回到农村建设家乡。而乡村学校就学距离短，基本在学生的生活半径内，农村学生的生活、学习与乡土融为一体，如果可以在提高原有教学质量基础上辅以一定的乡土人文、农业科技教学，则可以增强学生与家乡的情感联系，同时打下良好的农业职业素质基础。

二　农村学校布局存在的主要矛盾和问题

在农村学校的布局调整上，过去十年撤点并校的决策依据是效率矛盾：教学点过多，尤其农村小学的就学人数持续低迷，造成教育资源的浪费。解决方案是在乡镇建立大型中心校，凸显教育资源集约化优势。效率矛盾的根本关切，在于培育部分优秀乡村子弟在毕业后向城市流动，为城市的二、三产业输送劳动力。但乡村终究不可能被完全城市化，特别是在当前，乡村在中国社会中还占较大比重，培育积极健康的乡村社区文化极为重要。2017年《关于加强和完善城乡社区治理的意见》明确指出，要强化社区文化的引领能力，以培育和践行社会主义核心价值观为根本，大力弘扬中华优秀传统文化，培育心口相传的城乡社区精神，增强居民群众的社区认同感、归属感、责任感和荣誉感。积极发展社区教育，建立健全城乡一体的社区教育网络，推进学习型社区建设。因此，农村学校在加强乡村社区治理方面应当而且可以起到引领作用。

农村学校布局凸显的结构矛盾，就是当前的农村学校职能单一（单纯注重现代知识的传授）与农村日益突出的文化需求之间的矛盾。在一定程度上，结构矛盾已经超过效率矛盾，成为农村学校布局的主要矛盾。

一是乡村学校的集中增加了上学成本。布局调整是出于经济效益的考量做出的决策，虽然解决了政府暂时的成本压力，却忽视了学生家庭支出增大、教育质量下降的问题。学生家庭成本的增加集中在经济成本、风险成本、时间成本的升高。从经济成本看，上学距离的增加所产生的交通成本、食宿成本明显增高；在风险成本上，校车安全未获得足够重视，违规校车上路的现象屡禁不止。一部分选择寄宿学校的学生，年龄偏小，心智尚未发育成熟，贸然脱离家长的心理怀抱，极易引发心理疾病；在时间成本上，学生上学所用的时间明显增加，在一些偏远山区甚至是成倍增加。

二是乡村学校课程内容的城市化加剧了文化主体的迷失。国家推行的城乡统一教材，其德育内容多以城市为标准参考，有一定的城市化倾向。乡村学校德育需植根于厚重的乡土伦理文化基底，脱离了乡村的学校，无法实现乡村伦理的更新再造，对于乡村学生来讲，城市化的道德教育缺少了乡土生态的滋养，很难撑起乡村社会道德建设的大厦，更是将心智发育尚不健全的孩子投掷在多元复杂的现代城市文化之中。

三是乡村学校的减少消解了其社会价值。相比乡村社会中的其他组织，乡村学校无论是在活动场地、基础设施等硬件方面，还是在组织氛围、人员素质等软件方面，都有明显优势。而乡村教师，则是乡村文化的组织者和引导者，因而，乡村学校一直承担着乡村公共生活空间的角色。乡村学校的重组，使得留下的学校更加专业化、城市化，撤销的学校彻底消失，导致乡村公共生活空间缺失，乡村特有的交往伦理失范，本就不丰富的政治生活、社会生活和精神生活更加贫瘠，村民的自我认同也更加边缘化。

因此，必须采取更为积极的措施，确保农村小学生就近入学的底线，在此基础上，对村校展开包括办学模式、教学内容、属性定位等多维度的自我更新升级，实施农村学校的振兴计划。

三 关于学校成为基层社区文化培育和精神聚合中心的建议

一是创新办学模式，合理恢复部分乡村学校。党的十九大报告高度重视农村教育问题，从教育公平和城乡一体化的高度，指出要"推动城乡义务教育一体化发展，高度重视农村义务教育，办好学前教育、特殊教育和网络教育，普及高中阶段教育，努力让每个孩子都能享有公平而有质量的教育"。这为因地制宜创新多种乡村办学模式提出了要求，指明了方向。

国际学术界的研究证实，小规模学校对贫困家庭子女更有帮助，学生活动参与率更高、深度个性化学习更好、校园欺凌率及辍学率更低、家长信任度和归属感更强，师生关系和同学关系更为融洽，学校与社区的互动更为频繁，对经济社会地位较低家庭子女的学业成绩提高更大。因此，要在充分调研和论证的基础上，合理布局乡村学校建设，既不搞大集中"一刀切"，又不搞大分散"满天星"，找到教学质量、学生家庭承受力及社会功能最佳契合点，最大限度地发挥乡村学校的社会作用。

在硬件方面，加大乡村学校设施投入，为乡村学校购置教学设施，娱乐休闲设施，这在一定程度上会加大政府的经济压力，但是与其产生的社会效应相比，利大于弊。软件方面，主要是要提高乡村教师的整体素质，在保障教师经济、社会地位的基础上，鼓励扎根乡村、能够较长期稳定服务于村校的专职教师。一方面，制定政策鼓励优秀的公立教师到边远校点工作、增大农村小规模学校教师的薪酬和编制倾斜力度；另一方面，在农村当地选拔优秀子弟在师范院校就读，定向培养未来的农村教师。同时，要鼓励年轻优秀骨干教师定期到乡村支教，促进城乡教育的有效融合。

二是创新教学内容，实现通识教育与乡土教育的有效结合。义务教育阶段还是要以通识教育为主，即学习全国统一的文化课程。在正课之外，乡村当地的自然、历史可以成为优秀的教学素材，将科学、人文科目的学习内容融合到对当地自然和历史的探索中。

可以结合地方的乡土特色开办一些校本课程，让学生从实践中了解自己生长的家乡。台湾省台东县关山电光小学开设种植、射箭、爬山、攀岩、独木舟等学校本位课程，河南省信阳市郝堂村小学开设了茶艺、食育、生态环保等课程，都是课堂学习与乡土生活密切结合的突出例子。

在基础农业科学和农业管理方面，应当在乡村学校课程中安排专门时间学习，开展农业实践课。目前的职业农民，一类是原先从事农业生产的农村能人，他们缺乏农业科技和经营的理论知识；另一类是下乡创业者和投资者，他们懂经营，但欠缺农耕专业技能。在地方学校体系中，分年级分阶段增加农业科学和管理课程，可以帮助从基础教育开始完善职业农民的培育体系。一些乡村学校已经走在了前面，积累了丰富的经验，比如，山西省芮城县风陵渡中学开设了小麦栽培、棉花栽培、苹果栽培、农用机电等二十余门富有地域特色的校本课程。

在德育方面，可以在乡村学校教育中融入传统文化的学习，帮助学生养成慎终追远、尊老爱幼、守望相助等中华优秀传统伦理。而学生伦理素养的提升，必然推动父母、家庭、社区乃至整个村落孝悌友爱观念的形成。

三是扩展村校的公共服务属性，加强其服务村落的辐射力。乡村学校不但具有基础教育属性，更具有紧密联系基层农村社区的服务属性。保留、振兴村小和教学点，就必须扩展、增强其社区服务属性。在公共文化服务方面，乡村学校配备的网络、文体、培训教学设施，可以向村民开放，组织日常文娱活动、节庆联欢、兴趣小组等。将这些文化设施充分利用起来，将优秀文化、积极价值观的传播从学校端融入农村生产生活当中。在农业科技普及方面，乡村学校可以利用学校的校舍设备，以及教师人才，结合地方的职业培训项目，举办各类职业技能、农业技术的培训班。针对社会变化的需求，以及农业产业结构调整，及时组织村民进行计算机、机电修理、农业种植、农业养殖、经营管理等方面的培训。在精神文明建设方面，校长、教师可以根据乡村的实际需要，注重学生良好品德及文明素质培养，监督和影响身边人促进乡风文明。例如"学校人"带头服务村庄，参与垃圾捡拾，保持街道整洁等。在农村社会问题方面，可以在乡村学校基础上办学前教育，解决留守儿童学前阶段缺乏良好照护的问题。

乡村振兴是政治、经济、社会、文化、生态一体的振兴，乡村学校作为社会公共事业，虽然不直接产出经济效益，但在巩固国家基层思想文化阵地、传承优秀传统文化、凝聚基层建设力量、传播先进文化和科技、培养高素质新型职业农民等方面发挥着不可替代的作用，是乡村必需的文化与社会服务机构，国家应当大力度提供财政支持和制度保障。在此前提下，可以进一步探索整合不同条块的农村项目资源为乡村学校所用的路径。特别是在一些贫困地区的乡村学校已有成功借用社会力量自我发展壮大的案例。在政府统一规划和管理下，可以考虑有甄别地引进一些社会力量和社会资金，比如，民间基金会、社会公益组织的教学资源和资金帮助办学。总之，建议对农村学校遵循保留改造、结构升级、国家保障、社会支持的原则，进一步研究、落实具体的政策措施。

（原文刊发于《社会治理》2018 年第 6 期）

行业发展、民生改善与村落社会治理

——以浙江省松阳县竹源乡小竹溪村松香业为个案

朱　霞　　王惠云[*]

一　乡村治理新路径：同乡行业

乡村治理的内涵不局限于乡村管理，它是在推进以产业兴旺、生态宜居、乡风文明、治理有效、生活富裕为主要内容的乡村振兴战略中，总结和探索可行性治理路径，促进乡村可持续良性运行。乡村治理，路径是关键。任何一种乡村治理路径的提出和实践都必须基于乡村内生秩序，否则难以持久有效。宋小伟认为"内生秩序是以村庄所处的政治、经济、文化状态为背景，经过农村社会自身的理论推测和共同实践而固定下来的能为大多数村民接受的恒常行为准则及由此形成的状态"[②]。这意味着不懂乡村内生秩序就不懂乡村，更不能理解农民，治理的实践自然也难有成效。

乡村治理的路径，目前主要有两大方向。一是从乡村内部寻求发展动力，如对本村自然资源和文化资源的开发利用，具体的做法包括

　* 作者简介：朱霞，北京师范大学中国社会管理研究院社会学院教授；王惠云，北京师范大学中国社会管理研究院社会学院博士研究生。

　衷心感谢松阳竹源乡副乡长徐薇宏、松香商会何发富和叶祥跃等对本课题调查的帮助。

　② 宋小伟：《村庄内生秩序与国家行政嵌入的历史互动》，《内蒙古社会科学（汉文版）》2004 年第 4 期，第 124 页。

盘活土地资源，发展"互联网＋"农产品，利用乡规民约、庙会、节日促进乡风文明等。萧放在"2018 中国井陉村落与庙会文化当代价值研讨会"上提出"庙会文化是乡村振兴的有效途径，其背后的信仰文化是老百姓的精神需求，信仰里实际有一种家国情怀。庙会还是社会秩序、社会关系协调的重要载体，有很强的社会功能"①。朱霞通过研究云南民国时期盐村民间公共资源的利用，提出"中国传统的乡村社会中，有历史悠久、符合乡村逻辑的公共资源设置、使用和调整的制度和习俗。这些习俗发挥着倡导社会公德的重要功能，对今天的乡村治理仍有借鉴意义"②。传统文化根植于内生秩序，并与乡村基层政治、经济、生态等相互影响，在开发利用传统文化的过程中，如果违背了内生秩序，不仅会破坏传统文化本身，还会影响乡村内在秩序的其他环节。二是从乡村外部寻找发展动力。近年来，越来越多的艺术家、企业、机构、行业协会投资乡村，他们做特色民宿，开发农业生态园区，发展传统村落旅游等，然而，一旦他们的创业热情和盈利诉求被打破，乡村发展就难以为继。有的研究者提出这些外部力量不稳定，无法长久促进乡村发展，有些还会带来负面影响。刘晶在对水北商会的研究中就指出商会在乡村基层政治协商、经济文化建设等方面发挥积极作用，但也存在和政府利益互换以及自我管理、约束能力不强等问题③。

实际上，在乡村实践中，还存在第三种治理路径，即将外部动力转化为内部动力，这是笔者在对浙江省松阳县松香行业的考察中总结出来的。基于地方民众的共同实践，松香行业将本地技术、劳力和文

---

① 萧放：《庙会文化是乡村文化振兴有效途径》，《中国艺术报》2008 年 3 月 14 日第 7 版。

② 朱霞：《民间公共资源的传统利用与乡村建设——以云南盐村的"公甲"平衡制度为例》，《社会治理》2015 年第 4 期，第 131 页。

③ 刘晶：《基层商会组织参与乡村社会治理研究——以江西省新余市水北商会为例》，硕士学位论文，江西财经大学，2016 年。

化与外地的资源、技术和市场相结合，从而将外部动力转化为内部动力，为乡村治理提供了有益借鉴。这也是我们常说的同乡同业发展模式，吴重庆对莆田农村空心化反向运动的研究，郑莉对马来西亚芙蓉坡兴化人的研究以及傅晋华对农民工城市同乡同业"扎堆"创业的分析，都是同乡同业研究的代表。

吴重庆通过分析莆田孙村打金行业，指出"踏入打金行业的年轻人一般是拜有血缘关系的亲戚、姻亲兄弟及父辈结交的朋友为师。师傅如果不扶持徒弟发展，日后难以得到其他亲缘关系的帮助。同时，打金人越来越积极地参与孙村的重大节庆，他们既看重本土神明的护佑，也想借机尽到他作为孙村人的职责"①，打金行业带动了孙村经济发展和文化认同。同乡行业通常是在村落内部缺乏足够发展动力的情况下，利用自身传统和条件，将外部力量纳入村落发展中。外部力量要在乡村治理中发挥效用，关键要有民众根基和文化基础，即符合乡村的内生秩序。

二　松阳松香行业的内外互动

松香被称为工业味精，用量相对较少，但是用途极为广泛，对中国工业发展贡献很大。松香的原料即松脂，松脂是松树天然分泌的物质，具有黏性，且易燃。一般松脂不直接使用，而是经过高温蒸煮，提炼出松香。古代文献中，松脂和松香在名称上是不作区分的，明李时珍《本草纲目·木一·松》中称"松脂，别名松膏、松肪、松胶、松香"②，有关松香的药用记载在各类医药文献中都可找到。除此之外，在《梦溪笔谈·技艺》《天工开物·火药料》《武经总要》等诸多文献中记载了松香在军事、染料、制墨、造船、泥活版印刷、制

---

① 吴重庆：《"界外"：中国乡村"空心化"的反向运动》，《开放时代》2014 年第 1 期，第 149—152 页。

② （明）李时珍：《本草纲目》，崇文书局 2015 年版，第 158 页。

蜡、铸钱等诸多领域的运用。

中国对松香的认识和使用历史悠久，而松阳县不仅从县名上与松树相关，且在 20 世纪 50 年代到 80 年代期间有过小型松香加工厂。1979 年，还在松阳水南横山村的南宋程大雅墓中出土了约 125 千克的松香块，经遂昌林化厂检验科化验，其色泽、纯度和折光率均佳，软化点 79°①。明成化《处州府志》也记载（松阳县岁贡）松香 47. 12 斤②，考古实物和文献记载基本可以表明最晚在宋代，松阳就有松香生产技术，并一直延续至今。

松阳县地形以山地丘陵为主，人均耕地严重不足，《松阳县志》记载，1949 年农业人口人均耕地 1. 73 亩，到 1992 年，农业人口人均耕地减少为 0. 82 亩③。有限的耕地不足以养活增长的人口，松阳原本有较为丰富的松树资源，采松脂作为一项副业是山民经济收入的重要来源。随着本地松树资源的减少，村民开始外出采脂。1949 年后，国家急需通过发展工业带动经济发展和社会稳定，而松香是工业发展的必需品，造纸业、肥皂业、油漆、橡胶等多个领域如果没有松香就出不了产品。所以，国家在松树资源集中的地区开办松香加工厂，很多松阳县的采脂工人都是给国营工厂干活的。随着国家对松香用量的逐渐加大，松脂的价格不断增长，采脂工人的收入比在家乡务农高出不少，使得越来越多的松阳同乡选择贩松香为生。

以竹源乡为例，20 世纪 80 年代至 90 年代，全乡 6400 余人中就有 4000 多人外出贩松香，其下辖的 11 个行政村，有的村庄 90% 以上的人都有过采脂经历。采脂很辛苦，但是能吃饱，还能接济家里，慢慢地还能有存款，这对于村民来讲就是好事。外出的村民叫上自己的兄弟姐妹，亲戚朋友一起干，同乡圈子越来越大，这种基于乡村血缘

---

① 刘吉林：《南宋古墓墓葬松香调查》，《生物质化学工程》1983 年第 10 期。
② 松阳在明代为处州下辖县，此处资料为松阳县小竹溪村松香博物馆提供。
③ 松阳县政府主编：《松阳县志》，浙江人民出版社 1996 年版，第 95 页。

和地缘文化的行业发展模式在中国尤其是乡村地区非常普遍。此外，松阳人不仅从事松脂采割，还进入松香加工行业，成为松香老板。加工行业兴衰的关键在于松脂资源，熟人网络保证了松脂产量的提高，在资源决定生存的行业和年代，松阳县的松香行业得以迅速发展，其中，本地劳动力发挥了重要作用。不仅如此，在销售环节，松阳人也利用同乡关系，在一定范围内垄断了市场。当某一个松阳老板的松香库存不够时，可以调度同乡的库存，从而保证货源的稳定，开拓了市场。

松阳人是带着自己的技术和松香知识向外流动的。他们掌握技术、有稳定的劳力、较早占领资源、打通了地方关系以及有亲朋好友的资金支持，使得松阳人在外地松香行业站稳了脚跟。继而通过生产经营方式的变革，如承包林地，降低了资源成本，并协调了资源—加工—销售各个环节的利益关系，带来了长达 20 年在行业内较大的影响力。在这一行业制胜，技术和行业内部知识是前提，同乡劳动力和关系是关键，建立和发展跨区域的对外关系并优先获得优质资源是松阳县松香行业发展的又一重要因素，这种看似不能明说的人情关系深深扎根在各种层级的社会关系圈内，既是公共性与公民社会推进的障碍，又是社会诸多传统得以维系的一种无形力量。总之，松香成为民众共同实践和享有的地方知识和地方文化，在符合民众意愿的基础上，打通跨区域的对外关系，通过内外互动对村落建设产生了多方面的影响。

三　松香行业在村落治理中的作用

松阳松香行业从业人员在竹源乡较为集中，其中竹源乡小竹溪村在地理位置、节庆仪式、村民经济收入和村落发展规划等方面有代表性，为本文主要的分析个案。小竹溪村属于山区，全村人口 1175 人，其中汉族人口 1163 人，农业家庭户口 1161 人。41 岁至 70 岁区间有

568 人，71 岁至 80 岁区间有 58 人，81 岁至 103 岁区间有 57 人。根据调查，贩松香作为一种生计方式，在小竹溪村已经有百年以上的历史。71 岁至 103 岁区间有松香从业经历，但是人数较少；41 岁至 70 岁区间是松阳松香行业发展的主力，这一区间平均每个家庭生育孩子为 6 人；31 岁至 40 岁区间大多松香从业经历时间不长；30 岁以下基本没有或少有从事松香行业。

小竹溪村总耕地 575 亩，人均耕地不足五分，产粮不足。林地 9628 亩，人均林地约有 8 亩，林地虽多，但是经济效益不明显。据村民回忆，小竹溪周边山上松树很多，他们过世的父辈就是在周边山上采脂，采松脂成为村民收入来源之一。随着本地松树的减少，一些人开始离开松阳本地，去到遂昌、新昌等地，进而又进入附近的江西、福建等县域。改革开放后，大批的小竹溪村民在亲友的带动下走上了外出从事松香行业的生存道路。

松香行业对小竹溪村发展的作用最直接的体现在经济方面。外出贩松香起初就是为了解决吃饭问题，能有一些余钱用来购买衣物或者用于人情往来。据 1957 年外出采松香的工人回忆，他的工资是一年 70 多块钱，一个月给 37 斤大米，在外虽然不能完全吃饱，但是收入比在家里种地要高。到了 20 世纪 80 年代，一个成年男性每个月分配的大米有 70 多斤，还有一些肉、酒、糖等，工资也逐渐增长。现在松香工人年收入可以达到几万不等。据村民讲，外出采松香的收入是绝对比在家里种地要多的。加上年底结算工资这种形式使得工人的工资能够积累下来，按照他们的话说就是可以集中起来做大一点的事情，其中包括修建房屋。

现在的小竹溪村容焕然一新，村口有翻新的廊桥，既是村落的公共空间，也是村落的象征。主要街道上还有流水经过，俨然一幅小桥流水人家的景象。新村的房屋较为集中，青瓦白墙，现代技术对村落的影响随处可见，太阳能热水器、现代厨卫设备、家用电器成为房屋内部必备品。这些新气象的出现都离不开村民经济能力的提升，从20世纪70年代的温饱需求到如今的生活状态，松香行业在其中起了至关重要的作用。

除了外部生活条件的改善，村民对村落文化的维系和积极参与也与松香行业密切相关，二者相互构建，一方面，村落文化助推松香行业发展。小竹溪村一年当中有多个祖先祭祀的日子。20世纪50年代至60年代村民外出贩松香是以清明时间为界，清明过后就出去，如果清明前离家的话，正月初八也是他们祭祖的重要日子。祖先崇拜还体现在祠堂祭祖上，小竹溪村以吴和潘为大姓，他们分别有自己的祠堂，主要是在春节期间集中开放和使用，祠堂不定期地会在同宗人的捐赠下得到翻新，每次翻新都要请道士打清醮，同宗人聚在一起吃杀猪饭，族谱也会不定期的得到修缮，将后代的名字加进去。祖先崇拜意味着对血缘传承的重视，而松香行业的发展与血缘密不可分。除了祖先崇拜，还有深厚的农耕信仰，如社公殿、摆祭、舞龙等，都是保佑风调雨顺，来年平安。上下村各有一个社公殿，一般是在水口处，主宰村落风水，社公殿主要供奉的是平水大王，据村民讲，平水大王就是大禹，从历史文献中我们也能得知大禹死后成为社神，《淮南子·氾论训》中记载"故炎帝于火而死为灶，禹劳天下而死为社，后稷作稼穑而死为稷，羿除天下之害而死为宗布，此鬼神之所以立"[①]。社公殿中还有土地公、土地婆以及主管生育的夫人，这种神灵组合在竹源乡各村的社公殿中基本一致。村落中还有香火堂，有些香火堂实际上就是共用居住空间，在厅堂隔出一个公共区域供奉神灵。村口的墨口殿是辐射全村甚至邻村的信仰空间，每年正月十五前后的摆祭节日就是为了祭祀墨口殿里的徐侯大王。20世纪80年代外

---

① 出自《古今图书集成》"经济汇编·礼仪典"第一百四十五卷《祀典总部总论一·淮南子·氾论训》。

出的村民基本是以摆祭为界限，过了摆祭就外出了。尽管我们不能说摆祭节日的产生和松香有直接的关系，但是摆祭和松香行业之间一定有紧密的关联。尤其是摆祭被恢复的年代，大部分村民都从事松香业，松香人和村民几乎是一个重叠的概念。

另一方面，松香行业对村落文化的维系和认同也产生积极作用。一般来说，农民守土安居，留在家乡是常态，但是生计的困境使得他们不得不背井离乡。在外的生产、生活取代了在家乡耕作安居的生存状态。而每年过年在家乡的这段时间，人们忙于各种节日用品的准备，穿梭在亲朋好友婚丧嫁娶的场合，所有的关系都在这段时间内被激活或深化。人们不仅加强着与其他人的关系，还少不了和祖先、社神、村神打交道。一连串的节庆祭祀活动将同宗的人、同村的人、邻村的人调动起来，归属感和凝聚力在不同范围的圈子里得到强调和提升。同时，他们拥有对松香的共同经历，松香记忆使得他们的集体记忆更加厚重，更加鲜活，松香被整合进村内文化体系中，成为村落文化的又一标志，如小竹溪村的松香博物馆、采脂体验区等松香文化景观就是这一文化标志的外显。

松香行业已经融入小竹溪村的内在，成为村落有序运行的一部分，小竹溪村以松香行业带动村民生活富裕和乡风文明，为乡村治理提供实践案例。长时间外出"贩松香"使得小竹溪村的自然资源没有被过度开发和使用，保持了良好的生态环境，打下了今天小竹溪村发展的良好基础。需要注意的是，外出贩松香也带来了一些问题，如村落空心化和留守儿童等，但是在生计困难和社会体系不足以保障的年代，这也是不可避免的。值得注意的是，小竹溪村在近十年来出现了大批村民返乡就业和创业，为新农村建设提供资本、劳力和知识，这也开启了乡村治理的新阶段。

四 松香行业的发展转型与乡村建设

松香行业的发展也面临一些问题，松香价格受供需影响非常明显，一些商人会在资源不紧张的时候囤货，等到市场需求大于供给的时候获取高额利润，也就是说市场风险较大，一些小规模的松香工厂很容易破产。此外，近年来国外低价松香进入国内，国内外的产品都接受市场调节，买方在选择货源时，价格问题就会优先考虑，这使得国内松香市场受到冲击，加之石油树脂不断替代松香松节油产品，更加剧了松香市场的不景气。与此同时，工人工资成本逐渐加大以及政府对松香行业管理越来越严格，诸多因素使得一些松阳松香商人逐步缩小经营规模，或者有些人撤出这一行业寻求转型。

此外，松阳松香商人基本都在松香加工上游，较难进入下游深加工领域。一方面他们缺少深加工行业需要的专门知识，另一方面他们没有自己的人在深加工领域可以带路，使得他们多次尝试进入松香深加工领域都没有成功。在面临转型之际，松阳县政府积极鼓励商人返乡，为其提供优惠政策，一定程度上推动了松香商人返乡，当然其中也离不开松香商人的家乡情结。转型中的松香商人几乎在松阳本地进行投资，领域涉及房地产、建材、汽修检测、外贸、文创、经济作物种植等多个方面，带动松阳县经济增长的同时，也不同程度地助力乡村建设。

不仅松香商人返乡，松香工人也在同一时期返回家乡就业和创业。一方面采松香是一件艰苦的工作，在山上缺少足够的交流，生活有诸多不便，再加上松香工人的工资现在并没有远远高于其他打工收入，使得工人认为付出和获得不成比例。另一方面松阳县积极引进各类企业入驻工业园区，这意味着村民在家门口就可以找到收入不低的工作，同时，他们的孩子和父母需要人来照顾，这些原因导致2010年后大批松香工人返乡。

返乡是资本、社会关系、知识和劳动力向农村的回流。以小竹溪村为例，村民就近在县城打工，而小竹溪村距离县城10公里左右，交通便利，这使得部分村民选择白天去县城上班，晚上回家居住，相比采松香时期，村落空心化程度降低，不仅如此，留守儿童和老人赡养问题也得到改善，这为乡村发展注入活力。与此同时，村民还在政府的鼓励下利用有限的土地种植茶叶，茶叶作为经济作物，价格比水稻要高，松阳还有存在时间较长的浙南最大的茶叶交易市场，销售渠道畅通，再加上雇佣安徽、云南等地的采茶劳动力成本较低等因素，采茶已经成为一部分农民的主要收入来源。从采松香时期的离土离乡，到如今的返土返乡，村落发展充满希望。

小竹溪村的发展还体现在产业开发和旅游打造上，这些都离不开松香行业。一些村民将采松香积累的资金用于民宿修建，政府鼓励精品民宿并提供资金补贴，现在小竹溪村的民宿是整个竹源乡最多的。尽管民宿在拉动全村经济增长上效果不明显，但是以小竹溪村摆祭节日期间的居住率来看，民宿是发展旅游的基础。此外，村中竹林景观突出，生态保持良好，统一规划的房屋和流水沟渠以及山林树木等共同构成了田园风光，是小竹溪村发展旅游的天然资源。松香资本还用于香榧基地建设，一方面是对土地的重新利用，另一方面，收益明显后可以带动村民搞规模化经营。松香对旅游的贡献还表现在松香文化的打造上，松香博物馆坐落在村中主街道上，这条街道也是摆祭节日当天活动开展的街道。松香博物馆在宣传松香知识和文化的同时，还展出松香工人日常生活用品，松香文化是村民的共同记忆，打造以松香文化为主题的旅游资源不仅可以记录历史，还可以增强民众认同，对于村落文化建设有积极的意义。但是，小竹溪村乡村发展仍旧缺乏年轻人的积极参与，很多产业都处于探索阶段，能否真正带动全村发展还有待实践，村落基层民主自治也存在诸多问题，乡村集体经济还较为薄弱，乡村振兴仍旧有很长的路要走。

结论

本文以松阳松香行业和小竹溪村为分析对象，阐释了同乡行业如何在村落发展中发挥各方面作用，同时对以行业为桥梁的内外部资源互动做了分析，从实践的角度为乡村治理提供了第三条路径，即同乡行业。松阳县松香行业的形成和发展是内部缺乏生存资源情况下的向外探索，是基于传统血缘、地缘关系而发展壮大的同乡经济。技术和行业的形成、变迁离不开社会诸多因素的影响，同时，技术和行业也对社会诸多因素产生影响，技术、行业与社会、文化的互相建构明确地在松香个案中体现出来。正是这种互相建构使得松香行业在联结内外部动力的基础上内嵌入至乡村整体社会运行秩序当中，为乡村治理发挥持续性的作用。此外，中国乡村地域辽阔，各自发展基础和条件不同，不适合用普适性的治理模式，这就需要我们在对乡村个案进行分析的基础上，把握其内在机理，从而为具体的治理对策提供理论依据。

（原文刊发于《社会治理》2018 年第 10 期）

移民村落民间信仰的自我调适与社会治理

——以宁夏闽宁镇原隆村汉族移民为例

钟亚军[*]

　　民间信仰作为一种活态的文化传统，有其传承与发展的运行机制。一般情况下，民间信仰具有较为稳定的存在模式。但这一较为稳定的存在绝非是不发生自我调适或变异的。这里所指的自我调适或变异不仅表现在民间信仰的仪式上，还包括民间信仰也会随着信仰主体的搬迁做出被动性或主动性的自我调适。2017 年 6 月下旬，宁夏回族自治区永宁县闽宁镇社会治理调查组一行人在闽宁镇原隆村调查时发现：该村的汉族移民从宁夏隆德县山河、奠安与温堡等乡镇易地搬迁至永宁县闽宁镇原隆村后，不仅在新的定居地建起了村庙，成立新的村庙庙会组织，同时，他们还将原籍村庙里的神龛、器物一并搬迁至新居住地的村庙里，并将每年农历正月初三唱戏酬神活动以及正月十二迎神转村的祭祀传统延续与传承下来。这种随着民间信仰主体的迁徙，民间信仰神祇也随之"迁徙"，并在新的移民村落通过适应性的自我调适，而成为移民村落社会治理有效环节之一的现象，非常值得深入研究。

---

　　* 作者简介：钟亚军，宁夏大学人文学院教授。

一 异地移民后修建新村庙的动机

闽宁镇原隆村是宁夏永宁县境内最大的生态扶贫移民村落之一。自 2012 年始，在宁夏回族自治区党委与政府主导下陆续地将固原市的原州区、隆德县的 1987 户的回、汉移民搬迁至银川市永宁县闽宁镇，故命名为原隆村。原隆村也是闽宁镇最大的汉族移民聚居村落，有 1282 户，7178 人，主要居住在原隆村北区。该村的汉族移民大都来自隆德县的山河、奠安、温堡 3 个乡镇。从贫瘠的山区搬迁至经济较为发达的黄河灌溉区后，现在原隆村的人口结构、居住的空间布局、生活环境与文化传统等都已发生了深刻的变迁，进而影响着该村汉族民间信仰。据该村最有影响的阴阳师曹某介绍：原隆村村庙是 2013 年由汉族移民自筹资金重新建设起来的。当时该村庙主要供奉有道教的元始天尊、灵宝天尊、道德天尊与佛教的观世音菩萨等。2014 年，他们将隆德县山河乡的崇安村、大墁坡村、地湾村、边庄村，温堡乡的北山村、大麦沟村，以及奠安乡的马湾村、海子村、杨沟村、闫庙村等 20 余座村庙的神像又陆续地搬迁过来，安置在村庙里。

原隆村汉族移民修建村庙原因有三：一是民间信仰已是村民日常生活的一种常态机制。传统村落的村民生活不仅仅是简单的日升而作、日落而息，还离不开子嗣繁衍，生老病死的循环，天道酬勤的期望，以及祈福禳灾的信念。每年农历的正月初三唱戏酬神、正月十二"迎神转村"、正月十五的社火表演、农历二月二龙抬头、农历四月初祭山、农历六月二十四的祭龙王等，无不与他们的生产、生活息息相关。因此，在汉族移民的观念意识中，村庙既是供奉神灵的地方，也是他们精神寄托的场域。于是村庙与移民，酬神与娱己，神龛与繁衍，崇信与祈福禳灾等交织在一起，渗入移民的日常生活之中，并成为他们日常生活的重要组成部分。这也是民间信仰实现"异地搬迁"

的基础。二是民间信仰的"仪式领头人"（阴阳师）和村落有威望的人的主导作用。据原隆村曹阴阳与杨会首介绍：2013 年，在村里 10 多个比较有影响力的移民的策划与动员下，共募集资金 130491 元，修建了现在的村庙。目前，庙会共有 34 名成员（见表 1），其中会首 2 人（1 名曾担任村书记，另一人现任村民小组组长），阴阳师 3 人。三是原隆村移民搬迁过来后，该村的土地被整体流转出去，村民无地可耕，无田可种，主要依靠外出打工谋生，这一巨大的心理落差，使得村民的精神世界始终处在不安定、不确定的状态。再加上，搬迁前移民们的人情往来主要是基于血缘与地缘建立起来的"熟人"关系，也由此形成了彼此的交往与信任。而搬迁后，原有的熟人关系被打破，移民之间的信任也变得既脆弱又模糊。

表 1 　　　　　　　　原隆村村庙庙会成员名单（部分）

姓名	原籍	身份	姓名	原籍	身份
杨俊秀	奠安乡海子村	会首	邵九生	山河乡崇安村	会计
张东学	山河乡大墁坡	会首	张存代	山河乡地湾村	庙管
万国城	山河乡地湾村	会首	马永泰	奠安乡马湾村	会员
曹振业	山河乡边庄村	阴阳	杨振祥	奠安乡杨沟村	会员
曹永成	山河乡边庄村	阴阳	李志祥	山河乡崇安村	会员
刘小平	温堡乡北山村	阴阳	岳世平	奠安乡马湾村	会员
马根太	奠安乡马湾村	阴阳	崔旦旦	山河乡大墁坡	会员
叶应德	山河乡地湾村	阴阳	王建业	温堡乡北山村	会员
魏志科	山河乡大墁坡	出纳	闫仲和	奠安乡闫庙村	会员

据本课题组在原隆村随机抽取的 19 户汉族家庭的调查问卷显示，移民们对"搬迁后，在新的村落里邻里之间的关系相对原籍，有没有变化"的问题选项：13 户选择"有变化"，4 户选择"没有变化"，2

户选择"说不清"。而选择"有变化"的，对邻里关系的看法又各不相同，其中 5 户认为关系更密切或比以前好了，8 户认为关系更冷淡了。从调查结果来看，选择"（搬迁后）邻里关系更密切"的 5 户基本都是在村落担任村小组长或是村落村庙庙会、社火团的人。而认为"（搬迁后）邻里关系更冷淡"的基本都是村落里的一般农户。究其原因，主要是原隆村建设时间短，自 2012 年 5 月至今仅有 5 年的时间，村民之间关系还处在磨合期。一般情况下，村民与原籍同村村民或亲属之间的关系比较密切，诸如遇到村落村民家里的婚丧嫁娶等事宜，大都是原籍同村的亲属或村民之间相互帮忙，并出 100 元左右的礼金，原籍其他不同村的村民极少出面帮忙。村民间的关系基本处在"陌生"或"非熟人"阶段，甚至还存在某些比较明显的"隔阂"。尤其原隆村土地被整体流传后，村落里 20 岁至 50 岁的青壮年劳动力大都外出务工，青壮年空心化的状态，使得村落村民间的"隔阂"更为凸显。

　　尽管原隆村汉族移民之间的关系比较生疏，但是他们对村落每年正月初三至十二的唱戏酬神与迎神转村的民间信仰活动都表达出比较高的认同感与愿意参与的热忱。如在对 19 户汉族农户提出"你参加过哪些村内的集体活动"的问题时，他们都一致选择了"庙会"与"看戏"的选项。显然，每年农历正月期间的唱戏酬神、迎神转村等民间信仰活动已成为全体汉族移民的自觉选择。

二　异地移民后的民间信仰机制的自我调适

　　从一般意义来说，民间信仰是基于原始宗教形态，以神鬼崇拜（包括祖先崇拜）、庙宇与相应的仪式为内容，并与人的社会生活密切相关，具有社会传承的观念形态。民间信仰的社会传承会随着社会的变迁做出相应的自我调适。这种自我调适有时是主动性的，也有时是被动性的。主动性的自我调适源自信仰主体对民间信仰诸多机制有意识、有目的地进行调适与整合。被动性的自我调适是指民间信仰会随着社会的变迁或者信仰主体的易地迁徙不得不进行自我的调适与整合。无论是主动性的自我调适，还是被动性的自我调适，神鬼崇拜、村庙与仪式的结构模式都不会发生实质性的改变。

原隆村汉族村庙始建于 2013 年。据原隆村庙会会长杨某与曹氏阴阳师介绍：村庙供奉有道教的"三清"神龛，后又陆续地将隆德县山河乡、温堡乡与奠安乡等一些村落村庙的 20 余座神像搬迁过来，再加上后来村民送来的观世音菩萨像等，原隆村村庙里的神像汇集了佛、道，以及原籍各村落的村落神等，其神系开放且杂乱无序。没有哪一位神居于主神的地位。村民或者按照自己的意愿来祭拜，或者全部祭拜，没有严格的区分。这与该村村庙神龛祭祀的开放性与分散性等特征有关，但更重要的因素，相对于传统的村落来讲，外在的社会潮流对乡村社会的冲击不是疾风式的变动，而是有缓冲的时间和空间。但是对于移民村落来说，他们离开故土这一生存的根基，搬迁至新的地域生存与发展，这一变化是巨大的。于是，"变"也就成了他们的生存与发展的信念。而民间信仰可以起到"磨合剂"与"弥合剂"的作用。

从原隆村汉族移民修建村庙来看，一方面，民间信仰更侧重人的精神诉求，更关注人的现实困苦与危难，也能够深刻地影响且规范着人的精神世界和生存方式，所以，移民们对民间信仰的崇信较之传统村落的村民具有更加重要的现实作用。移民们通过村庙、鬼神与仪式实现了物质与精神两个层面的诉求与慰藉。如流传在宁夏汉族民间社会中的《社火的由来》讲述：上古时期，天下瘟疫盛行，民不聊生。玉皇大帝托梦给皇帝与皇后，让皇帝手持大鹏鸟毛做的扇子，身穿奇特的护身服；皇后身穿花色服饰，手持一把扫帚、一盘五谷粮食。他们每到一处，口说吉祥话，张羽扇，收瘟疫，轮扫帚，扫不平，撒五谷，给民食。皇帝游完天下后，天下太平。从此，天下百姓就办社火，表达对天地的敬意①。从这一故事的内容来看，当人类遭受到瘟疫、饥荒，以及社会不公等现实疾苦时，得到了神的佑护。人类为了报恩，也为了实现驱瘟疫、扫不平、给民食的目的才有了现在的社火活动。

另一方面，民间信仰作为乡村社会的一种崇信与精神依托，具有强烈的"功利化"色彩。在原隆村庙门庭上就贴有"有求必应"的门联。曹氏阴阳师也强调说，每年农历正月十二迎神活动，他们请的神都是原籍村落所供奉的神。因为这些神与他们最熟悉，如同熟人一样，请他们最熟悉的神比较容易，也比较灵验。从表面上看，曹氏阴阳师的话很荒诞，但深入分析时会发现：乡村社会就是以"熟人"建立邻里关系与信任感的，那么人与神鬼之间的沟通也应该如此。原隆村汉族移民修建村庙，将原籍村落村庙的神龛搬迁过来，举行祭祀仪式等，就是源于他们认为，人与神鬼的关系就如同现世世界中与"熟人"的关系一般，彼此之间可以信赖，也可以相互帮助。所以，"有求必应"不能简单地归为功利性，而是原隆村汉族移民期望通过以"熟人"式的情感为依托，与神鬼建立一种"超熟人"的关系，以此才能得到神鬼庇护。所以，每年农历正月十二"迎神转村"时，移民们抬着8座分别代表各自原籍村落的神龛转村游走，祈福禳灾。移民们只要见到原籍村落的神龛，都会殷勤地迎神祭拜，以此表达对故乡村落文化传统的记忆与传承。

简而言之，原隆村由村庙、仪式、众神祇所构成的移民民间信仰体系，呈现出开放式且杂乱无序，松散且紧密整合，信仰与世俗兼容等特征。这既与民间信仰本身的开放性、自发性、民间性与地域性有关，更重要的是随着原隆村汉族移民异地搬迁后，有的民间信仰活动也随之消失，如宁夏隆德地区每年农历四月初的祭山仪式，随着汉族

---

① 《中国民间故事集成·宁夏卷》，中国 ISBN 中心 1999 年版，第 217—218 页。

移民迁徙至原隆村后，该活动已不再举行。因此，民间信仰会随着信仰主体的迁徙，地域环境的变化，观念意识的调整，其自身也会做出相应的自我调适。这一点，在原隆村汉族民间信仰中表现得尤为突出。

三　民间信仰与移民村落社会治理的关系

从闽宁镇原隆村汉族移民修建村庙，以及延续与传承唱戏酬神和迎神转村等仪式活动来看，扶贫移民的问题不是简单的人的地理空间的异地迁徙，还有地域文化传统与村落文化传统（包括民间信仰），以及移民个体的思维观念和行为模式等诸多方面的"异地迁徙"。尤其对于源自乡村社会的移民，村落文化传统（包括民间信仰）根深蒂固地镶嵌在他们的日常生活之中，它不会随着异地迁徙被人们遗忘，更不会就此消失。闽宁镇原隆村移民是以建新村集中安置移民为主，许多汉族移民分别来自隆德县山河乡、奠安乡与温堡乡等，隆德县又是宁夏乡村文化传统保存最为完整，村落民间信仰活动较为活跃的地区之一。因此，在实施扶贫移民工程时需要综合考虑汉族移民对民间信仰的现实需求，以及民间信仰对异地移民乡村社会治理的积极作用等问题。

首先，实施扶贫移民工程是以物质生活为主，精神文明为辅，还是两者不分孰先孰后？这一问题值得思考。在传统的乡村社会中，村民们的物质生活与精神世界相伴始终。春耕夏收，婚丧嫁娶，节日祭祖酬神等都成为他们社会生活的重要内容。从某种意义上说，物质与精神犹如一张纸的两面，不分彼此。由此，实施异地移民工程的过程，不仅需要考虑移民的生存环境与物质生活改善的问题，同时也应该切实考虑移民的精神世界，尤其是异地搬迁后移民面临着适应新环境，以及如何在新环境中延续、传承故土的文化传统（包括民间信仰）等问题常常伴随着异地移民搬迁之始就凸显出来。2013 年，即原隆村汉族移民搬迁的翌年，他们在村落北面一座被守林人废弃的小房里供奉起神龛，举行祭祀活动。2014 年 2 月，又集资盖起了新庙。因为事先没有向宁夏永宁县宗教局和国土资源局报批，2014 年 4 月 8 日被下令拆除。后经宁夏永宁县宗教局与国土资源局的审批，村庙得以保存。从原隆村汉族移民自发建庙这一精神需求来看，在政府实施的扶贫移民工程的过程中，适度地兼顾移民们的精神世界，即提供民间信仰活动的公共场域，尊重汉族移民宗教信仰的权利等都应该成为综合考量的因素。只有这样，才能充分发挥民间信仰凝聚与稳定移民村落的作用。

其次，综合考虑移民村落的特殊性，以及民间信仰之于移民村落的有效凝聚力，使其在移民村落的社会治理中发挥积极的作用。因为"各种民间信仰是使人与人、群体与群体之间的紧密联系成为可能的一种重要因素。民间信仰弥散在民俗之中，是日常生活的一部分，是全体成员在文化上的最大公约数"[1]。因此，民间信仰不仅可以成为移民村落人与人、群体与群体之间紧密联系的纽带，还可以成为社会治理有效的环节之一。原隆村每年农历正月初三唱戏酬神和正月十二迎神转村的活动是全体汉族移民共同参与的最隆重的活动。届时，村落社火团搭台唱戏，村庙里的神龛被请出来，在人们的簇拥下转村游村，并得到虔诚的祭奠，热烈的追捧。与其说正月十二迎神转村是一场民间信仰活动，倒不如说这是一场汉族移民共同狂欢的节日。因此，在汉族移民共同的参与下，村落与村庙这一社会公共空间场域，成为移民们调整、整合与平衡新村落的人际关系的重要平台。而移民个体与村落群体之间也借助这一平台建立起良性的互动关系，发挥了联络情感、凝聚人心的作用。

---

① 高丙中：《作为非物质文化遗产研究课题的民间信仰》，《江西社会科学》2007 年第 3 期。

最后，民间信仰也是一种重要的社会资源，它对移民村落社会治理也能起到相辅相成的作用。但同时，移民村落又有自己的特殊性。比如，民间信仰的自律管理程度相对松散，村规民约的约束力不强，能够得到村落大多数移民认同的民间精英还未真正形成，等等。凡此种种，民间信仰之于移民村落社会治理的效果就得不到充分的发挥。因此，移民村落社会治理应该综合考虑移民村落的特殊性，以及民间信仰对于移民的影响力与共识性等因素。从民间信仰自律性管理与政府监管，民间信仰的教化作用与乡村文化传统，民间信仰凝聚作用与村落民间精英培育等维度，积极探索民间信仰在移民村落的社会治理中的积极作用，这将是本课题未来更加深入研究的内容。

（原文刊发于《社会治理》2018 年第 4 期）

党建与新型农村合作社互促互融的有益探索

——基于宁夏回族自治区东华村的案例分析*

阳哲东　　王海侠

伴随着高速的城市化进程，农村发展要素长期净流出，农村社会普遍不景气，加之小农户较容易受到大市场的冲击，农村发展后续乏力、乡村治理松散。为解决村庄发展问题、扭转乡村治理颓势等问题，宁夏中宁县宁安镇驻村第一书记带领东华村村支两委班子做了深入的村情分析及实践探索，确定了"党建引领、深化改革、组织起来、共同致富"的思路。自 2017 年以来，该村通过运营"互联网 + 乡村"、组建和运行合作社，实现了农户销售增值及集体经济壮大的目标。该实践中党建引领、共同富裕的原则及合作社发展与集体经济互促互融的探索具有重要的现实意义。

一　东华村基本情况

东华村位于宁夏回族自治区中部、宁夏平原南端，隶属中卫市中宁县管辖，位于中宁县城东部 1.5 公里，辖 10 个村民小组，827 户，

＊ 作者简介：阳哲东，宁夏中宁县宁安镇党委秘书/驻村第一书记；王海侠，北京师范大学中国社会管理研究院/社会学院讲师。

基金项目：本文系教育部人文社会科学研究青年基金"农村基层治理多元化与创新实践研究"（项目编号 17YJC840036）阶段性成果。

人口 3094 人，全村占地面积 5590 亩，其中耕地面积 4784 亩，已流转出 2900 亩地用于种植蔬菜，剩余 1884 亩耕地。目前主要由农户种植枸杞、玉米、小麦、苹果等。东华村与西部大多数农村相似，存在很强的"空心化"趋势。全村大约一半村民搬离农村，或在县城定居、租房，或在外地务工经商，村内主要是老年人、妇女和小孩，具备全国农村普遍性的"空壳、空心、空巢"的特点，同时，农户贫富差距较大，其中有 78 户是贫困户，加之中宁枸杞受到较大市场冲击，枸杞产业处境艰难，大量青壮年劳动力外流，挖枸杞树苗、弃耕现象层出不穷。

2017 年 2 月，第一任驻村第一书记来到东华村，第一书记进入村庄后，迅速了解村情、组织村领导班子，研讨适合村庄的发展方案。提出依靠宁夏回族自治区近年推行的"两个带头人"工程，尝试组织村民发起合作社，同时号召村内毕业的大中专学生回村创业，以通过"互联网＋"的方式探索集体经济发展道路。2017 年 5 月，东华村开通了全区第一家"为村"平台，并组建了本村大学生的"创客"团队，初步实现了"互联网＋乡村"的技术基础。同年 10 月，东华村成为宁夏大学社会实践基地，在村校联合方面迈出了重要一步。2018 年，东华村的工作重点是组织兼业从事微商的本村青年加入合作社，以拓展销售渠道，依托村集体的包装、物流、宣传平台，实现个体和集体的有效合作，以促进农民增产增收，壮大村集体经济。

二 东华村发展规划与实践

（一）制定合作社发展原则

随着统筹城乡和乡村振兴战略的实施，农村组织形式日益多样，新型农民合作组织、集体经济组织及各类社会组织、服务组织大量涌现，农村社会阶层更加多元，农村人口流动频繁等，对党组织如何加强农村各种组织的引领协调，处理各种利益关系、利益诉求，做好流动人口、流动党员的管理服务等，提出了更高要求。基于这样的形势，第一书记参与村社制定发展规划的制度中，与村两委确定了四项基本的发展原则。期间召开了数次村民大会，征求群众的意见。制定如下几条原则。

第一，党建引领。村庄的各项事务都离不开党组织的核心作用。面对新的形势和任务，新的矛盾和问题，农村基层党建只能加强，不能削弱。只有农村基层党组织强起来，党在农村的全部工作才会有坚实基础，农村改革发展稳定才会有可靠保障。

第二，共同富裕。东华村以"两个带头人"工程为共同致富的重要抓手。过去有很多专业合作社，此类合作社是带有精英性质的，他们比较容易对接项目，导致政府资金向这些专业合作社倾斜，这就使得在一个贫困村里搞出了两极分化，出现了贫富差距。而被专业合作社排斥在外的村民则很难获得发展。东华村集体经济的发展，现采取"自愿入社，逐步覆盖"的策略，通过逐步实现村集体经济的壮大来实现全村的共同富裕。

第三，创新发展。在巩固和壮大本村枸杞产业发展的基础上，积极探索村集体经济发展的多种形式，发展"互联网＋村庄""村集体合作社＋农户""村集体经济合作社＋枸杞公司"等多种经营模式，推动集体经济又好又快发展。

第四，股份合作。以试点项目资金为基础，整合各方资源，吸引村民土地、资金入股，建立完善股份合作机制和治理结构，合理促进村集体经济发展。具体来讲，就以发起枸杞合作社作为集体经济发展的第一步，强化村集体意识，以村集体为主导，坚持村集体统筹，充分发挥村集体组织的主体作用。同时要在了解、预测和分析市场动态的基础上，以市场需求为导向，加大产品销售力度。

（二）具体做法

东华村是一个发展要素净流出的典型村庄。从全村的人口结构来看，全村827户共有350户搬迁至县城或外地居住，从而造成留守的中老年和女性群体因其人力资本存量一般都低于外部资本的获利预期，而遭遇发展的排斥；从经济结构来看，东华村的主要产业是种植业，全村耕地面积4784亩，其中2900亩已流转给农艺农业发展有限公司等企业用于种植蔬菜，剩余耕地种植粮食作物难以摆脱谷贱伤农的困境；从全村的阶层结构来看，东华村表现为存在一定的贫富差距，在能产生较多剩余的特色农产品生产领域（诸如枸杞），普遍被农村工商业资本、农村中的精英农户所形成的利益"联盟"所占据，整体表现为"精英俘获"机制。827户村民中，20户左右有营利性产业，相对富裕，700户左右靠进城务工兼业维持再生产，其中78户是贫困家庭，生活十分困难。由于工农两大部类之间的差异，导致农村劳动力、资本、土地三要素净流出，东华村形成了典型的"三农困境"。面对"三要素"净流出及贫富差距较大的现状，东华村提出"党建引领、深化改革、组织起来、共同致富"的思路，尝试"三要素"的组织工作，以降低农户进入市场的交易成本并实现规模化收益，化解资本原始积累形成的负外部性，进而探索乡村善治。

一是成立新型合作社，收获村集体经济第一桶金。发展集体经济是实现共同富裕的重要保证，是振兴农业发展的必由之路，是促进农村商品经济发展的推动力。2017年，宁夏回族自治区党委组织部在全区开展的"三大三强"及"两个带头人"工程为农村发展注入了活力。东华村第一时间召开了群众代表大会，决定借助政策优势和农产品特色成立枸杞合作社以发展壮大村集体经济。社员分为党员社员、老人社员、创客社员、村集体社员、土地社员、社会机构社员六类。在社员大会上，村里的部分党员主动出资3000元，3年不享受利息和分红，充分发挥了党员先锋模范作用。合作社共筹资20万，其中村集体入股30%，5位理事中村两委成员占比3席，从组织形式上较好地提高了党支部的核心引领力和影响力。2017年下半年，东华村枸杞的淘宝公益上线,共完成 130591 元的营业额,初步实现东华村党建与集体经济发展互促互融。

二是打造"电商创客"团队,实现青年人回流。没有青年的村庄是没有活力的村庄;没有青年参与的村庄是没有前景的村庄。在互联网时代,东华村党支部通过各种渠道积极联系在外求学、工作的青年,号召他们为家乡发展贡献力量。东华村已组织 20 余名青年组建成了"电商创客",以团队的形式加入合作社,有些"电商创客"是在读大学生,他们在各自的高校勤工俭学,销售东华枸杞,还有些"青年创客"在自己创业,2017 年东华村"电商创客"共销售枸杞5000 斤。之前这些青年各自为战,他们的包装、物流成本高,合作社将这些青年创客组织起来,统一包装、统一物流,有效地降低了枸杞的流通成本。东华村不仅积极联系本村的青年人来实现劳动力"线上"回流,还与宁夏大学开展合作,宁大老师定期带领东华村的部分青年开展理论学习,并为在宁大读书的东华村大学生提供创业所需的软硬件设施。"互联网 +"青年为村庄的发展注入了活力,增强了动力。

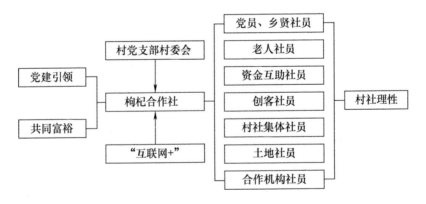

图 1 党建 + 互联网 + 合作社发展模式

三是运用"互联网 +"平台,构建乡村智慧生活。随着时代的发展,乡村和城市一样也面临着日益淡化的人际关系,外出打工的村民与留守家乡的村民之间出现了"老乡相见不相识，笑问客从何处来"的现象。于是，东华村2017年4月开通了全区第一家腾讯"为村"平台，积极探索村民之间的"信息、财富、情感"的三连通。"为村"平台功能齐全，能将党建、电子商务、村务公开、顺风车等栏目整合起来。35岁的赵某是东华村村民，患有麻痹症，为了治病，家里欠下外债。正当一家人为高额的医疗费用发愁时，东华村党支部利用平台发布了一篇题目叫作"宗静，东华村的老少爷们挺你！"的微信筹款文章，热心的村民纷纷捐款，短短的三五天时间，便筹集善款4万多元，帮助她一家解了燃眉之急。

近年来枸杞市场价格下滑，农户以原子化的形式参与市场竞争，面临着较大的交易成本和市场风险。2017年4月，村里的一个枸杞大户因资金链断裂，无力承担90亩土地的流转费，且他又找不到渠道将土地转包给他人，群众拿不到土地流转费，90亩土地也撂荒了，此事引发了较大的矛盾，东华村村委会干部们十分着急。村干部在"为村"平台上发布了土地转手的信息，很快一位在外地务工的东华村人正好打算回乡流转土地种植玉米，于是90亩土地被这位玉米大户接盘，暂时化解了矛盾。以"为村"平台打造智慧乡村，能提高信息传播的效率，拓宽信息传播的广度，加强村民之间的联系与沟通，较好地为村民服务。

三 乡村发展的几点建议

发展集体经济是缩小农村内部贫富差距和提高农村党支部战斗力的关键。东华村作为典型的"空心"村庄，通过依托合作社开展了党建与集体经济互促互融的有益探索，村庄搭上"互联网＋"的快车实现劳动力线上回流，促进村庄集体经济的发展，并加强了村庄的内在联系，化解了村庄的矛盾纠纷。为此，提出如下建议。

第一，建立健全村集体经济组织治理机构。大力推进"党建＋合作社"模式，形成"党支部搭台、合作社唱戏、老百姓受益"的格局，村集体能以独立法人的身份创办合作社以区分一般的农民专业合作社，并建设完善村集体经济的经营管理制度和盈余分红制度。

第二，深入开展"互联网＋乡村"的发展模式。针对村庄人力资源匮乏的问题，大力号召本村青年人开展创新创业，实现劳动力的"线上"回流。依托本地区的高校资源，创建"农村＋高校＋电商培训班"三方价值共创的人才培养机制，发挥大学生特有的才智和优势，利用自媒体和社会媒体资源，助推农产品品牌创造，引领农村经济加速发展。

第三，以合作社为依托实现集体与个人的双赢。将原子化的村民组织起来，一方面既可以降低农村经济的运营成本，另一方面又能实现农村经济的规模效益，同时还能发挥村社理性，降低村民个体参与市场的风险，以实现集体与个人的共赢，推进合作社的长期健康可持续发展。

（原文刊发于《社会治理》2018 年第 7 期）

农业合作社的困境与出路[*]

杜静元

　　截至 2017 年 7 月底，在工商部门登记的农民专业合作社达到193.3 万家，实有入社农户超过 1 亿户，约占全国农户总数的46.8%[②]。这说明农业合作社已经成为我国农村实施规模经营的重要组织载体。合作社的良性发育对实现乡村振兴战略，推进我国农业现代化将具有重要意义。但必须面对的现实是，虽然农民合作社有如此庞大的规模，但在发展进程中困难重重，产生了诸如融资难、人才不足、市场竞争力弱、身份造假等问题，出现了诸如空壳合作社、挂牌合作社等合作社发展异化的问题。甚至有学者指出，真正的农民专业合作社在中国难寻[③]。笔者在合作社发育较早的内蒙古的一些旗县进行了调查[④]，发现在合作社经历了近四十年的连续发育后，一些长期

　　* 作者简介：杜静元，北京师范大学中国社会管理研究院/社会学院讲师。
　　基金项目：本文为教育部人文社会科学研究青年基金项目"农村服务型社会组织的发育机制和可持续发展研究"（项目批准号：15YJC840005）的阶段性成果。
　　② 《我国农民专业合作社达 193.3 万家》，人民网，http://cpc. people. com. cn/n1/2017/0924/c64387—29554942. html，访问日期：2018 年 9 月 24 日。
　　③ 邓衡山、徐志刚、应瑞瑶、廖小静：《真正的农民专业合作社为何在中国难寻？——一个框架性解释与经验事实》，《中国农村观察》2016 年第 4 期。
　　④ 国务院发展研究中心课题组：《农民自组织的成长与约束》，《管理世界》1994 年第 6 期。该文中对内蒙古地区农村出现的协会进行了调查，该地是出现经济协会较早的地区。

未得到解决的问题始终困扰着合作社的发展。本文试图从合作社面临的困境和问题出发，找到今后促进合作社跨越其发展瓶颈的一些可能途径和方向。

一 农业合作社发展的困境

（一）合作社融资难的困境

融资难几乎是中国所有合作社正在面临和成立以来长期面临的问题，原因有以下三点。

1. 从融资渠道上说，合作社很难从银行获得贷款。这是因为合作社本身没有合法资产（土地或建筑物）进行抵押，或者说没有在银行进行抵押贷款的法人资格。虽然国家有一些针对合作社的金融政策出台，并且《农民专业合作社法》第五十一条也规定了国家政策性金融机构应当采取多种形式，为农民专业合作社提供多渠道的资金支持。但是在银行层面却始终难有操作细则。在土地确权登记之后，还没有出台合作社是否可以通过土地经营权证进行抵押贷款的相关政策规定，以及怎样通过土地经营权证抵押贷款的具体操作办法。所以在当地，合作社的贷款方式依然是农民个人取得贷款的方式，即只能通过信用社进行成员联户担保，然后合作社把农户的贷款集中起来使用。

这样做的问题在于，第一，通过联户担保获得的贷款额度小，无法支撑扩大规模、改进产品包装、进行农产品深加工、打造品牌等方面的资金需要。第二，通过联户担保贷款的时间短，要求一年一还。农业投资的回报周期长，特别是用于基础设施改造的资金，其回报一般在 5 年左右，所以这样的贷款供应很难满足合作社发展的真正需求。第三，贷款的利息高，如果资金回报慢，单独只考虑利息的问题，其成本就会让一个合作社被拖垮。

2. 农户没有融资积极性。这是因为，首先，合作社"一人一票"

和"盈余返还"的原则，使得社员对于继续投资，即进行内部信用合作的积极性降低。因为从收益最大化的理性选择角度来看，合作社成员的最优选择，应当是用最少的资金进入合作社来取得社员资格，从而取得表决权和盈余返还的权利，用最大的惠顾量，获得最多的盈余返还的收益分配。其次，农户如果继续投入资金，需要对合作社的资金管理进行严格的监督，保证资金的使用公开透明、防止对外放贷和搭便车的行为，尤其是在目前合作社普遍出现大农吃小农、精英俘获等问题时，信用没有得到相应的制度保障，没有相应的惩罚措施，农户与合作社间的信任关系还不牢固和稳定，因此，农户的资金很难更多投向合作社。

3. 商业资本进入的可能性有限。一方面从商业资本的报酬而言，由于合作社本身的一些原则使得资本天然在这里无法获得快速的高回报。从合作社的发展来看，不仅受到融资难和人才引进难的限制，而且从自身的制度上来说，由于合作社的经营权和所有权还未分离，在管理上就缺乏效率，绝大多数合作社的分红很少，而且《农民专业合作社法》规定的盈余返还原则，促使合作社注重惠顾额，而不注重资本的分红，因此，投资者获得的收益少而且慢。另一方面，从合作社本身的成立初衷而言，商业资本进入本身就会给合作社增加出现成员异质性、商业资本控制合作社等风险。这是因为商业资本的投资者作为受教育程度较高、要素提供数量较多的社员，与其他农户相比，他们所关心的个人利益与集体利益可能是不一致的，而且风险偏好也不一致，农户可能更关心长远利益，而商业资本出资者更关心短期回报。因此，从合作社的社员意愿和保护自身利益而言，他们并不希望商业资本的大量进入。

综上所述，从银行、农户、商业资本三条融资渠道来看，无论从外部制度环境而言，还是从内部治理结构而言都阻碍了融资渠道的多元化，解决融资难的出路在于从制度层面要打通壁垒，对融资的方式进行革新，形成社会资本与要素向农业注入的局面。

（二）合作社的专业人才缺乏

这个问题从合作社萌芽以来就存在，在合作社发展的不同阶段，其表现形式存在较大差异。

20世纪80年代中期至90年代中期，可谓是合作社在现代以来的萌芽时期，主要表现为缺乏专业技术人才。这一时期随着家庭承包经营体制的确立，农民以家庭为单位来安排自己的土地，这使得他们对提升农产品产量的需求非常强烈，通过新技术来提高产品产量是这一时期大多数农民觉得可以实践的一条新路。而乡镇的农技推广组织很难提供精准的一对一服务，一种新的组织方式应运而生，他们用提供技术培训和应用作为进入条件，成立了具有合作社萌芽性质的协会，很快受到农民的热烈欢迎。而这个时期的技术人才多是一人兼多职，很少有技术人员愿意辞职正式加入合作社。而农民之间的相互学习，也让这个人才流动模式成为必然。但是这样做的问题在于农民对技术的掌握只限于表面，合作社无法真正提高产品的竞争力，并通过技术降低农产品的成本，实现高利润。合作社内部缺乏留住人才的机制。政府也没有出台有利政策，将专业人才导向于合作社。

在2007年《中华人民共和国农民专业合作社法》正式实施之前，这个时期的合作社发展主要表现为缺乏专业管理人才。在这个时期，有很多名称都以"协会"出现，随着合作社或类合作社的发展，对管理人员的要求越来越高，一般而言，合作社并未实现跨地区合作，因此，在自己人的圈子中，退休的村支书或村主任就成为天然的合作社领办人，其运行机制也没有真正按照国际合作社的原则规范运行，而是多数在"能人效应"的影响下，其基本领导方式还是以个人权威为主，出现了"精英俘获"等问题。如某合作社的全体社员大会只是一年召开一次，议事程序由几个人或一个人说了算。这个时期社员们开始意识到合作社缺乏专门的管理人员和现代化的管理体系。

在 2007 年《中华人民共和国农民专业合作社法》实施之后，合作社的运行逐渐走向规范，人才问题依然是制约其发展的重要原因，主要表现为综合性人才缺乏，且人才质量不高，老龄化现象严重。当合作社规模扩大后，经营管理的专业化、职业化要求提高，经营权和所有权的分离也成为趋势，虽然部分社员愿意放弃自身的经营活动，成为专职的经营管理人员，但是仍然需要懂经营的管理人员进行决策。于是，对于新成立的合作社，其理事长不再是村主任或村支书优先，而是找从外地打拼回来的能人担任，他们不仅有一定的市场知识和管理经验，而且还有拓展市场的社会资本，这时合作社发展迅速，可以说人才返乡是一个重要的推动力。而老的合作社难以吸引新的人才进入，管理人才老龄化现象严重，发展理念受限，合作社的规模难以扩大，甚至存在萎缩的情况。

（三）身份认可难，身份造假易

合作社的身份问题是很多问题的根源，首先它的身份不是公司而是一个社会组织，但是合作社不在民政部门登记，而是在工商部门登记。身份认可难，合作社在银行贷款、评选著名商标、电商销售等方面均不被认可。在评选商标方面，合作社无法在政府各部门及事业单位中得到认可，如果想要创出自己的品牌需要注册一个公司，然后才能进入评选，所以合作社的发展中必然有一个双重身份，即公司身份和社会组织身份。在作为电商的销售中，身份也是如此尴尬，必须通过注册公司的形式才能进入。这样合作社不仅在社会中没有被认可，就连在其成员中也很难被认可，农户的工具主义倾向越来越浓，很难发展出真正的合作社。身份造假易，是由于合作社身份的取得比较容易，且可以获得政府补贴和税收补贴的机会，于是吸引了很多公司或个人建立虚假合作社。从合作社法的规定中对身份造假的合作社几乎没有约束。依据合作社法第十四条规定，合作社的准入门槛中对企业的约束很小，以至于有些农民被参与的现象层出不穷，很多企业进入农业领域后为了获得政府的补贴和税收优惠，从农民手中流转土地，并在登记中使农民成为合作社成员，但是农民并不履行合作社成员的权利和义务。

更为恶劣的是，出现了劣币驱逐良币的现象，在政府的扶持政策中，针对合作社的项目是需要合作社进行一定配比的，其初衷是为了支持一些发展较好的合作社。但是本文在前面已经提到由于真正的合作社融资很难，有时根本无法实现政府财政支持和自有资金的按比例配套，而那些虚假合作社，由于某个公司或个人的资金实力雄厚，容易从除信用社之外的其他金融机构获得贷款，反而更容易得到政府的财政补贴，而这种补贴和税收减免对他们来说都是"纯收益"。

二 如何走出合作社发展的困境

合作社要走出发展的困境需要做出的不仅是在认清内部的各种矛盾和天然缺陷的基础上做出内部治理结构的调整和适应，而且还要通过优化外部制度环境实现"倒逼"资源主体完备资源支持的局面。

所谓的内部治理结构的调整和适应，主要是指通过对合作社的组织制度、管理制度、产权制度三个方面的调整，探索如何激发其内生增长动力的途径，实现可持续发展。优化其外部制度环境，主要是从政府层面，在推动合作社可持续发展方面提供制度保障和政策支持。

（一）调整内部治理结构

扩大合作社的成员范围。在中国合作社发展的过程中，人才始终是困扰其发展的关键问题，从20世纪80年代到现在，合作社的技术人才以农业科技人员的身份进入，却从未以合作社成员的身份自愿留下来。在当前农产品进入国际市场和越来越严格的食品监管体制下，农业合作社的社员不能拘泥于本村本地的农民，在制度设计上需要引入不同的社员群体，如农技人员等技术人才、管理人员等管理人才和综合型人才进入合作社。合作社通过盈利分红和工资的形式吸引这些人才进入，国家也需要出台一些有利于合作社引入人才的政策。

重视组织内部的教育和培训制度的建立。合作社的鼻祖罗虚代尔先锋社在格林伍德的倡导下成立了教育委员会，后来通过修改社章，规定合作社每年要在盈余中提取 2.5% 作为教育基金。"曼彻斯特原则"中除了重视教育，还提出应该重视培训和信息服务，合作社不仅针对社员培训还应对经理和雇员进行培训，以此来达到合作社所要求的技能，使社员有效地履行所应承担的责任。在我国，教育和培训很多是由政府提供的培训机会和财政补贴来完成的，这与合作社发展的规模较小和资金缺乏有关，也与合作社的发展理念有关。2018 年的中央一号文件中指出，大力培育新型职业农民。创新培训机制，支持农民专业合作社、专业技术协会、龙头企业等主体承担培训。合作社在发展过程中成为主体承担培训的任务还需要政府更多落到实处的支持。

通过内部融资的方式创新使合作社成员获得投资积极性。在分配红利方面，合作社需要进行调整，以适应合作社发展中出现的各种问题。在外部融资很难解决的情况下，为使社员有继续投资的积极性，对于成员"扩大投资"的部分，应使社员可以享受按股分红或可以按正规银行的利率获取利息。

（二）改善外部制度环境

引入其他金融服务，如互助保险、金融租赁等形式。互助保险是当今世界保险市场上最主要的形式之一，拥有约 2/5 的全球市场份额。而在我国互助保险发展非常缓慢。除了政策方面有很多空白的原因之外，农民的收入较低、对互助保险的认知有限以及保险公司在互助保险的产品开发上没有合适农民的互助保险险种等也是制约因素。同样，金融租赁也是一个新的金融服务手段，它的理念是变"融资"为"融物"。其优点是可以用较少的资金租赁到大型农机、农产品加工设备以及启动农村基础设施项目的使用权，而且租赁期限可以延长。这种模式可以部分解决银行融资难的问题。但是目前我国的金融租赁市场渗透率不到3%，金融租赁业专门服务农村少之又少。总之，金融是合作社能否发展好的一个关键问题。正如梁漱溟所言："要想农业进步，就必须注意和它最有关系的农业金融问题及农民合作运动两桩事。……农民纵然合作了，还未必就有资本从事于改良，非金融上很活便，供给他生产资本，不容易促进他的前进。所以农业金融系统的建立，实于农业有死活的必要。"① 从国际上看，合作社发展的 100 多年历史中，金融和融资的问题始终是合作社发展中必须解决好的问题。融资难的问题需要从内部和外部两个方向综合解决。在合作社内部治理中需要改变融资规则，调动农民的投资积极性，犹如日本农协和中国台湾农会的做法，用金融收益的盈利去补贴生产、技术等非盈利项目。在外部来看，更需要城市资本的进入，健全农村的金融体系，真正实现工业反哺农业。

将合作社身份在市场中真正合法化。合作社在市场中真正合法化需要合作社真正以等同于公司的身份在市场中进行交易活动，如上所述在电商销售、贷款等市场行为中获得合法身份，这样才能真正打出自己的品牌。2018 年的中央一号文件指出："农村承包土地经营权可以依法向金融机构融资担保、入股从事农业产业化经营，培育发展家庭农场、合作社、龙头企业、社会化服务组织和农业产业化联合体，发展多种形式适度规模经营。"金融机构需要更快地制定具体实施细则，即在合作社合法流转获得社员土地经营权后如何向金融机构实现融资担保。

对合作社应分类指导。我国农民合作社的发展类型、发展水平在今后较长时期内，将呈现经典与现代、专业与综合、单一与社区、多

---

① 梁漱溟：《乡村建设理论》，上海人民出版社 2011 年版，第 356—357 页。

类型和多层次长期共存、兼容的复杂局面①。合作社应区分不同的类型制定不同的发展指导意见。在笔者的调查中发现，不仅专业和综合合作社的发展需要不同的指导，就在专业合作社内部也存在着不同的类型，其需要的国家政策支持也有所不同。比如专业合作社可依据农产品的类型，从离城市由近到远的顺序分为四类，一是分布于城市近郊的蔬果合作社，二是其他经济作物合作社，三是粮食作物合作社，四是畜牧业合作社。四种合作社在获取国家补贴方面有着较为明显的差异，应针对不同类型的合作社制定相应的财政补贴政策。

推进监管法治化。由于合作社的规模日益壮大和外部资本的进入，对合作社的监督不仅仅通过内部的监事会的自我监督，还需要第三方独立审计和行政监管，建立一个合法的监管体系。为此，从立法的角度，需对农民合作社法进行修改。

综上所述，合作社走出发展瓶颈和困境，既需要合作社内部进行治理结构的创新和变革，还需要政府的推动和支持，而归根到底需要农民自觉意识的觉醒，需要他们对合作机制的认同。罗伯特·阿克塞尔罗德在《合作的进化》中提道："合作的基础不是真正的信任，而是关系的持续性。"②而农民的合作意识不仅是在合作社的"盈利返还原则"的"一报还一报"中获得不断的强化，更需要在其所认同的文化中得到真正的自觉。而这种自觉是在实践中去不断激发和重新认识的。中国合作社经过几个阶段的发展，有市场和政府的推动，但是很多难以走出发展的困境，需反思的不仅是在内部和外部制度层面要做出的改进，还需从文化层面反思如何促进合作意识。

（原文刊发于《社会治理》2019 年第 2 期）

---

① 苑鹏：《农民合作社：为谁而生、向何处去》，《中国农民合作社》2017 年第 10 期。

② ［美］罗伯特·阿克塞尔罗德：《合作的进化》，吴坚忠译，上海人民出版社 2017 年版，第 126—127 页。

生存之忧与发展之惑：
乡村振兴视域下青年村干部的角色重构

胡溢轩[*]

一 问题提出：青年治理人才流失之殇

（一）研究缘由

党的十九大提出乡村振兴战略，是以习近平新时代中国特色社会主义思想为指导，在精确把握新时代下我国社会主要矛盾已经发生变化的基础上，为推动乡村社会的全面复兴所做出的战略选择。治理有效作为实施乡村振兴战略的总体目标之一，也是乡村振兴的基本保证。乡村治理不同于城市社区治理，农村社会具有地域与血缘的"差序格局"，村干部自然是乡村治理的"关键少数"，扮演着联系国家与农民的关键角色，即对上是贯彻国家政策的执行者与代言人，对下则是动员广大村民参与乡村治理的领导者。当把眼光聚焦在乡村社会内部时，会发现许多村庄正面临着村干部后继无人的客观现实。

改革开放 40 年以来，中国社会呈现出大规模、高速度、复杂性的社会流动，却遭遇了流动结构失衡的问题，突出表现在青年骨干和

---

    * 作者简介：胡溢轩，中国人民大学社会学理论与方法研究中心博士研究生。
  基金项目：本文系中国人民大学 2018 年度拔尖创新人才培育资助计划成果。

相对优秀的人才的流出，因此社会治理的关键是治理流动性①。近年来，尽管党和国家加大了向农村输入青年人才的力度，通过建立"村第一书记""大学生村官"等一系列制度，试图破解乡村精英尤其是青年治理人才匮乏的困境。但是此类人才往往是从村庄外部引进而来，具有很大的流动性，因此难以长期扎根乡村治理。新时代背景下，以青年村干部为代表的内生型治理人才的出现，让人们仿佛看到了可能的解决方案，这也是中国智慧的体现。但仍需注意的是，内生型青年人才如今正面临着生存与发展问题，此类人才的不断流失已成为当下影响乡村振兴的主要瓶颈。

（二）文献回顾

自党和国家提出乡村振兴战略以来，乡村自治组织成为研究的热点议题。已有文献主要是分析了乡村治理中村干部在年龄、学历、知识结构等方面存在显著的结构性问题②③，学者们也意识到乡村治理人才的匮乏所带来的消极影响④，并提出要建立常态化的治理人才吸纳机制⑤。而在青年研究领域，重点关注了农村青年的政治参与状况，对公共事务缺乏热情、人口流动、自身能力等因素限制了农村青年的政治参与状况，对公共事务缺乏热情、人口流动、自身能力等因素限制了农村青年的政治参与⑥⑦。此外，学者们从职业前景预期、工作

---

① 洪大用：《社会治理的关键是治理流动性》，《社会治理》2017 年第 6 期。

② 王建国、王付君：《新时期农村基层干部代际更替与乡村治理的关联——问题与框架》，《社会主义研究》2011 年第 6 期。

③ 吴蓉、施国庆：《后税费时代乡村治理问题与治理措施——基于文献的讨论》，《农业经济问题》2018 年第 6 期。

④ 李祖佩：《"新代理人"：项目进村中的村治主体研究》，《社会》2016 年第 3 期。

⑤ 张雅光：《乡村振兴战略实施路径的借鉴与选择》，《理论月刊》2019 年第 2 期。

⑥ 彭华：《农村青年政治认同研究——基于湖北五县、市（区）调查分析》，《中国青年研究》2012 年第 4 期。

⑦ 龚志伟：《新时期青年团员在村级选举中的政治参与心理研究——基于浙江省丽水市的调查与分析》，《湖北社会科学》2011 年第 10 期。

动机、薪酬待遇等角度分析了大学生村干部问题①②。综上所述，已有研究更多的是围绕村第一书记、大学生村干部等外生型治理人才展开，但对如何激活乡村振兴战略的参与新主体，尤其是青年村干部等内生型青年治理人才的研究则寥寥无几。

本文所研究的青年村干部主要是指具有农村户籍，年龄在15—35周岁之间，具备大学学历的村两委聘用干部或后备干部。相较大学生村干部而言，青年村干部往往对家乡怀有一种特殊的故土情感，具备扎根农村成为"懂农业、爱农村、爱农民"型乡村振兴人才所需要的一切潜质。本文将以乡村振兴新战略为背景，依据在浙北 Y 村的田野调查，通过参与式观察以及对 Y 村青年干部 ZF 的深度访谈，呈现这类群体在参与乡村治理过程中所遭遇的"生存之忧"与"发展之惑"。随后从"自上而下"以及"自下而上"的双重视角对青年村干部处于边缘化困境的原因进行阐释，继而提出破解当前困境的主要路径，以期进一步丰富乡村振兴研究中有关青年参与的文献。

二　现实困境：青年村干部的生存之忧

（一）工作困境：话语与权力的边缘化

青年村干部难以获得领导的完全信任和认同，所接触的主要是边缘性的村务工作。乡镇、村两级领导干部对青年村干部的态度是比较矛盾的，一方面认为这些年轻人往往有大学学历，具备一定的知识储备，尤其对信息的获取以及新技术的应用方面有着独特的优势；另一方面，则认为他们不接"地气"，经验与能力还不能真正地参与到村级事务治理中去。因此，在实际的工作中，年轻的后备村干部涉及的

---

① 李义良、奉公：《大学生村官队伍建设研究报告——基于江苏省的分析》，《中国青年研究》2016 年第 9 期。

② 韩锦、王征兵、彭洁：《大学生村官留任意愿及影响因素分析》，《西北农林科技大学学报》（社会科学版）2016 年第 1 期。

村级事务更多是随机性、形式化的，诸如打杂、整理文档与台账资料等边缘性工作。这些就造成了他们对工作的应付式思维，自然难以从工作中得到"职业获得感"。此外，一些村领导基于自身利益与职能的考虑，也不愿意花时间、精力去培养青年村干部，他们担心这些年轻人破坏村庄内部固有的利益关系集团。因此，在村庄发展规划等关键性问题上，青年村干部没有实质性的发言权，致使他们逐渐丧失了参与的积极性，长此以往加剧了他们在工作中的无力感。

　　就比如去年是我第一次做农保，就是他们这种分工不分家的模式，也不知道到底是谁做，到后来都是我在做……我在村里上班，有的时候也会提一些建议。但我现在不太提建议的。我就去年过年的时候提过一次，现在不提建议的原因也很简单，就是村庄发展的问题，我们现在提的建议没用，因为我们说的不算，我们不太喜欢找事情。

乡村基层工作的季节性、临时性、应急性等特点，使得青年村干部经常面临手足无措的困境。乡村社会有着自身独特的运作逻辑，很多时候需要的并不是青年在高校所学到的抽象知识，而是一些来自村庄内部的地方性道理。在熟人社会中处理日常村务，往往需要对村情、民情极为熟悉并且长期生活在村内，这些人能够根据生活经验以及村庄的实际情况做出选择，而这对于长期生活在外地、刚刚返乡的青年来说则难度颇高。青年村干部的工作经验相对匮乏，再加上并不能完全依靠和利用乡村自治组织，这就造成他们在面对一些突发应急事件中不知如何应对。青年村干部在日常的村务工作中与"他者"的距离感，主要表现在对上与村领导干部，对下与普通村民均有明显的交往困境。尽管很多时候青年村干部能够做到在工作中充满激情，但却难以根据熟人社会这个错综复杂的网络来处理村庄的公共事务，很多时候就好像重拳打在棉花上，会产生强烈的工作挫败感。

> 当时电视台来我们这里拍摄，他们要的是案例资料。拍摄的时候拍摄了一些我们的，不能说是弊端吧……就是那种案例是不可以外传的，但是我也不懂，律师也没想到，因为他（指律师）想的是我带的人他放心，然后我想的是来拍拍不可能太那个吧。结果当天，晚上应该是六七点钟的时间，MF（村委宣传负责人）已经把我叫过来了（指挨骂）。那次印象比较深刻，犯了大错。

（二）生活困境：社会与经济收益缺失

工资待遇与自己的期望差距太大，经济性效益难维持基本生活。村干部的收入主要包括正常的工资收入以及利用权力所获取的寻租收入。所谓的寻租收入，主要是利用公共职位所带来的潜在收益，即通过工作权威获取的灰色收入。在一些乡村关系不配套、农村财务不健全、自治组织能力较差的地区，这些灰色收入的存在不至于让村干部在经济方面遭遇生活的窘境。但是对青年村干部而言，往往只能拿到正当的工资收入，而这部分收益其实是相当低的。浙北地区农村的经济发展相对处于较高水平，但根据笔者的调研情况，绝大多数的青年村干部正面临着现实的"生存之忧"，他们的工资收入大多在2000—3000元，支出伙食费、通信费、交通费等必要的生活费用后，几乎不可能有结余了。很多时候为了维持生活，他们甚至还需要当"啃老族"，较低的薪酬水平必然会影响他们的主动性、创造性的发挥。青年村干部本身对于工作的福利待遇各方面存在着一定的期望值，但是却需要面临最现实的生存困境。

> 坐我后面那个小姐姐她以前一个月有四五千块，然后还交五

险的，挣的有六七千块。她现在这儿的话是 3000 块每个月，没有五险什么的，吃饭要自己吃。然后福利待遇又没有，村一级不享有任何福利待遇的。坐我前面那个小妹妹以前的工作是停车管理收费的，就是做台账什么的，还是上一天休一天，一个月 4000块左右，然后是交五险一金的，就是福利待遇都蛮好的，可她们到这儿都是 3000 块钱。

青年村干部作为返乡者，缺少获得社会性效益的空间。很多青年村干部返乡工作更多的是基于对家乡的乡土之情，同时也期望能够从工作中获取一些社会性收益。所谓社会性收益，主要是指从职位中获取的诸如声望、权威、政治社会抱负等。村干部在日常工作中收获的社会性收益，也是激励他们努力工作的动力机制。村支书、村主任在村庄内部往往拥有较高的权威，他们能通过职位中所蕴含的公共权力去影响村庄的公共决策，从而获取一定的社会性收益。在乡村熟人社会中，社会性效益在很多时候往往比经济效益更难获取。青年村干部返乡工作，自然也很渴望能够获得乡亲们的认可。但在现实生活中，他们却很少能利用自身的职位，创造或者获取各种资源项目用于满足村民生产、生活和娱乐需要，这就造成了青年村干部难以获取这类社会性收益。对于一个正值青年的家庭主要劳动力，生活与工作环境的艰苦困境，再加上看不到未来发展的任何希望，严重打击了其工作的热情与持续性。

有很多人他（指村民）会过来骂的，而且就是无缘无故的。前两天不就有一个叔叔嘛，把我们那一排，不是我们有桌牌嘛，从头一遍骂到尾。我们就坐着是吧，他就能指着桌牌一个个说。说小姑娘，这个搞不灵清的，别被她婆婆带坏了什么，他就这么说。然后就到 MGT，他说你长这么宽的脸盘子，老公都找不到咧，还好你已经找好了。他就一个一个骂过去的，就无缘无故的。

（三）身份困境：角色认同脱节与断裂

在村务工作中的价值立场、行动趋向，影响了青年村干部对自身身份的认知。行动者的身份认同困境主要有两种：一种是多重身份角色集于一身，从而造成各身份之间的认同困境；另外一种是个体无法通过意义形成自我的身份认同。青年村干部遭遇的显然是后一种角色认同困境。这类认同困境的形成既来自外界的互动，也产生于个体对自身角色的模糊性认知。也就是说，青年村干部对于自己应在乡村事务中扮演何种角色，仍处于混沌的状态中。他们尝试尽自己所学与所能帮助村民，但结果往往是力不从心，加剧了对自我身份的认同与怀疑。当其在学校学到的专业知识不能有效解决基层事务时，这种身份困境所带来的影响就愈发显现。一旦未能处理好角色转化的问题，自然会导致自我认同度不高。越来越多的青年村干部感觉"组织认同感""社会认同感""职业认同感"缺失，而这些心理感受在很多时候又形成了一个反向的恶性循环，影响到了青年村干部对工作岗位存在价值的质疑。

> 有的时候真受不了，就晚上跟老公开始哭。我说老子不干了，找什么工作找不到。因为我老公也是一直在创业的，现在是那种小作坊，今年要开厂要扩大……我老公的工人工资都比我高，后来我说我给你做小件（指去工厂工作）好了，以后我给你做财务，考个财务证……我说做什么都行，不想在这受委屈。

在与村庄内部的多元主体互动过程中，青年村干部的身份认同困境日渐凸显。青年村干部的身份会受到来自政治、经济等外部结构性力量的影响，但与其关系密切的村领导、普通村民的压力，会更加直接地加剧其角色认同困境。当前在实施乡村振兴战略的大背景下，面临技术短板的普通村民，渴望从青年村干部身上学到能够带领他们致富的知识与技能，这些对于初涉社会的青年来说无疑是一种巨大的角色压力。此外，来自家庭的内部压力，也让青年村干部陷入紧张的角色冲突之中。很多青年村干部的父母往往并不支持他们回村工作，父母认为好不容易培养出来的大学生，最后却放弃城市优越的工作环境回来农村工作，是一种并不光彩的事情，并且也是没有出路的。这就造成了青年村干部既要面临来自工作的外部压力，还要面对来自家庭的内部压力。青年村干部需要在家庭与工作之间两头应付，这种状况使得他们对自身角色的认知脱节与断裂，从而处于一种两头无着、两面受夹的状态。

我说哪怕加班有个加班工资也好，我最开始不想干的原因是，年底的时候简直不想让人活了，那个时候我经常还要加班到两三点的，真不是人待的。我以前读书的时候，第二天要考试，我都没这么熬夜了。我说我图什么呢。第二天还要来挨骂，图什么呢？……反正就是希望父母能安淡一点，所以我现在最大的想法就是希望我们村能搞起来，搞起来之后呢，我自己公婆也不用开厂了，自己也安淡一些。因为我的父母安淡了，其他老百姓也就安淡了。

三　原因阐释：青年村干部的发展之惑

(一) 精英俘获：隐藏的权力与资源分配结构

乡镇对"村治"的过度涉入，造成青年村干部处于权力结构的底层。"精英俘获"通常是指地方精英利用自身所具有的机会优势，支配和破坏社区发展计划和社区治理①。一旦"精英俘获"成为一种普遍化的现象之后，就出现了所谓的"分利秩序"②③。在乡村治理场域中，分利并不仅仅是经济利益，而是包含了政治利益、社会利益等集合体。分利秩序在本质上是一种非正常的资源分配规则，是以"权力"为中介影响乡村秩序。乡镇基层官员及乡村精英，通过借助项目制以及资源下乡建构起一个非正式的利益关系网络。青年村干部无论是经验、能力还是关系层面，都很难在与乡镇"代理人"的竞争中获胜。乡镇官员为了完成国家的治理任务，通常会介入乡村选举中，获选的村领导干部也可以通过从体制内的庇护主义关系，从而获得自上而下与自下而上的权力合法性。在项目资源由行政权力主导的前提下，青年村干部既缺乏获取村庄治理权的合法途径，又难以获得公共资源的分配权，自然就处在乡村权力体系的底层。

> 有小组长和老干部的会议，我也不能参加，是硬性要求不能参加。后备干部的话，除了我们开那个大的通报会什么的。像那种小一点的会，有些内容是不可以听的。因为毕竟怎么说呢，有一些手法是非常手段非常处理，就知道的人多不好，反正他们觉得我知道也对我自己不好，对他们来说也不放心，所以这些我都不参加……因为我本来是做会议记录的，他（指参会领导）就不让记。我们也有录音笔、本子，但是他们不让。

村两委领导与村庄能人的联合垄断，使青年村干部无法参与公共

---

① 李祖佩、曹晋：《精英俘获与基层治理：基于我国中部某村的实证考察》，《探索》2012 年第 5 期。

② 贺雪峰：《论乡村治理内卷化——以河南省 K 镇调查为例》，《开放时代》2011 年第 2 期。

③ 王海娟、贺雪峰：《资源下乡与分利秩序的形成》，《学习与探索》2015 年第 21 期。

资源的分配。在资源下乡的背景下，村庄内部交际能力强的村庄能人，往往会为了获取公共资源而选择与村两委领导共谋。在分利秩序下乡村自治组织的功能已经出现异化，不利于村民自治的有效实践。当选的村领导干部成为乡镇干部、村庄能人的"代理人"，乡村治理逐渐演变为利益集团的非正式治理。村庄内部形成了以公共资源分配为核心的"灰色利益链条"，谁掌握了公共资源的分配权，就能在村庄选举中获胜，青年村干部则被排除在这一链条之外。村庄精英得到乡镇政府的支持，造成青年村干部在公共生活中的话语空间被压缩，他们并无机会涉足村庄公共事务和利益分配。基层政府为了最大限度地减少资源输入过程中的不确定性，有意无意地默认了"分利秩序"的存在，精英俘获实际上改变了村民自治的制度基础与社会基础。这对刚返乡发展的青年村干部而言，既无能也无力改变这种隐蔽的权力与资源分配秩序。

　　虽然说我们是什么民主、法治自治这种的，但是实际上说实话，就是村民在学历方面可能还达不到那种均衡的要求，每个人的想法他还会切合一些自身的利益，那么可能相对来说开展工作，让他们去上书啊什么这种的，还不太现实。因为有的村民就是说，可能想的就是自家门前这块地，坦白来讲本来是可以规划的，但是可能这家人就不让规划了。他们是出于自家的利益，也就是为什么会说百姓百条心。

（二）内部生态：传统权威结构与村庄旧秩序

在村庄内部的权威结构中，青年村干部缺乏必要的组织支撑。党支部及村支书一般享有较高的威信，他们可以利用手中的权力影响村庄发展。在村级的组织权威结构中，隶属于党支部的青年团组织实质处于瘫痪的地步，难以产生实质影响，未能起到凝聚和动员广大青年的作用。在现行的村委会选举制度下，青年村干部对外的宣传途径本就有限，再加上不受重视和参与机会的缺失，严重挫伤了他们的参与积极性。有的村级团组织即使存在，往往也缺乏自主性、权威性和各种资源，无法指导并支撑青年村干部开展活动。基层团组织的缺位，使得青年村干部缺少了一个在全村范围内展示自己才能的平台。在现有的农村内部权威结构中，年轻人即使有能力，也很难通过提名成为正式的村两委候选人。而且村党支部与村支书往往会选择对关键信息进行封闭与控制，没有组织的系统支撑，青年村干部难以凭借个人能力来挑战村庄内部的权威结构，这也在客观上削弱了他们对村庄选举的认同意识和信任感。

> 她们两个（指另外的青年村干部）正在面临我初期的情况，就是特别的窝火。因为每一天真的是什么人都见了，就是那种人很无理的，就会觉得很委屈嘛……我听她们俩说，就说不想做了。因为觉得工资又少，然后又没有别人说的那么好……其实我为什么觉得我们三个人跟他们五个人（指村两委成员）是分隔的，因为我们的事情还是小事情，就是很细的活，大活我们做不来的。所以我们三个人变成了一个小体系，就是我们做一些比较细化的，因为可能领导已经没有心思管这些。

缺乏常态化、程序化的村级后备干部培养机制。传统乡村社会总对青年人存在一定的偏见，存在重资历和传统，服从长者的习惯。村内领导通过从村民中获取的权威而主导了整个村庄的发展，青年村干部往往只能选择集体失语，这些都极大地限制及影响了他们的实际工作状态。乡镇领导包括村两委的领导，都先入为主地认为青年村干部在这个岗位上待不久。而且，他们也担心如果培养好的后备干部不能通过选举或者跑去其他岗位就业了，就会有损乡镇党委和政府的威信。这个现象在村庄内部尤为突出，一些村干部担心这些回乡发展的青年是来夺权的，不会主动推进后备干部的培养工作，有的还会给青年村干部的发展设置障碍。有的村支书甚至拒绝收纳优秀的青年人才进入党组织。而当青年村干部未能得到培养与锻炼的机会时，其个人治理能力自然也很难提升。由此在村庄内部形成恶性循环，导致村干部队伍严重老化，后备力量匮乏。

> 他们（指村领导）说话是这样的，说你们家里就是自己开厂的，在这边不是为了工作的，就是为了锻炼自己怎么怎么样的，就是说官话嘛。我反正就是很直接（指提出待遇相关问题），也很主观……有的时候我是这样说，我说我也不能一辈子靠家里吧。我说再说像我老公那种创业的，他一直都是很需要资金的。我说我们两个不能永远靠家里。

（三）角色定位：能力不足与长期目标缺失

青年村干部不能充分展示自己所学知识，实践能力相对较弱。青年村干部所面临的身份困境其实很大一部分原因，在于他们刚从学校回来参与到乡村工作中，难以在短时间内学会乡村工作技巧以及积累丰富的基层工作经验。农村社会缺乏的是熟悉乡情、民情的综合性人才，青年村干部所学的专业知识，如果未能及时有效地应用于实践，则会制约其随后的职业发展，从而就会产生相应的挫折感与无归属感，尤其当他们没有办法具体指导村务管理工作时，这种挫折感会让青年产生强烈的自我怀疑与角色冲突。理想与现实之间的落差，不能适应农村生活和环境的困惑，导致了其对于自身身份的迷惘和尴尬。更为重要的是，许多青年由于长期生活在外，对具体的"三农"问题了解得不够彻底，因此在开展工作的过程中自然就会出现不知所措的状态。当青年村干部未能明确自己的角色定位时，必然又会影响他们对工作的投入与付出。这种情况下，就很难干出工作绩效，没有绩效就无法得到领导与村民的认同。

我说对于这一份工作，我现在是一张白纸，我说我是需要人家引导的，我说对于引导我的人，不管他是老师是朋友还是长辈，他们对我来说就是一支笔。我说她给我画成什么样，我这幅蓝图就是什么样。他（指村领导）就是对我这句记得印象比较深，他说头一次有一个人是一张白纸过来的，因为我说我的意思就是希望能碰到有德，有师德的这种人，然后他引导我爱它（指工作），带我做更好的自己。

青年村干部缺少长期扎根农村的决心与目标。不可否认，部分青年村干部将农村的就业视为一种短暂的过渡工作，有的甚至在村委会整天抱着复习资料备考，完全没有心思处理农村的日常事务，这必然会引起村干部以及村民的反感。当个体身处一个社会关系结构中时，往往会根据自己在结构中所处的位置，来判断自己的身份与定位。青年村干部在看到无力通过自己改变现有的村庄秩序时，就会按照他人期望来实施行动展示自我，继而逐渐接受外界给定的角色定位，导致其不断降低对工作的认同程度。青年村干部返乡就业，本质上也是一种逆向就业追求，他们中的很多人都是将在村任职的经历作为后期报考公务员、事业单位的踏板，尤其一些青年村干部，在与自己同年龄段的朋友、同学对比之后，如果缺乏牺牲与奉献精神，自然就会陷入迷茫之中。基层社会本来就面临着复杂的政治生态考验，再加上青年村干部的自身定位偏差，也就影响到了其在农村工作中的合法性地位。

我不想进两委（指村两委）的，我想在两委之前，找到别的工作。家里人其实也希望我能做一个固定的工作，在县里面做老师那样。我老公是觉得我在这边可以磨一磨我的那个脾气性格，包括为人处世的方式。因为我以前说话比较那个的，比较容易得罪人什么的……可能他心里是认可，但是表面上就一直说，我需要在村里锻炼，反正他也算是我的一个引导者，所以我才愿意一直待在村里面，先干着嘛。

四 破解路径：青年村干部的"角色重构"

(一) 革除弊端：充分赋权与合法性认同

以制度建设破除农村治理旧秩序，充分赋予青年村干部更多的治理实权。乡村社会中的"庇护关系网络"及其衍生的分利秩序，已严重影响乡村治理青年人才的更替。乡村治理有效的顺利实现，需要变革现有的嵌入型的行政主体治理方式。基层政府应当回归"指导者"角色，减少资源下乡和项目进村的中间环节，同时加强村民自治委员会等相关基层组织的建设工作，保证青年村干部在项目建设中的话语权。缺乏制度保障与制度激励，是当前造成乡村青年人才流失的主因，因此，要从制度层面清除青年村干部参与到村庄核心权力机构的主要障碍，充分赋予他们参与乡村治理更多的实权。村民自治委员会名义上是自治组织，乡镇政府应主动减少对村庄治理事务的过度干涉。与此同时，应严格贯彻落实基层民主协商制度，满足包括青年村干部在内的绝大多数村民的利益诉求，以此增强青年村干部对村集体的认同感与参与感，从而打破现有的分利秩序，推动乡村振兴战略的实施。

建立常态化、规范化的村级后备干部培养制度，创造有利于青年村干部学习、成长、锻炼的条件。农村党员队伍往往是村两委干部的主要来源，可以将村级年轻干部队伍建设与农村基层党组织建设紧密结合起来。当前，农村基层党组织在常态化吸纳年轻党员等方面的工作依然存在较大问题，一些村党支部的老党员长期拒绝吸纳年轻的党员，造成干部队伍的严重断层。乡镇一级应当将发展年轻党员，纳入到基层党建工作目标管理以及考核内容，甚至可以将此作为村级党支部班子的年度考核。对于长期不发展年轻党员的党支部书记，可以采取诚勉谈话、通报批评等组织措施。此外，加强村委会选举中的宣传引导作用，创造条件为青年村干部参与村庄选举扫清障碍。在农村基层自组织的选举过程中，应当充分发挥村两委的舆论引导作用，鼓励更多的青年参与到选举之中，对于工作认真、踏踏实实干出成绩的年轻村干部，也应在全村为之宣传，让这些年轻人能够获得平等竞争的机会。

（二）营造氛围：建立健全长效发展机制

基层团组织要发挥主导作用，帮助青年村干部更快地适应农村工作。针对当前青年村干部存在的重视个人实际利益的现状，社会各界都应当为其参与乡村治理营造良好的氛围。农村团组织的长期缺位，使得青年村干部很难获得组织力量的支撑，缺乏必要的引导与帮助。应切实发挥村级团组织的教育、凝聚和动员功能，通过建立各种青年志愿组织，为青年村干部提供最有力的组织支撑。在农村复杂的政治社会环境中，各类青年组织的存在能够为训练农村青年政治参与能力搭建各类平台。与此同时，必须要注重维持农村团组织高度的自主性与权威，发挥其对农村青年的正向引导作用，为青年村干部能够全身心地投入到村庄工作中提供必要的知识、技术支撑。此外，青年村干部扎根农村需要有极强的奉献精神，团组织在开展活动的过程中，还应注重塑造青年的奉献精神，鼓励青年排除自私自利的观念，努力将自身的知识和精力投入到乡村发展的事业当中。

尽量提高青年村干部的工资待遇，增强其职业获得感。村庄应根据各地的实际情况，在现行补贴政策的基础上，进一步提高青年村干部的待遇，以保障青年最基本的生活与消费开支。努力提升青年村干部的职业成就感与满足感，通过更多的荣誉奖项来让干得出色的青年村干部得到嘉奖、培训、提升的机会。由于村干部并不是国家体制内的公务人员，可以适当鼓励青年村干部发展副业，以此来调动青年的参与积极性，并为其长期扎根农村工作创造条件，从而避免青年将村内的工作视为短暂的过渡。与此同时，还需多鼓励青年村干部深入村民的家中，与村民多沟通，了解他们的真实想法，真正做到为村民谋福利，以此增进青年村干部的工作职责感与使命感，激活他们的积极性和能动性。此外，应加强村干部与青年后备干部的沟通与交流，针对工作内容建立常态化的协商机制，村干部应注重培养青年村干部的实践能力与在乡村工作的小技巧，青年村干部也可以分享自己所学知识与技术。

（三）提升自我：做"一懂两爱"的新干部

努力提升与农业相关的专业知识，并将所学知识服务于农村工作。《中共中央国务院关于实施乡村振兴战略的意见》明确提出，要培养造就一支懂农业、爱农村、爱农民的"三农"工作队伍。青年村干部在农村工作中，必须具备扎实的农业知识。努力凭借所学知识推动农民致富，是其在农村熟人社会中形成公信力的关键路径。青年村干部应努力掌握现代化的农业知识，积极思考、学习和运用有利于乡村振兴的新思路、新方法和新技术。一般而言，农村青年群体的受教育程度要高于普通村民，再加上他们具有外出学习、工作的经验，其所具备的发展眼光往往也优于普通村民。但青年自身仍需以谦虚的态度投入到农村工作中，与村民相互学习共同成长。除此之外，青年村干部也不能忽视相关法律知识的学习，在实际工作中要紧跟党和国家的政策路线走，努力培养自身的民主与法制意识。在新时代要增强自身的道德素养，克服依附心理，树立与普通村民平等、合作的意识。

重塑乡村义利观，努力成为爱农民、爱农村的新青年。客观而言，青年村干部返乡工作，既是传授专业知识、教育农民的过程，同时也是接受农村再教育的过程。青年村干部要多深入到群众中去，了解群众的困难和苦楚，了解群众所思所想所盼所愿，更多的时候要站在普通村民的角度去看待村庄的发展问题。青年村干部自身也要以实际行动重塑传统的乡村义利观，培养自己的刻苦奉献精神，要发自内心地爱农民、爱农村。只有这样才有可能真正地了解农村、融入农村、读懂农村，千万不能带有强烈的功利心理，仅仅把在农村的工作经历作为考取公务员的跳板，而是要将自身的利益和前途与村庄、国家、社会的发展联系起来，做好长期扎根农村的思想准备。除了国家政策的操作层面，乡村振兴战略的推进离不开社会和青年村干部的共同努力。青年村干部一方面要将国家最新政策传达并解读给村民听；另一方面则要从农民最受欢迎的具体事情做起，正确处理好文字工作与"跑田间"的关系。

乡村社会存在的分利秩序，通过隐蔽的权力与资源分配形成了结构化力量，造成了乡村治理的内卷化，这必然会影响到乡村振兴新战略的顺利实施。以青年村干部为代表的内生型青年治理人才是有知识、有情怀，愿意为农村政治、经济、社会、生态发展做出贡献的年轻人，也是破解当前乡村治理内卷化困境的新力量。但应看到薪酬水平偏低、乡村传统保守思想、社会认同度低等现实困境，依然在阻碍着这类青年人才的回归与发展。在乡村振兴战略实施过程中，青年村干部所扮演的角色既是一个"自塑"的过程，也是一个"他塑"的过程。乡村社会只有用亲情、友情，用叶落归根的乡土情结，感召内生型青年村干部扎根，同时真正重视他们的生存与发展权益，才有可能为乡村振兴的持续发展打下坚实的人才基础。

（原文刊发于《中国青年研究》2019 年第 9 期）

高音喇叭：权力的隐喻与嬗变

——以华北米村为例*

何钧力

一　引子：面向乡村社会权力结构的变迁

对乡村社会权力结构的研究一直是中国学术界研究的热点，就现实意义而言，该研究主题主要牵涉当下的乡村治理问题：何种权力是乡村社会的主导力量？它与其他权力的关系如何？这两个问题决定着应采取怎样的手段与策略以实现乡村的善治。学者们尤为关注 20 世纪末的村民自治实践对乡村社会权力结构的影响。1987 年《中华人民共和国村民委员会组织法（试行）》（以下简称"《村组法》"）获全国人大常委会通过，明确了村委会的建立、性质和职责，村民自治自此在全国逐步普及。对于村委会的性质，不少人并不认同它为国家基层政权组织（例如张厚安，1992；徐勇，1997；金太军、施从美，2002），而是赞同 1982 年《宪法》中的说法，把它视为相对独

*　作者简介：何钧力，中国人民大学社会与人口学院社会学系博士研究生。

基金项目：本文得到中国人民大学"统筹推进世界一流大学和一流学科建设"专项经费的支持。项目名称为"中国农村社会变迁与治理转型——河北定县农村百年演变的调查研究"，项目编号为 15XNLG04，主持人为洪大用。感谢郭星华教授和冯仕政教授在本文写作过程中提供的建议，亦感谢编辑部和匿名审稿专家提出的宝贵修改意见。当然，文责自负。

立于国家权力机关和基层行政机关的基层群众性自治组织。这样的基层行政制度安排，有人称其为"乡政村治"模式（张厚安，1996），也有人总结为"县政—乡派—村治"模式（徐勇，2002）。不管是何种说法，其背后均意指这一现象：国家权力从乡村中抽离，止于乡镇；乡镇及以上依旧受到国家权力的直接管控，而基层乡村则实行自治。

"村民自治"这一说法不禁让人联想到传统中国政治结构的特点。对此，费孝通（2013）曾用"双轨政治"这一概念予以概括：传统中国政治结构有着自上而下的中央集权和自下而上的地方自治两条轨道，前者执行政府命令但只到县衙门为止，后者以绅士为中介反映民意。换言之，在传统中国基层社会里，以县为界，县以上受中央行政系统管控，县以下则主要依赖士绅阶层和地方性规范实行自治。正因如此，有学者提出"皇权不下县"这一概念来概括传统中国乡村政治制度的特点（温铁军，1999；胡恒，2015）。

然而，这两个时期的"村民自治"实有本质的区别。一般情况下，传统中国的国家权力几乎无力介入县以下的乡村治理，面对基层社会在运作过程中出现的"暗涌"，国家往往只能借助自上而下、强而有力的运动式治理手段来解决，典型例子是清代乾隆治下的"叫魂案"（孔飞力，2016）。相反，在当前的村民自治制度下，国家权力早已突破县一级，延伸至乡（镇），并且国家政权与村委会之间保持着指导与被指导的关系（金太军、施从美，2002），这凸显了乡村社会中国家权力的在场。从这一意义上讲，要说"国家权力已从乡村中抽离"似乎并不准确。从制度设置上看，国家权力并没有缺席，但在实际生活中，相对于改革开放以前的集体经济时期，国家又在有意地削弱其在乡村社会中的在场感。如何解释上述看似矛盾的现象，进一步地，如何理解乡村社会权力结构的变迁，这是本文要尝试回答的问题。

　　伫立在广大农村的高音喇叭自其出现之初便是国家权力的隐喻（王华，2013），作为一种传播媒介，它发挥着跟电视类似的国家动员作用（殷冬水，2016）。本文以华北米村①的高音喇叭为研究对象，从米村喇叭的故事中窥探乡村社会中权力的运作。本研究的材料主要来自笔者在米村的参与式观察和对当事人的深度访谈。同时，笔者还参与编写该村的村志，对村庄历史的熟悉有助于笔者全面把握该村社会权力结构的变迁过程。进一步地，从米村的案例中，本研究力图求得对中国乡村社会权力结构状况一定程度上的了解。

二　广告载体：日常生活中的高音喇叭

　　米村是河北省定州市东镇的一个普通村庄，位于城区东面，距离城区约25公里。该村是东镇最大的村庄之一，一方面人口多，截至2016年年底，该村有人口5260人，共1260户，另一方面面积大，全村占地10125亩，其中耕地面积8160亩。面对这样一个"巨型"村庄，当地村委会通过集中管理的方式进行管治。具体而言，早在几十年前（具体时间已无从考究），当时的村干部基于米村地处平原、地势平坦的地形优势，把原本相对分散的民居规划到一个东西、南北均长约1000米的正方形居住区内，该居住区占地约1000亩。居住区内部也建设得十分规整，修有五条主要街道，分别是东街、西街、北街、南街和秦街，其中秦街位于村庄东北角，其余四条街刚好交叉成一个"十字"，恰好将居住区划分为面积相若的四个片区，四街交汇处被村民称为"十字街"，是全村的中心。米村的高音喇叭就设置在"十字街"处。

　　（一）"喇叭不止一个"：集体喇叭与私人喇叭共存

　　定州地处华北平原，地势平坦，其乡下的村庄具有大多数北方村

---

　　①　根据学术规范要求，文中出现的地名、人名均为化名。

落的特点，即村民都习惯于集中在一起居住。这就为信息在村庄内的传播提供了便利的条件：往往只需要在村庄中央的制高点处搭建一座高音喇叭，信息就能通过广播传达给每个村民，且毋须担忧地形阻隔会削弱传播的效果。一般地，每个村集体都会搭建一座高音喇叭，米村也不例外。米村的村委会办公楼坐落在"十字街"的西南角上，在办公楼顶搭建了一座约5米高的高音喇叭，东西南北四个朝向分别设置了一组竖排大喇叭，每组3个。这一喇叭是"文化大革命"时期由村集体出资搭建的，一直沿用至今。如果米村一直以来都只有集体的喇叭，那么，在信息传播方面该村将与其他村庄无明显差异，然而，在"十字街"东北和东南两个角的楼房上，赫然耸立着两座高音喇叭。这两座喇叭均为私人搭建，同样在四个方向上各设置了一组喇叭，与集体喇叭相比，尽管在数量上每组各少了1个，但在功率上相差无几，广播的声音在500米开外的村居住区边缘也能够听到。

坐落在"十字街"东北角的是村里第一座私人喇叭，搭建者是杂货店的老板。这家杂货店是村里最大的商店，平时主要卖日用品、零食小吃、熟食以及每日的新鲜瓜果。在2010年前后，杂货店老板决定搭建自己的高音喇叭，主要是为了方便收购树苗和宣传新进货的商品：

> 我们的人要收树，以前想到大队喊广播，但有时候大队这个广播员不在。他虽然不在，但俺们也还是要收树，实在是困难。于是俺们就办起了这个喇叭，办起了以后，就好比说你收树，收多少棵树，什么品种，我就在这儿给他们说，要什么品种，几公分的，就这么个说。老百姓听到就上这儿来报数了，这个收树的就下去看，看哪个好就要哪个，为这个方便。（对杂货店老板的访谈）

俺们这来新货了，你看俺有的时候来菜了，菜刚来的，就说
"乡亲同志们，超市里进了什么菜来了，你可以来买"，这个也有
说。（对杂货店老板的访谈）

这里说的"收树"，指的是收树的人充当中介，把村民小规模种
植的树苗按时价统一收购过来，再转卖给苗木经销商，从中赚取差
价。米村是一个苗木种植大村，自21世纪初有村民从附近的王村引
进这一产业后，村里种树苗的人越来越多，目前全村90%的耕地全
都种上了树苗。村民之所以热衷于经营这一产业，一是因为种树苗容
易赚取暴利（但近几年苗木市场并不景气），二是因为地里种上树苗
后，容易遮挡阳光，庄稼不好生长，于是就干脆全都种树苗了。总
之，米村成了东镇最大的苗木销售市场之一，不少商贩会到村里收
树，因此，杂货店老板会帮助他们"吆喝"收购树苗的信息：

这老百姓要来（收树），也不收钱，咱们也是老乡亲，我跟
这儿做买卖，我谁都认识，有时候他找我买个什么东西，这个钱
我就不收了。就是为老百姓服务，就是这个意思，没别的意思。
（对杂货店老板的访谈）

有时候，村民手里积压了一些树苗卖不出去，杂货店老板也会帮
忙广播。同样出于买卖树苗的目的，在2014年，位于"十字街"东
南角、在杂货店正对面的树种站也搭建起一座高音喇叭。树种站的店
主只做苗木生意，以前自己需要收树或卖树种时，就经常到对面的杂
货店让老板帮自己广播，后来去的次数实在太多，他觉得还是自己建
一座喇叭方便。与杂货店一样，当其他村民需要买卖树苗时，树种站
店主也会免费帮助他们广播。尽管都是私人喇叭，但两个喇叭的所有
者经常把"为大伙服务"这句话挂在嘴边，在他们看来，建成喇叭

后既方便了自己又方便了村民，这是一举两得的事。

更让人在意的是这两座私人喇叭的建造过程。不论是杂货店还是树种站，两家店主都没有就建私人喇叭一事跟村委会打过招呼，都是自己攒够了钱以后，直接去城里把喇叭买回来。村委会方面也表示，建喇叭是个人行为，只要有相关需求和足够的经济能力就可以去建，村委会不会去干涉。这其中值得深思的问题是，高音喇叭是农村重要的信息传播工具，之所以每个村集体都会建一座喇叭，就是为了通过广播进行政治宣传和动员，以贯彻国家的意志；如今允许私人喇叭的架设，是否意味着能够在农村进行社会动员的主体已不再局限于村集体或国家？

（二）"净是广告"：商业气息浓重的广播内容

私人喇叭的出现增加了米村村民能够播报广播的渠道，而米村喇叭另一个引起笔者注意的地方是其广播内容的丰富多样。笔者从杂货店老板和树种站店主那里了解到，每年播报最多的是买卖树苗的消息，但都集中在春天，因为这是往年种下的树苗长成熟了可以卖出、同时需要购进新一批幼苗的季节。收树的中介和卖树的农民在"十字街"聚集，要求广播的人排队到商店门外，负责广播的老板和店主直言喊得都快要说不出话来了。在春天以外的时节，偶尔也会有收树和卖树的广播，但相对更多的是各类商业广告。在"十字街"上，经常会有村民摆摊卖东西，其中卖猪肉和时令瓜果的商贩居多。为了能尽快卖掉这些农产品，他们也会到杂货店或树种站里请求用喇叭广播宣传自己的商品。除此以外，能从村里现有喇叭里听到的还有一些上级政府要求播报的政策公文、村委会议通知、寻人广播等。

调研期间，笔者以录音的形式记录下米村喇叭在连续 5 天里的广播内容，此外还有一则村主任动员村民参加农村合作医疗保险的广播，合计 30 则。在这 30 则广播[①]中，能够完整转成文字的共 24 则，

---

① 米村会计米阿姨协助笔者辨别了广播中的大量方言，特此感谢。

由于录音环境过于嘈杂而无法识别内容的有 2 则，无法辨别兜售的商品的有 3 则，知道大概内容但听不清所有语句的有 1 则，具体内容见表 1①。

表 1　　　　　　　　7 月 20—24 日米村喇叭广播内容一览

日期	广播时间	内容
2017 年 7 月 20 日	6 点 37 分	18 岁到 22 周岁的适龄青年，18 岁至 22 周岁的适龄青年，必须到大队报名应征入伍。如果要是不报名，没有你的信息，迟早以后有什么事，上边就不给你办好，上边就不同意给你办
	10 点 28 分	有要吃羊肉的，上十字街里来了啊
2017 年 7 月 21 日	6 点 26 分	有东北好大米，东北好大米，49 块钱一袋，有 20 斤的，还有 10 斤的，还有各种杂粮，保证好吃，有要了解的上十字街里来
	7 点 46 分	同上
	8 点 34 分	雪珍（音），定州乡下人，女，50 岁左右，杨家庄乡大杨村的人，于 17 日晚上，骑黑白色，印有 17 车牌号的电动三轮车，离家出走，家里十分着急，有发现者，与她家人联系，联系电话，132xxxx4305，177xxxx7872。你们有人发现了她，就联系这个电话，这个电话就在大队门口的电线杆上
2017 年 7 月 22 日	8 点 27 分	西北齐（音）的卖太岁来哩，西北齐的卖太岁来哩，各种太岁都有，各种太岁都有，有买大太岁的，有买大太岁的，你们上大队门上买去
	8 点 35 分	有吃面的，有吃面的，上定州饭馆那买去。刚到的，热乎滴
	9 点 12 分	谁买晒要[a]，谁买辣椒，有尖的。晒要 5 块钱 3 斤，辣椒 1 块钱 1 斤，赶紧过来咯
	10 点 40 分	有修电视机的，各种彩电，有要修的，到大队门口来，修电视机的过来了
	17 点 59 分	十字街上有车好红砖，十字街上有车好红砖，有买的上十字街来看了，有买的上十字街来看了

———————

① 未含 1 则 7 月 16 日村主任动员村民参加农村合作医疗保险的广播和 2 则无法识别内容的广播。

续表

日期	广播时间	内容
2017 年 7 月 23 日	6 点 16 分	有买酒的,有买酒的,上十字街里来了
	6 点 18 分	有要好杨梅的,大串好杨梅,你们有要的,上十字街里来了,这是从石家庄那里买的啊,是市里的产品,你们有要就上十字街里来了啊
	7 点 31 分	同上
	8 点 30 分	有收麦的,到十字街里要去啊,有人等着了,有需要的就去了啊
	9 点 27 分	现在做一份广告,现在做一份广告,养鸡场的过来了,养鸡场的过来了,养鸡场的过来卖鸡来了
	9 点 42 分	有买酒的,上十字街里来,夏季太暑了
	9 点 50 分	乡亲们,上北京外出的人们,上北京外出的人们,你回来了,你们回了来的,上 XX 学校去,上 XX 职校去
	11 点 25 分	有买酒的,XXX(三种酒的品牌,无法辨别),你上十字街里买了
	14 点 57 分	卖棒子的[b]来了,你们有要棒子的,你们上十字街里来啊
	15 点 46 分	还有买棒子的吗,人家卖棒子的还没走呢,没买的户,赶紧过来了
	16 点 36 分	有买酒的,有买酒的,你们上十字街里来了啊,拉过来了一大车好酒啊
	17 点 04 分	有买酒的,10 块钱 3 瓶,初级酒来的,上十字街里买了
	17 点 32 分	有要 XXX(一种作物,无法辨别)的,是好品种,有买的,你们上十字街里买了啊
	17 点 39 分	有买西瓜的,处理了,处理了,10 块钱 3 个,10 块钱 3 个了,你们赶紧来买了,不多了
	18 点 00 分	尖椒,西红柿,有要的上十字街里买了
2017 年 7 月 24 日	5 点 47 分	XXX(一种树苗,无法辨别),7 公分的,到十字街来了
	6 点 20 分	有卖簸箕的,7 公分的,喜欢就行,喜欢就来,到十字街道口来,到十字街里来了

注:[a] 为方言,即红薯;[b] 为方言,即玉米。

从时长上看，30 则广播中，除 7 月 16 日的那则长达 21 分钟外，其余 29 则均在 30 秒到 3 分钟，1 分钟以内的居多，说明这些广播还是比较简短的，符合传播的有效性要求，过长则可能使听者抓不住信息的要点。在内容方面，除去无法识别内容的广播，剩余广播的内容可分为政府信息、商业广告和服务信息三大类。其中，政府信息有 2 则，分别是征兵宣传和参保动员；商业广告占绝大多数，主要推销粮食、水果、酒、日用品、红砖等各类商品；服务信息 2 则，分别是电器维修和私立学校招生；此外，还有 1 则寻人启事，这属于并不常见的广播。以上说明，商业广告是米村高音喇叭在日常生活中的主要播报内容，至于来自国家的声音——政府信息在如此多的商业广告中极易被人忽略。

（三）"谁还注意它呢?"：被冷落的高音喇叭

米村的三座喇叭平均每天播报广播 5—6 则，从数量上看并不算少，但作为受众的米村村民如今却不怎么注意听广播的内容。笔者在村庄大街上随机访问了若干个村民，问他们平时会不会留心听广播，他们的回答都是否定的：

哎，谁会注意它呢？不播个人信息谁注意它呢？（对村民甲的访谈）

家里有电视，比广播好多了，现在都用电视。（对村民乙的访谈）

现在都不爱听，都有电视、电脑了。广播就是谁要开会了，要干嘛了，才会有人用。不用就不广播。咱们村大，所以偶尔能有广播。你要是那些小村，广播室都锁了门不开，就没广播。有事就吆喝吆喝，集合或者干嘛的。（对村民丙的访谈）

根据笔者在米村长时间的观察，喇叭广播更多时候成了村民日常生活的"画外音"，在大多数情况下并不会引起人们的注意（如停下手上的活来听广播，议论广播的内容，或听到卖东西的广告后立刻到街上去买等）。只有在每年春天，喇叭大规模地广播树苗收购的信息时，村民才会表现出关注：

> 开春就都上这里（指杂货店）来坐着，家里有时候放电视根本听不见。所以他们吃了饭，没什么事，就出来遛弯，就去听这个广播。（对杂货店老板的访谈）

> 他不听不行，不听他卖不掉。俺们村就收树，来商贩了，卖了，收着钱了，就行。要是没这个喇叭，老百姓的东西卖不出去，收不了钱，那不行。（对杂货店老板的访谈）

由此可见，除了喇叭广播的内容本身具有商业化、市场化的特征外，村民在听喇叭时亦表现出强烈的趋利倾向。他们只关注与自身利益（特别是经济利益）相关的内容，在听广播时表现出较强的个人选择性。这样导致的结果是，在村民日常生活的大部分时间里，高音喇叭成了被忽视的存在。

（四）小结

以现代的眼光来看，高音喇叭在农村并不是特殊的事物。只要有需要和资本，个人就可以搭建喇叭；广播的内容不只是政府信息，还有大量的商业广告；村民也早已不把喇叭视为不可错过的信息源。总之，喇叭尽管高耸在农村平房顶部极为显眼，但它不过是村里众多信息传播媒介中的一种，相对于电视、电脑、手机等新媒介而言，更显得简陋和寻常。

三 国家象征：高音喇叭的"辉煌年代"

现在来看，高音喇叭是再普通不过的事物；而在四十多年前，它在农村的出现却是一种国家行为，尽管当时的功能同样是传播信息，但在性质上有着更浓烈的政治色彩。要理解这一点，需要先了解中国农村信息通信手段的演变过程，在此继续以米村为例。

（一）喇叭"拔地而起"

新中国成立以前，信息传播的需求不是很大；1949 年后，国家迫切需要通过多种手段来传达政令和进行政治宣传，将自己的意志落实到基层农村，以巩固新生政权。20 世纪 50 年代初期，受制于当时的技术水平，米村的信息传播手段都较为原始。据村主任回忆，当时村里有消息需要通知到全部村民的时候，就把这些消息抄到村生产大队办公楼房外边的黑板报上，因为村生产大队就设在"十字街"上，村民每天出来活动时都能看到。除此以外，村里还配备了若干个手持小喇叭，有通知的时候村干部就提着小喇叭在街头巷尾走动、四处吆喝。有时候，通知需要传达给特定人群，而有的人恰好没看到黑板报的内容或没听到小喇叭的吆喝，这时村生产大队就会派民兵直接上门传达。在当时，要传达的信息内容还是比较单一的，主要包括会议通知（如村干部会议、党员会议或全体村民大会）、各个季度的生产工作安排（这也是计划经济时代的特点）、政治宣传等。

到 60 年代，米村开始有村民用上了由二极管制作的收音机，家里拉上线以后就能收听到来自北京的中央新闻，还能听到戏曲表演。米村是大村，对基础设施的需求较大，在 60 年代末就通上了电，此时村里也尝试安装了一个大喇叭，但这个喇叭十分笨重，且声音不是很大，传播不远，很快就被弃用。因此，当时村里发布通知依旧沿用 50 年代的办法。村主任举例说，60 年代和 50 年代的时候一样，要宣传"参军光荣"，村生产大队就拉了支队伍在村里转，并大喊宣传口号。

直至"文化大革命"期间，米村才开始搭建高音喇叭。刚开始时是在全村五条主要街道及十条小街里各安装一个小喇叭，以此确保大部分村民能听到。然而，这样的设置存在一个问题，就是只要喇叭一响，声音就会在巷子里四处窜响，结果是广播只有在喇叭底下或附近能够听清，其他地方会由于回声过大而听不清。鉴于这一弊端的存在，村生产大队很快就把各街道的小喇叭撤掉，在办公楼顶架起一座高约5米的高音喇叭，东西南北四个朝向各设置一组竖排小喇叭，每组3个，功率大，传播距离足以覆盖整个居民区。高音喇叭属于集体资产，村生产大队安排了专职广播员来管理，也是为了防止他人随意播放广播。在那时，高音喇叭所播报的内容与五六十年代无异，且因为正处于"文化大革命"时期，政治宣传的内容还要更多一些。

从黑板报、手持小喇叭到高音喇叭，米村终于找到了一种不需要耗费太多人力物力、效率相对较高的信息传播工具。这座喇叭也一直沿用至今，四十多年间向村民传达着来自中央和上级政府的各类政策信息，完成不同时期的政治宣传任务。可以说，在诞生之初，喇叭便与国家意志紧密地联系在一起了。

（二）高音喇叭的权力隐喻

高音喇叭"从无到有"的搭建过程实质上是现代国家政权建设的一部分。对这一话题的相关讨论最早始于对西欧"民族—国家"（nation‑state）建立的研究（参见 Tilly，1975；Cohen et al.，1981；Tilly，1985），他们的核心观点是"战争形成国家"（war makes states）。民族—国家的建立并不意味着国家政权建设的任务业已完成，对一个既成的国家而言，以多种方式巩固统治是下一阶段政权建设的重要内容。福山（Fukuyama，2004）将这一意义上的国家政权建设界定为"新统治制度的创设和既有制度的强化"，主要强调的是"制度建设"的重要性。在具体举措方面，税收制度的完善确保国家有提供公共物品的能力（Brautigam et al.，2008），共产党领导的新中国政权强化官僚体制、指导经济生产、提供教育服务以及开展"赤脚医生"医疗卫生项目等方面的制度建设，均有助于国家实现对基层社会的有效管理和控制（斯考切波，2007）。

制度建设只是国家政权建设的一个方面，另一个方面是信息传播技术的发展。吉登斯（1998）指出了通信技术在增强现代国家的行政力量方面的积极作用：运输技术、通讯传播技术的发展使得行政力量进一步突破"时间—空间"的限制；运输技术的发展融合了"时—空"，大批量运输要求对时间和空间进行精确的管理，电子通信技术的发展满足了这一要求；电报、电话、电视等发明更是使得通讯与运输分离，"时—空"几乎得以完全融合。在这一意义上，高音喇叭的搭建就具有了"国家政权建设"的意涵，正因为通过喇叭的播报，国家政令才得以跨越整个中国，相对及时地传达给村民。

曼（Mann，1993）区分了两种类型的政治权力——专断权力（despotic power）和基础权力（infrastructural power），后者指的是中央集权国家在其领土范围内执行政令的制度性能力。进行基础设施建设是国家行使基础权力的一种方式，建高音喇叭则是基础设施建设的一项具体内容。不论是从政权建设的角度还是从权力的角度，高音喇叭都与国家权力紧密勾连在一起。可以说，高音喇叭是国家权力在乡村的一个强象征，其搭建意味着国家权力更加深入乡村社会生活，国家的存在感愈发增强。具体而言，高音喇叭之于国家权力的意义在于，它既"协助权力中心构建了一个庞大辽阔的国家疆域，可以让遥远闭塞的边疆时刻与中心保持紧密联系"，又"利用感染力强、受众面广、没有文字障碍等优势，将所有能听到声音的人集合起来，完成了最广泛的社会动员，强化普通民众对党和社会主义的认同感"（王华，2013）。

四　喇叭边缘化：祛魅的国家权力

米村的高音喇叭就这样一直设在村庄中心，且位于全村制高点，再考虑到从喇叭中播放出的内容，它似乎无时无刻不在向人们提醒国家的在场。在很长一段时间里，米村只有村集体的这一座高音喇叭，而过去的农村普遍闭塞，喇叭也就成为当时绝大多数村民了解外界信息的唯一渠道。这一情况在改革开放后开始改变，技术的进步和经济水平的提高丰富了村民获取信息的途径。20 世纪 80 年代初，村里有了第一台电视，刚开始时有电视的农户不多，晚上周围的邻居都聚在一起看。后来电视普及了，大伙就各回各家看自己想看的节目，其中，中央电视台和地方新闻台是村民最常看的频道。那时还是改革开放初期，商品经济刚刚起步，电视上偶尔会播放几则商业广告；至于高音喇叭，则跟过去一样，播报上级政府的通知，或召集村干部、村民开会，不过政治宣传已大为减少。

90 年代以后，做买卖的村民逐渐增多，他们一般会到"十字街"上摆摊，主要贩卖红薯等农产品或批发回来的衣服。有时候，为了更快地卖出商品，村民就会找到广播员，让他用高音喇叭"吆喝"几句广告。因为是集体资产被用于私人用途，广播员会按每次 2 元的价格收费，收回来的钱算作集体收入，用作喇叭维护费。后来由于村民用喇叭来喊广告的需求越来越大，尤其是每逢集市的时候，最多时一天能有二十几则，到 2000 年年后，村集体就不再收取使用费了。对此，村主任的说法是，"你就帮他（村民）广播广播，为人民服务，现在都不在乎那 2 块钱了"。在播报通知方面，集体喇叭依旧会被使用，但黑板报早已被弃用。杂货店的喇叭建好后，部分村集体通知甚至会拿到那里去广播：

凡是大队的人都有我的电话，他接到通知了就给我打个电

话，也是我广播。比如刚才说的学校开学了，就安排我去广播。（对杂货店老板的访谈）

大队喇叭有时候坏了，大队需要，也是上我这儿来。上我这儿多，为什么？我这儿没事就都在，都有人。大队有时候没人，有时候坏了听不见了，就上我这儿来，我也是为大队服务。（对杂货店老板的访谈）

经历几十年的演变，喇叭的政治功能不断弱化，从早期的"国家象征"变为如今的"广告载体"，本来附着于喇叭身上的国家权力在商品经济的浪潮下逐渐隐退，这背后反映的是乡村社会权力结构的悄然转变。高音喇叭在搭建之初显然是作为国家权力的象征之一进入乡村社会当中；那时的社会结构也相对简单，国家权力能够毫不费劲地控制乡村社会的经济、政治、文化等各个方面，国家意志的身影在乡村社会背后若隐若现。可以说，那时乡村社会的权力结构是一元的，仅有无所不包的国家权力存在。改革开放以来喇叭功能的变化则折射出国家试图转变其在乡村社会中权力运作方式的现实。广告内容的出现意味着农村经济不再为国家完全管控，村民有了自己的经济诉求。对私人搭建喇叭的默许表明国家在一定程度上让渡了对农村经济活动的直接控制权，经济活动愈发成为一种个体行为，商品经济在农村的发展实际上赋予了村民个人一定的经济权利。另一方面，电视、电脑和手机等电子设备的出现使得村民的文化生活需要能够通过影视节目、网页网站等丰富多样的形式获得满足。最终，国家能够直接、完全控制的领域主要集中在行政系统内。村集体的高音喇叭依旧隔三岔五地播报来自上级部门的通知，但这些来自"国家"的声音往往淹没在商业广告、电视节目等信息的海洋当中。此时乡村权力结构是多元的，国家权力仅是村庄诸种权力力量（如经济、文化等）中的一种，更接近于政治权力。

"祛魅"（disenchantment）是韦伯（Weber）（2010a）提出的、用以描述人类社会理性化进程的一个概念，指的是这样一种状态："我们知道或相信，任何时候只要我们想了解，我们就能够了解……在原则上，并没有任何神秘、不可测知的力量在发挥作用……在原则上，通过计算，我们可以支配万物"。人类对"神秘、不可测知的力量"普遍存在一种敬畏之心，但在"祛魅"以后，就把它视为寻常的、可利用的工具。对村民而言，国家权力是一个虽触不可及但又能对自己施加影响的存在，这种距离感让村民对其亦心生敬畏，其中一个具体的表现即是村民在集体经济时期都会十分注意听喇叭里放的广播。然而，当国家权力是多元权力中的一种时，其在村里的地位就不再特殊，村民会选择性服从甚至无视国家权力的要求，在日常生活中的表现之一便是不理会喇叭播报的政府通知。当下国家权力在乡村遭到的冷遇可近似看作其被"祛魅"的结果，这里的"祛魅"指的是国家权力不再具有"卡里斯玛式"的感召力，而"沦为"多种常规权力之一的过程。

国家权力的"祛魅"似乎说明其在乡村社会已遭遇弱化，但仔细考虑，这一断言未免有些许草率，如前文所言，这意味着国家权力运作方式的转变。有学者将这一转变概括为"从'总体支配'到'技术治理'"的社会转型过程（渠敬东等，2009），认为中国的国家治理已由过去"大包大揽"的方式，经过改革开放几十年来的调整，变为依赖不断改进的程序和技术进行治理，其中"行政科层化"是该转变的主要特征之一。"科层化"意味着作为国家意志代理人的各级政府倾向使用受过专业训练的行政人员，行政程序也基本依据既定的法律法规来执行（参见韦伯，2010b）。这是一种高度理性化、组织化的制度，同时也是一种秉持"事本主义"精神的制度。换言之，国家减少了对人们日常生活的主动干预，通常是人们在有需要的时候才向国家索求服务，近几年全国各地基层政府广泛修建的标准化的行政服务厅便是上述转变的例证。因此，国家权力从农村集体高音喇叭身上隐退并非其弱化的表现。毋宁说，这说明国家在从"台前"走到"幕后"，但当人们因事与国家"打交道"的时候，还是依旧能够感受到国家权力的"强存在"。

五　权力嬗变的原因

透过高音喇叭这一事物，可捕捉到乡村社会国家权力运作方式的隐蔽变化。至于变化的原因，制度分析的思路并不能给予回答，因为在大多数情形下，制度是权力运作方式的反映，后者是前者的"原因"而不是"结果"。本文对该问题的解释采取一个"能动"的视角，即把国家看作一个行动者，具有独立于社会及其他群体进行自主行动的能力（参见 Skocpol，1985；刘昶，2016）。以此为前提，国家权力的运作便可被视为一种国家行为，行为的改变既有主观因素，也受制于客观原因，具体而言，前者体现为国家治理内在逻辑的变迁，后者则是指"国家"这一行动者所在的乡村社会环境的变化。

（一）国家治理内在逻辑的变迁

1. 村委会职能的转变。在进入相对抽象的理论分析前，可先通过村委会职能转变这一具体现象，来感知国家治理内在逻辑的变化。

村集体曾经是农村里唯一有权使用高音喇叭的单位，未经授权任何个人都不能使用这一宣传媒介。在高音喇叭刚普及的年代，生产大队就是村集体。根据 1962 年通过的《农村人民公社工作条例》，人民公社是"政社合一"的基层政权单位，生产大队隶属于公社之下，组织农民开展生产活动是其主要职责。据米村村民回忆，当时每天早上 6 点左右，各生产队干部就会敲钟催促村民到地里干活，中午 11 点半左右再敲一次提醒村民吃饭休息，村民的作息时间受村集体严格管理。喇叭则会同时播放能够调动农民"抓革命、促生产"热情的革命歌曲，还有就是通知开会、做政治宣传或告知村民去大队看文艺演出。喇叭当时是村集体用以管控村民的工具之一。

家庭联产承包责任制推行以后，农业生产"包产到户"，村集体不再需要组织生产。与此同时，村委会取代生产大队成为国家在农村的基层组织，根据《村组法》，该组织主要负责办理村里的公共事务和公益事业。换言之，村集体不再担任"大家长"的角色，转而成为农村公共服务的提供者。村集体作为国家权力延伸至基层社会的触角末端，其角色转变意味着国家权力对自身作出了限制，不再意图干涉农民的私人生活。从商业广告频繁出现在喇叭广播中到私人喇叭的搭建，这一乡村日常生活的细微变化是国家权力从乡村社会有限抽离的例证。

2. 从"统治"到"治理"。村集体由管控者变为服务者的角色转变背后反映的是国家管治理念的变化。在现实层面，这一变化直观地表现在党和国家的重要政策文件里某些措辞的调整上。1998 年，《关于国务院机构改革方案的说明》中首次出现了"社会管理"一词；到 2013 年，中共十八届三中全会通过的《中共中央关于全面深化改革若干重大问题的决定》首提"推进国家治理体系和治理能力现代化"，并多次提及"社会治理"一词。从"社会管理"到"社会治理"，这体现了中国共产党执政理念的变化，而就国家管治理念而言，这其中隐含的是一条由"统治"（government）迈向"治理"（governance）的理论线索。

西方治理理论对"治理"有着明确的界定（俞可平，2000）："在一个既定的范围内运用权威维持秩序，满足公众的需要。其目的是在各种不同的制度关系中运用权力去引导、控制和规范公民的各种活动，以最大限度地增进公共利益。"这是一个与"统治"相对立的概念，二者的区别主要有两点（俞可平，2000）：一是"权威"不同，"统治"的权威只能是政府，"治理"的权威可以是公共机构、私人机构或两者的合作；二是权力运行方向不同，"统治"总是自上而下的，"治理"则是上下互动的。总之，"治理"这一概念是在对政府在公共事务管理中的角色的反思中形成的，它强调"社会"之于公共事务管理的重要性，突出现代公共事务管理的多主体特点。

笔者以为，国家在对其管治方式的反思过程中，一定程度上吸收了治理理论的核心思想，即摒弃过去纯粹依靠自上而下的政令实行严格管理的模式，一方面激活社会力量，并向其让渡部分管治权利，另一方面转换并突出服务者的角色。之所以强调"一定程度上"，是因为对这一套西方的治理理论是应当作批判的认识的。正如王绍光（2018）所指出的，"过去二三十年主流治理研究基本上是宣扬一种规范性主张，即新自由主义的主张，没有什么扎实的实证性基础，只是一个'空洞的能指'"。治理理论需要扬弃的便是其中的新自由主义主张。

（二）乡村社会环境的变化

作为国家权力运作的场景，乡村社会环境在过去几十年间在多个方面发生了变化，在此选取较为突出的两点进行讨论，分别是村庄流动性的增强与信息的多源化。

1. 流动的村庄。在过去的中国农村，国家权力之所以能够通过高音喇叭进行有效的社会动员，一个重要原因是农民都被束缚在村里的土地上，广播内容基本能够传达到每个个人。然而，改革开放以后，农民"人地分离"的程度愈发加深，原本安土重迁的乡土社会变成了高流动性的村庄，越来越多的农民外出务工。根据国家统计局公报①，2016年年末，全国流动人口有2.45亿人，农民工总量为28171万人，较上年增长1.5%，其中外出农民工有16934万人，增

① 国家统计局：《中华人民共和国2016年国民经济和社会发展统计公报》，http://www.stats.gov.cn/tjsj/zxfb/201702/t20170228_1467424.html。

长 0.3%。有专家学者指出，未来流动人口规模仍将持续增长（段成荣等，2017）。村庄的高流动性意味着乡村的空心化，这对国家权力在农村社会的动员带来了挑战。

以米村为例，全村 5000 多人口，有 1000 多人在外打工，基本上每一户村民家庭都至少有一个外出务工者。其中，男性一般从事建筑业，多数到外省（如内蒙古、宁夏等地）工作；女性一般从事纺织等轻工业或服务业，出远门的人较少，工作地点以河北、北京为主。从事建筑业的村民一年中平均有 6 个月的时间在外，大部分人 2—3 个月回村一次，一般选在麦收等农忙时节回来；从事其他行业的则在节假日回来。外出打工的村民年龄在 20—60 岁不等，以 30—50 岁为主，不少家庭是青壮年的夫妇在外打工，老人和孩子留守家中。可见，米村的人员流动现象十分突出，这对村庄治理的一个直接影响是大大削弱了喇叭广播的动员效果，原因是喇叭通知不到外出的村民。

实际上，"喇叭通知不到人"只是当前中国农村治理形势的一种表象，其背后反映的是流动社会中乡村政权已无法像过去那样直接管理每个农民个体的现实。现代社会的流动性愈发突出，其对"社会治理"提出的挑战已受到不少学者的关注（例如洪大用，2017；何雪松、袁园，2017），而具体到基层社会治理，张静（2016）就指出，乡村大规模的人员流动冲毁了形成于集体经济时期的"政府—单位"双重治理体系，以致政府的政令难以落实到个人，造成群众越来越"难以管理"的困境。因此，村庄流动性的增强其实也在倒逼国家权力在乡村社会中采用不一样的运作方式。

2. 多源的信息。高音喇叭最早是作为共产党"宣传下乡"的重要组成部分出现的，作为新中国建立以后大众传播工具进入乡土社会的第一次高潮，农村的高音喇叭将当时毛主席和党中央的"声音"传到了农民耳中（徐勇，2010）。第二次高潮出现在改革开放以后，以"村村通"工程的启动作为标志。"村村通"是一系列国家系统工程，包含了公路、电网、自来水、电话网、有线电视网、互联网等各项基础设施在全国各地农村的建设。其中，电视的出现是对农村信息传播方式的大幅升级，农民从此能够以更为直观的方式获取各类资讯。进入 21 世纪，手机和电脑的逐渐普及可以说掀起了大众传播工具"下乡"的第三次高潮。

米村在 2012 年曾进行过一次 50% 抽样的户情调查，调查了村里648 户（全村共 1260 户）家庭的生产和生活情况，结果显示，648 户里仅有 30 户没有彩电，42 户有 2 台彩电，平均每户有 1 台；家里没有手机的有 32 户，不少家庭有 3 部或以上，平均每户有 2 部。可见，米村基本已实现电视和手机的普及，村民了解信息不再需要依赖喇叭的广播。另一方面，村干部对喇叭的依赖度也在逐渐降低，村领导班子要开会时，越来越多地通过电话或微信召集，村里的广播员到广播室的次数也越来越少。

信息传播在农村地区已呈现多源化的局面，高音喇叭的传播效率远不及其他现代通信工具，自然会被逐渐遗忘。党和国家的意志试图借助电视、手机、电脑等新的信息工具进行传播，但现代社会正处于一个"信息爆炸"的时代，人们在接收信息时有了更大的自主选择权，来自国家的声音能够在多大程度上传递到个人，目前恐怕只能得到一个较为悲观的估计。

（三）小结：乡村社会的"大转型"

高音喇叭为表，国家权力为里，从上文的讨论中可以看到，在乡村社会当中，国家治理的内在逻辑以及乡村社会环境发生了变化，正是这一系列变化使得国家权力的运作方式出现了转变。稍作延伸讨论，上述变化基本都发生在改革开放以后，实质上共同指向乡村社会在这一时间节点之后的结构转型。西方学者率先从经济的角度概括这次转型的特点，称之为"国家社会主义的再分配经济向市场类经济的转型"（Nee，1989）。国内学者则站在社会结构的角度，认为中国社会（不论城市或是乡村）经历了从"总体性社会"向"分化性社会"（或曰"个体化社会"）的转变①（孙立平等，1994；文军，2012）。总之，前者的核心特征是国家既吞没了社会，又吞没了经济（沈原，2008），而后者则以"自由"和"多元"为特点。正是在这样的社会大背景下，国家权力在乡村社会的运作方式发生了变化。

六　总结与讨论

本文呈现了米村高音喇叭最初以"国家象征"的姿态出现，如今成为广告工具，逐渐走向边缘化的演变过程。通过上述研究和分析，笔者发现，农村高音喇叭变化的背后，反映的是国家权力在乡村社会中运作方式的转变，而转变的主要原因，并非基层行政制度建设存在纰漏，而是乡村社会结构在改革开放之后发生转型，不再保留过去总体性社会的特征。总体而言，上述转变是时代的进步，意味着国家和政府实现了从"管控者"到"治理者"的角色转换，但同时也遗留下一个重要的乡村治理问题：当国家尝试以新的方式运作权力时，如何继续确保治理的有效性？

政社分开后实行的村民自治被寄予实现乡村社会"善治"的厚望。让村民当家做主，实现自我管理、自我教育和自我服务，确实有助于让村民自己发现问题，并采用符合当地社情的方法解决问题。然而，村民自治在发展过程中亦遭遇到诸如"两委"矛盾凸显、选举"乱象"频发、村民代表会议难以召开、村务公开存在盲点、自治权与行政权冲突等现实困境（于建嵘，2010）。要突破困境，既需要国家的适度引导，又需要创设公众参与社会治理的条件，以培育农民的

---

① 在"总体性社会"中，国家几乎垄断全部重要资源，这些资源不仅包括物质财富，也包括人们生存和发展的机会及信息资源；以此为基础，国家对几乎全部的社会生活实行着严格而全面的控制。"分化性（个体化）社会"则是对国家主义和集体主义的反叛，市场化改革推动社会资源的自由流动，从而促进一个相对独立的社会的形成。

自治精神，但这需要长时间的努力，短期内难见显著成效。

村民自治在未来很长一段时间内都将是乡村社会的基本治理制度，"培育村民自治精神"这样一种自下而上的完善途径是需要的，但同时也要设法提高作为国家代理人的村级自治组织的治理能力。结合本文的分析，适应乡村社会日益增强的流动性是解决问题的一个重要方面，而将传统治理手段与网络信息技术相结合则是克服流动性的有效途径。根据卡斯特（Castells，2010）的观点，人类已进入网络社会时代，国家权力运作的场所已由"地方空间"（space of places）变为"流动空间"（space of flows）；"缺场交往"因此正迅速扩展并逐渐取代"在场交往"，成为人们主要的交往形式（刘少杰，2012）。传统治理手段是一种"在场治理"，如村干部和村民在村委会办公楼或村民家中解决问题，但现在由于村庄人员外流，往往会遭遇"找不着人"的困境，这时就需要借助网络信息技术进行"远程办公"，实现"缺场治理"。笔者在实地调研过程中也已经观察到这种"缺场治理"的现象。近几年，上级政府部分工作安排的下达、村两委工作任务完成情况的汇报等事务越来越多地通过微信群完成；在调研行将结束的时候，村干部更是向笔者请教微信的使用方法。

由此可见，国家权力正试图利用现代网络信息技术来治理村庄；至于其效果如何，尤其是是否有助于实现"管控"与"服务"的双重治理目标，还留待日后再观察。2018 年中央"一号文件"指出"乡村振兴，治理有效是基础"。而作为一个初步的探索，本文主要揭示了实现有效治理所要应对的乡村社会权力结构状况，至于解决问题的具体方略则有待后续研究来发现和阐明。

参考文献

［1］段成荣、刘涛、吕利丹：《当前我国人口流动形势及其影响研究》，《山东社会科学》2017 年第 9 期。

［2］费孝通：《乡土中国》，上海人民出版社 2013 年版。

［3］何雪松、袁园：《全球城市的流动性与社会治理》，《华东师范大学学报》（哲学社会科学版）2017 年第 6 期。

［4］洪大用：《社会治理的关键是治理流动性》，《社会治理》2017 年第 6 期。

［5］胡恒：《皇权不下县？——清代县辖政区与基层社会治理》，北京师范大学出版社 2015 年版。

［6］吉登斯：《民族—国家与暴力》，胡宗泽、赵立涛、王铭铭译，生活·读书·新知三联书店 1998 年版。

［7］金太军、施从美：《乡村关系与村民自治》，广东人民出版社 2002 年版。

［8］孔飞力：《叫魂：1768 年中国妖术大恐慌》，陈兼、刘昶译，上海：上海三联书店 2016 年版。

［9］刘昶：《迈克尔·曼论国家自主性权力》，《上海行政学院学报》2016 年第 1 期。

［10］刘少杰：《网络化时代的社会结构变迁》，《学术月刊》2012 年第 10 期。

［11］渠敬东、周飞舟、应星：《从总体支配到技术治理——基于中国 30 年改革经验的社会学分析》，《中国社会科学》2009 年第 6 期。

［12］沈原：《又一个三十年？——转型社会学视野下的社会建设》，《社会》2008 年第 3 期。

［13］斯考切波：《国家与社会革命——对法国、俄国和中国的比较分析》，何俊志、王学东译，上海人民出版社 2007 年版。

［14］孙立平、王汉生、王思斌、林彬、杨善华：《改革以来中国社会结构的变迁》，《中国社会科学》1994 年第 2 期。

［15］王华：《农村"高音喇叭"的权力隐喻》，《南京农业大学学报》（社会科学版）2013 年第 4 期。

［16］王绍光：《治理研究：正本清源》，《开放时代》2018 年第 2 期。

［17］韦伯：《学术与政治》，钱永祥译，广西师范大学出版社 2010 年版。

［18］韦伯：《支配社会学》，康乐、简惠美译，广西师范大学出版社 2010

年版。

［19］文军：《个体化社会的来临与包容性社会政策的建构》，《社会科学》2012 年第 1 期。

［20］温铁军：《半个世纪的农村制度变迁》，《战略与管理》1999 年第 6 期。

［21］徐勇：《中国农村村民自治》，华中师范大学出版社 1997 年版。

［22］徐勇：《县政、乡派、村治：乡村治理的结构性转换》，《江苏社会科学》2002 年第 2 期。

［23］徐勇：《"宣传下乡"：中国共产党对乡土社会的动员与整合》，《中央党史研究》2010 年第 10 期。

［24］殷冬水：《电视：国家动员变革的重要媒介——现代国家动员中电视媒介变革意义的政治传播史分析》，《吉林大学社会科学学报》2016 年第 5 期。

［25］于建嵘：《村民自治：价值和困境——兼论〈中华人民共和国村民委员会组织法〉的修改》，《学习与探索》2010 年第 4 期。

［26］俞可平主编：《治理与善治》，社会科学文献出版社 2000 年版。

［27］张厚安：《中国农村基层政权》，四川人民出版社 1992 版。

［28］张厚安：《乡政村治：中国特色的农村政治模式》，《政策》1996 年第 8 期。

［29］张静：《社会治理为何失效》，《复旦政治学评论》第 1 期，复旦大学出版社 2016 年版。

［30］Brautigam, D., O. H. Fjeldstad,, and M. Moore, (eds.), 2008, *Taxation and State – building in Developing Countries：Capacity and Consent*, New York & London：Cambridge University Press.

［31］Castells, M., 2010, *The Information Age：Economy, Society and Culture：The Rise of the Network Society* (Vol. 1), Massachusetts：Blackwell Publishers Inc.

［32］Cohen, Y., B. R. Brown, and A. F. K. Organski, 1981, "The Paradoxical Nature of State Making：The Violent Creation of Order", *American Political Science Review*, 75 (4)：901—910.

［33］Fukuyama, F., 2004, "The Imperative of State – building", *Journal of Democracy*, 15 (2)：17—31.

［34］Mann, M. , 1993, *The Sources of Social Power*, *Vol. II*: *The Rise of Classes and Nation – States*, New York & London: Cambridge University Press.

［35］Nee, V. , 1989, "A Theory of Market Transition: From Redistribution to Markets in State Socialism", *American Sociological Review*, 54（5）: 663—681.

［36］Skocpol, T. , 1985, "Bringing the State Back in: Strategies of Analysis in Current Research", in Evans, P. , D. Rueschemeyer, and T. Skocpol, （eds.）: *Bringing the State Back In*, New York & London: Cambridge University Press.

［37］Tilly, C. , 1975, "Western State – making and Theories of Political Transformation", in Tilly, C. , （ed.）: *The Formation of National States in Western Europe*, New Jersey: Princeton University Press.

［38］Tilly, C. , 1985, "War Making and State Making as Organized Crime", in Evans, P. , D. Rueschemeyer, and T. Skocpol, （eds.）: *Bringing the State Back In*, New York & London: Cambridge University.

（原文刊发于《中国农村观察》2018 年第 4 期）

"定县再调查"与农村社会学的理论自觉

黄家亮*

定县调查是我国社会学历史上具有里程碑意义的经典调查，已受到学术界较为广泛的关注。从 2003 年开始，我国著名社会学家郑杭生先生组织开展了新时期的定县调查——"定县再调查"，前后持续七年之久①，在中国社会学的文脉传承、人才培养、学术研究等方面均取得了丰硕的成果。郑杭生先生主持的"定县再调查"贯穿着强烈的理论自觉意识，系统梳理这一段学术史，对于农村社会学学科发展及乡村振兴实践均具有重要的意义。

一 从定县调查到"定县再调查"

定县即今天的河北省定州市②，在近代学术史上以定县平民教育实验（简称"定县实验"）及定县社会调查（简称"定县调查"）而闻名。中国人民大学与定县的渊源正是起源于李景汉先生主持开展的

* 作者简介：黄家亮，中国人民大学社会与人口学院副教授。

基金项目：本文系中国人民大学重大科研规划项目"中国农村社会变迁与治理转型——河北定县农村百年演变的调查研究"（15XNLG04）阶段性成果。

① 该调查从 2003 年 1 月正式开始，至 2009 年 6 月结束。如果将一头一尾都算入，则为 7 年。

② 定县于 1986 年改为定州市，为县级市，先后隶属于保定地区和保定市，2013 年被确定为省直管县。为叙述连贯，本文遵照学界习惯，将不同时期的定州统称为"定县"。

定县调查。

（一）李景汉与定县调查

清末民初，定县翟城村米氏乡绅米鉴三及其儿子米迪刚、米阶平等借鉴日本新村运动经验在本村开展了中国近代最早的村治实验，创建了中国最早的村级女子学校、最早的农民合作组织"因利协社"，并开创了中国以行政村为单位的开展地方自治的先河，将翟城打造成了全国闻名的模范村。[①] 1926 年秋，在米氏乡绅的邀请和支持下，著名平民教育专家晏阳初主持的中华平民教育促进会来到翟城村，开启了定县实验的历程。对于这些知识分子来说，要改造乡村首先就要认识乡村，因此定县调查一开始就是定县实验的重要组成部分，正如晏阳初先生所说"一切的教育工作与社会建设必须有事实的根据，才能根据事实规划实际方案。因此本会对于定县的实验最先注意的就是社会调查"[②]。后来，随着实验区范围的逐渐扩大，定县调查的范围也随之扩大。

1926—1928 年，定县调查的主持者是平教总会生计教育部主任、著名农学家冯锐先生，调查的工作范围只有东亭乡村社区的 62 个村庄。1928 年 6 月，著名社会调查专家李景汉先生应晏阳初之邀来定县出任中华平民教育促进会定县实验区社会调查部主任，接替冯锐先生主持定县调查，最初的调查范围依然是原来的 62 村。1929 年，晏阳初将中华平民教育促进会总会从北平搬至定县，并将实验区扩展到全县范围，社会调查工作也随之扩展到全县。这一时期的调查工作除了概况性调查外，还包括大量深入的专题调查及资料整理工作。

定县调查几乎涵盖了农村社会经济的各个方面，如历史、地理、

---

① 1925 年出版的《翟城村志》对翟城村治的整个过程进行了详细记载。参见伊仲材编述：《翟城村志》（1925 年铅印本），台北成文出版社 1968 年版。

② 晏阳初：《晏序》，李景汉《定县社会概况调查》，中国人民大学出版社 1986 年版，第 1 页。

人口、教育、信仰、赋税、县财政、农业、工商业、农村借贷、健康与卫生、农民生活费、乡村风俗、乡村娱乐、灾荒、兵灾等。定县调查收集的资料很多，仅仅整理出版成专书公开出版过的就有《定县社会概况调查》（李景汉，1933）、《定县农村工业调查》（张世文，1936）、《定县经济调查一部分报告书》（李景汉、余其心、陈菊人等，1934）、《定县秧歌选》（李景汉、张世文，1933）、《定县赋税调查报告书》（河北省县政建设研究院，1934）等数种。此外，还在各种期刊公开发表了大量专题性的研究报告。

定县调查是我国历史上首次运用现代社会调查方法对一个县域社会进行的实地调查，在社会学史上具有里程碑式的地位，代表了中国社会调查运动的最高水平，被誉为"中国农村社会调查的里程碑"[①]，也是中国社会学史上的一座丰碑。定县调查的资料已成为国内外学术界了解那一时期中国社会的经典文献。我们曾从社会学的角度将定县调查的意义总结为以下四个方面：第一，从一个县域范围呈现了社会学研究的对象，也就是社会事实的表现；第二，探索和创新了现代社会调查方法；第三，对当时乡村建设实践做出了重要贡献；第四，对于社会科学，特别是对于社会学的本土化具有重要意义。[②]

（二）郑杭生与"定县再调查"

新中国成立后不久，李景汉先生来到中国人民大学任教，并担任中国人民大学调查研究室首任主任。1984 年，郑杭生先生受命创建中国人民大学社会学研究所，李景汉先生被聘为唯一的创所顾问。创所伊始，郑杭生先生就组织发掘李景汉先生的学术贡献，并整理出版其学术著作。1985 年 1 月 22 日，祝贺李景汉教授从事社会学教学和

---

① 李金铮：《定县调查：中国农村社会调查的里程碑》，《社会学研究》2008 年第 2 期。

② 洪大用、黄家亮、杨峥威：《定县调查的社会学意义》，《社会建设》2016 年第 5 期。

研究工作六十周年暨九十寿辰座谈会成功召开。1986 年 3 月，郑杭生教授组织重印的近千页的《定县社会概况调查》由中国人民大学出版社正式出版。更为难得的是，李景汉先生在去世前，通过法律公证的形式将其所保存下来的所有资料捐赠给中国人民大学社会学研究所，并委托郑杭生先生整理、选编、出版他的著作。这一批资料中，就包括历经半个世纪风风雨雨而保存下来具有非凡学术价值的部分定县调查资料。

从 2001 年开始，郑杭生先生就开始筹划开展新时期的定县调查，并将其与全国综合社会调查（CGSS）一起列为中国人民大学社会学学科的两项基础性调查。2002 年 12 月，他申请的教育部人文社会科学研究重大项目"华北农村八十年的社会变迁——以定县为例"正式获批立项，2003 年正式开始实施，项目的开展使得新时期的定县调查（郑杭生将其命名为"定县再调查"）正式付诸实践。本次调查的主持者为郑杭生先生，具体调查工作组织协调者为当时正在与其合作开展博士后研究工作的吴力子博士。调查持续 6 年，不断有新生力量加入，到 2009 年基本告一段落。调查的主要参与者包括调查持续期间跟随课题负责人攻读博士学位的博士生，包括以该调查为基础撰写了博士学位论文的博士生仝平清、刘仲翔、章东辉、汪雁、潘鸿雁、王道勇、王晓蓓、陈玉生、刘小流、黄家亮，也包括一些虽然没有直接以本次调查为基础撰写博士论文但参与调查并撰写相关研究成果的博士生杨敏、何珊君、张永华、张春、汪萍、童志峰等，此外还包括以本次调查为基础完成了博士后研究报告的杨发祥博士。

正如郑杭生先生在 20 世纪 80 年代中期主持重印《定县社会概况调查》时所说的那样："这部著作，现在仍然是国外研究旧中国社会问题的一本必备读物、了解旧中国情况的一个重要渠道。不仅如此，这部著作，对今天进行定县调查也提供了方便。因为它所反映的定县以至整个华北五十多年前的社会概况，好象是一条可供比较的基线，拿现在的情况跟它作对比，就能看出五十多年来，特别是解放以来和十一届三中全会以来定县以至整个华北农村发生了多么巨大的变化。"① "定县再调查"就是以李景汉 30 年代主持的河北定县全面调查资料为起点，通过对一个县域（河北定县）以及其周边（华北地区）八十年的社会运行连续考察，总结社会转型规律性的社会调查。本次调查研究的重点主要有两个，首先是验证一套转型期社会运行规律的理论以及完善结构转型的研究方法，其次是探索面向现实社会政策的"三农"问题以及区域社会经济问题解决方案。

二　定县再调查的展开及主要成果

作为一项历时多年、参与人数众多、调查范围较大的宏大调查，"定县再调查"是分阶段、多层次开展的，也积累了较为丰富的调查研究成果。

（一）对定县实验历史的梳理

"定县再调查"是建立在定县调查的基础之上的，而定县调查则是与定县实验相伴而生的，因此在"定县再调查"的准备阶段，郑杭生先生组织力量对历史上的定县实验和定县调查进行了较为系统梳理。这种梳理主要包括：第一，对定县实验的主持者晏阳初先生进行研究，梳理了其乡村建设思想的形成历程，及其乡村建设实践从中国走向世界的历程；② 第二，对晏阳初乡村改造的十大信条及其在定县的实践进行了系统研究，并对其对当前乡村建设实践的启示进行了深

---

① 郑杭生：《中国特色社会学理论的探索》，中国人民大学出版社 2005 年版，第 535—536 页。

② 郑杭生、张春、晏阳初：《平民教育从中国到世界的历程》，《江苏社会科学》2004 年第 2 期。

入分析；① 第三，从中国近代社会转型即民族国家建构的角度看，分析定县实验过程中国家、文化精英与民众之间的复杂相互建构关系，并利用反思社会学视角对晏阳初的知识谱系进行了深刻反思。②

（二）定县农村概况调查

与历史上的定县调查一样，"定县再调查"也是从翟城村开始，由点到面逐渐推进的。定县农村综合调查主要包括翟城村调查和全县范围的问卷调查。代表性成果包括七集学术纪录片《翟城：一个华北乡村的生存与奋斗》和研究报告《华北农村八十年的社会变迁——定县再调查的普遍性结论》。

1. 翟城村田野调查

从2003年1月开始，调研组成员陆续来到翟城村开展探索性调查。为了深入了解农民生活状况，同时也为整个调查找到一个更坚实的立足点，从当年7月开始，吴力子等项目组成员开始了长达一年的驻村调查，与村民同吃同住同劳动，积累了大量的一手素材。翟城村调查不仅仅采用了参与式观察、个案访谈、问卷调查等传统的社会学调查方法，还引入了影视人类学的调查研究方法，对12个农户家庭的日常生活进行了长达一年的跟踪拍摄，形成了总时长16000分钟的视频素材，全景式地记录了华北一个村庄的生活图景。在这些素材的基础上剪辑出的七集学术纪录片《翟城：一个华北乡村的生存与奋斗》（《集市与村庄》《大市场中的小农业》《乡村经营者》《进城打工》《家庭保障》《村官》和《乡村新一代》），分别描述了村庄与集市的关系、家庭农业与市场的关系、当地非农经营状况、农民外出打工的过程及其对家庭生活的意义、家庭保障的意义及重要

---

① 张春：《晏阳初乡村改造的十大信条及其实践——兼论平教运动的现实启示》，博士学位论文，中国人民大学，2004年。

② 张永华：《由晏阳初定县实验看中国社会转型的主体角色问题》，博士学位论文，中国人民大学，2004年。

性、乡村干部及其治理乡村的过程、乡村教育及乡村下一代的生活路径。该片曾在第36届世界社会学大会上播出，引起了学界的强烈反响。

2. 县域范围的抽样调查

2003年8月，项目组在定州市不同区域选定了12个村进行了"定州乡村居民生活状况"的抽样调查，在定州所有行政村中按简单随机抽样的方法抽取12个村，再按随机抽样的原则抽取1200人作为调查对象，由该村会计或小学教师在村内组织问卷填答。样本回收后，由调研组进行严格的复查，其中一个村的问卷在复查过程中发现填答程序有不规范之处被整体剔除。最终共获得1081个有效样本，来自于东亭镇翟城村、东旺镇李村店村、南城区街道尹家庄村、大鹿庄乡大鹿庄村、明月店镇二十五里铺村、环路镇砖路村、清风店镇西市邑村、留早镇高家佐村、子位镇寨里村、李亲顾镇市庄村、息冢乡贾村11个村。在调查研究的基础上，吴力子完成了他的博士后出站报告。[①] 同时，项目组也完成了14万字的课题总结报告《华北农村八十年的社会变迁——定县再调查的普遍性结论》。该报告包括"引言、'定县再调查'告诉我们什么？"和"转型期结构性贫困""贫困的原因""农民就业问题""家庭经营问题""社区建构问题""社会转型时期的乡村管理""农民问题的出路"七章。本次调查的数据也被项目组成员在开展各自的专题研究时广泛使用。

（三）农民经济行为调查

经济行为是农民日常生活中最基本的活动，也是农民价值观念和农村社会变迁最直观的体现。因此，在定县再调查过程中，多名课题组成员将农民经济行为作为自己关注的专题深入调查，并撰写了博士

---

① 吴力子：《社会转型时期农民的结构性贫困与出路》，博士后出站报告，中国人民大学，2007年。

学位论文或博士后出站报告。

奂平清聚焦于农民的赶集行为，并通过乡村集市的变迁来考察乡村社会转型。他的基本问题意识是为什么华北集市并没有像既有理论所预测的那样沿着"村庄—集市—集镇—小城镇—城市"的方向演化，而仍然保持着旺盛的生命力[①]。为了解释这一问题，他对定州乡村集市的历史变迁做了考察，对集市的数量、集期、集市体系和集市的功能及其变化做了分析，同时，考察了乡村集市外的交易途径——乡村店铺和专业市场。通过翔实资料和严密的分析，他验证了自己所提出的乡村集市功能的二重性（市场参与和市场回避）及乡村集市"内卷化"假说，对研究问题作出了具有创新性的解释。华北乡村通过各种途径形成的小城镇，在新的形势下产业结构转变面临困境。在此基础上，他还进一步探讨了华北乡村社会转型的出路。

杨发祥聚焦于农民的消费行为，通过农民消费结构变迁来考察乡村社会的转型。[②] 他调查分析了自20世纪二三十年代以来定县农民消费结构的变迁及其内在机制，考察了农民消费结构与农村社会变迁的互动关系。在大量实证调查的基础上，深入分析了在乡村场域和乡村惯习的双重约束下当时定县农民消费结构所呈现出的特征。[③] 他还分析了受职业分化、收入分化、身份区分、关系建构等社会因素影响，农民消费结构呈现明显的社会分层现象。在以上分析的基础上，进一步探讨了转型期农民消费结构优化升级所面临的困境及解决路径。

汪雁聚焦于农户经济行为，以定县农户的耕地配置行为、劳动力

---

① 奂平清：《华北乡村集市变迁与社会结构转型——以定州的实地研究为例》，博士学位论文，中国人民大学，2005年。

② 杨发祥：《乡村场域、惯习与农民消费结构的转型——以河北定州为例》，《甘肃社会科学》2017年第3期。

③ 杨发祥：《社会转型期农户的消费结构与乡土重建——一个以河北定州为例的社会学研究》，博士后出站报告，中国人民大学，2006年。

配置行为和资金配置行为为例研究农户经济行为的特征及其形成机制。[1] 她分别在翟城村和全县范围内开展了多阶段抽样调查，并进行了长时间的定性调查。在经验调查的基础上，她分析了"市场化""农户劳动力过剩的资源构成结构"和"家庭保障需求"三种社会结构性因素对农户经济行为的影响及其作用机制，并探讨了提高农户经济效益、改善农村生产要素配置的经济效率的政策途径。她的研究表明，在社会转型加速期，"市场规则"和"家庭生活保障惯习"作为两种不同的结构性约束机制，嵌入于"农户劳动力剩余的资源构成结构"之中，从内外两方面对农户发生影响，从而使农户经济行为主要表现出对"家庭基本生活风险规避""经济收益最大化"和"劳动力充分利用"等多重行为取向。

刘小流则聚焦于农民的经济合作行为，探讨农村经济合作的困境及出路。他的基本问题意识是，为什么从理论上看小农必须合作起来才有出路，而且合作的好处显而易见，但在实践中农民很难真正实现有效的经济合作，甚至好处就在眼前且不需付多少代价也依然难以达成合作。[2] 他从社会资本的视角进行了分析，结合定县的实证调查，梳理了不同历史时期乡村社区社会资本变化和乡村社区农民经济合作组织变迁之间的关系。他的分析论证了培育乡村现代社会资本对于发展农民合作的重要作用。针对这一问题，笔者也曾以翟城村的农民合作实践为案例，探讨了转型期乡土场域中特有的信任逻辑出发与农民特有的合作理性之间的关系。[3]

---

[1] 汪雁：《市场导向和家庭保障惯习指引下的农民经济行为——基于社会转型加速期定州市农村的经验研究》，博士学位论文，中国人民大学，2005 年。

[2] 刘小流：《乡村社区农民经济合作的困境与出路：社会资本视角——以河北定州乡村社区为例》，博士学位论文，中国人民大学，2009 年。

[3] 黄家亮：《乡土场域的信任逻辑与合作困境：定县翟城村个案研究》，《中国农业大学学报》（社会科学版）2012 年第 1 期。

（四）农民社会生活调查

通过农民社会生活的变迁来透视近代以来我国乡村社会的深刻变迁，也是"定县再调查"的一项重要内容。

潘鸿雁以定县农村家庭结构及关系的变迁为研究对象，考察了国家与家庭的互构过程。[①] 她在调查中发现户籍制度变迁和大规模农民流动导致了定县农村家庭结构的重大变革，普遍出现了一种独特的家庭形态——非常规核心家庭。其特征是具有血缘关系并且在社会和经济上具有共同利益的家庭成员没有居住在一起；在家庭发展的各个阶段，妻子是家庭的主要和固定成员，丈夫在大多数阶段都处于缺位状态。她基于在翟城村的系统调查，分析了非常规核心家庭形成的背景和形成机制，非常规核心家庭中夫妻、亲子等内部关系的调适过程，以及非常规核心家庭中亲属、邻里等外部关系的建构过程。她还进一步探讨了通过加大社区重建和社会政策的实施力度，来解决非常规核心家庭的社会支持和社会保护问题的可能性。

刘仲翔以农民疾病及求医行为为研究对象，考察了近代以来农村医疗卫生体系的变迁。[②] 以"卫生教育"救"弱"，培养农民的强健力，是晏阳初定县实验的四大战略之一，疾病及卫生体系调查也是李景汉定县调查的重要组成部分。刘仲翔从农民的疾病模式、农村医疗卫生传递系统和农民的求医情况三个维度分析了定县农村医疗卫生的历史变迁，并深入剖析了这三个因素之间的互动机制。他的分析表明，随着时代的变迁，农民的健康观念也正在发生变化，农民生活的医学化趋势正在凸显，农民对于医疗卫生体系的需求也正在日益增加，而相应地农村医疗卫生保障体系与农民的需求还很不适应，因此

[①] 潘鸿雁：《适应与变迁：社会转型加速期华北农村非常规核心家庭关系研究——以定州农村为例》，博士学位论文，中国人民大学，2006 年。

[②] 刘仲翔：《论农民生活的医学化》，《江海学刊》2010 年第 3 期。

重构农村医疗卫生传递系统是新时期乡村建设的重要任务。[①]

章东辉以农民职业选择和职业体系为研究对象，考察了农民职业分化与农村社会转型之间的互动关系。[②] 他以 20 世纪二三十年代的定县调查数据为起点，分别考察了民国时期、新中国成立至改革开放前及改革开放后三个不同历史阶段，定县社会结构变迁和农民职业分化的过程，并着重分析了人地关系、工农关系、城乡关系变化对农民职业分化的影响。他认为，农民职业分化的方向是进入现代职业体系，而要顺利实现这种转化需要推进户籍制度、劳动就业制度、土地制度等多方面的制度整合，调整国家与农民的关系，逐渐实现城乡一体化发展。

（五）农村基层治理调查

国家与社会关系是理解社会结构的关键变量，也是支配社会变迁的核心机制，其直接表现即是基层治理模式。在"定县再调查"中，课题组成员通过不同的方面对基层治理模式进行了深入调查研究。

王道勇以定州一个村征地过程中失地农民与基层政权互动过程为例，分析农民与国家的互动关系模式。[③] 他通过对征地与补偿、就业与保障、税收与补贴、选举与上访四个方面的分析表明，国家与农民的互动关系在不同的现实场景中有不同的表达形式，其主要影响因素包括互动场景、互动主体、组织结构、行动规则、资本运作、运作目标。因此，国家—农民的互动关系模式可能会有不同的地方性表达形式。这种地方性表达形式是对理想型国家—农民关系的一种偏离，但无数的地方性表达形式又可以通过提取共性的方式来丰富和发展理想

---

① 刘仲翔：《病患模式、求医行为与农民生活——以定县为例的医学社会学研究》，博士学位论文，中国人民大学，2005 年。

② 章东辉：《农民职业分化与社会结构转型——以定县实地调查为例的社会学研究》，博士学位论文，中国人民大学，2009 年。

③ 王道勇：《国家与农民关系的地方性表达——以定州城郊 J 村失地农民与基层政权的互动为例》，博士学位论文，中国人民大学，2006 年。

型的国家—农民关系模式。

陈玉生聚焦农村社会动员问题，通过对翟城村早期村治运动、晏阳初定县平民教育运动、抗日战争、土改运动、集体化时期的社会运动、新村规划落实、村民选举等事件的考察，对翟城村百年社会动员历程及其变迁进行了描述和分析。① 他发现，动员网络、动员方式、动员手段、逆动员力量等都是在动员过程中逐渐变化和形成的，它们既是意识表达框架与既有文化相互建构的结果，也是动员者和被动员者相互建构的结果。在社会动员中所形成的集体意识是"意识表达框架"的一种演化形式，既根源于差异性结构系统，又是动员者和被动员者相互建构的结果。

王晓蓓以定州农村地区的"招墓角"习俗为研究对象分析了国家法与民间法互动过程。② 她分析指出，国家法与民间法在传统社会中是一种统合性关系，而在现代乡土社会中形成了某种程度上的"断裂"性关系。二者的矛盾和冲突就不仅仅是两种具体规范的冲突，而是两种完全不同文化体系之间的冲突。在当代中国社会，国家法律并不是也不可能是一切社会秩序的基础，应将"国家法律越多，反而秩序越少的领域"留给那些更有利于达成社会秩序的民间规范去调节，并通过强化民间权威的力量来加强民间规范的约束力，从而在法律多元格局下达成更有序的整体社会秩序。

黄家亮通过对一个村庄八十年代以来各种民间纠纷及其解决机制的研究，分析了我国乡土社会的变迁及其在纠纷解决机制上的体现，并探讨了乡村秩序重建的路径问题。③ 他认为，当前乡土社会已发生

---

① 陈玉生：《转型社会中的农村社会动员——以河北定州翟城村为例》，博士学位论文，中国人民大学，2007年。

② 王晓蓓：《乡土社会中的国家法与民间法》，博士学位论文，中国人民大学，2008年。

③ 黄家亮：《新乡土社会的纠纷解决与秩序重建——以华北米村为例》，博士学位论文，中国人民大学，2009年。

了空前深刻的变化，其纠纷解决体系也发生了相应的变化。与传统乡土社会不同，新乡土社会不再单纯是一个"无讼"的社会，其对于法律具有了一定程度的亲和性，农民对法律的需求发生了一定程度的变化，但也仍然保留着乡土社会的一些根本性特征，不能简单地用"迎法下乡"来解决乡村秩序的问题。重建乡村秩序要遵循"双轨重建""双向建构"的原则，一方面要建构自上而下的秩序，加大国家基层法律公共服务的供给；另一方面要建构自下而上的秩序，重建民间的纠纷解决系统。

三　理论自觉视野下的"定县再调查"

"定县再调查"涉及的主题众多，看似较为分散，但是整个调查始终有着明确的理论自觉意识。郑杭生先生本人生前曾有出版系列丛书以总结该次调查的计划，但因过早离世而未来得及付诸实施。"定县再调查"对于提升当前我国农村社会学的理论自觉意识和理论自觉水平有着重要的启示。具体来说，可以从以下几个方面进行简要概括。

（一）对农村发展道路的理论自觉

"定县再调查"的理论自觉首先体现在对中国农村发展道路的理论自觉。郑杭生先生曾分析指出，纵观第三世界发展中国家的转型历程，其发展路径可归纳为两类：一类是工业化城市化的发展道路，另一类是农村现代化的发展道路。前一类是建立在非农化基础上的现代化，旨在通过农村人口的削减、农村的工业化、城镇化或城市化实现农村社会由传统农业文明向现代工业文明的转变，这种发展路径的典型代表如拉丁美洲、非洲等；后一类则是在不消除农业的前提下，通过农村自身的现代化、农民的市民化等方式实现农村社会由传统农业文明向现代农业文明的转变。中国应该走后一条农村发展道路，而中国新农村建设的提出就标志着中国农村的转型道路由"工业化替代农业化"为主向"农业自身的现代化"为主转变。① 而要实现这种通过制度转变，就需要努力解决以下几个问题：

第一，将农民纳入现代职业体系。郑杭生强调，走向现代职业体系是解决"三农"问题的根本出路。当下农业总体上是建立在自给自足基础上的"生计农业"，只有当农民不断地脱离农业进入现代职业体系后，产业化农业才得以出现。②

第二，推进农民市民化。他认为，农民进入现代职业体系，归根结底来说就是要让农民成为市民。③ 市民化就是指农民走向市民的过程，农民市民化要求作为一种职业的农民和作为一种社会身份的农民在向市民转变的进程中，发展出相应的能力，学习并获得市民的基本资格、适应城市并具备一个城市市民基本素质的过程。农民市民化主要"化"在两个基本方面：第一，农民群体实现从农民角色集向市民角色集的全面转型；第二，在实现角色转型的同时，通过外部赋能，与自身增能，适应城市，成为合格的新市民。

第三，重构城乡融合发展的新型城乡关系。④ 城乡一体和城乡融合发展是中国传统社会结构的基本特征，也是解决当前农村发展问题的基本方向。近代以来，我国逐渐走向了城乡二元结构，甚至逐渐演化为城乡二元对立，以及同城内部三大人口群体——本地农民、本地市民和外来流动人口——的同城差别问题。要改变这种状况，必须加快推进城乡一体化与同城化进程。通过城乡一体化建设，在城乡基础设施建设、基本公共服务、社会保障、资源要素优化配置和人口转移流动方面实行"五个一体化"。通过"身份—权利—待遇"同城指标

---

① 郑杭生：《中国特色社会学理论的提升》，中国人民大学出版社 2015 年版。

② 郑杭生、阎文学：《走向现代职业是解决农民问题的根本出路——访中国人民大学郑杭生教授》，《文明与宣传》2003 年第 12 期。

③ 郑杭生：《农民市民化：当代中国社会学的重要研究主题》，《甘肃社会科学》2005 年第 4 期。

④ 郑杭生：《城乡一体化与同城化齐举并进》，《红旗文稿》2013 年第 20 期。

体系的操作，逐渐弱化和消除三大人口群体的利益区隔，缩小城镇居民在社会权益方面的现实差别。

（二）对乡村研究理论命题的理论自觉

在定县调查过程，郑杭生及课题组成员对乡村社会的诸多理论命题进行了系统反思，推进了农村社会学的理论创新。如前文所介绍的那样，课题组成员对农户经济理论、国家与社会关系理论、施坚雅的集市理论等均进行了颇有新意的反思。更为重要的是，郑杭生本人在本次调查的基础上，提出了当前农民理论与政策体系需要重构的观点。

在"定县再调查"的基础上，郑杭生对现有农民理论和政策中的农耕假设、乡土假设、职业假设等三大假设进行了批判性反思，[①] 认为在转型后的现代社会，农民理论和政策中关于"农民等于农耕者""农民是乡村居民""农民在农业中就职"的理论假设是错误的。因此要修正以往农民研究理论中关于农民的相关假设，跳出就农民谈"农民问题"的惯性思维，将农民问题放置在社会经济结构从农业社会向工业社会转型的总体框架下进行研究，重构农民研究的理论与政策体系。

（三）对乡村研究方法的理论自觉

第一，以县为单位的调查和研究。关于乡村研究的单位，有不少学者进行了探索，如以费孝通、林耀华、杨庆堃等为代表的学者，倾向于以村庄为研究单元，通过对一个村的深入解剖来得出普遍性结论。以许烺光、吴毅等为代表的学者则尝试为镇为单位开展调查研究，而以施坚雅为代表的学者曾尝试以基层市场共同体为研究单位。但以一个县为单位的系统研究还不多见，也是在目前我国乡村研究的

---

① 郑杭生、吴力子：《"农民"理论与政策体系急需重构——定县再调查告诉我们什么？》，《中国人民大学学报》2004 年第 5 期。

短板。① 其实，县作为一个研究单位具有其他研究单位不可比拟的优势，因为县是我国最基层的一级完整行政组织，拥有中央政府的绝大多数行政职能，一个县就是一个国家的缩影；而且，县是国家与基层社会的交汇点，直接联系着国家与基层百姓，相对于村庄、乡镇、集市等，能够更宏观、完整反映国家与农民的关系，以及国家意志在基层的实践逻辑。当然，从难度上看，县单位的调查研究也要远远高于村庄、乡镇、集市等传统研究单位。在这个意义上看，"定县再调查"以一个县作为调查和研究的单位，是一种大胆的尝试。

第二，对一个县域社会的长时段追踪研究。中国乡村研究在一定时期内成为显学，相关成果汗牛充栋，但真正具有历史感的研究并不多。这与恢复重建以来我国社会学整体上对历史维度的重视不够相关。正如有学者指出的那样，历史视角的沦丧必然导致社会学想象力的沦丧，因为我们无法回答过去何以能走到现在这样一个基本问题，也难以形成学术积累。② "定县再调查"通过对一个县域社会的长时段历史变迁进行追踪调查研究，并从不同方面、运用不同方法，诠释了当代中国农村的社会转型，是在乡村研究中引入历史视角的重要尝试。

第三，强调具有理论思维的经验研究。自恢复重建以来，我国社会学的一个总体特点就是重视经验研究而轻视理论思维，导致了二者的失衡。③ 在乡村研究领域中，由于"三农"问题的日益凸显，只重视经验描述、对策研究的倾向更加明显。定县再调查从一开始就重视理论思维，探索具有理论思维的经验研究。这主要体现为：首先，从

---

① 狄金华：《中国农村田野研究单位的选择——兼论中国农村研究的分析范式》，《中国农村观察》2009 年第 6 期。

② 卢晖临：《历史视角与社会学想象力》，《社会学家茶座》（总第 16 辑），山东人民出版社 2006 年版。

③ 郑杭生：《改革开放 30 年：日趋成熟的中国社会学——有关中国社会学发展全局的几个重大问题》，《江苏社会科学》2008 年第 3 期。

"问题乡村"到"理解乡村"的视角转变，前者是将乡村假定为有"问题"，戴着有色眼镜去寻找和罗列问题；后者是立足于深入乡村内部去理解其运行的逻辑。① 其次，运用本土化的理论视角去分析和理解乡村社会的变迁。定县再调查的每个部分都是在郑杭生先生提出的社会转型论、社会互构论、实践结构论等理论视角的指导下进行的，这些调查研究同时也验证、丰富了这些理论。再次，追求中层理论层面的创新。如前面所介绍的那样，定县再调查中每一个主题的调查都具有不同的问题意识，也有不同的理论对话对象，但相同的是，都立足于在深入调查研究的基础上对既有理论解释有所创新。这与纯粹的经验研究或问题研究是不同的，而类似于有学者所倡导的"理论导向的实证社会学研究"。②

第四，具体研究方法及学术呈现方式的创新。"定县再调查"在具体研究方法及学术呈现形式等方面均有很强的反思和创新意识。我国传统乡村研究中最为流行的是村落或社区民族志研究，这种研究方法对揭示农村社会结构特征及功能是非常有效的，然而这种研究方法是有明显局限性的。③ "定县再调查"很好地将个案研究与综合调查研究、定性研究与定量研究结合起来，将动态的、宏观的和理论的分析引入到研究之中，对村落或社区民族志研究范式进行了拓展。从学术呈现的方式来看，传统学术呈现方式比较单一，主要为学术论文、著作等，"定县再调查"借用影视的手段，通过长达一年的追踪拍摄，形成了大量的一手影像素材，并推出了《翟城：一个村庄的奋斗》学术纪录片，运用社会学的视角客观记录了一个村庄的生动形象。这为学术界留下了不可多得的宝贵学术财富。

---

① 赵旭东：《从"问题中国"到"理解中国"——作为西方他者的中国乡村研究及其创造性转化》，《社会科学》2009 年第 2 期。

② 边燕杰：《理论导向的实证社会学研究》，《中国社会科学评价》2015 年第 2 期。

③ 陆益龙：《扩展村庄研究范式推进农村社会学研究》，《中国社会科学报》2013 年 10 月 24 日。

当前，随着乡村振兴战略的实施，乡村研究又将成为我国学术研究的热门领域，农村社会学的发展又将迎来一个黄金期。重温"定县再调查"的过程及在各个层面的理论自觉，对当前我国农村社会学理论与方法的发展，以及对于更好推进我国乡村振兴实践，均具有重要意义。

[原文刊发于《西北师大学报》（社会科学版）2018年第6期]

华北农民非正规就业的微观形态

——基于河北定县两个村庄的考察[*]

黄家亮　汪永生

一　问题的提出

中国的市场化改革产生并推动了庞大的非正规经济和非正规就业群体，这在近些年里引起了国内外学者愈发强烈的关注与讨论。就以非正规就业而言，既有研究大多是从特定的时代背景出发，分析其产生发展的根本原因，如跨国资本的全球化与地方政府在招商引资中的非正规行为（李明欢，2011；黄宗智，2010）。一些学者对国内非正规就业现实状况的考察，包括非正规就业人员的经济贡献（胡鞍钢、赵黎，2006），现有的规模与类型分布（黄宗智，2009；薛进军、高文书，2012；吴要武、蔡昉，2015；姚宇，2006）以及与正规就业人员相比的工资和福利待遇等方面的差异（魏下海、余玲铮，2012；常进雄、王丹枫；2010；杨凡，2015；黄宗智，2009；Gustafsson，Li

---

　＊　作者简介：黄家亮，中国人民大学社会学系暨社会学理论与方法研究中心。汪永生，中国人民大学社会学系。

　　基金项目：本成果受到中国人民大学"统筹推进世界一流大学（学科）和特色发展引导专项资金"支持（项目批准号：15XNLG04）。作者感谢黄宗智、Richard Gunde、洪大用、高原、邢朝国、郑绍杰、韩佳、贾雯雯在本文撰写过程中提供的帮助，文章的错误由作者承担。

and Sicular，2008：12，29）。这种差异的存在揭示了对经济增长贡献巨大的非正规就业人员所遭遇的不公正，特别是劳动与社会保障、法律保护等方面的缺失（李强、唐壮，2002；黄宗智，2013）。

宏观层面的分析描述呈现了国内非正规就业的整体概况，直接反映出国家对这部分劳工的责任缺位（张静，2011）。然而，整体性分析虽然指明了非正规就业的客观现实以及政策转变的需要，但却并不足以说明造成非正规就业人员处于不利地位的内在机制。不同非正规就业形式的具体特征及其背后的复杂面相，需要从更加微观的角度进行探究。在非正规就业的经验研究方面，马流辉（2015）探讨了上海城郊接合部中以农民工为主体的底层社会所受到的制度性排斥，杨文谢（2011）等人描述了贵阳市农民工背篼群体的低报酬、低保障的生存境遇。以工作场所为研究对象的，还有广州制衣工厂与皮具生产企业中的农民工研究（郑广怀，2015；薛德升等，2014），北京郊区"城中村"个体经营饭店的个案研究（张婧、吴情操，2013）等等。这些微观层次的研究大致存在两个共同点：一是研究的对象基本是城里的外来农民工，而这只是非正规就业的一种表现形式；二是研究大多选择在农民工的工作地点进行，即城市空间范围，而农民工本身来自农村，他们身上仍然带有农村社会的印记。由此看来，对非正规就业的微观研究，既要考虑到非正规就业的各种可能存在的形式（如乡镇企业就业、农村兼业等），还要兼顾这些就业人员的乡村属性，毕竟中国城市与农村之间本身存在一种特殊的纠缠不清的联系①。所以，寻求一种新的具有更大包容性的非正规就业研究路径显得较为必要。

---

① 黄宗智（2009）认为，如果按照国际劳动组织（ILO）那样把非正规经济限定为城市现象，会过分隔离中国城镇与农村，过分隔离农民工与农民，这样其实不符合中国实际。我们在使用"非正规经济"这个概念时，需要说明这方面的"中国特色"，明确把"半工半农"的中国农民也纳入其中。

本文将采取不同于以往研究的观察视角，即把农村社会作为研究非正规就业的分析载体，尝试在具体的村庄/农户家庭情境中展现非正规就业的起源、延续以至不断扩大的历史变化过程，从而聚焦到当前非正规就业的现实以及不公平状况的生成逻辑。通过对河北定县两个村庄的个案调查，我们试图说明非正规就业的三个方面内容。第一，纵向地考察农村非正规就业的历史演变，这在以往研究中是较为少见的。从可挖掘的历史资料来看，我们最早可追溯到 20 世纪 20 年代，长时间跨度的连续性考察有助于我们更好地理解是什么原因塑造了今天的非正规就业事实。第二，就农村内部而言，不同的内外部条件将会引起村庄之间在非正规就业的人员规模、行业构成与收入水平上的不同。因此，笼统地把农村视为"传统部门"而忽视其内部的差异性存在简化论的危险。第三，对于农民非正规就业未来的走向问题，我们尝试建立一个由村庄内部和外部环境共同构成的解释框架。也就是说，外部经济环境的变化将会通过"收入水平"这一中间变量，系统性地影响各种形式的非正规就业，与此同时，村庄内部农业经营方式的变革也会内生性地推动农民的非正规就业发生变化。两股力量的交织作用决定了农民在城市的生存状况以及他们身后农村家庭的生活水平。

二 两个村庄的非正规就业比较

（一）村庄概况与非正规就业历史

1. 翟城村与赵家洼村

翟城村位于河北省定州市①城区东 15 公里，属于东亭镇辖区。该村目前共有 1200 余户，近 5000 人口，为华北平原上一个典型的大

---

① 定县于 1986 年改名为定州市，为县级市，2013 年又升格为省直管市。由于本文主要从历史的角度纵向考察该地的非正规就业变化历程，因而在行文主要仍然沿用定县。

村。村庄最主要的 5 大姓氏依次是米、秦、张、李、韩，占总人口的 85% 左右。该村共有 6700 多亩地，分地时①人均分得 1.47 亩，后来的新增人口则不予土地。翟城因其悠久的历史和近代村治建设而声名远扬。早在 20 世纪初，当地的米氏乡绅就在该村推行村治试验，并使该村成为模范村；到 20 世纪二三十年代，晏阳初等一批知识分子以该村为起点开展了轰轰烈烈的平民教育运动。21 世纪初，该村又与中国经济体制改革杂志社等单位联合成立了晏阳初乡村建设学院，推动农民互助合作。虽然，历经数次"辉煌"，但该村目前仍是一个典型的华北乡村，从发展程度上来看，在定县处于中等水平。但是，目前翟城已经不是一个纯粹的以种粮为主的村庄，而是发展起了多元种植结构。除玉米、小麦等传统作物外，很大一部分土地都用于种植苗木、辣椒等经济作物。苗木种植范围的扩大引起了村民劳动方式的变化，并出现了以掘树为副业的职业群体。加上翟城本地缺少乡镇企业，村里年轻人往往选择去较远的外地寻找就业机会。

赵家洼村位于明月店镇政府驻地正北四公里，紧邻 107 国道，交通便利。全村 620 户，共 2530 人，均为汉族。主要姓氏是赵姓（90% 以上），其他的姓氏包括高、贾等，无少数民族。赵家洼耕地面积约 2610 亩，人均分地相比翟城更少，只有 1.1 亩左右。与翟城以家户为单位的经营不同，赵家洼村除个别小队的一些零散土地外，其余土地均通过承包流转实现规模化经营，而规模经营的载体就是农民专业合作社。该村目前有 3 个规模比较大的合作社，其中一家合作社总共承包了近 2000 亩地（也包括外村的土地），成为国家种植示范基地，是农业部、河北省政府示范改造项目。村里还有一家规模较大的化肥生产企业，以及四家箱包加工厂和一家服装厂等民营企业。由此，该村不但实现了村庄经济发展从传统一家一户的小农种植到规模

---

① 这里指 1999 年实行的第二轮土地承包。

化、集约化，以至工业化驱动为主，而且还引起了农民职业类型与收入结构的深刻转变。不仅如此，赵家洼距离石家庄和保定等城市的距离只有 100 多里地，临近消费市场带动了周边的商贸运输业和小商品加工业的繁荣，这些行业的发展同样为本村提供了大量的非正规就业岗位。

2. 定县（州）非正规就业的历史概况

与非正规就业直接关联的是，自改革开放以来城乡流动壁垒的松动，大量农民工进城务工。此外，农村经济体制改革也兴起了一大批乡镇企业，使农民实现就业场所的离土不离乡。无论如何，现在广大农民从事的劳动，无论在类型上还是在收入上，都和计划经济时期发生了根本性转变。为了考察这种变化是如何发生的，我们在此以河北定县农村为例，简单地介绍其历史演变过程。

实际上，定县农民外出谋生最早可以追溯到 20 世纪 20 年代。根据李景汉等人的调查统计资料，1924—1933 年定县每年外出谋生人数基本保持在 400 人以上，尤其是从 1930 年至 1933 年，其人数从443 人增长至 7849 人，增速非常快，并且已经占到全县人口的3.77%[①]。在外出地点的选择上，去往东北的占主体部分，10 年总体平均比例为 56%，其中占比最大的省份依次是辽宁（35.58%）和吉林（20.40%），而留在河北本省的比例居于第三，为 18.01%。职业分布方面，外出谋生的人原先为种地的占 90% 以上，选择外出以后，近 2/3 的人从事的是苦力劳动，这和今天在城市从事高体力输出的工作十分相似。还有 11% 的人依然从事种地劳动，接着是外出经商和当兵的，其比例大致都在 8% 以内，其余如打鱼、警察、厨艺、工厂等比例都不足 1%（李景汉、余其心等，1934：99—102；李景汉，

①　另外，1936 年中央农业试验所发布的《农情报告》显示：1933 年河北农村全家离村的农村占调查各县总家数的 3%，而有青年男女离村的农户数，已经占到总农户数的8.5%。可见，定县农民的大规模外出谋生并不是个别现象。

1934)。民国时期的农民离村现象虽有受到外部经济利益吸引的原因，但更主要的还是被经济贫困、天灾人祸所逼迫。因此，农民离村多以暂谋生计为主要目的，凡是能养家糊口的地方均有其到达的足迹，凡是能糊口果腹的职业均有他们的涉足（朱汉国、王印焕，2001）。如此看来，除了在动机上都是为寻求相对更好的生活条件之外，民国时期的农民离村与当前非正规就业语境下的农民外出并不能相提并论，后者更加强调现代经济部门中处于弱势地位的由农转非的职工，而非无序性的人口迁移。

除了外出谋生，还有乡村内部的工业发展。1931 年的定县从 453 个村庄中统计出纺织、编织、食品、木工、化工、铁工业、杂工业 7 个大类、120 余小类的家庭手工业，从业人员多达 80800 人，占乡村人口的 1/4。但这不是现代意义上的制造业，仍属男耕女织，因为在当时的工业从业者中男子仅占 19%，家庭妇女却占了 81%（张世文，1901/1936：48—51）。虽然几乎家家有手工业，但是由此带来的收入却十分微薄，翟城村的手工业收入仅仅相当于种植业的 6.6%。至于规模稍大的作坊工业，定县乡村共有 1587 家，其平均收入也只大致相当于农户种植的收益（张世文，1991/1936：221）。可以看出，那时的手工业并不具备较为彻底的农户转移能力，因而未能形成现代经济部门中的劳动职业形态。

定县农民真正意义上融入非正规就业部门是在 20 世纪 70 年代中后期。农业生产的低效益迫使个别村民从公社生产中脱离出去，偷偷在外从事建筑工作。由于外出务工具有连带效应，一个人外出获得收入，会带动更多的人出去，如此规模不断扩大。公社与生产队经历了从开始的禁止外逃，到后来感到无可奈何，再到最后默许的态度转变，但底线是要求每个外出劳动力必须交足罚金，以补偿农地上的缺席。按照当时的计算价格，成年男性劳动力每天 10 公分约合人民币 1 元，而 20 世纪 70 年代末的每日工资最多可得 5 元，村民外出的收益远大于务农。所以，随着 20 世纪 80 年代户籍政策松动以后，农村剩余劳动力呈现更大规模地涌入城市。

到了 20 世纪 80 年代，一批乡镇企业或当地私营企业的兴起也吸纳了许多农民就近就业。其中，纺织配件加工业发展最快①。1984 年，全县共有纺织配件加工点 2070 个，分布于 106 个村，从业人数 4756 人，生产 626 个品种的纺织配件。1989 年全市纺织配件生产年总产值 1700 万元，从业人数 6000 多人（吴力子，2007：32）。然而到了 20 世纪 90 年代中期，乡村手工业开始经历持续 10 年的衰退期。如翟城在 1980 年曾经兴办了砖厂、印刷厂、纸箱厂、面粉厂等，后来大多倒闭，现在只剩一个面粉厂能够勉强维续。而像赵家洼现有的乡镇企业大多也是十年前随着市场需求扩大才办起来的，20 世纪 90 年代至 2000 年年初的时间段内，定县的乡镇企业发展基本上是停滞的②。因此，农民的非农就业更多只能选择较远的外地③。

郑杭生主持的"华北农村 80 年的社会变迁——定县再调查"课题组在 2001 年对全县 12 村 1163 户居民的劳动力使用状况和就业结构进行了调查，表明农民外出就业的目标主要是大城市，其中，流动

---

① 除了纺织配件加工业以外，当时定县比较发达的乡镇企业还有健身体育器材制造业、纺织业和塑料加工业。它们在 1989 年的从业人员分别有 2400 人、3500 人和 3500 人，相应的年总产值分别为 1500 万元、1500 万元和 2000 多万元。

② 根据定州市志的统计资料，1978 年到 1988 年乡镇企业数量从 2395 家增加到 24833 家，而到了 1989 年，乡镇企业数量开始缩减至 22543 家，降幅约为 9.2%。定州 2001 年统计年鉴数据显示，该年度该市的乡镇企业数量为 14711 家，相比 1989 年又降低了 34.7%。再到 2002 年、2003 年，乡镇企业数量又开始增加，依次为 15790 家和 15854 家，年增长率分别为 7.3% 和 0.4%，此后的统计年鉴中便没有继续将乡镇企业情况作为单独的统计指标列出。就实地调研的直观感受而言，2003 年以后的乡镇企业数量应该保持总体增长态势。数据来源：《定州市志》；2001 年、2002 年、2003 年的《定州市统计年鉴》。

③ 即便如此，2003 年定县的 15854 个乡镇企业总共容纳了职工 194474 人，而同期定县正规就业人员只有 31279 人，前后相差 6.2 倍之多。可以看到，虽然乡镇企业对就业的吸纳能力不如省外务工，但却远超过正规就业的人员规模。

到北京的占 52.2%，流动到石家庄的占 13.8%，流动到保定市区的占 5.0%，流动到天津的占 7.3%，以上四城市合计 69335 人，达到总外出人数的 78.3%（郑杭生、吴力子，2004）。章东辉 2004 年对翟城村农村职业情况进行了专题调查，从统计资料来看，在外出务工的共有 899 人中，留在本地（县级市域范围内）务工的共有 91 人，占总体非农就业人数的 10.1%。其中，跨省务工的有 661 人，占总体外出务工的 73.5%。较低的本地就业比例说明了乡镇企业吸纳就业能力相对不足。外出务工的职业构成上呈现出了明显的行业集中趋势，近 80% 的人都从事建筑业，其余的依次是社会服务业（4.1%）、制造业（4.0%）、批发零售业（3.8%）以及交通运输业（2.7%），这些比例相对而言微乎其微。（章东辉，2009：120—121）

（二）两村农民的收入比较

在当前的历史时点下，以定县为代表的农民非正规就业，其面貌相比 10 多年前是否发生变化？带着这个问题，我们于 2016 年，在翟城和赵家洼各自做了 100 户关于农民职业的问卷调查[1]。之所以选择这两个村庄，是因为它们分别可以代表"离土离乡"的外出务工与"离土在乡"的乡镇企业务工这两大类非正规就业形式。并且，这两个村庄的散工与个体户在华北地区也算比较典型，基本涵盖了我们所要考察的所有非正规就业的内容。

首先，从非农就业人员的工资收入来看，以 2015 年（也就是调查时点的前一年）为基准，翟城村的人均年平均收入[2]为 39559 元，赵家洼为 32400 元，二者相差 7159 元。其中的原因在于，翟城村非农就业形式主要为外出务工，从事的行业也多为建筑业（这一点后面将做详细说明），工资收入相对较高，而赵家洼乡镇企业比较发达，

---

① 若没有另外说明，文中其他地方所提到的数据均来自本次调查。

② 若没有另外说明，文中所提的人均收入是指农民家庭中作为户主劳动力的年平均收入。因为，本文考察的主要是非正规就业，因而有意忽略老人、儿童等非劳动群体。

并且以轻工业为主，工资水平相对较低。非农就业人员工资水平上的优势并不能代表整个村庄所有居民具有较高收入水平，后者还要取决于非农就业的人数及其占总体比例。翟城村民虽然更倾向于"离土离乡"，但是这只占被调查者的 22%①，也就是说，在抽样保证随机的情况下，翟城村只有不到 1/4 的人外出务工，其余大多数依然在家务农。而赵家洼的 100 个被访者中，竟有 71 人从事非农业工作，其比例远高于翟城。

当然，这只是两个村庄之间的相对情况，当我们将其与更大范围的统计指标进行比较时，可以发现作为非农就业的不同形式，它们收入所处的位置却是相同的。国家统计局公布的 2015 年城镇非私营单位就业人员年平均工资为 62029 元②，比翟城村（离土离乡）高56.8%，比赵家洼（离土在乡）高 91.4%，正规与非正规的差别可见一斑。同期河北省与定县城镇非私营单位就业人员平均工资分别为50921 元、48834 元③，比收入较高的翟城依次高出 28.7%、23.4%，前者的优势依然十分明显。

其次，我们还要关注以农业为主的农民收入水平。在农村职业分化日益多元化的今天，农民在务农之余也能够从事副业或其他经济活动，从而形成一定数量的收入。2015 年，翟城农民按家庭计算的农业方面年收入为 11483 元，另有近 50% 的农民家庭从事第一兼业（如掘树），其年收入为 6397 元，在从事一份兼业的农户中还有 6 户家庭从事第二兼业，即他们在同一个农业周期内做了两份非农职业，

①　这个数字可能偏小，因为有些"离土离乡"的农民，他们在调查的时点并不在家，因而可能难以被等概率抽中。对此，我们采取了另一种抽样策略，即以户为调查对象，从而反映不同家庭成员目前的职业构成。如果家中的男性户主在外打工，那么可以通过其妻子或子女获知其工作的大致情况。

②　参见国家统计局官方网站：http://www.stats.gov.cn/tjsj/zxfb/201605/t20160513_1356091.html。

③　参见河北省统计局官方网站：http://www.hetj.gov.cn/hetj/tjsj/ndsj/10146276281498 0.html。

这第二份非农职业的年平均收入为 5000 元①。而同期的赵家洼，由于土地大多流转承包出去，只有 19 户依然主要从事农业劳动，年收入为 10053 元，比翟城略低。在土地单产量没有显著区别的情况下，造成这种差异的关键在于人均耕地量与作物种类的不同。翟城的人均耕地比赵家洼多 0.37 亩左右，并且苗木作物的经济效益也高于小麦和玉米轮作的粮食作物。在第一兼业方面，赵家洼明显少于翟城，只有 10% 的农户才有，对应的去年收入为 5368 元；至于第二兼业，赵家洼只有 1 户。在两村的背景信息中曾提到，翟城及其周围的苗木种植形成的掘树以至绿化养护等散工职业提高了其兼业人员的比例，而赵家洼则只有打理合作社需要少量的人员，兼业发展由此显得不足。

最后，我们简要计算打工距离远近对收入的影响，同时也验证"离土离乡"的收入是否要高于"离土在乡"的收入。问卷数据表明，翟城村跨省务工人员占非正规就业人数的 62%，相应的去年人均收入为 42846 元，而省内打工的平均工资只有 30875 元。赵家洼同样表现如此，只是其跨省务工的样本量偏少，这里暂且忽略，省内务工的平均收入是 34323，介于翟城省内、省外工资收入之间。为什么说跨省务工的工资水平更高？一方面是跨省务工多为建筑工人，其高强度体力支出挣得了相应的高工资；另一方面，跨省务工多去往京津等大城市，收入水平自然随着城市等级提升而提升。进一步地，为什么赵家洼的省内务工收入要高于翟城？这主要是因为翟城的散工年工作时间较短（如掘树多在每年的 5 月份前），且缺乏连续性，而赵家洼的乡镇企业，即使近年来订单量有所减少，但年工作时间也比翟城更久（平均 8—9 个月），因而年总工资更高。

---

① 这样看来，如果一个农户家庭在一个农业周期（一年）内从事两份兼业的话，那么，其年平均总收入应该是 11483 元（农业收入）加 6397 元（第一份兼业），再加 5000 元（第二份兼业）。

（三）两村非农职业的类型分布

前文已经提到，翟城由于离市区较远，周边的商贸、运输等服务业发展相对不足，加上村中缺少乡镇企业，导致村民更多向省外寻找机会。这里，我们将更细致地考察村民外出所从事的具体职业构成，从而反映非正规就业在整个外出务工人群中规模与比重。考虑到不同性别的劳动力所从事的职业有所差异，所以我们以性别作为分类标准，分别描述男女两性劳动力的非农职业情况。

在翟城村的 35 名男性[①]外出劳力中，从事建筑行业的有 12 人，占总体比例的 1/3 以上。其次是专业技术人员（5 人），这主要是教育程度比较高的年轻人。再往后是生产制造、运输业、批发零售与餐饮业（各 3 人）。至于在政府、事业单位以及企业中担任中高级管理层的工作只有 2 人，余下的职业分布比较分散，这里不做更多的讨论。从就业结构可以粗略地看到，非正规部门就业的人数占绝对优势。但是，有些职业本身并不能代表工人所从事的部门待遇，如专业技术人员，他们既有可能在低保障的私企或乡镇企业，也有可能在城市正规就业部门。因此，我们尝试从是否有保险与劳动合同来进一步判断。统计结果发现，5 名专业技术人员中有 3 名均没有保险与劳动合同，另外两名都签了用人合同，但其中有 1 名没有买保险。总体来看，所有在外工作的人只有 6 人签了劳动合同，占总体比例的 17%；购买保险的有 15 人，约占总体的 43%，并且从事建筑业的参保率达到 2/3，可见高风险行业的安全更加得到重视。至于翟城村的女性劳动力，问卷所包含的 67 人中只有 9 人回答了非农职业，可见多数女性是留在家中。

赵家洼村的 46 名男性外出人员中，有 25 人从事的是建筑行业，比例超过翟城。可见对于男性，即便周边有乡镇企业，他们还是更倾

---

① 这里的男性劳力是家庭户主（通常为户主）加上家中其他在外就业的男性成员。

向于走得更远。其次，有 9 人从事制造业与商贸、零售业，这是离周边城市较近的缘故；剩下的职业分布比较零散，这里不作详细分析。与翟城的情形相似，赵家洼的职业结构中非正规就业占据多数。外出就业人员中，有劳动合同的占 39%，购买保险的约占 38%，二者比例大致相当。比较突出的特征是，在建筑业和制造业中，员工拥有劳动合同与保险往往是捆绑在一起的，也就是说，如果雇主跟员工签合同，那么他同样也会给员工买保险，反之两者则都没有。这反映出当前非正规就业中出现的两极分化现象，但员工大多数还是处于合同与保险双无状态。赵家洼的女性就业情况则显著不同于翟城，在被调查的 39 名女性非农就业人群中，共有 20 人在附近打工，她们多在乡镇企业或是服务业部门，还有 7 人从事是商贸相关行业。可见，赵家洼的男女两性非农就业分化现象十分明显，似乎有传统社会"男主外，女主内"的意味。只是这种内外之分突破了家庭的界限，参与到更广阔的社会大生产中去了。

三　非正规就业的不同表现形式

由于非正规经济及其对应的非正规就业所包括的行业与职业群体范畴十分广泛，因此这部分将定县农村的非正规就业人员分为四类[①]。第一类，也是占非正规就业群体比例最大的部分，为外出的农民工，他们几乎完全脱离家乡和土地，一年的大多时间都在本地以外以至省外、海外从事劳动。第二类，严格来说也是农民工，只是工作地点相对第一类农民工来说，要离家更近一些，他们中的有些人晚上或在短周期内会回家。至于第三类人，他们既没有离土也没有离乡，这在以

---

① 这里我们需要再次强调本文对"非正规就业"概念范围的界定。由于我们是以村庄为研究载体，因而所有非正规就业人员身上不可避免的带有农民属性，即他们可能以前是或者现在仍然是农村户口，但是他们从事或兼有非农部门的职业。根据实地调研的总结，本文将非正规就业分为四类。

往对于非正规就业的探究中往往很少涉及。这部分人虽然还在从事农业活动，但在闲暇时间也会从事一些自家土地以外的经济活动，尤其是随着生产集约化和机械化程度的不断提高，农民可以获得越来越多的可支配时间去兼顾其他方面的创收。后面我们会用案例详细说明。最后一类人是个体经营户，他们既可能是在农村中，同时还种着地，也可能是在周边的城镇或大城市，其活动地点并不确定。

（一）离土离乡的农民工

"农民工"这个概念很具有中国特色，因为这是一个数量庞大的，但是身份却十分模糊的群体。从农民工就业统计方面来说，我国目前并没有给他们建立一套与城镇正规单位就业职工相同的统计指标，因而我们很难详细地获知这 27747 万人[①]的经济贡献与就业处境。他们虽然长期在城市务工，但却很难获得城市居民的同等待遇，显然是"二等公民"（黄宗智，2013）。与城镇正规职工相比，他们在工作强度、每周工作时间、工资水平和福利待遇等方面均处于劣势地位。

具体到我们选取的定县农村个案，建筑类工人显然占据了最大比例（69%）（章东辉，2009：121）。这既是对最早一批外出打工者职业选择的延续，同时也和全国城市化建设进程相伴生。从对村民的访谈可知，从事建筑行业的人大多是 40—50 岁的中老年男性，因为新成长起来的年轻一代更愿意从事一些轻巧的工作，而且像建筑这样的耗体力劳动容易留下后遗症。一些中途辍学，尚不到国家法定工作年龄的孩子，由于很难在企业中找到较为固定的工作，所以家长常常把他们送到亲戚好友所在的工地上锻炼锻炼。工地一般不会给他们分配重活，只是让他们在消磨时间的同时积累行业经验，为将来的职业选择打好基础。有些以后即使不做建筑业，也倾向于从事与建筑相关的

---

① 参见国家统计局官方网站：http：//www. stats. gov. cn/tjsj/zxfb/201604/t20160428_1349713. html。

行业,比如水电装修、房屋维修等劳动强度稍小的工作。不管怎样,建筑业还是可以维持相对较高的工资水平,因而总体上对农民仍然具有很大的吸引力。

在建筑业之外,农民现在外出务工的工作类型也日趋多样。特别是新成长起来的一代人,他们很多会选择去技校学门技术,如车床工、挖掘机工、汽修工、厨师等,从而谋求技能性更高的职业。与建筑等进入门槛低的行业相比,技能型工作往往不易失业,工资水平也不会太低,更有甚者,他们还有可能跨越出非正规经济部门进入正规就业岗位。比如,厨师可以进行资格考试,帮助其进入高档酒店就业,虽然这种情况并不普遍。对于大多数年轻人而言,他们还是愿意进入企业做一些更加稳定的工作,当然这并不是指拥有"五险一金"的正规就业岗位。

翟城村附近缺少乡镇企业,村里的年轻人多去较远的地方寻找工作。近些年有不少进村招工的企业,小韩(化名)5 年前就是通过这种方式同村里另外几个人一同去了保定的一家制鞋厂。鞋厂位于安新县的一处农村,那里是一个以制鞋为主的私营企业集聚区,离家大概4 个小时的车程,因此平时很少回来。工作待遇上,刚去的时候每月有 3000 元,等到逐渐提高至 4000 元左右时,由于邯郸、陕川等外部市场的竞争而导致订单减少,工资增长也因此停滞。高工资意味着高的劳动付出,据说有订单的时候每天要工作 14—15 个小时,从早上 7点开始到晚上 11 点以后,中间只休息两个小时。因为鞋厂规模较小,最大的也就 200—300 人,工厂不会和工人签订合同,并且一般会压 3个月的工资,到年底才予以算清。如果工人中途离职,那么这 3 个月的工资便不再返还。

对于外地下乡招工,春天发生的一件事,让许多村民开始抱有怀疑态度。就在我们调查时点的三四个月前,村里一个女孩随进村招工的企业去了外地,之后便失去了联系。家人报警以后,警方也因没有寻到任何线索而无能为力，这件事在周围引起不小的波澜。在有些年轻人看来，企业费周折跑到村里招人，是因为他们严重缺人，现场把待遇条件说得十分优越，实际去了才发现完全不是事前描述的那样，工作条件往往十分艰苦。

（二）　离土在乡的乡镇企业人员

与"离土离乡"的外出务工相比，"离土在乡"的工作似乎更具吸引力，因为后者不用在外长期奔波。农民既然愿意离乡，并且离乡的人数总体上要远大于在乡的，这其中想必另有原因。关于人口流动，雷文斯坦（E. Ravenstien）的"推拉理论"（push – pull theory）可以说是耳熟能详。简言之，农民之所以采取"舍近求远"的职业选择，在"拉"的方面是由于大城市具有更高的收入与生活条件，京津两个大城市因而成为定县农民外出务工的首选之地，共占外出务工人员总数的 59.6%[1]；在"推"的方面，农民不选择乡镇企业，是因为华北地区乡镇企业并不像长三角那样具有很大的容纳能力，农村剩余劳动力自然要向更外、更远的地方迁移。从翟城与赵家洼的对比就可以明显发现，翟城缺少乡镇企业，农民打工基本都是跨市、跨省（62%），而赵家洼的许多农民（尤其是妇女）则选择就近上班（69%）。接下来，我们将重点从赵家洼的乡镇企业讲起，探究它们在农民非正规就业中的作用。

首选需要明确一点，不是所有的农民都愿意在附近的乡镇企业工作，这是因为其工资收入通常没有外出务工来得更高[2]。既然这样，为什么还有人会主动放弃外出的机会呢？调查发现，乡镇企业里的工人以中年妇女居多，还有部分偏老年的男性。我们大致可以归纳出两方面原因。客观方面，乡镇企业多为劳动密集型的轻工业，劳动强度

---

[1]　资料来源：翟城村住户调查（2014 年 1 月）、翟城村非典期间摸底调查（截止 2013 年 5 月 6 日）、定州市非典防治办公室摸底调查（截止 2003 年 4 月 20 日）。

[2]　就翟城村而言，2015 年跨省务工比省内务工的年平均工资高 11971 元。

不算太大，成年女性即可满足这般需求。主观方面，随着家庭男性劳动力外出，家中的日常事务，包括子女养育和老人照料等要求许多妇女留守在家。就近就业既可以兼顾家庭中的大小事务，又能获得收入补贴家用，是一种理性选择的结果。

另外就是一部分岁数偏大的男性，由于年龄增加，体力输出变得越来越有限，导致他们无法像年轻人一样去外地谋其出路。如果家中还有土地，那么他们只能选择种地。像赵家洼这样土地基本流转承包的村庄，老年男性可以加入到合作社日常运作的生产活动中，如喷洒农药、施肥、除草等。另外，赵家洼还有一个大型的化肥厂，这里招收的基本都是男性，岁数不是特别大的劳力一般都可进去。

福利待遇方面，如果以赵家洼制衣厂为例，实行的是计件工资制，即多劳多得。平均计算下来，每日最多不会超过100元，缝纫工一般70—80元，钉扣、包装要更低，只有60元左右。与之前提到的鞋厂十分相似，赵家洼制衣厂的运作也是订单式的，这也就意味着有单才有活，没有订单则放假休息。可是一旦接了单，必须要加班加点才能干完，由此呈现一种极不稳定的两极化趋势。如果碰上节假日，那也同平时一样，偶尔会象征性发一些粮食或水果之类的福利补偿。服装厂，包括村里的箱包厂、镜框厂等作坊式企业，都没有和工人签劳动合同的。但是由于近邻相互熟悉的原因，很少会存在拖欠工资的情形。工人们认为，工作本身没有风险，厂里没有给大家买保险，大家也不需要买。

（三）农业之外的兼业

与前面两类非正规就业群体不同的是，农业之外的兼业是一个极容易被人们忽视的非正规就业形式。这是因为，这类劳动者他们在从事非农职业以外，还没有彻底放弃家中的土地。他们处于完全离地打工与完全在地务农的中间地带，身份也因此显得模糊。根据全国固定观察点的调查标准，农户家庭兼业类型分为纯农业户、Ⅰ兼农户、

Ⅱ兼农户和纯非农业户四类。我们这里着重关注的是Ⅰ兼农户、Ⅱ兼农户。Ⅰ兼农户，又称农业兼业户，是以农业为主、兼营他业。其家庭全年生产性纯收入中有50%—80%来自农业，或者农村劳动力一半以上的劳动时间从事农业。Ⅱ兼农户，又称非农兼业户，它与农业兼业户相反，以非农业为主、兼营农业。其家庭全年生产性纯收入中有50%—80%来自非农业，或者家庭农村劳动力一半以上的劳动时间从事非农业（李延敏，2005）。

兼业在形式上有些类似于封建社会中的短工，哪家有活儿去哪家干。不同的是，非正规就业范畴内所讨论的兼业群体不但具有经济上的相对独立性，即不依靠兼业也能生存，而且所从事的工作也越来越专门化。翟城村的掘树工人可以说是一个非常典型的例子，并且掘树职业也不是翟城特有的，而是更大范围苗木种植及其衍生出的庞大职业群体的一个缩影①。这些掘树工人的职责是围绕挖树、把带土球的树根包好、搬运、装车等系列过程开展的。

那么，卖树的农户为什么不自己掘树，而是要雇人来做呢？一方面，掘树是个技术活，怎么挖、树根带多少土、装车怎么摆放都十分讲究，这些只有在长期的经验实践中获得。另一方面，农户自家仅有的劳力很难在买家限定的时间内完成任务，因而不得不雇人来挖。随着树苗种植面积的扩大，苗木买卖交易也愈发频繁，久而久之便兴起了以掘树为专门职业的人群。现在，于翟城以北5里路的地方，每天凌晨4点便陆续有人在那里聚集，他们自带铁锹，等候着前来雇佣的买家，显然成了一个自发的劳动力交易市场。

概括而言，兼业群体具有不完全在土，同时又经常在乡的特征，这里以掘树为例进行详细分解。首先，掘树工人的不完全在土是指他们没有彻底地脱离土地，其中包含两层含义：一是掘树工作的劳动对

① 定县的苗木种植最普遍的是大辛庄镇，翟城只是受其辐射和影响的外围地区。

像是长在土里的作物，但这里的作物不是粮食，而是用于出售的纯经济作物。从经济活动过程角度看，这和参与工厂车间的劳动过程并没有本质区别。二是掘树工人家里本身也可能种着地，不管他家种的是树苗还是粮食，并且实际情况也是如此。由于家里还有地要照料，这就引出了兼业的第二个特征：经常在乡。既然只有本地才有种树，为什么不是完全在乡，而是经常在乡？这是因为，长期从事掘树的人会习得一整套与树木相关的技能，如浇水、嫁接、修剪、养护等工作，而这也是城市绿化所需要的。翟城的一位米大爷，他不久前在北京昌平做了一个月栽树和浇水的工作，不仅如此，他们这个队伍也经常在周边如保定这样的城市里从事短期的修树养护工作。

最后我们尝试将以掘树为代表的兼业群体与非正规就业联系起来。其实，掘树群体并不新鲜，传统农业社会中的季节性麦客也很大程度上具备上述特征。只是随着机械化水平的提高，麦客逐渐从历史舞台上退去，而农业种植结构转变又催生出了新的职业群体。并且这个新的职业群体的适用性更为广泛，他们既能够在农村从事经济劳动，又可以谙熟于城市里相关工作。如果不限于掘树群体，我们其实可以看到农村很多类似的兼业现象，如修房、打井、机械收割，还有去城市做短期的道路维护、基础设施保养等，他们的工作往往比较分散，并且没有完全脱离家中的农业劳作。无论是以农业为主的Ⅰ兼农户，还是以打工为主的Ⅱ兼农户，由于他们的工作属于一种劳务购买（无论购买的主体是谁），中间发生了经济交换行为，可是这并没有被纳入到国民经济核算中去，因而他们也是非正规经济的重要组成部分①。此外，工作性质决定了他们处于低福利保障的境况，只是工资收入水平会因兼业工种和专业化程度存在

---

① 根据定县农村住户家庭基本情况调查结果：2011年，百户家庭中的劳动力从事农业兼业的占24%，从事非农业兼业的占46%，说明兼业在定县农村已是十分普遍的现象。数据来源：2011年定州统计年鉴。

差别。

（四）个体经营户

作为最后一类非正规就业人群，个体户与前面三类的差别十分明显。第一，个体户是使用自家所拥有的生产资料进行经济活动（黄宗智，2013），因而他们是为自己劳动的自雇者；第二，个体户工作形式的选择空间较大，他们既可以离土离乡，也可以在土在乡，还可以离土在乡；第三，个体户并不是一个新事物，之所以能够与非正规就业关联上，是因为在社会变迁中其工作内容已经发生了深刻变化。这些变化包括：农村个体户种类的消亡、承继与新生以及农民进城发展的个体经营。

在传统农业社会中，农村中存在许多以家庭为载体的商品经营。根据李景汉先生20世纪30年代的调查，可以发现定县农民那时候从事的个体非农经济活动主要有织布、纺纱、卖布料与小贩（李景汉，2005/1933：160—161），这些活动充分反映了男耕女织背景下的农业生产方式。由于那时的个体经营往往不能彻底脱离农业生产，因此与现代话语下所说的个体户仍然存在根本差别。按照村里一位老人的说法，现在的年轻人都外出了，不愿意去做木工、铁匠之类的活儿了。与此同时，织布纺纱也脱离家庭的空间范畴，被纳入到流水线式的企业批量生产过程中。因此，许多传统的个体经营或职业类型，要么逐渐消失，要么转型。也有些个体经营顺利继承下来了，如早点摊、猪肉摊、理发店，这显然因为他们提供的都是生活必需品或服务。另外还有一些新兴的个体户，如通信业务营业点、生活超市、农家菜馆和电器修理等，这些经营反映了人们生活方式的现代化。伴随着大城市对服务业的需求增长，还有很多农民选择外出从事各类个体形式的商品经营或劳务提供。下面以翟城十字街的早点摊为例，以此分析作为非正规就业的个体户的生存状况。

位于翟城村中心十字街的早点摊，开始于20世纪80年代，经营至今未有中断。按照摊主的说法，除了下大雨和过年期间短暂歇业，一年之内不分季度都会开张。按道理，个体户自我经营，一般不与顾客以外的人打交道。实际上，他们仍然要在镇工商所登记，工商所平均每月也会下来检查一次，卫生如果不合格就要罚款，数额在500—1000元之间不等。虽然小本生意比较艰难，好的是10多年来国家没有再向他们征过税，罚款权当是替代过去的税收。从经营的收支方面看，每斤面粉做成油条、馒头和包子卖出去以后的利润大概在3元钱，旺季时每天最多可用50斤面，这样利润在150元左右。再刨除必要的煤电、食用油等原料，每天利润不过100元。

个体户收入多少取决于两个因素：顾客数量与竞争对手。翟城十字街早点摊的顾客构成主要是本村村民与外面来的务工人员。本村顾客属于比较稳定的客源，但是翟城村民收入并不太高，所以多愿意自己在家做早饭，收入的大部分主要依靠外来的务工人员。在以前，麦客职业群体盛行的时候，每年麦收那一个月时间会有许多人到村里帮忙，而雇主家里往往也抽不出时间做饭，所以摊位的生意特别好，那一个月能赚1万多。随着麦客的衰落，掘树工人取而代之成了早点摊的主要客源，可是最近两年本地苗木生意严重下滑，掘树人逐渐开始转行，生意也大不如从前了。竞争对手方面，翟城村现在总共有4个早点摊，本来就不好的生意，利润平均下来更是微薄。不仅是早点摊步履维艰，村里的猪肉摊生意这两年也大不如前（有的甚至退出），以往一天能卖一头猪，现在三天才能卖一头。究其原因，摊主认为还是村民收入少，周边没有工厂，外面打工也越来越困难。

通过对以上四种非正规就业形式的案例分析与讨论，总体上大体可以勾勒出他们大致的生存状态。低工资、低保障、低福利成为他们工作中最显著的共同特征，基本符合国际劳工组织对非正规经济部门就业人员的定义①。虽然工资收入与所从事的行业和地域存在关联，但是却远低于同行业的城镇正式职工。而且除了个体户外，其余非正规就业岗位的工作时间经常超出国家规定的每日 8 小时，更有甚者达到 15 个小时，并且超过的部分没有额外的补偿。至于双休和节假日，对他们而言也是从来没有的，能有活干已经算是不错了。对于从事有危险的工作，如容纳人员最多的建筑业，包工头或施工队很少与工人签合同、买保险，一旦出了事，赔付多少几乎完全取决于工头的人品和善心。由于国家对非正规经济部门缺少全面的监管与立法，实际上也不容易做到，在没有劳动合同或用人协议的情况下，用人单位很容易采取不利于工人的躲避或逃跑策略，而不受法律的约束。由此我们提出：广大的非正规就业人群对整个国民经济与社会运转做出了巨大贡献，与此同时，他们本身却是脆弱的，他们做贡献的过程是缺乏充分保障的。这样的后果既不利于保护非正规就业人员的正当利益，又将损害国民经济的健康有序发展。

四 非正规就业的发展趋势

农民在非正规就业部门中的整体状况与个体处境不是一成不变的，他们的工作条件和收入水平既与外部经济环境变化息息相关，还受到农村内部生产方式变革的深刻影响。在接下来的这一部分中，我们尝试从内外部环境变化的角度动态地考察农民在非正规就业中遇到的新情况，以及这些变化将如何影响他们的就业选择。

（一）外部环境对非正规就业的系统性影响

农民工进城务工最初源于城市经济快速发展对劳动力的紧迫需

---

① 国际劳工组织的表述是：非正规经济部门的人员收入水平很低、工作不稳定……他们中的大部分人没有在官方统计机构登记，几乎不能进入有组织的劳务市场，得不到正规的教育和培训，也得不到政府的承认、支持和管理……他们往往在法律框架之外开展业务，其经营场所几乎不受社会保障、劳动法律即劳动保护措施的约束。转引自谢文泽《拉美的非正规经济》，《拉丁美洲研究》2011 年第 5 期。

求，而农民工进城不仅推动了城市的建设与发展，也反过来引起农村社会的巨大变革。换句话说，外部经济环境促成了以农民工为代表的非正规就业的兴起，后者的生存状况很大程度上取决于前者的变化。如果把外部经济环境作为外生变量，并认为其变化引起农村非正规就业的变化，那么，我们可以建立如下图所示的分析框架。

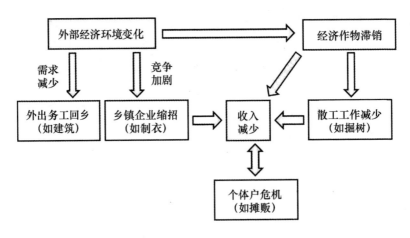

图1 外部环境与农民非正规就业

在这个框架中，我们试图囊括四类不同的非正规就业，并以收入为关键连接点，从而反映外部因素对非正规就业的系统作用机制。我们发现，外生变量变化影响各个非正规就业部门并不是独立发生的，它们之间其实存在一种紧密的共生关系，即所有非正规部门是一个相互关联的系统。

外部经济环境变化明显表现为经济增长速度的放缓，而城市建设首当其冲。作为外出务工的主要职业构成，建筑业这几年的用人需求明显减少。2016年春天，翟城及附近村庄有40多人随包工头去了山西，没过半月悉数返回。原因是工地没有活，吃住都要自己花钱，只好回家。据这些在外搞建筑回家的人说，现在的活儿不比以前了，那时候工地包吃包住，都还招不满人，现在每年最多只能干5个月的活，大部分时间都处于停工状态或是在四处辗转的路上，吃住、路费还是自己出。建筑工人需求减少导致大量外出人员回乡，这意味着农民的重要收入来源被阻断了。对于乡镇企业，他们同样受到外部市场波动的影响。无论是赵家洼的制衣厂，还是其他作坊式的乡镇企业，近年来所面临的市场竞争日趋激烈。市场竞争导致订单减少，有些抗风险能力较弱的小厂甚至倒闭，这便使得工厂缩减人员规模，工资水平也几乎停滞。由此观之，"离土离乡"与"离土在乡"的农民工的工作境况都受到了外部环境的制约，并直接导致其收入减少。

农业生产方面，经营种植的多元化使得许多农民放弃粮食种植，转而种植如苗木、药材等经济作物，可是这些作物的销路也不容乐观。经济作物滞销除了直接导致农民收入减少，还造成围绕这些作物发展的相关职业群体处于不利位置，如掘树工人的工作可能变得更少了，收入也随之减少。农民家庭收入减少自然又会影响其日常开支，因此他们可能减少在早点、肉类和水果等生活品上的消费，依靠这些消费存在的个体户又遭受负面打击。由外部经济与市场变化所带来对非正规就业冲击通过多种途径作用于农民收入，而收入的变化又会带来系统性的连锁反应，进而在整体上拉低农民的生活水平。

可以预测，如果外部经济环境与市场需求重新回到可接受的状态，农民又可以像以往那样外出或在本地找到合适的工作，他们田里的经济作物同样能够以比较满意的价格出售。那么，农民的非正规就业就可以相对稳定下来，只有这样才能去寻求更高层次的福利与同等待遇。

（二）内部经营方式变革对非正规就业的推动

村庄内部的经营基本表现为对土地的利用方式，这在赵家洼表现为土地流转承包到合作社，在翟城则表现为种植经济作物。土地流转后的作物栽种仍然是以种粮食为主，而种植经济作物更多是以家户为单位进行的。在一个村庄内，这两种土地利用方式也可以并行不悖。

比如，翟城既有家户独立种植树苗，也有土地承包出去的现象，前者由于销路不畅而难以扩张，后者则随着年轻劳力外流而呈现逐年扩大的趋势。因此，土地的大规模承包流转将可能是未来农村经营方式的主流方向。

土地实现规模经营还得益于农业科技与机械化的推广，尤其是像华北平原这样整片相连的平原地带，用规模化取代家户分散经营更能发挥集约化的优势。在定县地区，凡是进行土地承包的人，很多会挂一个农民专业合作社的牌子，这更多是为了顺应国家政策的风向标。合作社和农民实质上是一种承包合同制关系，合作社承诺每年给农民支付租金（多为1000元/亩），关于土地如何利用与决策管理，农民则鲜有参与。当然，农民与土地仍没有彻底脱离关系，因为合作社的日常运行需要一定数量的人工。这样看来，规模化经营以后的土地吸纳了部分的农民就业，这时候农民虽然还是面对以往熟悉的土地，但是与土地之间的关系已经发生根本性变化，他们不再是自耕农，而是雇佣工人，属于非正规就业的范畴。更为重要的是，规模化经营以后的农村，大部分人都处于无土地状态。对老人而言，他们确实可以选择赋闲养老，而对年轻人来说，他们也不必过分牵挂家里的地，可以安心在外打工。由此可以认为，农村土地经营方式的变化实现了农民更加彻底的"离土"，客观上推动了农民外出务工，扩大了非正规就业的潜在规模。

当我们把外部经济环境与内部经营方式的变化并置审视时，发现这二者之间似乎存在矛盾与对立。外部因素的不利条件制约了农民外出，而内部农业结构调整又促使农民外出，张力由此出现。产生的结果是：即使外部环境不利于农业以外的就业发展，可逐渐失去土地的农民又不得不选择"离土"，两股力量的交织作用加剧了农民在城市的生存压力及其背后农村家庭的生活水平。

(三) 非正规就业的未来：低收入、低保障的延续？

恶化的外部就业环境通过两种途径降低了非正规就业人员的工资收入：年工作时间缩短、工作机会选择减少。一般来说，工人在特定行业的工资水平一旦达到某一高度，即使企业经营状况不佳，也很难通过直接降低工资来进行成本调节，所以通常会采取裁员等方式缩短总工时。具体到农民工，无论是流动性很强的外出务工人员（如建筑业），还是依靠市场订单运作的乡镇小企业（如制衣厂），它们在近期同时受到市场需求降低的冲击，其员工工资虽然能够维持在往常的水平，但停工和非常规休假仍然会让他们的年工作时间缩短，进而使总体收入变少。这实际上是一种摩擦性失业，因为在找到下一份工作之前，工人不仅没有任何"失业"补偿，而且还需要自己承担寻求工作过程中产生的消耗与经济成本。在供大于求的买方劳动力市场中，作为买家的包工头或企业主占据谈判和议价优势，他们即使不会降低工资水平，也会采取其他途径更大限度地为自身谋求利益，如取消包吃包住、提高工作强度等。

劳资双方在非正规就业部门中的力量失衡，或者说，非正规就业人员处于弱势地位，除了受劳动力供需矛盾影响之外，还要归因于法律制度缺失。我国的非正规就业群体一般没有法律保障（黄宗智，2010），而《劳动法》更多只是适用于城镇职工的工作状况。并且，雇主常常并不和农民工签订书面劳动合同，一旦发生劳资纠纷，农民工根本无处说理。特别是近段时间，许多中小企业陆续倒闭，有的雇主卷着工人工资跑路，工人最后只得不了了之。对于那些具有危险性质的工作，雇主也很少给工人买保险。翟城村有个30岁左右的年轻人在工地上被轧断几根手指，预计前后的治疗费用需要30万元，而包工头只愿意一次性支付不到10万元，经过村里与双方的几番斡旋，伤者最后只能无奈地接受工头的处理结果。当问到为什么不去打官司为自己争得合法权益，受伤者的母亲表示无能为力，他们感到没有可以依靠的对象。

五　总结

宏观的整体性分析难以揭示非正规就业人员处于不利地位的生成机制，及其内部不同形式的具体特征与复杂面相。而既有的微观研究又大多是以城市农民工为研究对象，不仅没有考虑到更多其他的非正规就业人员，而且忽视了他们的农民属性与背后的农村社会经济背景。因此，本文尝试另辟蹊径，从具体的村庄入手，详细展现当地非正规就业历史变迁与当前状态。我们选取了两个具有不同特征的村庄，以期通过对比来发现农村内部非正规就业的差异化表现。

一方面，周围是否发展起充分的乡镇企业是影响农民就业形式的决定性因素之一。赵家洼村周边有较大规模的乡镇企业，因而可以吸纳大量的本地就业，降低了农民离乡务工的可能性。而翟城村由于周边缺乏乡镇企业，其农民更多地选择去往外地，尤其是跨省务工，从而形成一般意义上所说的"离土离乡"的农民工群体。从收入上来看，"离乡"相比"在乡"的工资收入更高，毕竟前者大多从事又脏又累的工作，后者的优势则是可以方便照顾到家庭。但是不管怎样，这两类非正规就业人员的平均收入均低于全国、河北省与定县城镇正规就业职工的平均工资水平。在职业分布上，离乡外出务工以从事建筑业为主，他们通常没有劳动合同和工作保险，一旦出了问题，很难寻求到法律的保障。在本地就业则是以作坊式的轻加工业居多，他们的工资收入低，单日工作时间常常超过规定标准，既无额外的工资补贴，又无法定节假日可言。

另一方面，村庄内部经营方式变化又对非正规人员的就业形式与规模产生巨大影响。翟城从过去种植粮食开始转向种植苗木等经济作物，围绕苗木行业兴起了以掘树为兼业的新的职业群体，他们不仅在周边农村地区从事劳务活动，而且还去往城里从事修剪、养护一类的工作。赵家洼由于实现了土地流转的规模化经营,大量土地上的劳动力被释放出来,加速了农民非正规就业的速度。农业经营方式变化同时又影响了其他职业的经营状况,过去农业科技水平低,种植粮食作物需要大量人力,而如今要么完全机械化,要么改种其他作物。这就造成了麦客等传统职业的消失,以此生存的农村个体餐饮业受到冲击。

然而,农民的非正规就业也不是一成不变的。宏观研究往往关注非正规就业总量增长与人均收入水平等变化如何,但是没能把所有非正规就业放置到一个统一的框架下进行考量。实际上,不管"离土"与否、"在乡"与否,外部经济环境变化对非正规就业人员的影响是系统性的。通过作用于收入这一中间变量,所有非正规就业人员都在不同程度上受到近期经济下行的负面影响。与此同时,内部经营方式转变的惯性力量使农民很难再调整到过去的生产模式,更何况事实上很多农民也不愿再继续种地,内部的推力更是加剧了非正规就业遭遇的现实危机。在这样的背景下,如何化解农民面临的内外部张力成了十分棘手的问题,关键之处在于,这是寻求非正规就业的相对公平性与待遇改善的制约前提。这对矛盾若是在短期内解决不了或是无法克服,农民非正规就业中面临的低收入、低保障状况将依然不容乐观。

参考文献

[1] 常进雄、王丹枫:《我国城镇正规就业与非正规就业的工资差异》,《数量经济技术经济研究》2010 年第 9 期。

[2] 胡鞍钢、赵黎:《我国转型期城镇非正规就业与非正规经济(1990—2004)》,《清华大学学报》(哲学社会科学版) 2006 年第 3 期。

[3] 黄宗智:《中国被忽视的非正规经济:现实与理论》,《开放时代》2009 年第 2 期。

[4] 黄宗智:《中国发展经验的理论与实用含义——非正规经济实践》,《开

放时代》2010 年第 10 期。

[5] 黄宗智：《中国的非正规经济再论证》，《中国乡村研究》2013 年第 1 期。

[6] 黄宗智：《实践与理论：中国社会、经济与法律的历史与现实研究》第 17 章（《重新认识中国劳动人民——劳动法规的历史演变与当前的非正规经济》），法律出版社 2015 年版，第 463—488 页。

[7] 李景汉：《定县社会概况调查》，上海世纪出版集团 2005 年版，第 160—161 页。

[8] 李景汉《定县人民出外谋生的调查》，《民间》1934 年第 1 卷第 7 期。

[9] 李景汉等：《定县经济调查一部分报告书》，河北省县政建设研究院 1934 年印行，第 99—102 页。

[10] 李明欢：《劳动力市场跨国化和跨国的非正规经济》，《开放时代》2011 年第 2 期《专题：中国非正规经济（下）》。

[11] 李强、唐壮：《城市农民工与城市中的非正规就业》，《社会学研究》2002 年第 6 期。

[12] 李延敏：《中国农户借贷行为研究》，博士学位论文，西北农林科技大学，2005 年，第 20 页。

[13] 马流辉：《底层社会、非正规经济与参与式治理——基于上海城乡接合部桥镇的考察》，《学习与实践》2015 年第 11 期。

[14] 魏下海、余玲铮：《我国城镇正规就业与非正规就业工资差异的实证研究——基于分位数回归与分解的发现》，《数量经济技术经济研究》2012 年第 1 期。

[15] 吴要武、蔡昉：《中国城镇非正规就业：规模与特征》，《中国劳动经济学》2006 年第 2 期。

[16] 吴力子：《定县再调查报告》（打印版），2007 年，第 31—32 页。

[17] 薛德升、林韬、黄耿志：《珠三角外向型制造业非正规部门的形成发展机制——以广州市狮岭镇皮具产业为例》，《地理研究》2014 年第 4 期。

[18] 薛进军、高文书：《中国城镇非正规就业：规模、特征和收入差距》，《经济社会体制比较》2012 年第 6 期。

［19］谢文泽：《拉美的非正规经济》，载《拉丁美洲研究》2011 年第 5 期。

［20］姚宇：《中国非正规就业规模与现状研究》，《中国劳动经济学》2006 年第 2 期。

［21］杨凡：《流动人口正规就业与非正规就业的工资差异研究——基于倾向值方法的分析》，《人口研究》2015 年第 6 期。

［22］杨文谢、杨文德：《城市农民工非正规就业问题研究——以贵阳市背篼群体为例》，《中国乡镇企业》2011 年第 11 期。

［23］章东辉：《农民职业分化与社会结构转型——以定县实地调查为例的社会学研究》，博士学位论文，中国人民大学，2011 年。

［24］张静：《专题：中国非正规经济（下）》，《开放时代》2011 年第 2 期，第 12—13 页。

［25］张婧、吴情操：《制度规避与文化认同：一种农民工城市化的过程分析——关于一位非正规就业农民工的个案研究》，《中国农业大学学报》（社会科学版）2013 年第 3 期。

［26］张世文：《定县农村工业调查》，四川民族出版社 1991 年版，第 48—51、221 页。

［27］郑广怀、孙慧、万向东：《从"赶工游戏"到"老板游戏"——非正式就业中的劳动控制》，《社会学研究》2015 年第 3 期。

［28］郑杭生、吴力子：《"农民"理论与政策体系急需重构——定县再调查告诉我们什么？》，《中国人民大学学报》2004 年第 5 期。

［29］朱汉国、王印焕：《民国时期华北农民的离村与社会变动》，《史学月刊》2001 年第 1 期。

（原文刊发于《中国乡村研究》2018 年第 1 期）

乡村文化治理研究

民俗传统与乡村振兴[*]

萧　放

实施乡村振兴战略是党的十九大作出的重大决策部署，是新时代做好"三农"工作的总抓手。中央要求各地区各部门要充分认识实施乡村振兴战略的重大意义，把实施乡村振兴战略摆在优先位置，让乡村振兴成为全党、全社会的共同行动。乡村振兴首要着眼点是经济，没有经济的振兴，乡村是很难发展起来的。但是乡村振兴持久的动力应该是文化，文化振兴是乡村振兴的重要组成部分。

中华文化源远流长，中华文化最早最扎实的祖根在哪里？应该就在乡村，乡村里相当多的地方还保留了中华文化的传统形态。当然在现代的城市化过程中，它已经受到相当程度的损毁。所以我们要以文化振兴的方式，去修复和养护中华文化根基。当然传统文化也要满足当代社会的文化需要，要满足这个时代的人们对精神生活的需求。

今天中国的乡村问题非常复杂，在近一百多年以来，中国与世界处于一个持续交流变化的过程。在这个过程中，我们的很多文化传统遭到破坏，传承下来的东西已经很少了。我们今天进入了一个新时

　＊ 作者简介：萧放，北京师范大学中国社会管理研究院/社会学院人类学与民俗学系教授。

　　基金项目：国家社会科学基金重点项目"人生仪礼传统的当代重建与传承研究"（14AZD120）阶段性成果。

期，乡村振兴成为我们的主要任务，在这样的背景下，我们需要重新认识文化振兴对于乡村振兴的价值和意义。习总书记说："不忘历史才能开辟未来，善于继承才能善于创新。"[①] 创新不是凭空的，创新是有一定的凭借的。如果说离开以前基础的创新，那就是无根之谈。而中国有五千年的文明，有几千年丰厚的文化传统，这是我们继承创新的重要基础。继承和创新，是中央特别强调的两个方面。我们应尽可能偏重对民俗文化传统的优良部分的发现，或者说对其价值应有再认识的过程。

民俗文化是民族的基础文化，是与日常生活息息相关的文化。它既不抽象，也不思辨。它直接服务于基层社会。党的十九大报告提出乡村振兴战略的总目标是："产业兴旺、生态宜居、乡风文明、治理有效、生活富裕。"[②] 这里谈到的生态、乡风、治理三项与民俗文化有着非常紧密的关系。民俗文化是乡村社会重要的传统文化，我们需要对它进行深入研究，重新发现民俗文化对于当代乡村社会的资源价值，把它作为创新性发展与创造性转换的文化凭借，以此助力乡村振兴。

讨论民俗文化或乡村振兴，我们需要关注如下几个问题：首先，民俗文化是什么？其次，民俗文化怎样去推动乡村振兴？最后，在提倡民俗文化促进乡村振兴的过程中，我们应注意什么问题？

一 "民俗"概念与民俗文化起源

民俗文化是日常生活文化，它跟日常生活是相即不离的。它是一

---

① 习近平总书记关于"科学对待传统文化"的论述，参见《在纪念孔子诞辰 2565 周年国际学术研讨会上的讲话》，新华网，网址：http：//www. xinhuanet. com//politics/2014 - 09/24/c_ 1112612018_ 2. htm，2014 - 09 - 24。

② 习近平：《决胜全面建成小康社会 夺取新时代中国特色社会主义伟大胜利——在中国共产党第十九次全国代表大会上的报告（2017 年 10 月 18 日）》，人民出版社 2017 年版，第 32 页。

个国家或民族中，广大民众创造、享用和传承的生活文化。生活文化是民俗文化的核心内涵。

虽然民俗学学科领域的民俗是现代学术名词，但是中国很早就有"民俗"这一词汇。它最早出现在《礼记·缁衣》："故君民者，章好以示民俗，慎恶以御民之淫，则民不惑矣。"① 意为统治社会的人君要选择一个合乎伦理规范的榜样，让大家仿效；对一些不好的事情，统治者应尽量远离它。对于管理社会的人来说，应给大家树立清晰的是非标准。《韩非子·解老》也讲到"民俗"，"狱讼繁，则田荒，田荒则府仓虚，府仓虚则国贫，国贫则民俗淫侈。民俗淫侈，则衣食之业绝"。② 意思是如果人们总是去打官司的话，就没有人种田，没有人种田，就没有人给国家交粮食，仓库就空虚。仓库空虚则国家贫穷，国家贫穷，反而会形成耗费资财的奢华风气，以致造成百姓生活的极度贫困。《史记》有三个地方用到"民俗"词汇。一是《周本纪》记载"耕者皆让畔，民俗皆让长"③，这里的"民俗"大约指民间习惯；二是在《货殖列传》说到中山地方"民俗懁急"④，这里指居民性格；三是《循吏列传》记孙叔敖的故事，有"楚民俗好庳车"的记载，⑤ 民俗即风俗好尚。《史记》三个地方的"民俗"用法，跟我们今天的民俗学的民俗概念近似。

民俗是民众的一种生活文化，是一种生活传统。它首先源于人们对物质生存的需要，人们会为了生活而选择特定的生计方式。其次源于种族繁衍。种族繁衍里面就关系到婚姻的模式问题，关系到两性伦理的问题，关系到家庭结构的问题。再次源于社会适应。因为人要生存、要发展，必须在社会中进行。社会团结或群体心理的认同、等级

---

① 王文锦译解：《礼记译解》，中华书局 2001 年版，第 829 页。
② 陈奇猷：《韩非子新校注》，上海古籍出版社 2000 年版，第 425 页。
③ （汉）司马迁：《史记》，中华书局 1982 年版，第 117 页。
④ （汉）司马迁：《史记》，中华书局 1982 年版，第 3263 页。
⑤ （汉）司马迁：《史记》，中华书局 1982 年版，第 3100 页。

秩序、协调原则、人情往来，这都是民俗起源的社会适应问题。最后是源于精神活动。人不是普通动物，人有强大的精神需求，有对自然社会、历史、人生的理解和表达，这样就会形成丰富的精神产品，呈现为精神民俗。如神话传说、故事歌谣、信仰、民间艺术等。

二 村落民俗传统的五大类型

村落民俗传统，是世代累积下来的思想与生存惯习。民俗传统，一般分成三个层面。一是物质民俗传统，包括物质生产、物质生活。二是社会民俗传统，是在社会适应过程中所发生的，节日、人生仪礼、社交礼俗，都属于社会民俗传统。三是精神民俗传统，包括伦理道德、信仰、娱乐艺术。这三个层面的传统是我们村落社会传统的完整形态，但是如果要更加细致地去理解，我们可以把村落民俗传统分成以下五大类型。

（一）生态民俗传统

直观来讲，村落就是一个聚居的形态，村落的聚居形态跟城市是不一样的。村落社会有自己的肌理，有自己的形态布局，有村落内部的东和西，上和下，有中心与边缘。所以我们看以前的村落，它非常重视水井，水井是村落的中心。我们经常说离开家乡是背井离乡。城市化过程中，好多背井离乡的村民都会对村里的水源地有特殊情感。我们去浙江景宁县高演村调查，村落耆老首先带我们去看的就是他们村的一口老水井，那是全村的水源地，是村落居民生存的重要资源。[1]

村庄的设立，首先考虑到水土的问题。所以完整的村落形态，它是符合生态宜居需要的。选择一处适合人居的环境，需要有很多来自生活实用的考虑与观念上的智慧思考。我们经常谈论风水，风水看起

---

[1] 2016年4月23日至27日，笔者带领博士研究生前往浙江景宁畲族自治县高演村进行乡村走访调查。资料参见萧放等撰写的《浙江景宁高演村村落文化调查报告》（未刊稿），2017年。

来好像是一个神秘的观念，但我们也可以理解风水是利用风土条件而进行的景观选择与设计，它是为了人居安全安定而发明的技术手段，由于它被附加了许多神秘性的寄托，因此受到现代一些人的误解。比如所谓："前有案，后有靠"，"左青龙右白虎"等，就是一个宜居小环境的选择。我们中国人生活在北半球的东亚大陆，村落选择坐北朝南，后有靠山，它可以阻挡北方寒风，东面是青龙位，西面是白虎位，民俗讲究东西的环抱，如湖北长阳土家族说"左青龙，右白虎，又安静，又热乎"。① 传统的村落选择，一般都是山环水绕，前面一定会有一条河，绕过来，像环状的，这个环不能倒过来内环，是外环的，只有向外环的时候，它才逐渐往外扩展。村落里水流出村的地方叫水口，水口往往是村落生态环境的重要保障，它是村落生态的重要节点，传统村落大多会设计一座风水桥，锁住水口。

（二）生计民俗传统

生计方式的选择，受制于三个因素：一是地理条件，二是地方物候物产，三是历史传统。所以说选择一个什么样的生计类型，不仅仅是我们主观上的选择，它与地理环境、地域生态、地方的物产、资源以及文化传统有关。中国古人为什么选择农耕？为什么没有以畜牧业为主？这是很早就存在的问题，早在新石器时代就已开始选择，远古先民根据地理环境和气候条件等，选择种植不同的农作物，逐步形成了中国重要的农业传统。在特定的环境里，选择一种生计模式，然后在这个生计模式之上，又形成了我们的生活传统。

（三）社会民俗传统

所谓社会民俗传统就是在特定社会条件下形成的社会性行为习惯。大家知道中国是农耕社会，农耕社会强调的是人们的安居乐业，安居就容易形成家庭的不流动，家庭的不流动，就会凝结成家族的亲

---

① 哈经雄主编：《中国谚语·湖北卷》，中央民族大学出版社1994年版，第548页。

缘传统。村落里的家族之间要互相帮助，"生相亲爱，死相哀痛"，生死相依。通过长期的稳定的人际关系构成稳定的村落社会相互救助的传统。除了家族之外，还有很多村落不是单一的家族村落，它是多姓村。各个不同姓氏之间，它有自己的村落协调的乡缘传统，村民之间互相合作。我们的研究团队在浙江松阳平卿村调查发现，平卿村周、张二姓都有自己的大祠堂与房支的香火堂。但是在家族之上，两个家族共享了一个祭祀禹王的社庙，每年有多次村落的集体的祈福仪式，周张二姓世代和谐相处。由此可见，村落社会除了家族之外，还有邻里之间守望相助的乡缘传统。①

与此相关的社会民俗传统还有村落社会的自治传统。我们经常说乡村社会是"天高皇帝远"，皇帝管不了最底层社会。但是底层有一套自治的传统，这个自治可以通过宗族、通过乡社来实现。宗族可以通过家训族规制约，形成稳定的家风传统，家训族规的制约力是很强的。然后还有乡规民约，乡规民约是村里百姓在乡绅乡贤主导下制定的习惯俗规，村民会自觉遵守执行。乡里自治的自我服务方式，是中国传统社会基层自我管理的方式之一。

当然村落社会传统里边，还有村落的社会活动的传统，比如说村落的庙会、村落的节日、村落的人生仪礼。礼俗互动让村落成为一个和谐社会。大家知道乡村跟城市最大的区别就是人情的问题。乡村的人情是文化资产，通过人情可以流动，人情可以遗传，可以继承。就是祖父帮了别人，孙子还可以得到回报。而现代城市社会很少人情，就是家住在对门的人都不见得认识，也不一定互相帮助。人情的资源在现代城市社会是匮乏的，而乡村有很纯朴的人情。当然，目前乡村

---

① 贺少雅：《乡土文化传统对当代农村社会治理的价值探讨——以浙江省松阳县平卿村做福仪式为例》，《社会治理》2018 年第 5 期。

面临精神衰落的问题，人情也受到很大挑战。[①]

（四）信仰与道德伦理的精神民俗传统

精神信仰传统，包括祖先信仰、先贤纪念、神灵信仰。就乡村社会而言，普遍存在它们自己的信仰传统。我们经常会说中国人不信教，其实中国人有自己的特定的祖先信仰。信仰祖先、礼敬亡人，这是中国文化的一个特点，强调慎终追远、木本水源的根脉意识，这是中国人特有的信仰。[②]

当然除了祖先信仰之外，还有对历史人物和地方先贤的纪念，我们常常会在村落里面，看到许多庙宇，可能是关公庙，也可能是岳飞庙、屈原祠、刘猛将军庙。或者是祭祀唐朝平定安史之乱时的两位忠臣张巡和许远的庙。这些人物都会被村民纪念。一般村落也都会有地方的先贤。先贤纪念的文化内涵是什么？它实质传递的是村落社会里的一种历史精神，一种伦理的追求，一种对本土本乡有重要贡献人物的纪念情感。过去很多县城都有城隍，城隍一般来说是守护乡土的一个重要人物。当然佛道等神灵信仰，在乡村社会也经常可见。其实村落社会里的人们没有那种特别强烈的宗教情怀，他们多是根据生活的需要，来信奉某一神灵，所以在拜神的时候，其实就是祈福的表达，就是人们求得精神的安定。比如，妙峰山庙会期间，我们作为调查者常常问上山的人，他们的目的是什么，他们说就是为了"心安"，为了精神的安定，而去信仰某位神灵。[③] 这也是乡村社会的一种精神内容，当然还有道德伦理传统，道德伦理传统是我们乡村社会秩序的保障。

大家都知道赵氏孤儿的故事，赵氏孤儿的故事发生在襄汾地区，

---

① 萧放：《"人情"与中国日常礼俗文化》，《北京师范大学学报》（社会科学版）2016年第4期。

② 萧放、邵凤丽：《祖先祭祀与乡土文化传承》，《社会治理》2018年第4期。

③ 萧放：《明清时期的碧霞元君信仰与香会活动》，《文史知识》2005年第9期。

这个地方很多姓赵的，他们自己说是赵氏孤儿的后代。他们每年都要举行庙会，祭祀他们的祖先，而且安徽的程姓子孙有时候也到这个村里来，说是程婴的后代。这个故事不断地被当地赵氏子孙讲述传承，故事的核心就是强调忠义传统。①

（五）村落文艺民俗传统

村落日常生活中人们不仅仅有劳作，也有休息，也有令他们精神愉悦的东西。所以在口头的语言艺术里，包括传说、故事、歌谣、谚语、谜语、俗语等都有着丰富的民俗文化的存在。② 乡村里边俗语起着生动的社交沟通作用；谜语是生活中通过语言表达的斗智游戏，它也有教化的作用；谚语是人生哲理与经验的凝练，有非常强的语言效果，它简洁有力，常常是一语中的，你要说一大篇话，不如说几个字的谚语有效。乡村社会有着丰富而生动的口头语言传统。

再如表演艺术，像小戏、歌会、舞蹈、舞龙舞狮，另外又如书法、美术、对联，还有农民画。在此不一一展开论述，这些具有欣赏性的乡土艺术表达方式，构成了村落的文艺民俗传统。

以上五类村落民俗传统，是乡村社会持久传承的宝贵的文化遗产，也是一笔丰厚的文化资产，在今天的乡村振兴过程中，如何有效传承利用这一村落所拥有的巨大文化财富，值得我们认真思考与研究。

三 村落民俗传统助力乡村振兴的七大途径

村落民俗传统，如何转化为今天乡村振兴的资源，助力乡村振兴？这需要我们用心思考，我们既不泥古，也不生拉硬拽，我们按照传统应与人民生活密切配合的原则，对之进行适当的提升和转化。

---

① 2016 年 7 月 29 日至 8 月 2 日，笔者带领北京师范大学"百村社会治理调查"重大项目课题组，前往山西襄汾进行传统村落文化调查。本次调查主题是赵氏孤儿传说与忠义文化传承。2018 年孙英芳博士生形成《赵氏孤儿传说与当代村落社会》的研究报告。

② 祝秀丽：《村落故事讲述活动研究——以辽宁省辽中县徐家屯为个案》，中国社会科学出版社 2013 年版，第 9—10 页。

（一）利用村落非物质文化遗产资源，重建乡村精神传统

乡村的衰败，不仅是人口移出的空心化问题，很重要的一个原因是精神的衰败与崩塌。民国以前乡村里大都有完整的宗族、乡族组织，新中国成立之后便进入到人民公社的集体管理，改革开放之后，既没有宗族，也没有公社，乡村缺乏有力的精神支撑与相应的乡风文明建设的制度保障。如何重建乡村社会精神？这是现阶段非常重要的问题。精神重建不是外边加给它的，应该从内部去培育，激活内部资源，方能让乡村精神传统复归。乡村精神的重建需要依托与载体，乡村精神传统重建的重要载体之一是家训，家训门风传递着价值观念，村落流传的谚语、箴言与口头故事，以及村落艺术都是对乡村精神意涵的积极呈现。

大家知道村民在拥有现代媒介手段之前，他们的历史观、伦理观、人生观，大多是通过民间文化的潜移默化熏染出来的。所以那些小戏、家训、故事，都会给村民很多的启发。特别是家教、家训、家风是非常重要的伦理培育途径，这也是村落社会里面非常强调的，它是塑造村民一生的立身资本。村民日常生活的语言与社交行为，会对孩子性格、行为，发生潜移默化的影响。村落社会里非常强调人情，强调这种生活细节的培育，把年轻人变成一个社会所需要的成人。

村落的信仰和伦理道德的振兴，是我们乡村精神振兴的一个重要的基础。这需要通过多方面条件的相互协助，才能有效推进乡风文明建设。

（二）充分运用乡规民约之乡村自治传统，实现乡村德治、法治、自治的三治合一

2018 年我们去浙江诸暨枫桥镇调查，在那里开了一个村落社会治理会议，发现当地的经验就很强调民间自治传统[①]。我们民俗传统

---

① 2018 年 4 月 11—13 日，北京师范大学"百村社会治理调查"重大项目课题组的萧放教授与杨共乐教授等 5 人，前往浙江省诸暨市枫桥镇进行实地走访调查。

里是有这样的乡村自治传统，有一套自己的习惯俗规，这个民间俗规如果与今天的法治与德治配合，与新的自治概念结合的话，就会变成一个非常好的社会治理资源。但是如何将传统的家族文化、村社文化变成跟现代社会观念结合的共享性的、公益性的、服务性的文化？我们还得去研究传统的乡规民约如何与今天这个社会环境中的德治，法治、自治合一。

中国最早的乡约是"蓝田乡约"，关键内容是四句。第一，德业相劝。在乡村里边，我们的道德和我们的生计方式，是互相促进的。第二，过失相规。如果有什么不好的行为，大家互相纠正。就是民间自治。第三，礼俗相交。在村落社会里边，在人际往来的时候，人们按照礼俗的规矩交往。那礼俗的规矩是什么？儒家传统里边特别强调礼合乎人情。我们不搞那种特别铺张，也不特别简陋，而是用一种合适的礼俗方式来交往。乡村社会的礼俗相交是一个用合适的财力、物力表达一个得体的人情。第四，患难相恤。村落一旦出现危机与大事，村民互相救助与支撑，这是村落共同体的基本伦理。蓝田的吕氏乡约是吕氏四兄弟他们在家家居时，制定推行的，后来成为中国乡约最早的一个范本。① 现在蓝田有了新乡约，对最早的蓝田乡约进行了新的诠释，传统内涵与社会主义核心价值观相融合，这便是创造性发展传统的尝试。

今天在关注乡规民约的时候，应该重视民主协商，重视这个乡约的制定过程，重视乡规民约执行过程中是否建立了监督机制。当然乡村的团结，乡村社会的建设，不仅要有乡规民约这个条文，更重要的是我们应该具有对共同利益维护的义务与责任。比如水源的保护、水利设施的兴修、桥梁的维护等问题。另外，一些公共空间，比如寺庙、祠堂的维护。现在浙江很多地方把祠堂改成文化礼堂，那么这个

---

① 牛铭实：《中国历代乡约》（第二章），中国社会出版社2005年版，第16—17页。

文化礼堂就需要公共维护。上述这些方面都是非常重要的，因为它们与村民生活息息相关，习近平总书记讲人类命运共同体，其实我们乡村就是一个小的命运共同体，共同体里边大家互相关心、互相帮助，村民生活得就会比较如意。如果乡村里面四分五裂，大家都是为了个人利益，那这个乡村就无法构成一个良性的社会形态。所以说，公共设施需要大家出力，我们也需要依靠这些村落的公共设施发挥服务村民生活的功能。

（三）传扬乡贤文化，发挥乡贤与民间组织在乡村振兴中的带动和组织作用

过去皇权不下县，天高皇帝远，地方靠自治，但自治过程中必然需要有主要人物，这个主要人物过去叫乡绅、绅士。今天我们将之名为乡贤。乡贤是传统基层社会与当下民间社会的代表，是民间的权威。乡贤会在乡规民约的制定与公共事业的开展，以及乡村治理过程中，都发挥了重要的作用。我们应该充分调动乡贤在乡村社会治理中的主动性与创造性精神。浙江的新乡贤工作推进比较成功，他们利用乡贤会的形式，将一批有实力、有思想，办事公正，具有奉献精神的乡贤引回乡村，让他们以智慧与物质力量回报自己的故土。[1]

乡贤是一个重要的资源，但是乡贤如何回到乡村？是需要研究的问题。如果一个乡贤在城乡间候鸟式的来回，他是不可能带动乡村的。他必须回到乡村长期生活，才能了解村民的生活与生产实际情形，进而寻找帮助乡民的有效途径。乡贤是非常重要的人力资源，他从农村出来，服务了城里几十年，现在回报乡村合情合理。国家和地方政府，应提供优惠条件、配套措施，帮助解决乡贤落地安置问题，加大吸引乡贤返乡服务的力度。

---

[1] 萧放、贺少雅：《礼仪实践：当代乡贤参与基层社会治理的重要途径——以晋浙两地田野调查为例》，《社会治理》2016 年第 1 期。

在百村社会治理调查课题中，我们发现了浙江绍兴的一位乡贤，他原任绍兴市柯桥区的人大副主任，退休以后，回到老家冢斜村。冢斜村景物资源丰厚，山水清幽、古庙、祠堂仍在。这位乡贤做了一件大事，他通过与政府沟通将自然村变成行政村，并担任该村第一任党支部书记，再通过挖掘乡村余姓历史文化资源，在国家与地方政府支持下，他筹措了大笔资金，修复了寺庙、祠堂等公共空间以及一些老房子，整治了村落环境，后来该村成功申请成为中国历史文化名村。目前他正积极引导该村朝绍兴知名旅游村方向发展①。可见乡贤对于乡村振兴的积极推动作用。

（四）以村落节庆、人生仪式传统，增强乡村人际互动，传承与增进乡风文明

乡村是一个共同体，人们生死相依，费孝通先生在《乡土中国》里边曾经分析过，"这是一个'熟悉'的社会，没有陌生人的社会"。② 今天的乡村却面临着人心瓦解的问题，我们提倡振兴乡村，就是希望乡村重新充满力量，这需要通过村落的一些公共活动，把人心重新凝聚起来。村落的信仰、村落的伦理、村落的物质生活、村落的公共空间，都需要村落共同体的每个成员去关心它。把村落的事情变成大家的事情，而不是某一个村干部的事情，这个村就有希望。党对基层的领导、村委会的主导，是乡村治理的根本保障，加上乡贤的协助，一定会更有利于乡村的社会治理与文化建设。

开展乡村集体活动是增强乡村团结的重要方式，也是乡村治理的有效手段。如果一个乡村没有集体活动，没有公共活动，它不可能凝聚起来。

---

① 2016 年 8 月 10 日，笔者到浙江省绍兴市冢斜村调查，访谈了村支书余茂法，他讲述了冢斜村的变化过程。2018 年 4 月 12 日，在浙江诸暨百村社会治理研讨会期间，笔者再次访谈村支书余茂法。

② 费孝通：《乡土中国》，生活·读书·新知三联书店 1985 年版，第 5 页。

在 20 世纪 90 年代，笔者在湖北荆州调查①，问一个农民过年还舞龙舞狮吗，他说不舞了，我问为什么不舞了？他说这是傻子舞给聪明人看的。本来一个村落共享的庆祝活动，在这位村民心里成为一帮傻子演给其他聪明人看。20 世纪 90 年代就有这个观念了，说明乡村的精神离散问题，已经存在几十年了。我们如何把乡村的集体活动变成他们自己的舞台，需要特别注意调动村民自身参与的积极性。其实村落社会的人，因为秉性与能力不同是有差异的，有的人可能生产方面不是能手，但是舞龙是好手。这个过程中就可能显现他的位置，他也愿意在集体活动中露脸，集体活动让人们既互相配合又各显其能，这是实现村落有机团结的重要方式。北京门头沟区的庄户与千军台村就利用传统活动有效实现了村民力量的凝聚。庄户与千军台是两个相隔不远的村庄，他们世代以元宵中幡走会的方式强化着村际联系。现在该村人大部分住北京城里，但是每到正月十五，他们必须回去参加村里的中幡会。一年一度的耍中幡走会，是两村村民传承历史、实现村民文化认同与社会团结的有效方式②。

除了村落节庆之外，还有人生礼仪问题，这也是村民的人生大事，并且不仅是一个家庭内部的事情，还是一个家族或村落人际往来的重要方式。③ 这里特别要说明的是，丧葬是一个非常重要的礼仪，中国的儒家文化，最早就非常重视丧葬。《礼记》里有多篇讲丧葬的问题。儒家最早的职业可能与丧葬服务业有关，后来由死亡思考演变

---

① 1993 年 2 月 10 日，笔者在进行《湖北风俗文化研究》课题调研，在湖北省荆州市江陵城郊访谈。

② 2017 年 2 月 10—12 日，北京师范大学"百村社会治理调查"重大项目课题组赴北京门头沟区庄户与千军台村实地调查元宵节中幡会走会情况。

③ 龙晓添：《当代民间礼俗秩序与日常生活——以湖南湘乡丧礼为例》，《文化遗产》2018 年第 4 期。

成伦理思想文化体系。① 对死亡这个事情，中国人普遍看得非常重，这实际上是对生命的尊重，对生命的礼敬通过丧葬仪式活动来体现。今天我们的丧葬改革过程中，很少考虑"慎终追远"这个方面。将人送走那一刻的许多仪式都被简化掉，人死了，直接送到火葬场，缺乏让生者因死亡事件而致的心灵危机得到安抚的仪式过程，这样的仪式其实是心理疗伤的过程。仪式是安慰在生的人，也是对亡人的礼敬。让个体生命庄严地离开，在传统中是很受重视的。我们讲乡风文明，移风易俗，反对铺张浪费，是对的。但是不能简化到仅仅是对人生命个体的机械处理，如果这样，人生的意义就会大大减损。会让大家对生命没有那么敬畏，也让活着的人缺少了面临亲人生命终结时对自我个体生命意义的思考环节。所以我们应该在人生仪礼大事里边，重视丧葬礼仪问题。

还有成人礼的问题，我们青少年如何走向成年，这是当今现实生活中需要面对的问题。

当今社会急需成年礼，对年轻人做一个仪式的唤醒，以仪式方式催熟其成年。目前年轻人大多没有经历这样的仪式，他对自己是否长大成人没有足够清醒的意识。从身体生理状态看是成人了，但精神上还没有成人，他还在依靠父母，还在"啃老"，还没有作为成人的责任感。现在一些学校也举办成人礼。但许多学校的成人礼往往是高考动员，高考成为直接功利的目标，这是很短期的人生目标。这个短期的人生目标实现完了以后怎么办？所以成人礼应该从文化上考虑，不能是一个短期行为。成人礼告诉年轻人什么叫"成人之道"，什么是"人"，通过仪式之后，年轻人就意识到自己是一个成熟的生命个体，就有特定的责任与义务，当然也有权利。现在年轻人的社会圈子里有

---

① 《礼记》的《檀弓》《丧服》《丧大记》《奔丧》《问丧》等篇集中讲述了丧葬制度，还有《曲礼》等篇也涉及丧葬文化。由此可见，儒家重视丧葬职业与关注礼俗文化建设之间的渊薮。

很多现象是不成熟的。很多人把幼稚化的东西，叫作时尚，其实就是对不成熟的欣赏，这不是一个成熟的秩序社会所应该有的态度。目前整个社会处在一个过渡的状态，处在从不成熟走向成熟的过程中，正在民族文化复兴的路上，我们需要进行包括成人礼在内的礼仪文化建设。人生仪礼的推行，其实就是一个实现社会秩序化的过程。①

（五）以村落口头传统、乡土表演艺术，讲好村落故事

在凝聚村民情感精神的同时，要注意提升乡村文化的影响力和传播力。在乡村振兴的过程中，我们其实有很好的民俗文化资源，就是村落口头传统和村落表演艺术。② 我们讲送戏下乡，其实乡里边本来就有很好的东西，是否可以调戏进城呢？现在已有许多地方戏到大剧院演出，如到梅兰芳剧院、国家大剧院演出，就是很好的例子。

村落里边有属于自己的地方戏传统，它跟老百姓生活切近，把它利用好、传承好，就非常不错。在乡村振兴过程中，要重视乡村的口头传统和表演艺术。③ 村落故事的讲述，特别有利于提升村落的知名度。④ 如何实现文化传承和村落的旅游的结合，发掘一个好故事就异常重要。

例如前面说到的赵氏孤儿的传说故事，它有着广泛的传播。如果我们说山西这个地方还有一批赵氏孤儿的后代在那生活，大家一定有兴趣想要去看看。宜兴讲梁祝的故事，形成了扑蝶节庆活动。山西闻喜县裴柏村是裴氏宰相府所在地，裴氏是大家族，唐朝开始出了多位宰辅大臣，裴氏家训在历史上影响很大，裴柏村因此成为知名村落。⑤

---

① 萧放、贺少雅：《伦理：中国成人礼的核心概念》，《西北民族研究》2017 年第 2 期。

② 张士闪：《乡民艺术的文化解读——鲁中四村考察》，山东人民出版社 2005 年版，第 16 页。

③ 袁瑾：《地域民间信仰与乡民艺术》，中国社会科学出版社 2017 年版，第 117 页。

④ 参考秭归县文化旅游局、秭归县非物质文化遗产保护中心编著的《屈原传说》，三峡电子音像出版社 2012 年版。

⑤ 邵凤丽：《裴氏家训参与基层社会治理的路径》，《社会治理》2018 年第 8 期。

乡村故事要讲好，必须重视乡村村落的民间口头资源与风物、历史人文传说，村落口头传统需要深入挖掘与提炼，并以适当的形式向社会传播。

村落口头传统不仅是自我教育、自我传播的一个方式，也是彰显村落形象、彰显村落魅力的一个重要资源。讲好村落故事，是我们在乡村振兴中需要足够重视的方面。每个村落都有自己的个性，都有自己的故事，需要认真发掘村落故事资源。彰显村落文化魅力最好的方式之一是设立村落故事馆。在台湾花莲有一个大陈村，大陈村民来自浙江省台州的大陈岛，当年国民党政府撤退台湾时将村民带到了台湾，并集中安置在花莲县。大陈岛的居民为了怀念他们的故里，设立了大陈村故事馆，馆里有大陈岛人的传统仪式、歌谣、口头故事、家乡饮食等。这些人按照家乡的生活传统在花莲地区落地生根。① 故事馆是他们的乡愁，也是他们保持大陈村形象的有效方式。所以这个故事馆对大陈村村民而言十分重要。

因此讲好村落故事，是传播村落声名、吸引外来资源、提升人气的重要方式。

（六）从传统村落与环境协调的生态利用经验中，提炼民俗智慧，为当代村落布局、环境治理等提出对策性的研究意见

乡村形态有依托地形自然形成的，也有经过人工的选择设计而形成的。一些延续几百年甚至上千年的古老村落，在村落布局形态上，体现出了丰富的人生智慧，它承载着丰厚的生态知识传统。乡村村落的内和外、上和下、东和西，都是机理明晰的有机组合。应该总结这些名村的生态智慧。在今天的新农村建设过程中，我们应该充分利用传统智慧资源，不要盲目地去做那种不顾村落肌理性的挪移、搬迁。

---

① 2018年1月2日，笔者作为客座教授与台湾东华大学中文系语宸助理一道考察花莲市大陈村，参观故事馆，并与负责故事馆的吴姓志愿者交谈，吴姓志愿者出生在从浙江温岭大陈岛前往台湾的军舰上。故事馆有各种物质生活、社会习俗与精神信仰的展陈资料。

那些建在乡村公路两边的新农村，没有考虑到生态问题，不符合党的十九大报告强调的"生态宜居"目标要求。因此我们建设新农村时，应该考虑到当代村落振兴中的生态宜居问题。

（七）发掘村落生计资源，以地方物产、地方特色手艺来助力乡村生产

乡村最重要的是生计资源，特别是几百年，甚至上千年的村落，它都有自己生存的基础，有它的生计方式。在今天的乡村振兴过程中，我们应该尽量去寻找这种地方的生计基础，寻回它的特色手工艺，让它在新的社会条件之下，能够找到它的生存发展之道。乡村振兴不是一个统一的模式化的东西，我们要根据每一村落的个性进行设计，做到一村一品。比如江西婺源篁岭村的旅游创意，就是很好的案例。篁岭村本是一个在山顶上公路连接不到的偏僻村落，很多村民外迁。但是这个村落地貌特殊，民居呈台级分布，高低错落，村落形态特别古朴，具有很好的欣赏价值。当地乡建公司与村民商量，在征得90％的村民同意之后，在山下平地安置村民，对空出的村落民居进行修缮，又从外地移入了一些与徽派风格一致的建筑，让这个村落有了私塾、祠堂，构成了一个完整的传统村落形态。对于村落内部的生活设施进行了全面系统改造，民居内部是现代民宿装饰。为了突破仅为传统民居欣赏的传统村落旅游局限，篁岭村选择了传统的秋晒景观，让它作为吸引游客的卖点。因为这个村落是高低错落的、一层一层叠加上去的，在每一层的民居晒台上，晒白的萝卜、红的辣椒、青的白菜，还有黄的菊花、南瓜等，层层晒台，看上去就是一幅挂在山坡上的精美油画。经过几年的经营，篁岭村已经成为江西传统村落旅游的品牌，同时外迁的村民可以进村当员工，拿工资，在里面经营饮食，演奏乐器，做手工的技艺等服务。这是江西古村落转变成现代旅游对象的一个成功的

案例。①

再一个例子是台湾宜兰的白米社区营造。宜兰白米社区，以前是矿区，矿区衰落后，当地林姓青年不甘心家乡衰落，立志重振家乡，在一番调研之后，寻找到当地曾经有的木屐生产传统，而且调查到周围有生产木屐的树木资源。于是他请老师傅出马，带动全村的人做木屐，建立木屐博物馆，除了把木屐做成实用的鞋子，还做成便携旅游品，上面刻上"福"字，旅游者可以"带福回家"。这个地方吸引了许多外地人观光，成为通过有创意的社区营造而复兴地方的典范。村落复兴重振需要符合这个村落的生态资源与历史人文环境，需要符合内在村落肌理与技艺传承的传统。以一个有生机的创意凝聚村民，可使村落社区重新恢复活力。②

因此手艺特色村的发掘，值得特别重视。手工技艺不仅是重要的谋生手段，也是村落物质生活的一个内容，同时还是维系村落生活共同体的文化力量。在村落振兴过程中，要善于发现村落里的特色手工艺。虽然有的工艺制品在当地不起眼，但是对外地人而言，可能就是颇具欣赏价值的物品，也可能作为特殊的伴手礼。我们现在去一个地方旅游，发现很多公开销售的旅游产品几乎是某一手工艺品市场批发出来的，东西南北一样。我们很少做地方手艺产品的开发与设计，在乡村振兴中资本下乡的分配时，应该在这些方面有更多的投入。

手工艺是乡土文化的重要遗产，它具有传承和更新乡土文化的功能，我们可以通过文化创意来提高村落的经济效益，提升村民的物质

---

① 2018 年 8 月 5—8 日，笔者在江西省婺源县篁岭村进行调查，并参与中国民间文艺家协会主办的晒秋习俗研讨会。

② 2018 年 11 月笔者走访台湾宜兰市白米社区，文中提到的"林姓青年"已经是年近七旬的老人，他刚从社区经营的负责人位置上退休。资料根据笔者对李董事长的专门访谈整理而成。

生活质量。[①] 物质生活是村落社会的最基本的东西。如果村民生计不能解决，单纯强调文化是无效的，历史和传统文化是与生计紧密相关的，所以我们讲民俗文化传统时要特别重视经济生产。

四　民俗文化助力乡村振兴的三大原则

民俗文化具有自己的文化特性与功能价值，它同样也有时代与地方性局限，如何扬长避短，发挥民俗文化助力乡村振兴的正向积极作用，需要有理论的引领。民俗文化助力乡村振兴主要有三大原则。

第一，要保持和传承乡村民俗文化的品质特性，不能简单地将城市文化照搬到乡村。现在讲城乡融合，我们乡里的文化，是不是也可以融合到城里边呢？乡里保持的传统，可以移到城市里，城市人的一些生活方式，也可以进入乡下，但是不要去改变乡村生活里优良的品质。如，作为共同体的人际关系里互助的传统，人生仪礼过程中的互惠传统等，是应该保持的。有秩序的、和谐的乡村生活状态，是我们所期待的。

第二，在保持村落社会文化品质特性的时候，不要泥古，不要照搬，即我们对一些乡村的村落传统应该有选择性地传承。有些传统我们要在继承中实现形式与内容的更新，表面上保持这种形式，但实际上我们已改变它的性质，它的精神内涵需要服务现代社会。比如乡村里的神灵信仰，我们可以将其融入现代人的公共生活中，浙江人做了很好的一个实践，就是把祠堂变成文化礼堂。[②] 因为毕竟现代社会家族已经泛化，乡村的家族也没有以前的经济基础，不构成稳定牢固的物质实体性社会，现在尽管有一定的家族观念，但基本上是小家庭，

---

①　朱霞：《传统工艺的传承特质与自愈机制》，《北京师范大学学报》（社会科学版）2018 年第 4 期。

②　刘秀峰：《农村文化礼堂：从公共空间到社区营造》，浙江工商大学出版社 2006 年版。

没有家族共同体。所以我们应该把传统家族共同体里边"公"的概念，转化为现代村落的公共概念。把祠堂变成礼堂，就是把村落传统文化空间转换成当代村落公共活动平台，重新发挥村落文化空间凝聚村民的社会功能。村落寺庙同样具有凝聚村民情感与精神的作用，我们今天也可以尝试创新与利用。

第三，在村落振兴过程中，要充分重视人、地、物的有机结合，强调自然生态、人文生态和产业业态三态并重的整体复兴，各方面都应得到均衡发展。当然这是最理想的状态，因为一些村落的生态资源、文化资源都是优质的，但就是经济不发达。如何把这种自然生态与人文资源，转换成它获取生计保障的资源，需要我们深入研究，云南、贵州等地就有很多这样的村落，浙江西部也有，如松阳的平卿村。平卿村有一古老祭社祈福的民俗传统，每年都要举办八次大小祈福活动。大家知道，祭社是从先秦开始便有的一个传统。到后来村社瓦解之后，社祭很少了，但平卿村居然还保持着这一传统，而且每年还要分社肉。每一年有四个年轻人来主持这一年所有的仪式活动，主持年度活动之后，年轻人才成为这个村落里边有发言权的人。其实这就是特殊成人礼。它是一个非常传统的村落团结方式。今天我们如何保持这一村落传统，又能提升它的生活品质呢？我们可以调动村落内部力量，配合外部资源，把村落自足的祈福活动，变成一个与外来者共享的资源，成为人们共享的平卿祈福节。当地人可通过借助公共性的节庆活动，营销地方产品，增加村民的收入。

总之，我们要激发村落社会内生的力量，才能有效推动乡村振兴。我们需要深入乡村内部，总结提炼乡村的民俗传统资源，发现与呵护村落内生性的动力。依托社会大环境，根据当代社会的需要，对民俗传统资源，进行创造性转换与创新性发展，实现村落内涵发展的振兴之路，这是乡村振兴的根本性方向。我们不仅要依靠中央提倡，靠当地政府推动，更要积极发挥村民自己的力量，乡村建设任重道远。乡村振兴中的文化复兴问题是一个很重要的课题，应该得到我们的高度重视，并予以更深入地研究。

［原文刊发于《西南民族大学学报》（人文社科版）2019 年第 5 期］

唤醒传统村落的历史文化基因

——以珠海南门村历史文化调查为例

耿向东[*]

习近平总书记在党的十九大报告中明确提出了实施乡村振兴战略的重大部署。今年 3 月，习近平总书记强调："实施乡村振兴战略是一篇大文章，要统筹谋划，科学推进。"乡村振兴战略中，乡村文化振兴是一个重要方面。习近平总书记高度重视中华优秀传统文化的传承。他指出："中华优秀传统文化已经成为中华民族的基因，植根在中国人内心，潜移默化影响着中国人的思想方式和行为方式。"他还指出："要推动乡村文化振兴，加强农村思想道德建设和公共文化建设，以社会主义核心价值观为引领，深入挖掘优秀传统农耕文化蕴含的思想观念、人文精神、道德规范，培育挖掘乡土文化人才，弘扬主旋律和社会正气，培育文明乡风、良好家风、淳朴民风。"当今，我国存在着许多传统村落，住建部等部门陆续公布了四批中国传统村落，总共有 4157 个。我国农村优秀传统文化氛围浓厚，这些村落所承载的历史兴替，蕴含的文化基因，彰显的民族精神和时代价值，应

　　* 作者简介：耿向东，北京师范大学历史学院研究员，北京师范大学珠海分校党委书记。
　　本文系作者 2018 年 6 月 11 日在北京师范大学中国教育与社会发展研究院和浙江省诸暨市人民政府主办的"乡村振兴与社会治理"论坛上的发言。

该被认真地挖掘和利用。这些传统村落能够为我们的乡村振兴战略带来丰富的历史文化经验、智慧与资源。

本研究以珠海市斗门镇南门村为对象，通过实地调研、问卷调查、文献搜集、座谈走访等形式，对南门村历史文化、村居环境和社会治理进行了深入调查。本文重点探讨南门村历史文化的形成和发展，总结出南门村历史文化的核心特征。

一 南门村概况

南门村位于广东省珠海市斗门区斗门镇。该镇迄今已有一千多年历史，现存大量宋、元、明、清及民国初年等各个历史时期的历史遗存，是一座颇具历史文化内涵的岭南古镇，于 2012 年被评为广东省第三批历史文化名镇，2014 年被评为第六批中国历史文化名镇。全村由 12 个自然村组成，面积约为 16 平方公里，耕地面积 5628 亩。2016 年，全村户籍人口 5725 人。当年，全村的经济总产值为 6119 万元，第一二三产业的结构占比是 75.7 : 9.7 : 14.6，第一产业占比较大。沿着南门村前的水道向西向北，可以到达新会古崖山海战的战场遗址。1279 年，南宋与元军最后一场大规模海战——崖山海战就发生于此。海战之前，斗门（当时属于香山县）就有宋代皇族赵氏族人定居。南宋灭亡后，赵氏子孙继续在此地生活定居。南门村建村于明永乐元年（1403 年），是宋初魏王赵匡美十四代孙赵隆所创，此后血脉相继。时至今日，村民中85%以上是赵匡美之后，是宋朝赵氏皇族后裔的聚居地。

经过六百多年的历史积淀，南门村形成了极具特色的古祠堂、古村落以及皇族文化。2010 年被评为斗门区历史文化名村；2012 年被评为珠海市幸福村居示范村；2014 年被评为"中国十大最美乡村"，成为广东省唯一入围乡村；2014 年获得广东省文明村称号；2016 年进入第四批中国传统村落名录。

二 南门村的历史文化保护和传承

（一）南门村特色建筑群形成了多维历史文化景观

南门村现存有完好的祠堂、特色古民居群、碉楼，还有历史遗址、金石、碑刻、古井、古树等资源，其与周边的斗门古街、金台寺等当地历史名胜存在深层联系，形成了南门村的多维历史文化景观。

第一，南门村皇族祠堂建筑群保存完好。该村最著名的是由赵氏祖祠、逸峰赵公祠、崑山赵公祠共同组成的建筑群，系广东省重点文物保护单位，为斗门八景之一。赵氏祖祠近600平方米的蚝壳墙是我国现存规模最大、完整度最好、时代最为久远的蚝壳墙。

第二，南门村的自然古村落——接霞庄是广东省唯一的由古代皇族后代设计、建造的村庄。接霞庄始建于清乾隆年间（1736—1796），现有户籍人口95人。南门赵氏后裔赵维茂与堂兄赵维定从事茶叶和中药材贸易发家后，在一片80多亩的新垦围基上建设了一处庄园。因村后紧接小山丘——霞山，故称接霞庄。村庄前开挖有护庄河，这是广东省目前发现的古村落中唯一的一家。2008年9月入选为广东省首批传统村落。

第三，南门村的毓秀村具有侨乡特色，是斗门地区的政治、教育和卫生服务的摇篮。毓秀村也是一个自然古村落，始建于1903年。第一次世界大战期间，在海外、港澳等地经商的村民陆续回乡置业形成规模。现存清末民初古典院落31座，建筑风格统一，布局整齐，对研究岭南古村落布局和其中蕴含的人文思想具有重要的价值。其中的"毓秀洋楼"约建于20世纪30年代初，系归侨所建，极富特色，2015年入选珠海市第一批历史建筑名单。新中国成立后，该楼曾先后为当地农会会址和中山县第九区、南门区、斗门县的政府所在地。

第四，南门村传统民居建筑群特色显著。南门村拥有保存完好兼具皇族遗韵与岭南文化特色的古建筑群，现有整片六十年以上的老屋

400 余座，大多风貌完整、特色突出，其中不少是清末民初的建筑，均被划入传统村落建设范围。其中接霞庄石板街、南门村石板街、毓秀村主村巷等，均被纳入斗门镇历史文化名镇保护规划一类保护街巷，严格控制沿街建筑高度，保护沿线树木、古井、围墙、传统路面铺装等历史环境要素。

（二）南门村的非物质文化传承

第一，"赵氏皇族祭礼"传承不绝。南门村"赵氏皇族祭礼"包括新年祭祖礼、婚喜祭祖礼、春秋祭祖礼和进伙祭祖礼。该仪式曾为赵氏族人代代相传的祭祖仪式，宋朝建立后已在皇室中盛行。宋亡后，在广东赵氏族人聚居地方，得以延续。2016 年 9 月被列入广东省非物质文化遗产名录。

第二，人才辈出，宗族风气得以延续。南门村文化底蕴深厚，南门四世祖元朝诗人赵梅南的气节与诗文，成就了赵氏宗族新的气质与价值观，即：不忘本心、超然物外、身在乡野、志在家国。南门村的祖祠就是赵隆为纪念赵梅南而建，并用其别号"蓉猗"为名。南门村历史上共有 8 位进士，1 位举人，而斗门历史上总共才出了 22 位进士。

第三，修订族谱，维系宗族。现存世的有清康熙二十五年（1686）编修和光绪三十年（1904）至民国十九年（1930）间续修的《赵氏族谱》。2015—2016 年，由村委会牵头，重修了光绪——民国年间的旧族谱。以族谱和血缘为纽带，南门村皇族赵氏一脉，与所有皇族赵氏宗亲紧密地联系在一起。

三 南门村历史文化的核心特征

南门村赵氏是皇族后裔，恪守宋太祖赵匡胤的族训，虽不在朝堂，却心怀天下，呈现出强烈的家国情怀。南门赵氏先祖的这种家国情怀，在历史进程中逐渐演变成一种族群凝聚力与吸引力的内核，成为一种历史文化与社会责任的担当意识，升华为更具时代性更具包容性的爱国意识与民族精神。这是南门村历史文化的核心特征。抗日战争时期，南门村涌现出多名抗日志士，是该地区抗日游击队的重要驻地之一。村中的意塘赵公祠为中共南门乡党支部旧址。该支部于1939年5月成立后，发展组织，创办进步刊物《斗门侨讯》和《黎明报》，培育出罗健才等一批优秀共产党员和革命干部。如今，爱国主义与民族精神更作为一种深植的基因，贯穿赵氏家族，以族谱、祭礼、祠堂等为有形载体，以内心的族群认同为心理纽带，形成了一个南国赵氏文化圈。

从南门村的历史文化特征可以看出，优秀传统文化在乡村中以多种形式传承，它不仅是写在纸上、挂在墙上、刻在器物上的，更应该是一个活生生的文化体系。深入挖掘传统村落的优秀传统文化，应该在保护传承的基础上，创造性转化和发展，大力弘扬其蕴含的优秀思想观念、人文精神、道德规范，充分发挥其在凝聚人心、教化群众、淳化民风中的重要作用。从南门村的角度来看，在继承与发展历史文化的过程中要认真考虑如何以"家国一体"的中国传统文化核心价值体系为统领，大力挖掘家风、村风以及家史、村史，有规划地开展乡村旅游事业，让村庄的历史文化反映宋代文化、宗族文化、岭南文化的整体文化体系，充实内涵，连通精神命脉。同时，以历史文化为引领，努力健全自治、法治、德治相结合的乡村治理体系，为乡村振兴做实实在在的工作。

（原文刊发于《社会治理》2018年第7期）

传统文化与乡村振兴

鞠　熙[*]

一　传统文化与乡村振兴之间的关系

党的十九大明确提出了"乡村振兴战略"，这是以习近平同志为核心的党中央对"三农"工作做出的新的战略部署、提出的新的要求。许多研究者已经注意到，与十六届五中全会所提出的"建设社会主义新农村"的整体要求相比，新时代乡村振兴战略所设定的"产业兴旺、生态宜居、乡风文明、治理有效、生活富裕"目标发生了很大变化：农村不仅要发展农业生产，也要以"产业"思路促进城乡经济一体化。生态环境被放到更重要的位置上，青山绿水就是金山银水，而不仅停留在村容整洁的层次。农村基层政治格局要从过去的"管理"思路向社会"治理"转变，培育并建设乡村内生的主体性力量成为"治理有效"的题中应有之义。随后召开的中央农村工作会议强调，走中国特色社会主义乡村振兴道路，传承发展提升农村优秀传统文化，加强农村公共文化建设被提到了重要高度，村落传统文化被视为提升农民精神风貌、提高乡村社会文明程度的重要资源。2018

* 作者简介：鞠熙，北京师范大学中国社会管理研究院/社会学院副教授。

基金项目：本文系北京市社科基金项目"北京村落传统文化与当代基层社会治理研究"（16SRB013）的阶段性成果。

年中央一号文件《关于实施乡村振兴战略的意见》中，再次强调要"传承发展提升农村优秀传统文化"，要"立足乡村文明，吸取城市文明及外来文化优秀成果，在保护传承的基础上，创造性转化、创新性发展，不断赋予时代内涵、丰富表现形式"。事实上，习近平同志在多个时间、多种场合反复强调传统文化对于坚定文化自信、推动中华民族伟大复兴的重要意义。从这个意义上说，传承与发展中国优秀传统文化，既是乡村振兴战略的要求与目标，也是其措施与方法，将二者结合起来统筹思考与研判，这是在"五位一体"总体布局思路下，从有机整体、协调发展角度进行现代化建设所必须考虑的重要问题。

　　但是，村落传统与乡村振兴之间究竟是什么关系？这并不是一个简单的问题。自20世纪初以来，无数先贤已经意识到，乡村建设必须要重视传统文化，然而"传统"与"现代"之间的关系到底该如何认识？怎样正确理解和利用"传统"以实现"现代化"？中国知识分子提出过很多不同的方案。晏阳初、李景汉等认为，只有从文化观念与精神面貌上"重塑"农民，乡村才能走上现代化之路。例如，晏阳初认为，中国人的生活有四种基本的缺点：愚、穷、弱、私，尤其以文盲为中国农村的大问题[1]。农村建设的根本目的是要担负"民族再造"的使命，其最有效的方法在平民教育，即以"实验的改造民族生活的教育"，培养民族的新生命、振发民族的新人格、促进民族的新团结、新组织[2]。而与之相对的，梁漱溟、费孝通、钟敬文等人则强调，乡土中国自有其文化逻辑，乡村建设必须建立在充分了解这些逻辑的基础上，对其进行合理改造。例如，费孝通就直接反对中

---

　　① 晏阳初：《中华平民教育促进会定县实验区》，《晏阳初文集》，四川教育出版社1990年版，第37页。

　　② 晏阳初：《农村运动的使命及其实现的方法与步骤》，《晏阳初文集》，四川教育出版社1990年版，第176—188页。

国农民"愚"的说法，他强调："乡土社会中的文盲，并非出于乡下人的'愚'，而是由于乡土社会的本质……提倡文字下乡的人，必须先考虑到文字和语言的基础，否则开几个乡村学校和使乡下人多识几个字，也许并不能使乡下人'聪明'起来。"① 钟敬文更是强调下层民众的传统文化与上层精英传统不同，后者是导致民族衰败的主要原因，而民俗传统中则蕴含着民族更新、振兴中国的宝贵火种。传统文化如何适应现代农村？怎样挖掘、辨别与发扬优秀村落传统，使之促进农村现代化而不是开历史倒车？如何使根深蒂固的农村传统适应政治、经济、生态环境的整体性协调发展？怎样能在传承传统与移风易俗之间找到合理方式，既避免"左"又防止"右"？这是长期以来摆在中国知识分子面前的大问题。在新的形势与新的要求下，这些问题又有了新的内涵，促使当下有志于乡村振兴的知识分子做出回答。

本文认为，在今天，"传统文化"之于乡村的意义已经发生了巨大变化，它不仅仅是中华民族在历史发展中所创造出的精神产品，也不仅仅是过去祖先留给我们的文化财富，而且是实实在在地在当下乡村社会中发挥着能动性作用。可以说，"传统文化"是一种被有意识挖掘、有意识利用、有意识保存下来的文化符号，实践者以"传统"的名义将一部分历史传承下来的行为方式挑选出来，根据现实需要进行改造之后，用于为当下行动正名、赋权或者提供行为模式，从根本上说，这些"传统文化"是"文化自觉"② 意识的产物，与"无意识"传承的、未被命名的、甚至难以察觉的"惯习"有很大区别。关于这一差别，霍布斯鲍姆（Eric Hobsbawm）所说的"被发明的传统"与"习俗"之间的差别、传统与惯例或常规之间的差异，可以

① 费孝通：《文字下乡》，《乡土中国修订版》，上海人民出版社2013年版，第17页。
② 关于"文化自觉"概念，参见费孝通先生的系列文章，例如《关于"文化自觉"的一些自白》《完成"文化自觉"使命创造现代中华文化》等，费孝通《文化与文化自觉》，群言出版社2016年版。

给我们以启示①。

总的来说，必须把当下语境中的"传统文化"视为构建社会秩序、组织社会关系、参与社会实践、形成生活方式的一股强大力量，将其看作多元社会主体表达自身的一种方式，从社会治理的角度来思考其如何助力乡村振兴战略的问题。要意识到它是"有意为之"的结果，而不是"自然而然"的传承。换言之，发展村落传统文化、实施乡村振兴战略，应该跳出过去单一的文化视角，突破"文化部门管文化"的既有思路，摆脱"传统"与"现代"的二元对立观，在社会治理的框架下重新进行思考和研究。

二　从社会治理的角度看乡村传统的当下价值

从长期调查来看，在今天，传统文化仍然是村落文化的核心，但它又不仅只作为文化事象存在，而同时也扮演着资源宝库、组织纽带、治理策略与意义支点的角色。因此，从社会治理的角度对它进行研究，就显得极为重要且迫切。

总的来说，从社会治理的角度来看，乡村传统在当下从四个方面有助于推进乡村振兴战略的实施。

（一）村落传统文化是中国数千年智慧的"蓄水池"与"聚宝盆"，是乡村社会治理可资利用的资源宝库

与城市相比，乡村的社会流动性更弱，文化惯性也更强，这决定了村落与传统文化之间有着更强的连续性与稳定性，中华民族的文化之根也更深地扎根于乡村而不是城市。村落就像中国传统文化的"蓄水池"，要坚定文化自信、讲好中国故事，必须重视对村落传统的发掘与保护，习近平同志对此已多有论述，全党全社会在这一问题上已

---

① ［英］埃里克·霍布斯鲍姆（Eric Hobsbawm）：《导论：发明传统》，见霍布斯鲍姆、兰格（T. Ranger）编《传统的发明》，译林出版社2004年版，第1—17页。

经达成共识，在此不再赘述。而与此同时，传统文化中也凝结了世代智慧，至少在两个方面可以直接为乡村建设提供知识与经验。

首先，村落传统的基本特征是"千里不同风，百里不同俗"，这是因为每个基层社区的传统文化都是在长期互动磨合中，最大限度与当地的"天时""地利"与"人情"相适应，故而生产方式多样化、生活形态差异化，生产生活方式及其所创造的产品高度的"天人合一"。例如，传统农业生产方式所提供的农产品，往往能最大程度保护当地自然环境、充分适应和利用当地特有自然资源，无论是稻鱼共生、桑基鱼塘，还是生物防虫、土壤养护，在当下充斥化肥农药的农业生产方式中，使用传统方式所生产的农产品，通常都是最无公害、无污染，绿色质量有保障的。今天，我们强调深化农业供给侧结构性改革，走质量兴农、绿色兴农之路，加快推进农业由增产导向转向提质导向，就必须充分挖掘与尊重这些传统智慧，充分发挥中国小农经济"天人合一"的优势。在这方面，北京郊区很多生态农场，如小毛驴、美田农场等，已经开始有意识打"传统文化"牌，他们将传统的"月令""时鲜"观念与现代食品安全理念相结合，将传统的"山水田园"观念与健康养生观念相结合，将传统的"耕读传家"观念与青少年自然教育相结合，使传统的农业种植转身成为集休闲、教育、旅游、体验、文化传承于一体的"田园综合体"，收到了很好的效果①。

其次，村落传统文化根植于历史上高度组织化的中国农村社会，其民俗的基本理据是人伦与秩序。这种基于长期共同生活、严密结构系统与社会公共空间的生存智慧，对于当下组织涣散的农村基层，是相当有益的补充与纠偏。例如，董磊明认为，中国传统中重要的"面子"观念，就是一种自我认同和社会认同的复合体，能起到很好的社

---

① 根据2016—2019年北京师范大学民俗学专业师生在北京市海淀区与顺义区的调查。

会控制作用，并直接关系到社会的和谐稳定与民众福祉。然而在当下，农村社会结构也正在发生巨大变化，农民的道德、伦理与文化机制都正在经历转型，如何善用"面子"这种传统观念，既是难题也是机遇。[①]

（二）在乡村基层组织涣散、农村普遍空心化的今天，村落传统经常成为村落中最有凝聚力的组织纽带

在长期调查中我们发现，已经空心化的村落最热闹、人最多的时间，总是在春节、清明这类传统节日时段。春节祭祖、元宵赛会、清明扫墓这些传统节日中的公众性活动，至今在乡村社会中仍有强大的生命力。修庙祭祖仍然是乡村中最有号召力的头等大事，婚丧嫁娶仍然是构建与确认社会关系的主要方式。传统文化担负着凝聚人心、组织人群的功能，正是在传统的召唤下，人们愿意离开提供优渥物质环境的城市回到农村，即使这种"团聚"与"组织"是临时性的，但节日中那种其乐融融、亲密无间的氛围却在人们心中埋下了"乡愁"的种子，使得人们始终对乡村有感情，愿意在条件允许的情况下回到乡村进行建设。当然，传统作为乡村的组织纽带，不仅在于它能维系人们的情感联系，更重要的是，它也是基层组织的实际运行机制。我们看到，当农村集体经济解体、基层政权组织空心化、农业合作社也举步维艰的时候，民间的红白事协会、艺术团体、仪式群体这些以民俗活动为主旨的组织几乎是乡村中唯一充满活力的组织形式，在某些村庄，民间礼仪专家甚至代替村两委扮演着组织核心与底层精英的角色。许多研究民间信仰的学者已经注意到，近20年来，乡村修庙大有轰轰烈烈之势，不能将其简单理解为宗教信仰的复兴，因为大多数村庙并不特意尊奉某一种宗教的教义或神灵。恰恰相反，我们在浙江、福建、河北、河南、江西等地的调研证明，寺庙要解决的主要是

---

① 董磊明：《乡土社会中的面子观与乡村治理》，《中国社会科学》2017年第8期。

"入世"而不是"出家"问题，通过共同捐资修庙、共同祭祀、共同管理并使用寺庙，村民们将寺庙变成了村落的公共空间，围绕寺庙形成了以"耆老"为核心的组织团体，自发维持村庄秩序。一些村集体难以解决的养老、基层选举秩序，乃至公平正义问题，通过这种非正式的组织形式得到了解决。正因如此，村民对于修庙一事大部分持赞成态度，并愿意为之出钱出力。

（三）传统文化是基层干部能自发利用且行之有效的治理策略，依托于传统，他们创造了多种社会治理方法与手段

乡村干部常常感慨，根深蒂固的小农意识与农民思想使农村工作举步维艰。而我们在调查中发现，凡是农村工作开展的比较好的地方，通常村落领导都会有意识地利用、创造性地转化传统文化。例如，在新农村建设中，迁坟常常成为底层矛盾的焦点，甚至变成冲突爆发的导火索，而北京东郊高碑店村的村干部却巧妙利用村民固有的"风水"观念进行社会主义新农村改造就是一例。我们在调研中了解到，在高碑店下大力气治理环境之初，迁坟种树等工作中也曾遇到很多困难，除了依靠党员干部带头之外，高碑店村党委领导还创造性地利用了村民的民俗观念。他们用"坟头长蒿子"的传统说法来教育村民，让他们把注意力从迁坟本身的困难，转移到迁坟后"风水"改变可能会对家族带来兴旺运势的结果上，从而成功说服村民将祖坟从垃圾场移出进入公墓。同时，村干部还组织在新公墓中种树栽花、开源引水，不仅使村民们高高兴兴地主动将家族历代坟墓迁入新址，而且良好的景观设计使得公墓美丽宜居，今天甚至已经成为村民与游客休息散步的公园①。再如，在浙江龙泉宝溪村，村干部们为了改善水质，向水中投放了大量锦鲤鱼苗。为了防止村民盗捕，他们利用当地原有的关于水生动物的信仰观念，宣传这些鱼苗都是经过寺庙持咒

———

① 根据2016年北京师范大学民俗学专业师生在北京市高碑店村的调查。

"开光"的，具有灵性，果然成功保护了鱼苗的正常繁育。而村民们看到鱼苗带来的切实变化之后，即使不再有"灵性"观念的保护，他们也自觉承担起保护环境与生物多样性的责任。如今，宝溪村山清水秀，水质达到国家一级标准，成为"两山"理论的成功典范之一。[①] 类似的例子还有很多。通过这些例子我们看到，所谓"传统"，实际上是一套村民听得懂、用得上，与自己生活息息相关的话语系统，他们熟悉这套语言，亦因其世代相沿、耳濡目染而天然对其有好感。使用这套话语系统，就容易得到农民认同；相反，若一味将这套话语系统弃如敝屣，自然会引起农民反感。将"传统文化"转化为"治理策略"，这意味着深入农村生活实际，走进农民精神世界，想他们所想，讲他们所讲。这正是我党长期以来"到人民群众中去"优良传统的体现，也是"创造性转化、创新性发展"传统文化的应有之义。

（四）"传统文化"有匡扶人心、提升道德水平的作用，在客观上也发挥着抵制极端宗教思想或境外反动思想渗入的功能

由于"人类非物质文化遗产"概念的深入人心，更得益于以习近平同志为核心的党中央的提倡和鼓励，"传统文化"在今天已经成为新的意义支点，不仅有匡扶人心、提升道德水平的作用，也成为上下共同认可、国家主流承认的"正信"，在客观上也有抵制极端宗教思想或境外反动思想渗入的功能。1949 年以后，长期反对封建迷信的运动非但没有彻底根绝农村的信仰活动，反而留下了大片真空地带。这与大量"传统"被打上"迷信"标签有密切关系。"人类非物质文化遗产"概念的引入部分地解决了这一问题，随着庙会等仪式实践被冠以各级"非遗"的名义，这些活动也随之被合法化，其"正信"的地位一旦确定，乡村实践者们也自觉用"正信"标准来要求自己，

---

① 根据 2018 年北京师范大学民俗学专业师生在浙江省龙泉市宝溪村的调查。

积极向社会主义价值观靠拢、自觉摒弃其中封建糟粕的部分。有了正常化的、合法化的信仰工具，民众就没有必要也没有兴趣再参加地下宗教活动。许多研究者所说的"有庙会没教会"，就是出于这一原因。与此同时，随着非物质文化遗产概念深入人心，它在提供合法性的同时也被赋予了神圣感。以本项目调查的北京市门头沟区千军台村为例，我们发现，所有村民都对传统幡会有着强烈的文化自豪感与主动传承的意识，这不是来自于原有的宗教信仰，而是来自于非遗概念所带来的价值感与情怀，以往主要由宗教信仰所带来的意义感与认同感，如今已被"非物质文化遗产"所取代。很多其他村落中也观察到了类似现象，特别是在国家级"非遗"存在的地方，"非遗"大多已经代替了旧有宗教表达，成为新的意义支点与自我诉说的方式，人们为能"传承老祖宗的好东西"而感到高兴和自豪，香会、庙会等活动被赋予了除"信仰""兴趣"与"社交"以外新的意义——文化传承与民族复兴，这成为村落中新的价值认同。可以说，今天，"文化遗产"开始取代"宗教信仰"，成为社会新的象征性系统的"神圣感转移"，其目标指向现代化的未来而不是过去，指向中华民族的伟大复兴而不是求神拜佛，这正与乡村振兴战略吻合且同步①。

三 传统文化如何进入现代社会治理：问题与反思

但是，我们也必须清醒地认识到，正是由于传统文化在今天乡村的实际生活中有如此强大的、自发的生命力，涉及村落社会的方方面面，因此，也容易出现这样或那样的问题，必须引起乡村振兴战略的实践者们的注意和重视。

首先，传统文化所产生和赖以存在的社会已经一去不复返，它与

---

① 根据 2017 年北京师范大学民俗学专业师生在北京市千军台村、大台村的调查。另参见鞠熙《实践：民俗学进入非物质文化遗产研究的关键词》，《长江大学学报》（社会科学版）2018 年第 4 期。

现代社会之间有不适应之处，这有两种表现形式。第一，某些宝贵的文化财富与乡村智慧，在商品经济与全球化浪潮的冲击下趋于消亡，尤其是需要精耕细作、充满地方特色、能有效节约自然资源的农产品、乡土建筑、手工产品等，在与高消耗、高浪费、规模化、均质化的工业化产品的竞争中，很容易被边缘化而溃不成军，这已经引起很多有识之士的注意。对这类传统的抢救性记录和保护性发展刻不容缓。第二，某些传统文化也为现代社会治理提出了挑战。例如，由于"皇权不下县"，中国乡村长期存在士绅政治的传统，其权力通常建立在宗族组织对村落集体生活的控制上。新中国成立后，士绅阶层被消灭，农村建立了完善的基层党组织与自治组织。但近年来，随着村落基层党组织的涣散，宗族组织在复兴过程中，无形中催生出"恶人治村"的问题。其根本原因是有机的公共生活缺失，民主选举变成"权力的利益网络"，[①] 而以血缘为纽带的宗族恰好为这种利益交换提供了组织网络。更严重的是，以这种方式产生的村落领导人，平时住在城里，占有乡村利益的同时并不提供实质性的公共服务，人治代替法治、私利代替公心，这亦是传统文化中曾出现过的乡村精英"劣绅化"现象。[②] 正如中央关于乡村振兴战略的多份文件中所反复强调的，对这种恶劣传统的沉渣泛起，必须要加强党的领导，加强基层党组织建设，以社会主义制度的优越性予以坚决回击。

其次，正由于传统的生命力及其在乡村社会中的强大动员能力，它也有可能被别有用心的势力所利用。前述村霸利用宗族网络即是一例，正常的民俗仪式被用于不正当牟利或传播极端思想的现象也时有发生。近年来，引发社会热议的"天价彩礼""豪奢葬礼"等现象，

---

① 贺雪峰：《民主化进程中的乡村关系》，《河北师范大学学报》（哲学社会科学版）2001 年第 1 期。

② 关于乡村人口外流所造成的"劣绅化"现象，可参见费孝通《损蚀冲洗下的乡土》，收入《乡土中国》修订版，上海人民出版社 2013 年版，第 294—304 页。

与传统礼仪被商品逻辑所裹挟有关，其结果是婚丧嫁娶成为个人谋取私利的工具和社会不稳定的原因。

总之，当整个中国正大踏步走在决胜全面建成小康社会、全面建设社会主义现代化强国的道路上时，村落传统能为乡村的产业兴旺提供智识资源、生态宜居提供地方经验、有效治理提供贴近民心的手段和策略，它是乡风文明的观念基础、可以帮助农民实现物质生活与精神生活的共同富裕，但也有可能因被漠视或被忽视而误入歧途，从而给乡村振兴带来灾难。乡村振兴战略必须重视与善加利用传统文化，但绝不能仅仅把它视为精神性的创造物或文化表象，把保护、传承、利用与发展传统文化看作只是文化部门的工作。必须在"五位一体"协调发展的思路下，以现代社会治理的新思路为依据，开拓中华优秀乡村传统文化与现代社会文明相融合的新境界。

（原文刊发于《社会治理》2019 年第 4 期）

民俗资源与村落复兴

——以北京市朝阳区高碑店村为例*

鞠　熙　解育君

　　高碑店村位于北京市朝阳区，东四环路和五环路之间。它地处京杭大运河通惠河段旁，早在明清时期就已经是百货云集的商品集散地，在几百年的时间中，一直保持着农商并重的村落生产与生活方式。身为运河码头，又毗邻京城，这一地理优势使高碑店村有长期的重商传统，在此基础上形成了高碑店村农商并重的文化特质。这一传统在历史中虽然不断变化，但始终在农业社会的大框架下传承和延续，直至20世纪80年代。自20世纪90年代起，高碑店村发生了翻天覆地的变化。首先是一系列市政措施占用了村落绝大部分土地，高碑店村成为"有农村无农业，有农民无耕地，农转居无工作"的"三无"村。随后，村领导敏锐地发现了古典家具行业开始在高碑店村发展的苗头，随之出台一系列优惠鼓励政策，将这一产业扶植成为

　　* 作者简介：鞠熙，北京师范大学中国社会管理研究院社会学院副教授。解育君，北京民俗博物馆副研究馆员。

　　说明："高碑店艺术文化村"调研是2016年由北京民俗博物馆和北京师范大学社会学院联合开展的调研课题。课题从空间、时间、社会组织、商户（含雇主和雇员）、居民五个方面对高碑店村展开全面实地调研；针对高碑店村艺术行业内具有代表性的商户进行深度访谈，了解不同艺术行业在高碑店村的发展情况。通过分析高碑店艺术文化村的背景、现状及远景，提出提升社会治理水平，实现文化融合的对策建议。本文作者在完成调研组总调查报告后，又撰写此文。

高碑店村的龙头产业,这为高碑店村的转型与复兴打下了初步基础。接着,高碑店村进一步深化优势,借着国家发展文化产业的优惠政策,引入清华美院、中国油画园、匾额博物馆、华声天桥等系列文化企业,初步培育出特色高端的"文化园"区。伴随着农村住房改造和新农村建设的结束,高碑店村为文化产业发展腾出大量空间,已成为村集体年收入过亿、全国新农村建设的榜样村,用 20 年的时间实现了村落的全面复兴。

对这一变化历程,北京民俗博物馆与北京师范大学民俗学专业始终是亲历者。2006 年,北京民俗博物馆与北京师范大学民俗学专业的学者们到高碑店村开展联合调查,此时正值高碑店村开始转型之初,村落改造已经逐步推开,村民开始脱离土地,成为所谓"上楼居民"。在巨变已经拉开帷幕之际,民俗学者们看到抢救性记录的紧迫性,以"正在逝去的村落"为主题开展民俗调查,搜集、整理并记录了高碑店村在农业社会时期的民俗传统与文化生活,并留下了大量宝贵的记录和一手资料,这为十年后的回访调查奠定了坚实的基础。

十年后的 2016 年,高碑店村改造与新农村建设已经进入尾声,村落转型初步完成,北京民俗博物馆与北京师范大学人类学与民俗学专业学者再次走进高碑店村,调查记录十年后高碑店村复兴与繁荣的现状,也尝试探索村落进一步发展的内在动力。调查从 2016 年 6 月正式开始,共由民俗博物馆的 18 位学者、北京师范大学 3 位教师与 6 名博硕研究生组成联合调查组,投入实地调查。至 9 月 15 日实地调查结束时,共向村民和文化产业人口发放问卷 1472 份,回收有效问卷 1441 份。进行实地调研约 35 天,获得文字资料 684 份、录音资料约 158 小时、照片 115 张,深度访谈 105 人,其中村委社区干部 9 人、文化产业商户代表 76 人、本村村民 20 人。

通过调查我们发现,在高碑店村的复兴过程中,"民俗"是核心资源,扮演了关键角色。正是十年前对高碑店村民俗传统的挖掘,使高碑店村民"有了精气神"，建立了文化自信，进而激发出改天换地的建设决心。正是对民俗知识的有意运用，使高碑店村领导能够深入群众、影响群众、引领群众，顺利开展各项工作。最后，丰富的民俗活动与民间社会组织，使高碑店村民组织程度高、认同感强烈，村集体有充分的向心力。村民有高度的文化自信，也影响了外来商户对本地文化的认同。以高碑店原有的民俗文化为基础，村落共识基本形成，这是外来人口与本地村民得以和谐相处的保证，也是村落能够健康有序发展的重要前提。可以说，在高碑店村实现村落复兴发展的过程中，民俗是核心资源，当它以"传统"的身份进入现代社会后，反而具有高度的象征性权威，能对现代社会起到很好的规范与调控作用。本文以下将从"民俗传统与文化自信""民俗知识作为文化策略"以及"民俗活动与村落认同"三方面，分别加以说明。

一 民俗传统与文化自信

高碑店村曾是北京有名的"困难户"。从 20 世纪 80 年代初起，随着北京城市化进程的加快，高碑店村首当其冲受到冲击，原本就不多的耕地越来越少。据统计，1983 年时，高碑店村人均占有土地还有 1.1 亩，而自 1983 年开始，京沈铁路、京通快速路、五环路、华能电厂、北京市高碑店污水处理厂、高压线路等国家和市政重点工程——征用了高碑店村的土地。1993 年到 1999 年，亚洲最大的污水处理厂在高碑店村建成，占地 2300 亩，全是本村的农业用地。更严重的问题是，铁路干线与京郊公路主干道都从村中穿过，把高碑店村的土地切成很多块，根本无法耕种。漕运码头被废、耕地失去、鱼塘被填平，这个村原有的经济产业模式完全废弃，经济来源几乎没有，村民纷纷到城里打工，村内劳动力更显紧缺，全村 5000 多农业人口几乎陷入绝境。

为解决生存困境，高碑店村想过很多办法，如发展乡镇企业，电动厂、五金加工厂、羊毛衫厂等，但都是"挎着篮要饭"，属于依托国营企业的附属加工企业，既没有发展余地，又给环境造成了很大污染。到 20 世纪 90 年代末，北京开展综合环境治理，不许烧锅炉，于是羊毛衫厂等乡镇企业均被砍掉，本已不景气的村落经济再次陷入困境。

复兴是从 2002 年领导班子调整开始的。当年，新领导班子上任以后，立刻召开村民代表大会，统一思想、治脏治乱、改善环境、发展产业、改善民生。当我们 2016 年再次回到高碑店村时，村落已经发生了翻天覆地的变化。关于这段历程，支芬书记总结道：高碑店村能够实现复兴和发展，"这么多事下来以后，我倒觉得，确实是高碑店人的这种精神是最关键的，也是应该能够传下去的"。经济复苏，是从挖掘古村历史文化开始的。进行深入民俗调查、挖掘古村历史文化，从三个方面为高碑店村的全面复苏埋下了种子。

首先，整理村史，使村民重拾文化自信，燃起希望和斗志。高碑店村有悠久的历史传统，明清时期曾有过灿烂的物质文明与精神文明，也曾经是京东富裕乡村的代表与远近闻名的集市。十多年前当高碑店村面临严重的生存危机时，民俗博物馆与北京师范大学民俗学专业的学者们走进高碑店，深入挖掘村史，重新唤起了高碑店人对以往历史的记忆与自豪，在现代经济浪潮中被抛弃的高碑店村，重新经由民俗文化的再发现而被"价值化"了。这一点，西社区党委书记刘某说得很清楚："民俗调查太有用了，忆村史，话美德，开展百姓故事会，村里人就有了精气神儿。我们那时候就是一说高碑店好，大家就真觉得高碑店挺好的，有很多例子，让我们知道高碑店特别好。就像现在似的，要是咱俩对着说漂亮，最起码肯定现在愉悦，接着就是走下去之后更愉悦，老觉得自己很漂亮。我们的古人、老祖宗创造了很多的传承美德，今天我们就是给下代人传承。"随着自我文化的被价值化，高碑店人树立起对自我文化的自信和主人翁意识，他们不再满足于与垃圾和贫困为邻，而开始以昂扬的姿态积极参与社会建设与经济竞争。高碑店村的这场硬仗，才有了心态上的保证。事实上，整理挖掘出来的高碑店民俗文化也真的成为现实的资源与财富，为高碑店村带来了实际的经济效益与社会影响力。例如，高碑店村的娘娘庙庙会在民国时期非常有名，连带本村的高跷会、狮子会等香会表演也独树一帜、独具魅力。2006 年开始的"挖村史"活动使这一民间艺术形式重新焕发了生机，高碑店村的高跷队和威风锣鼓重新组织起来，不仅在北京民间艺术团体中颇具声望，还去过美国、荷兰、瑞典、法国、奥地利等地参与表演。直到今天，高碑店村的威风锣鼓仍然是村民引以为豪的艺术表演团体。

其次，整理村史、挖掘民俗，也确定了高碑店村进一步发展的方向。在进行村落民俗文化调查的过程中，高碑店人意识到，自己最宝贵的财富就是祖先们所积累的物质与非物质文化遗产，而进一步发展的道路，必须在继承这笔财富的基础上规划制定。西社区党委书记刘某说："我们的建筑特色就取决于村史，我们不追时尚，时尚很短，我们追什么，就追我们老祖宗的东西，传统文化永远丰富。"在深入访谈、了解旧有文化的基础上，高碑店新的规划设计方案被定了调，并最终形成今天这样以明清建筑样式为主的村落面貌。这样的村落面貌也得到村民和外来商户双方的认可。对于村民来说，统一规划的建筑样式符合他们的审美习惯，也尊重了村民的风水意识，因此得到了他们的认可。对于外来商户而言，明清建筑的整体风格形成了高碑店村的独特特色，吸引了大批与古典文化有关的商家前来落户。北京市民俗产业的代表者华声天桥董事长王某提及，他最初离开十里河、选择高碑店，就是看中这里的古典气息："就高碑店这一块儿，十来年就十来年的积累，这么长时间的积累，所有这个地区的建筑，全是明清的古典建筑。"一些中小型商家最初也是被这里的明清建筑格局所吸引而迁入，服装行业"墨意娟子"的设计师兼老板杨某说："我开始不知道高碑店，后来我们去找房子，搜到高碑店，我们就说来看看，我一看就喜欢上这个地方，我觉得这片儿的古建筑，比较符合咱们中国味的东西，我们就在这边找了个房。"类似的例子还有很多，这些例子表明，高碑店村依托本村历史所选定的发展道路，符合实际，也得到了大多数人的认同，这为社会融合奠定了物质认知方面的基础。

最后，通过挖掘传统民俗文化而建立的村史博物馆和道德讲堂，也成为凝聚高碑店村人心、形成社会共识与发展合力的重要空间。村史博物馆在西社区办公楼地下一层，主要以图片形式展示高碑店村的历史发展概况。它免费对外开放，村民可以随时参观，也鼓励外来商户前来参观，了解高碑店村的历史，建立对高碑店村的认同感。这样，村落历史成为本地村民和外来产业居民共有的历史认知与财富，客观上促进了双方的了解与沟通。道德讲堂同样是传承传统文化的重要空间，它位于西社区办公大楼二层，是西社区举行文化讲座、进行村民道德教育的地方。在道德讲堂的墙壁上，写着《论语》《老子》《弟子规》等经典作品的名言警句。西社区文化广场上建设有"二十四孝"塑像。对于道德讲堂的作用，支芬书记说："在三场硬仗当中，不光要干，还要教育村民，比如说尊老爱幼，如何爱祖国、爱领袖、爱家乡，是吧？爱长辈、爱自己、爱孩子，是吧？爱咱们村庄，是吧？就爱咱们村庄，是吧？特别是要传承孝道文化这一块。"例如，2016 年，村委集中力量进行孝文化传承活动，党群办等单位集中力量进行孝道文化宣传与教育，正是通过这样的方式，传统道德始终是全社会的共识，这对于避免社会撕裂、融洽多方关系发挥了重要作用。

二　民俗知识作为文化策略

高碑店村之所以能在城市化和生活革命的大变革中保持健康良好

的社会发展态势，根本原因之一在于坚持了党的领导与社会主义制度，依靠民众主体，充分尊重民意，无论是环境改造、文化产业的规划布局，还是新农村建设、农民自建房屋上楼，都由党员带头执行，并发挥骨干带头和先锋模范作用。由于全村居民的共同认可，高碑店"两委一社"班子成员长期稳定，13 年来没有大的调整。2015 年 11 月 28 日，高碑店村举行村党总支换届选举，共 212 名党员直选总支书记和委员，全体总支成员以 99.3% 的得票率高票当选，支芬书记以全票当选，充分反映了基层党员组织的凝聚力与向心力。

通过调查我们了解到，高碑店村委之所以能有如此的号召力，一个重要原因是他们重视工作方法，在尊重民众生活习惯的基础上进行改革。例如，我们在调研中了解到，在高碑店下大力气治理环境之初，迁坟种树等工作中也曾遇到很多困难，除了依靠党员干部带头之外，高碑店村党委领导还创造性地利用了村民的民俗观念。高碑店村本来土地就极少，其中大部分还是村民家中的坟头，支芬书记上任以后，决定要从治理脏乱环境入手，改善村落面貌。可是如何才能说服民众主动迁坟？此时，民俗知识发挥了作用。村委领导们用"坟头长蒿子"的传统说法来教育村民，让他们把注意力从迁坟本身的困难，转移到迁坟后"风水"改变可能会对家族带来兴旺运势的结果上，以"种树"代替"迁坟"的说法，成功说服村民将祖坟从垃圾场移出进入公墓，并在公墓区中广植柏树，将这里建成绿树成荫的绿地空间。340 座坟地被迁入铁道线中间无法利用的地区，重新下葬后这里树木成荫，现在甚至成为居民们遛弯、休闲的地方。

再如，在设计村落空间布局时，高碑店村两委同样利用民间观念，把依河布局的高碑店村解释为一座宝鼎，把通惠河水解释为源源不断的财富，水入宝鼎，意味着高碑店的长盛不衰。就连将村落一分为二、长期困扰村落发展的铁路线，也被解释为箍住宝鼎的铁链，保证了宝鼎的稳定与坚固。这些解释在充分尊重了民众的民俗传统与民众心理的基础上，顺利实现了村落环境的现代化转型，是传统融入现代的典型案例。正是这种用心、负责、相互尊重的工作态度，使以支芬为代表的村委与支部领导赢得了村民的信任，也使得高碑店村村民在村落发展中发挥了主体性作用。更重要的是，通过这样的集体行动，村民们的思维方式改变了，被动接受变成了主动追求。正如支芬书记所说："当时我们开村民代表会的时候跟大家讲，如果你要等着国家上级拨款，吃救济，你这代喝粥，你儿子喝粥，你孙子还喝粥，为什么呢？国家救济只能是够你吃饭。所以实质是通过清理之后，转变了村民的思维方式。"民俗还是那些民俗，传统还是那个传统，但一旦在现代化的语境中进行创造性的解释之后，民众愿意听、工作容易做，思维方式似乎还是"风水""运势"那些"老一套"，但又的的确确更适于现代社会的运行方式。这就是民俗知识作为一种文化策略的优势所在。

三　民俗活动与村落认同

从调研情况来看，今天的高碑店村，有丰富的节日文化活动。这些活动绝大多数在高碑店村原有民俗节日基础上发展而成，无论是本地村民还是外来人口，都通过这些活动加强了沟通、联系与交往，促进了相互认识。尤其是元宵节、二月二、五月节、中元节和金秋艺术节这几个比较核心的节日，参与面比较广、活动内容比较丰富，有较高的认同度。除了节日活动以外，位于古典家具一条街上的鲁班祠，也在凝聚人气方面发挥不可替代的作用。

今天的高碑店村，由于重大节日往往有集体活动，因此节日氛围比较浓厚。在集体性的、欢乐的节日气氛中，人与人之间的交往也随之增多，这些节日因而成为外来商户与本地村民最重要的交往时间。冠宏典藏家具的胡某举例说："平常一些节假日、大的节日，如每年的端午，村民给我们要包粽子；三十晚上，他们先把饺子煮完了，请这些没有回去的一些商户过来。忙完这些他们才能自己回家。"更重要的是，这样送温暖的行为不是单方向的，即只从村民到外来商户，反过来的情况也很多。鲁班祠就常年在春节期间资助村民，董事长赵某说："我们和村民关系都不错，比如这儿有一个孤寡，有一个儿子得病的，反正挺困难的，有时候过年给人俩钱什么的，资助资助，干点有益的事儿，但我跟他们也不说。"青年创业园区的王某经常参加高碑店村组织的各种活动，也经常收到高碑店村村民在节日期间表达的善意，对此，她感觉非常温暖："像端午节他们会发一些粽子过来，我觉得这种小的这种光环也挺让人感觉温暖的。不是钱的问题，不是价钱的问题。"如果有机会，她也会尽量参加村里的节日庆典，她感觉这也是宣传自己企业的途径之一："像灯会，元宵节时候办的，我们当时还有赞助有我们自己 logo 的灯，参加灯火晚会。""只要收到邀请，我们肯定会全力以赴，因为这个都是互助的。"这些以节日活动形式表现出来的双方互动，给王某留下了非常好的印象，并认为这是让她对高碑店村及其村民有深厚感情的重要原因："比如说有什么开园仪式，或者有什么活动，我们也会邀请他们领导。比如去年过年之前，虽然在很冷的时候，刚做完这个简装，我们就在楼下的二层，邀请了高碑店的领导，还有老乡们，包括一些入驻的商户，我们一块联欢，大家有一个小的庆祝，就是这个互动我觉得还是比较好。"

作为高碑店村的龙头企业古典家具行业来说，他们对高碑店村的认同还突出体现在古典家具一条街的鲁班祠上。2005 年，高碑店村决定大力发展家具业、打造"古典家具一条街"之初，从事这一行业的匠人们就提出，要延续北京木匠行会的老传统，修建一座鲁班庙，采取中国传统的方式来规范行业发展。高碑店村委听取了这一意见，专门拨出一座四合院建筑新建了鲁班祠。今天的鲁班祠有主殿和东西配殿，主殿叫祖师殿，供奉鲁班及其弟子像；东西配殿为展览，以实物、文字和图片形式介绍高碑店村的历史、古典家具一条街的发展和家具制作有关知识。院内有碑刻《重建鲁班祠碑记》，记录了2005 年重修鲁班祠的过程。祠内住持旭阳道长说，鲁班祠香火很盛，前来上香的既有高碑店村的商户，也有村民，还有远道而来祈福的人。而对于古街上古典家具行业的商户来说，鲁班祠更是意义非凡。高碑店村最早的家具商户、古典家具协会副会长赵某介绍："鲁班的生日也好，我们有些匠人招徒弟也好，就说上那儿去办一下，这也是一个老的中国传统方式，所以鲁班祠在这个行业当中也起了很大作用。"其他商户也认为："鲁班是我们家具的祖师爷，它会影响大家一个信仰观念。最直接的，咱们要诚信经营，到鲁班祠那里去了，就会从这些信念上制约你，不要做一些违法的勾当。它是一个精神。"鲁班祠的精神与信仰感召力，对于高碑店村古典家具行业协会的有序运行也发挥了一定作用，赵某认为，"鲁班祠达到了预期的效果，大家还是按照行会的宗旨，把自己的门面做好，服务做好，还有质量方面，在这方面确实提高了。如果没有行会的督促，也达不到这么利落"。

一方面有共同的节日民俗活动，另一方面有公共的信仰空间，高碑店村的外来人口与本地村民相处日益融洽，社会总体和谐，已经在相当程度上形成了村落认同与共识，这主要表现在以下三个方面。

（1）运河文化认同。作为大运河源头处的重要港口，运河与高碑店的历史与命运息息相关。在运河商船繁忙往来的明清时期，高碑店沿河两岸商铺林立、商贾聚集。而随着大运河作为交通要道的功能逐渐淡出历史舞台，高碑店的商业文化也随之衰退，回归了依赖农业生产和养殖为主的生计方式。随着运河水位下降和河道被废弃，高碑店甚至被选为污水处理厂所在地，一度面临生存困境。但是，大运河所带来的商业文化记忆已经融入高碑店村落的血脉，不仅是本地村民，外来产业民众也相信，大运河所代表的商业传统，是高碑店村的"文化之根"，是它能发展文化产业、打造传统文化品牌的基础与保证。

华园众合迦南资产管理有限公司董事长佟某说，他们将资本投入到高碑店村之前，就听说过大运河和高碑店村，那时候是从书本上看到的，但当时就觉得高碑店村的文化底蕴与众不同。后来在与村民打交道的过程中，发现村民的确"与周围北京都不一样，这真的都不一样，这地方人都聪明，这地方的村民都聪明"。对此，华夏民俗园董事长马某也深表赞同，并且直接把这种"聪明"解释为大运河文化造成了高碑店村村民见多识广："高碑店它有历史，它这个地方，本来最早就是经行京杭大运河的漕运码头，到这来换船进京，所以说这的人是见多识广的，高碑店村人见多识广。"中国爱德艺术院院长王某也认为，在北京这样一个缺水的地方，高碑店紧邻运河、交通便利、历史深厚，这是千金难换的优势，也是他愿意扎根高碑店谋求发展的重要原因。王院长说："我们来的时候，确实没有想过这么美，这里有水，这个在北京也是不多的。来了这以后见到水，这个对我们从事艺术的人来讲，还是喜欢。还有，了解到高碑店的文化底蕴还是比较厚的，千年的古城，漕运码头也在高碑店，它的文化底蕴还是很厚的。"更有力的证据是"放河灯"的节日活动。高碑店村每年举办大量各类民俗节日活动，但其中影响力最大的，当数放河灯。每年七月十五，由高碑店社区组织，有龙王庙、鲁班祠的道士参与，在运河内举行放河灯仪式，近年来每年都吸引大量游客前来参与，不仅有本村村民和商户，也有高碑店村之外专程赶来参与的人。"二闸放灯"本来就是北京传统中最著名的民俗活动之一，但由于北京城内水位下降、民俗活动组织困难等原因，近几十年来已经渐渐消亡。但人们对通惠河和放河灯的历史记忆一直存在，高碑店村已经成为这种记忆的重要承载空间，扮演着传承北京民俗的重要角色，这是"地利"，更是"天时"与"人和"，是运河文化在今天的高碑店村存在与传承的具体表现。

　　"运河文化"已经成了高碑店村备受关注的文化名片，对于这一点，高碑店人也有感觉。我们注意到，西社区广场上有腾龙阁，旁边有龙王庙，都是在过去运河旁边的标志性空间上重新翻建而成。在高碑店村新的规划布局中，村里沿河边建起"水乡茶楼"，全力打造与水有关的文化气息，也反映出高碑店村已经意识到"运河水"的品牌效应。但可惜的是，腾龙阁上看不到码头的痕迹；龙王庙中除了供奉龙王外，与运河的关系也不明显；至于水乡茶楼，现在还在建设之中，"运河水"作为文化符号，还没有得到充分的开发、利用与体现，它的认同性价值尚待进一步开发。

总的来说，高碑店村拥有悠久的历史文化，以"运河文化"为代表的中国民俗传统已经深入村落的血脉，并成为各类人群建立村落认同的基础。从调查问卷来看，无论是村民还是外来产业居民，都以高碑店丰富的历史文化而骄傲，尤其是本村村民，认同高碑店村，对本村有强烈自豪感和文化自信的受访者占绝对优势。即使有些外来商户认为对高碑店村还不够了解，但也倾向于认为在这里工作让自己感到自豪，并且从情感上与高碑店村产生了联系，极少有人不同意自己对高碑店村持有欣赏、认同的正面感情。

（2）发展道路认同。在今天的高碑店村，产业结构比较完整、产业形态丰富多样，古典家具制作、销售、展卖，高端书画艺术培训、创作、装裱、印刷、销售，数字媒体制作、后期、电影生产等文化产业，都大量在这里聚集。产业形态的多样化，带来不同层次、不同经历和不同面向的产业居民，但本课题组通过大量的访谈发现，所有产业居民对高碑店村今后的发展道路都有相同的共识，即坚持走文化产业园区发展之路，这也是支芬书记等村两委领导从 21 世纪初就定下的发展道路。

正如前面所说，高碑店村将自己的发展道路定位于文化产业发展园区，尤其重视对中国传统文化产业的引进，这不是拍脑袋的发明，而是经过大量挖掘民俗、回溯村史的工作后，根据自身情况所选择的发展道路，从实施之初，就得到广大村民的认可。在此基础上，才形成了高碑店村以明清建筑为特色的村落空间布局。从村委的角度来说，他们确定了明确的发展目标，优先引进高端文化产业机构；从外来商户的角度而言，首先也是与中国传统文化有关的那些商家受到高碑店村的吸引，认为彼此文化气质比较相近而愿意落户高碑店村。在调研期间，许多人向我们表达了对高碑店村发展传统文化相关产业的信心与认同。例如，大家普遍认同，高碑店村与798地区虽然都主打文化，但二者气质完全不同。"798是当代艺术比较强的，我们是传统文化。""高碑店怎么打造？按798完全不行，你就是按明清一条街设计的，那你这块儿的打造应该有自己的想法。""我到这里来之后，感觉这种人文的东西，这种古典文化的东西，区别于798。798的商业氛围太浓，倾向于比较现代的艺术家，比较嘈杂。""这个艺术园区将来规模会比798大，但前提是真正按传承中国古典文化这条道路来走，手工艺要摆脱义乌的观念。"

（3）发展前景认同。高碑店村的村民与产业居民们，除了对村落共有的历史、文化资源，以及目前正在走的文化产业发展道路具有基本共识外，也大多认同高碑店村的发展前景，普遍对未来充满希望，对美好明天有所憧憬。无论是本村村民，还是外来商户，他们都相信高碑店发展传统文化的道路，符合国家需要、符合党的大政方针、符合北京市的发展目标，一定能得到党和政府的大力支持。要实现"两个一百年"奋斗目标和中华民族伟大复兴，必须建立中华文化的主体性，要高度重视中华优秀传统文化，并将其作为治国理政的重要思想文化资源。高碑店村目前的发展方向，正符合这一目标，前景广阔、大有可为。正如清华美院高研班马某所说："北京朝阳区有一个798，但是798不是我们中国传统文化的阵地，它某种意义上是西方用文化渗透中国的一个阵地。朝阳区缺一个中国传统文化的阵地，潘家园是吗？潘家园是个交易场所，不是一个产业阵地，我说应该在北京的朝阳区的南部建立一个中国传统文化的产业基地，这个基地就应该在高碑店村。"

正是由于有这样的信心，本调研组也发现，很多高端文化产业已经与高碑店村产生了相当程度的黏合度和休戚与共的命运联系。在古典家具文化一条街上的许多商户向我们表示，他们的根已经深深扎入了高碑店村，"赶都赶不走了"。文化园社区的艺术培训机构也有类似感觉，"现在大家是一种利益共生的关系，因为一个教学单位在这儿越好，它培养的学生越多，老师们对这个地方依赖，那么就会有更多的人会扎根在这个地方。我现在和高碑店村之间，已经是血浓于水了。""咱们企业在这，其实也不仅仅说我挣了钱就完了，关键是跟村里那种融洽的关系，跟高碑店就是融为一体了。"就包括普通商户，也希望尽最大努力留在这片文化核心区中："如果没有特殊的原因，大部分都是想继续待在这儿，都不想走。我感觉差不多有1/3，每年1/3的画家留下来。"从我们的问卷调查数据来看，当问及文化产业机构的雇主是否愿意长期在高碑店村工作和是否关注高碑店村的发展前景时，正面肯定的答复高达63%和74%。这正是高碑店村能继续保持稳定发展的重要基础。

总之，在高碑店村复兴与腾飞的过程中，民俗作为传统文化资源发挥了重要作用，起到文化引领发展、促进发展、保障发展的功效。民俗不仅是历史上长期形成的观念与意识，深入人心，以民俗传统作为行动策略，更有"润物细无声"的效果。更重要的是，民俗传统是促成高碑店村村民形成认同与凝聚力的核心，在自我民俗认知的基础上，民众有了文化自觉与文化自信，对村落的自我定位与发展方向有了明确的认识，这也对外来人群形成了强大的吸引力与向心力，在周边地区形成了一定规模的博物馆群体和影视传媒群体。传统文化在农村城市化进程中的作用日益凸显，这正是高碑店村迅速发展的秘密所在。

（原文刊发于《北京民俗论丛》2017年第五辑）

现代民族节日的功能和治理建议

于学斌[*]

　　根据地域特点、文化特点创立具有地域特色和民族特色的节日，已然成为当前的重要文化现象和社会现象，各地纷纷挖掘与创办。仅就黑龙江省而言，就有达斡尔族的库木勒节、开江节、抹黑节、敖包节，赫哲族的乌日贡、开江节、渔猎文化节，鄂伦春族的古伦木沓节、开江节，鄂温克族的瑟宾节；满族的颁金节、柳母节，柯尔克孜族的东迁节，等等。本文概称这些新兴的节日为现代民族节日。

　　现代民族节日是伴随着我国改革开放和民族政策的落实同步出现的，但有些深层次问题需要我们认真思考。首先，实效性需要考量，为举办节日，国家要投入大量的人力、物力、财力。投入就需要产出和效益。但是，就目前情况看，收效甚微，每次节日仅是一股风，风过之后没有留下任何东西，因此未来的现代民族节日的发展要明确举办目的和要达到的效果。其次，升级换代也是民族节日面临的主要问题，单一性和浅层次循环影响了节日的发展和效果，提档升级是目前节日文化必须解决的问题，现代民族节日应在维度方面多元化、向度

---

　　* 作者简介：于学斌，黑龙江大学俄罗斯语言文学与文化研究中心教授。
　　本文系 2017 年度黑龙江省哲学社会科学研究规划项目（项目编号 17MZD200）、2016 年度黑龙江省高校基本科研业务费黑龙江大学专项资金基地专项重点项目（项目编号 HD-JDZ201611）阶段性成果。

方面不断深化内涵，以提升民族节日的内涵和品味，增加民族节日的功能和影响力，实现内涵式发展和时代引领作用。

一　政府主导是现代民族节日的主要特点

现代民族节日是由政府或者民间团体主导的、以民族为依托、以民族文化为内容而建立的节日。较之传统节日，现代民族节日有以下一些特点，一是现代民族节日是由政府或者民族团体创造的，如库木勒节是 1985 年黑龙江省齐齐哈尔市梅里斯达斡尔族区的几位同志组织策划的，赫哲族的乌日贡大会是 1985 年在几位赫哲族同志提议之下成立的。而传统节日是在民族内部自然产生的，是约定俗成的。二是节期通常以公历为计时历法，有别于传统节日的农历纪年方式。三是节日的时间及节期由政府决定，同一节日，不同地区举办时间也不同，如齐齐哈尔市梅里斯区最初规定每年五月的第三个星期日为"库木勒"节，但是在实际运行过程中并没有严格执行这个时间，2018年梅里斯区库木勒节举办时间是 6 月 1 日至 3 日，富拉尔基区的库木勒节举办的时间则在 6 月 10 日，黑河市爱辉区坤河乡达斡尔族库木勒节则在 6 月 15 日举行，富裕县吉斯堡村则在 6 月 30 日举行。赫哲族的乌日贡不是每年都举办，而是四年举办一次，具体时间和主办地由各方协商制定。四是节日的内容由政府确定，政府是活动的策划者和组织者，每个节日都是按照政府安排而统一进行的。五是节日活动集体性强，每一次节日都是大型的集会。六是政府领导是节日的核心，每次节日举办期间都搭建大型的会场，民族群众是观众，少数民族群众是表演者。七是节前政府都利用广播、电视、网络、微信平台进行宣传。

总之，现代民族节日属于现代节日，节日的发起、名称的确立、节期、节日的活动内容都是由政府和民族文化名流确定的，并由政府负责节日期间的资金保障和秩序保障。由于现在民族节日是政府行为，每次过节政府都起到主导作用，由此也决定了节日的好坏、成败皆取决于政府的支持力度。

二 凝心聚气是现代民族节日的目标

节日一定要有人气，凝心聚气是现代民族节日的起点，是政府办节日的出发点。现代民族节日的源头就是民族联谊，最初举办的目的可能是出于简单的想法，即通过举办民族节日，加强民族的接触和了解，增进彼此之间的感情。如库木勒节最初的主办目的就是促进达斡尔族团结一致，增强达斡尔族永不分离的民族凝聚力。哈尔滨市双城区的柳母节举办的目的就是为了实现文化联谊。

但是仅仅满足于联谊还不够，随着民族节日的深化，还必须赋予民族节日以新的族众凝聚作用，即增加内聚力的形成。"群体内聚力（group cohesiveness）又称为群体凝聚力，指群体成员之间相互吸引并愿意留在群体中的程度，它包括群体对群体成员吸引力和群体成员之间的相互吸引力。"[①] 内聚力是一个民族成为一个整体的前提和基础，一个民族如果没有内聚力便不成其为一个民族，一个群体是否有力量、是否强大就看其是否有内聚力或者内聚力的大小，内聚力越大，群体便凝结为一个有力整体，群体成员和组织在目标和活动两个方面一致并形成合力。传统社会的内聚力是靠血缘和地缘的密切联系实现的，而现在，随着熟人社会的解体，血缘和地缘的联系松动，核心家庭取代了传统的大家庭，人们对家乡的附着力下降，离乡离土现象非常普遍，直接影响了民族的发展和地方经济文化建设，因此，激发民族内聚力是时代赋予我们的使命。

内聚力的基础是文化认同、情感归属。"内聚力高的群体一般具有以下特征：每个成员都喜欢其他的群体成员；具有作为一个群体成

---

① 王怀明：《组织行为学：理论与应用》，清华大学出版社2014年版，第217页。

员的尊严感；群体能帮助个人达到他单独一个人无法达到的目标。"①
民族节日具有集体性的特点，群体参加共同的节日活动客观上促进了
内聚力的形成，具体体现在以下几个方面。一是有利于民族的整合。
节日仪式能够"加强信仰、情感和道德责任，从而促进社会的整
合②"。现代民族节日具有黏合剂的作用，使得分散的个体整合为一个
整体。二是有利于民族感情的加强。一个民族感情越深，凝聚力越
强，而感情的建立和维持靠沟通、交流。在政府或者民族团体的主导
下，同一时间汇聚到一起，为民族内部之间的交流提供了条件，节日
期间举行的各种体育游戏歌舞活动、大型的集体餐饮活动也能增进族
众之间的友谊。通过这些集体性活动，人们加强了联络、沟通了感
情、畅叙了友情。三是有利于民族的文化认同和民族认同。民族认同
是民族共同体形成和存在的基础，族众聚集在一起，以我族为中心，
其所形成的宏大人气能够让族众真实感受到民族的存在和民族的力
量，置身于民族大家庭中，人们自然形成力量感，从而对民族的依托
感增强，民族意识得到强化。因此，现代民族节日能够催发民族的内
聚力，不仅在情感方面同民族有亲近感，同时会以群体的规则为准
绳，自觉维护群体的名声和利益。

　　凝心聚气既是政府办节日的起点，也是一以贯之的宗旨，是确保
民族节日永续发展的保证。正是有了凝心聚气的作用，才能确保群众
积极参加，如达斡尔族经过 31 年参与库木勒节活动，已经认同这一
节日，库木勒节真正成为达斡尔族的节日，所以每次活动都踊跃
参加。

　　为了增加节日的凝心聚气的功能，政府必须摆正自己的位置，改
变目前政府唱主角的现状。政府是配角，仅是组织者和管理者，职责

---

①　盖勇主编：《组织行为学》，山东人民出版社 2002 年版，第 631 页。
②　侯钧生主编：《西方社会学理论教程》，南开大学出版社 2001 年版，第 136 页。

是精心策划节日内容。节日的主角是民族群众，在节目的安排上，要增加群众的参与度，增加集体性和互动性。

三　文化传承是现代民族节日的主要内容

节日一定富有文化内涵，文化展演是现代民族节日的主要内容。所谓文化展演是指文化脱离原来的文化空间和语境而在另一环境和语境内的演出，这种展演是民族生活的复制，尽管并不是生活本身，但是它以"超真实""超现实"的形态展示在人们的面前，原本碎片化的生活文化经过建构完全完整地展示出来。从地方政府的角度来审视，文化展演的目的无非是通过这些节日宣传地方文化、弘扬地方文化、打造地方文化，如"库木勒"最初的主办宗旨就是通过品尝柳蒿芽纪念祖先。

节日期间的文化展演活动达到了三个效果，一是民族代表性文化得到强化，成为民族的符号。二是民族的集体记忆在活动中得到强化，通过节日的文化展演重温民族历史，捡拾历史记忆。三是节日起到了窗口作用，民族节日不仅仅是本民族的盛会，同时也是各民族的聚会，每次民族节日，天南地北的各族群众汇聚到一起，共襄盛会，文化展演活动为人们认识、了解该民族历史和文化提供了便利条件。

现代民族节日在宣扬、弘扬民族文化的基础上还应深化功能，将保护和传承民族传统文化的功能赋予现代民族节日之中。传统文化是基于地域特点创造的文化，是民族的标识。传统文化是民族发展的基石，是民族进一步发展的基础，因此非常有必要加以有效的保护和传承。当前，文化趋同、传统文化濒危，保护和传承文化迫在眉睫。以习近平同志为核心的党中央高度重视文化遗产保护传承，出台了《关于实施中华优秀传统文化传承发展工程的意见》等一系列重要文件，将优秀传统文化的传承与发展提升到治国理政的高度。笔者认为，通过举办节日传承民族传统文化是最好的、最为有效的方式，节日文化要强化民族文化保护和传承的功能，使之成为传统文化延续的载体，传统和现代在节日期间实现有机的联系。为此，要加强节日期间的文化建构。

节日的文化建构就是把民族传统嵌入节日文化的过程，增加节日期间的文化含量，使民族节日成为民族文化的百宝箱。目前，现代民族节日虽然有文化展演，但是文化展演内容过于简单，仅限于文艺表演、大型餐饮、民族体育、工艺品售卖。未来，要利用这一平台，将整个民族的传统文化作为展演内容。由此也决定了民族节日是一个动态发展的过程，虽然现代民族节日已经形成气候和规模，但是，节日的文化建构不能停留于此，还需进一步加强，在加强旧有节目文化含量的基础上，不断地以传统文化为内容推出新节目，这是民族的文化自觉。首先，要对民族文化进行深入研究，深入挖掘民族文化元素。其次，要探索将民族传统文化嵌入到节日文化的不同途径、方式、方法和手段，以有益的、有趣的方式融会于节日文化展演之中。

许多现代民族节日被评选为国家级非物质文化遗产名录，如库木勒节、瑟宾节、乌日贡、古伦木沓节都是国家级非物质文化遗产保护项目，应该说，按照国家非物质文化遗产名录的标准要求，现代民族节日不够入选资格，入选国家级非物质文化遗产名录的基本条件是至少有 80 年的历史，要有完整的谱系传承关系，这两点现代节日都不具备。但是，如果从文化保护传承功能的角度出发，现代民族节日列为非物质文化遗产保护名录之中也是实至名归。因此，各个民族节日都要把保护和传承民族文化放在首位，作为头等大事来抓，如此才不辜负非物质文化遗产保护名录的称号。

由于功能增加，文化展演活动增多，因此节期要适时延长。现在，节期多为一天，有的更少，一上午就完成了整个会期，这么短的时间显然是无法完成如此多的文化展演活动的。为了增加文化展演的可观赏性、趣味性、参与性，有必要增强文化展演中的艺术性、竞技性，以生活文化技能比赛的方式进行文化展演更能提高文化传承的效能。

四 助力地方经济发展是现代民族节日的成效

发展经济是我国的主旋律，依托民族节日发展经济是目前地方政府的思路之一，文化为经济助力是我们赋予现代文化的一个主要任务。

较之传统节日，现代民族节日的经济目的的功利性需求更为明显，目前，各地举办民族节日时多数有发展经济方面的考量，如2018年7月27日哈尔滨市双城区第二届柳母节期间举行了企业家论坛，具有非常强的招商引资之目的。从过往的节日实践来看，依托节日文化发展地方经济在短期经济效益方面效果较好，但是长期的经济助推作用可以说近乎为零。

就短期经济效益而言，节日期间确实拉动了当地经济的发展，具体表现在以下几个方面。一是利用集会中的大量人流发展经济，每次库木勒节举行期间，在哈拉草原上就形成了大型的商品集散地，有卖地产项目的，也有经营传统手工制品的，还有经营餐饮的。鄂温克族瑟宾节举办的前几日就有很多人来到嘎布喀草原，在这里搭建帐篷，瑟宾节当日，人潮如流，据黑龙江省鄂温克族研究会会长涂亚君在2018年瑟宾节论坛上提供的数据，2017年瑟宾节期间，兴旺乡吸引游客4.2万人，车辆1.1万辆，进入活动场地进行营销的互联网企业、农副产品销售企业20余家、商户161家，收益193万余元，拉动乡域餐饮业住宿业，收益203万元，有机食品展44家，收益68.8万元，共计拉动消费464.8万元。二是节日文化带动了当地旅游业的发展。每到节日，车水马龙，会场内外人山人海，如库木勒节、瑟宾节时，四面八方的人涌到草原，交通要靠疏导，民宿供不应求，哈拉新村的民宿家家爆满，一屋难求。三是提高民族声誉和地方知名度。

地产、文化产品会因节日而扬名，如讷河市兴旺鄂温克族乡在对瑟宾节的总结材料中说："（瑟宾节）提升了讷河市和我乡对外知名度、美誉度和影响力。"民族节日已然成为当地的名片，这为其地方产品得到消费者的认可、开拓市场奠定了基础。

但是，节日对经济的拉动作用仅限于节日期间，节日一过，节日的影响就淡化甚至归零了，仅就家庭旅店业而言，能够有人入住也就在库木勒节期间，过了库木勒节，家庭旅店就显得很萧条。目前我们的节日投入和产出不成正比，根据哈拉新村多年举办库木勒节的情况来看，通过举办节日拉动经济发展的愿景基本没有实现。因此，节日对经济的影响的长效机制还有待加强。

要实现节日长期对经济发展的推动作用，必须把基础打牢。"打铁还须自身硬"，没有过硬的旅游产品，即便怎么造势，都是枉然。我们一贯倡导"文化搭台，经济唱戏"，要想把经济这出大戏唱好，必须以丰富多彩、富有魅力的文化为基础，一方面，对所在地域的基础设施加强建设，增加文化含量，另一方面对地方特色产品、特色文化产业等进行精心的打造。总之，就是要在地方旅游资源的建设上狠下功夫，增加地方魅力，如此才能使民族的节日变成民族振兴、乡村振兴的助推器。

五　育人化人是现代民族节日的主要功能

节日一定有灵魂和精神。精神对一个民族发展至关重要，每个人、每个社会必须以一定的精神做支柱，没有精神支柱的民族不可能得到发展和进步，精神是力量的支撑，精神是动力和源泉，精神是理想和信念，精神是目标和方向。

现代民族节日具有教育功能，具有育人、化人的作用，这是由现代民族节日的性质决定的，现代民族节日是在政府主导下进行的，是社会主义精神文明的组成部分，理应是我国主流文化、主流思想的传播者、实践者、引领者。因此，现代节日应该注入时代精神、核心价值理念，起到时代精神引领作用。

要把每个民族传统美德和优秀的民族精神融入节日文化之中。将民族精神注入节日之中就是利用节日盛会讲好民族故事，树立起民族的良好形象。每一个民族都有自己的民族性格、价值理念，如艰苦奋斗的精神、勤俭持家的精神、御辱图强、顽强抵抗外部侵略势力的斗争精神、精益求精、锲而不舍、求真务实的工匠精神，这些精神是千百年来世世代代不断积累凝聚而成的，是民族的宝贵的精神财富，这些优秀的文化传统具有普遍意义，在当今社会主义现代化建设中需要我们继承和发扬。

要把时代精神融入节日文化之中。现代民族节日要有时代感，爱国主义精神和改革创新精神是我们当今的中国精神，每次民族节日活动都要体现出爱国主义和改革创新的理念。

节日文化之中要体现社会主义的核心价值观。富强、民主、文明、和谐、自由、平等、公正、法治、爱国、敬业、诚信、友善是我们每一个公民必须培育和践行的社会主义核心价值观和行为准则，是每个公民必须具备的基本品行。每一次民族节日都要将社会主义核心价值观植入我们的节日活动之中，让这种大型聚会变成生动的教育课，通过润物细无声的方式使社会主义核心价值观深深植入每个人的心田。

现代民族节日的精神是嵌入式的，现代民族节日之中嵌入民族精神、时代精神、核心价值理念是节日的时代担当和政治担当，把三种精神融入到我们的娱乐生活之中，使之成为我们耳熟能详的规则，并在日常生活中贯彻始终，则实现了我们寓教于乐办节日的本质需求。民族精神、时代精神、核心价值观如何体现在现代民族节日之中，其具体操作是难点，比如编成诗歌进行集体咏读、举办故事大会、有奖竞猜等是比较有效的路径和方法。

六 政府助推现代民族节日发展的建议

政府在节日期间扮演着重要的、不可或缺的角色，没有政府的提倡、支持、策划、协调，就无法成功的举办节日。政府部门要提高认识，站在民族复兴、民族振兴、乡村振兴、社会进步的大业视野通盘考虑，应该把举办民族节日作为我们进行民族工作、加强乡村建设的切入点和舞台。政府要做好顶层设计，精心规划，不断提升文化品位，提升精神源泉和动力，发挥民族节日的基本作用。为此，政府应该从以下几个方面助推现代民族节日的发展。

第一，加强节日文化建设，在节日内容和功能方面实现多元化，在内涵方面不断深化，切实把发展理念落到实处。

第二，切实做到"主导"作用。现代民族节日是政府行为，政府起主导作用，是政府提议，群众响应，政府组织，群众参与，所有的策划、组织、都以由政府为主导，因此在举办活动前政府要做好预案，活动中要周密安排，节日的影响要有预判并做节后结果调查和总结。

第三，加强绩效考核。政府行为就要有效率、有业绩，每次政府在资金、人力方面的投入都很大。据一位政府领导介绍，2018 年讷河市瑟宾节国家投入 300 多万元，如此大的投资必须有所回报，要达到一定的目标，否则就是浪费资源。因此，民族节日的举办必须纳入政府的绩效考核内容之中，考核民族节日的文化含量，是否起到了保护传统文化、传承传统文化的功能，是否讲好了民族故事、提振了民族精神，是否推动了当地经济的发展。

第四，加强标准化建设。每一个民族节日都应该建立一个规范的标准化体系，每次庆祝都要完成规范化的相关动作，并在实践中不断完善和深化。标准化的建立有利于民族节日传承下去。

第五，加强监管。上级主管部门要对每次节日活动进行全程跟踪，在内容方面，检查活动内容的完整性、有序性；在资金方面，检查经费使用的合理性；在实效方面，检查节日的现场情况和后续的影响。由于许多现代的民族节日已经被列为国家级或者省级非物质文化遗产保护名录之中，所以上级主管部门不仅仅是行政主管部门，也包括各级非物质文化遗产保护单位。

总之，民族节日是一个系统化的工程，必须做强、做大，既要注重社会效益，也要注重经济效益，既要注重眼前的利益，也要注重长远的影响。

（原文刊发于《社会治理》2018 年第 9 期）

裴氏家训参与基层社会治理的路径

邵凤丽[*]

本研究以山西省闻喜县裴柏村——"宰相村"为个案，关注一个家族传承两千年而不衰的动力所在。2017 年三月初三，裴氏家族像往年一样举行祭礼，这次祭祀活动的特殊环节是全体族人集体宣读裴氏家训，"我宣誓，作为一名裴氏后裔，一定谨记家训，做到敬奉祖先、孝顺父母、友爱兄弟、协和宗族、敦睦邻里……"实际上，裴氏家族历来重视家训的传承，裴氏家族历代家谱中都载有裴氏家训，裴晋公祠中设有训诫室，祠堂外面的墙壁上也刻着裴氏家训，近年来，还整理出版了上万字的《裴氏家训》。春风化雨，润物无声。对于裴氏家族来说，家训是家族共同体所应遵循的行为原则，也是必须遵守和承担的伦理义务、社会责任。家训的良性传承，为该家族两千多年的蓬勃发展提供了源源不断的内在动力。

一 裴氏家族及其社会文化空间概述

裴柏村位于涑水河畔闻喜县内。据《闻喜县志》记载，闻喜县位于山西省西南部，运城市北端，运城盆地与临汾盆地的交界处。东与绛县、垣曲相接；北同侯马、新绛相连；西与稷山、万荣、盐湖区接

* 作者简介：邵凤丽，北京师范大学民俗学博士，辽宁大学文学院讲师。

壤；南与夏县毗邻。距太原市 369 公里，距北京市 848 公里①。

（一）裴氏家族发展史

裴氏祖先最早可追溯到伯益。据欧阳修《新唐书·宰相世系表》介绍：裴氏最早的先祖是与禹同时代的伯益。到公元前 10 世纪周孝王时，伯益的后代非子为周王室的军事和交通做出了重要贡献，被封于秦地，号秦嬴。非子后代的一支被封裴（非邑）乡侯，以裴（非邑）为氏。其六世孙陵在周僖王时又被封为解邑君，裴陵改"裴"（非邑）字下"邑"为"衣"，居住在今天的闻喜县境内②。裴建民说："裴字的意思是美好的相貌。"据裴建民讲，其他地方的裴氏家谱也是这样记载裴氏得姓的过程，包括越南的裴氏家谱，讲"裴"字之意为"相貌堂堂"。2008 年韩国裴氏家族曾经来裴柏村寻根。2009 年，裴建民应韩国裴氏家族的邀请，作为宗亲代表到韩国裴氏家族参观，当地的裴氏家族新建了裴氏宗祠，里面供奉裴氏家族第一世祖——裴元庆。当地传说很早以前一个仙子穿着大红的衣服从空而降，于是就有"绯"字，后来简化为裴③。

在战国到秦的几百年时间里，史书中并没有关于裴氏家族的记载。一直到西汉时期，裴盖担任水衡都尉、侍中。东汉初年，裴盖的九世孙裴遵担任敦煌太守。东汉中期，汉顺帝时期，裴岑担任敦煌太守，因成功反攻北匈奴呼衍王，当地人为其立《汉敦煌太守裴岑纪功碑》④。汉永建初年，裴氏第 15 世孙裴晔为并州刺史、度辽将军，汉顺帝刘保永建初年，裴晔来到闻喜县城东 25 公里处，见此处山环水抱，柏树葱郁，风景绝佳，便合族搬迁于此，并以裴为姓，以柏为名，取名裴柏村，定为祖庄。裴柏村是坐落在金鸡岭、凤岭、凤北

---

① 闻喜县志编纂委员会编纂《闻喜县志》，中国地图出版社 1993 年版，第 5 页。
② 《新唐书》卷 71《宰相世系表》一上，中华书局 1975 年版。
③ 《新唐书》卷 71《宰相世系表》一上，中华书局 1975 年版。
④ 《新唐书》卷 71《宰相世系表》一上，中华书局 1975 年版。

岭、沙坡岭、大西岭、小西岭、葫芦岭、铁牛岭、虎岭的九座土岭怀抱中。每一土岭上都有一棵挺拔的翠柏,俗称"九凤朝阳"。"这村住的位置,这三面有九个土梁,不算东面,东面开阔,像我们椅子一样,一边是开阔地,其他都是高高的,这个村就是坐在椅子上,有九个山头,环绕这个村子,具体名字记不准,好像一个当官的人坐在里面一样,老百姓说叫圈椅。"裴晔之子裴茂因战功被封为阳吉平候①。在汉代,裴氏家族初步确立了政治大家族的地位。

魏晋时期是裴氏家族发展的重要时期,成为高门士族。裴茂的四子形成众多分支,被称为"三眷五房",即西眷裴、中眷裴、东眷裴、洗马裴和南来吴裴。西晋时期,是裴氏家族发展的一个高峰期,在魏晋交替中发挥了重要作用。

唐代,河东裴氏发展到鼎盛时期,先后出现 17 位宰相,因此《新唐书·宰相世系表》将裴氏列于首位。唐高祖时期的裴寂、裴矩;玄宗时期的裴耀卿;肃宗时期的裴冕;宪宗时期的裴垍、裴度;以及一直伴随着行将崩溃的唐政权的裴澈、裴贽、裴枢。裴氏家族的宰相们伴随着唐王朝政局的每一次变化,与唐王朝休戚与共,对唐代政治的影响是全面而深刻的。

(二)"宰相村"得名

裴氏家族自秦汉魏晋,历六朝而盛,至隋唐而盛极,五代以后,余芳犹存。在上下千余年间,豪杰俊秀,名卿贤相,其家族封官袭爵不计其数。据《裴氏世谱》不完全记载,裴氏家族正史立传者 600 余人,名垂后世者千余人,先后出宰相 59 人,大将军 59 人,中书侍郎14 人,尚书 55 人,侍郎 44 人,常侍 11 人,御史 11 人,刺史 211人,太守 77 人,真可谓"椒兰金鱼之荣宠,柱石乔木之倚籍",众多

---

① (清)嘉庆《裴氏世谱》,山西古籍出版社 1993 年版。

将相公侯集于一门①。

明末清初著名思想家顾炎武拜访裴柏村的"晋公祠"，专门撰写了《裴村记》，后收入他的《日知录》内，顾炎武赞扬裴柏村人才辈出和深厚的历史文化②。1994年新华社社长穆青来此，题写了"裴氏碑苑"，他说：一个村子出了59个宰相，可以称为"宰相村"了，这就是"宰相村"称谓的来历。现在"晋公祠"门前的59个台阶就象征着裴氏家族的59个宰相。

二 裴氏家训的发展历史与主要内容

早在魏晋时期，晋南裴氏先祖为教育宗室子弟，根据儒家思想道德标准，制定了有关家规方面的训诫。北魏裴良撰写了《宗制》10卷，北周裴侠编写了《贞侯传》。隋唐时期，裴氏家族发展到鼎盛阶段，家规也日臻完善。唐代裴度临终留下"吾辈当令文种勿绝"的遗言，训诫子孙。明代裴濂修订《河东裴氏族戒》9条。清代裴志灏在嘉庆十二年（1807）题写《劝善戒不善》照壁，刻石嵌壁以教育后人。现存的裴氏家规修订于清末民初，有《家训》和《家戒》两部分，内容丰富而延展，并行而对立。《家训》是为裴氏子弟制定的行为准则，《家戒》则是为裴氏子弟制定的禁律。

（一）"训""戒"

两千多年间，裴氏族人在先祖留下的家规基础上，结合时代的发展，历经漫长的历史和传承实践，形成了"重教守训、崇文尚武、德业并举、廉洁自律"的独特家族文化，要求家族子弟崇德尚德，以孝友立身，以勤俭持家，以忠义为本，以才学自立，以仁爱待人，做到廉洁奉公、忠心效国，涵盖了对后人忠、孝、仁、义、德、能、勤、

---

① 山西省运城市政协教科文卫体委员会编：《河东文史第1辑》，2004年，第182页。
② （清）《顾炎武文选》，张兵选注评点，苏州大学出版社2001年版，第143页。

绩、廉等方面的要求，反映了"修身、齐家、治国、平天下"的信念坚守和价值追求。

晋南裴氏家族的家训家规具有三个特点：一是与时俱进，随着历史进程逐渐形成，不断丰富和发展；二是囊括整个家族，而不是单个的家庭；三是由"训"和"戒"两部分组成，一正一反，共同发挥作用。正向教化的《家训》以"重教守训、崇文尚武、德业并举、廉洁自律"为核心，反向的训诫以"十个毋"为主旨，告诫后人这十件事是不能做的，正反相辅相成，相得益彰。

（二）耕读传家的家风

裴氏家族千百年来涌现出诸多杰出人物，他们是裴氏《家训》的践行者，将《家训》中的道德典范融入每个家庭，形成"耕读传家"的优良家风。耕读传家是传统家族治家的根本，耕读兼备是古代农耕社会模式下，科举盛行时代的家庭选择。因此，裴氏《家训》要求子孙"读书明德：人不读书，马牛襟裾"的同时，还要有"一技专长，生计无虞"。正如北魏时期的裴氏族人裴安祖，虽德名远播，却不出仕，而是带领弟子勤于耕种，他认为安心于耕种是治家之道，也是对治国的贡献。

裴氏家风家训值得传承和弘扬，但随着时代的发展，面对中国社会由农耕社会向现代文明社会转变的现状，"耕读传家"的家风内涵也应随之变化。现今的裴氏家族依然重视"耕读传家"的家风传承，但是"耕"不能再仅仅局限于耕地，而是如孟子所说"士之仕也，犹农夫之耕也"，只要专心致力于某一事业都可以说是"耕"，形成家风家训创新性的传承。

（三）修身齐家治国

传统家训重视德育，以德立身，厚德载物，它同儒家所提倡的"修身"思想是一致的。裴氏《家训》在个人品德、内涵、行为等方面训诫子弟修身养性，要在思想品德方面，做到"立身谨厚"；在思想内涵方面，做到"读书明德"；在行为习惯方面，做到"讲求公德、慎重言语"。

家庭是社会关系的特殊形式，在社会生活中占据重要地位，家庭的和睦稳定，对整个社会的安定有着重要意义。因此，古人重视"齐家"，并以此作为治理好国家的前提。裴氏《家训》警醒后人要做到：敬奉祖先、毋辱祖先；孝顺父母、毋忤尊亲、毋重男轻女；友爱兄弟；居家勤俭；严教子孙、毋事赌博、毋为盗窃、毋贪色淫、毋吸烟毒、毋酗酒好斗、毋忘本崇洋、毋入帮派。

家庭的发展不仅要处理好家庭内部成员之间的关系，更要处理好家庭与其他社会成员的关系。因此，传统家训大都结合其所处的时代背景、社会关系，向子孙传授为人处世之道。裴氏《家训》劝诫后世子孙要处理好同宗族、邻里、亲友之间的关系，重视社会环境、友邻品行对子孙的影响。在处理宗族关系上，"协和宗族"；在处理邻里关系上，"敦睦邻里"；在处理亲友关系上，"厚戚朋"。

裴氏家族作为三晋望族，清正廉洁的家风教育着一代又一代的裴氏后裔。如裴潜去世时留下遗嘱要求薄葬，丧事从简，与当时社会厚葬习俗形成鲜明对比；裴宽将别人求他办事送的鹿肉埋在花园中拒绝食用；裴侠定下"凡贪官污吏者，死后禁入祖茔"的严训……这种廉洁从政、淡漠钱财的优良品格，是诸多裴氏族人的共同品性。

三 裴氏家训的日常生活实践

传统家训中蕴含丰富的修身、治家、处世思想，在当今社会依然焕发着旺盛的生命力。以晋南裴氏家训为例，涉及个人、家庭生活的方方面面，既向后世子弟传授修身之道，治家之法，处世原则，又给予族人日常生活可以遵循的内部法纪。作为中国传统文化的重要组成部分，裴氏家训重视人的道德品性的提升、独立人格的培养、健康生活习惯的养成以及廉洁自律家风的树立，以裴建民为代表的裴氏族人遵循时代发展的要求，积极重建传统家训，弘扬优良传统。

裴建民说他从小受家庭的影响，对裴氏文化很感兴趣，在裴氏文化开发时，他负责裴氏名人的讲解工作。1998 年，外地裴氏族人开始请求裴建民为其修家谱，裴建民也因此获得了"裴氏家族的活字典"的称号。他作为自觉的文化实践者，在全国各地演讲裴氏家训相关内容，据裴建民介绍，刚开始是给裴氏后裔讲，后来到大学院校和社会团体做这方面的演讲。他认为，门风家训要随社会发展而更新，不能光讲老一套东西，故步自封就不好了。

（一）修复晋公祠与新建裴氏宗祠

祭之以祠，是朱熹在《家礼》中提出的首要原则。凡是有能力之家都要建祠祭祖。宋明以来，作为家族组织的重要组成要素，祠堂成为传统家族的标志性建筑。在家族当中，祠堂是"妥先灵，隆享祀"的祭祀场所，同时也是处理家族事务、维持家族秩序、传承家族文化的重要空间。

裴柏村现有两座祠堂，一是裴晋公祠。裴晋公祠当年叫裴公祠，即裴家祠堂，始建于唐贞观五年（631），因裴度封晋国公，改名晋公祠。晋公祠为三进院的宫殿式建筑，有山门、仪门、献殿、正殿。明嘉靖二年重修。部分建筑在 1947 年的战乱中被毁，2007 年开始进行重建。

晋公祠里有五祖像、名人纪念馆、碑苑等主要建筑。五祖像楹联上联：文史自周秦，细细读来，精髓全然原一训；下联：家山生将相，悠悠想去，风光何止在千秋。

在晋公祠西南角是碑苑。院子呈长方形，占地面积 2550 平方米，里面是裴晋公祠，正面无墙，檐牌匾上写着：裴晋公祠四个苍劲大字。碑馆中有《裴光庭神道碑》，全称"大唐故光禄大夫行侍中兼吏部尚书裴光庭碑"。裴光庭，字连成，裴行俭之子。自幼老成，博学有远志。唐玄宗时历官太常丞、兵部侍郎、侍中兼吏部尚书等职，是开元年间著名的宰相。任吏部尚书时，大胆改革官吏使用制度，任人唯贤，远斥奸佞，传为美德。唐开元二十年（732）卒，唐玄宗非常怀念其政绩与为人，破格赐谥为"忠献"，并命中书令张九龄撰写碑文，歌功颂德。裴氏家族对裴光庭十分推崇，裴建民说："元代戏剧家白朴根据裴光庭的故事写的传统戏剧《墙头马上》，裴少俊和李千金的爱情故事，就说的他。"

碑馆中名声最大的是《平淮西碑》，此碑被誉为"三绝碑"，一是裴度削平淮西藩镇吴元济叛乱的卓著功绩。安史之乱以后，当时边疆内地，藩镇四起，唐王朝处在风雨飘摇之中。从783年，淮西节度使李希烈叛唐开始，到吴元济叛乱，这些叛唐之将占据蔡州五十年，形成国中之国。当时吴元济手握重兵，据地千里，严重威胁唐朝安危。为了平定淮西，唐宪宗下令讨伐。由于用兵不利，平淮之战连年失败。最后，在裴度的统领下，由部将李愬乘敌不备，采用掏心战术，在风雪之夜，以三千兵勇，突袭吴元济，在蔡州将其活捉。此一战不仅结束了长达5年之久的平叛，结束了蔡州长达五十余年的割据局面，稳定了大唐基业，也让裴度一战成名，为万民仰望。二是"唐宋八大家"之首的韩愈的撰文。三是作为"三代帝师"的祁寯藻的书法。

裴柏村的另一座祠堂是裴氏宗祠，族人又称之为"先祖祠"。2007年始建，坐落于裴晋公祠的西侧，由县政府出资建造。裴氏宗祠里面供奉裴氏始祖裴陵。2016年和2017年的"三月三"祭礼都在这里举行。同时，祠堂四周的廊道上是裴氏名人介绍，主要是59个宰相和59个将军，内容基本与晋公祠中的名人纪念馆相同。

在裴柏村，两座裴氏祠堂无疑是村落的精神文化空间。祠堂是供奉祖先的神圣空间，也是传承家训的重要文化空间。走进祠堂，祖先画像、名人故事、楹联、匾额，都在告诉人们要"重教守训、崇文尚武、德业并举、廉洁自律"，对于裴柏村来说，"祠堂在，祭如在。

祭如在，倍思亲。祭如在，一切在。"

（二）重建训戒室

2015 年，经裴建民设计的训戒室竣工。训戒室位于裴晋公祠正门右侧，室内悬挂着裴氏族范、裴氏家训、裴氏家戒，是训诫、教育裴氏子孙的场所。训戒室是裴氏家训在物质层面的呈现，是裴氏家训文化中有形的部分，是看得见、摸得着、实实在在的物质化的文化形态，是裴氏家训文化的重要载体。训戒室内悬挂的家训、族范、家戒体现了山西裴氏家族的修身、治家、处世之道，以日常训诫的方式发挥着教育裴氏子孙的功能，对构建裴氏家训文化有重大意义。

传统家训重视对家族成员的教育，因此，训戒室在家族教育中发挥着重要作用。比如家族中要进行一项事务时，要到训戒室念训诫词。参与训诫仪式中的所有家族成员都要认真聆听和学习，谨记家训中为人处世的原则，在立身行事中做到时时提醒自己修身自律。这种家族集体活动在当今社会已经很少见到，晋南裴氏家族训戒室的修建，是通过物态建筑的影响，通过复兴传统文化的文化空间，来重建当代的裴氏家训文化。

（三）家训进校园

裴氏人才辈出在很大程度上得益于良好的早期教育与家风的熏陶。裴柏村村风特点之一是重视教育，除了历史建筑，村子里最好的建筑就是宰相小学。将家风家训纳入学校教育，是宰相小学的教育特色之一。裴建民、宰相小学的老师先后多次带领小学生集体诵读裴氏家训。通过诵读，裴氏家训所蕴含的自强不息的精神力量和修身自重的道德规范，可以引导孩子们在日常生活中亲近文化传统，感受文化传统，让裴氏家训的精神渐渐成为一种记忆、一种认同，形成内化的文化素养。

除了诵读家训外，裴氏家训还以故事、歌谣、诗词等多种形式在小学生中得以传播。2012 年，闻喜县教育局印制了闻喜县乡土教材，包括裴氏人物、裴氏故事、裴氏诗文三册，分别适用于小学各个年级。"在《裴氏人物》歌谣的朗朗上口里，放飞童年对家乡伟人最单纯的敬与爱。这是春天里热土中的幼种，一旦生发，蓬勃葱郁；在《裴氏故事》的真实和趣味里，走进人物世界，感知人物精神。这是看一叶翩跹，知秋之厚重，探究的动力悄然强劲；在《裴氏诗文》的深沉之美中，不仅品文之美，更品人之美，价值之重。"将裴氏家族文化纳入乡土教材，其目的是让"整个裴氏文化在孩子们的心中有了全面、整体的认识，这种认识必为之后更深层次的探究提供源泉。由此，种在孩子们心里的不仅仅是家乡的人、事、文，而是知家乡、爱家乡、建家乡的情感和继承裴氏文化，发扬裴氏文化的信心，这种情感和信心的力量已完全超越几本薄薄小的册子，注入生命，泽及整个人生"。

（四）家训进家庭、社区

作为裴氏家族的发源地，近年来，裴柏村非常重视家风家训建设。尤其是党的十八大以来，习近平总书记在不同场合多次谈到要"注重家庭、注重家教、注重家风"，强调"家庭的前途命运同国家和民族的前途命运紧密相连"，提倡"大力弘扬中华民族优秀传统文化，大力加强党风政风、社风家风建设，特别是要让中华民族文化基因在广大青少年心中生根发芽。"2017年夏，裴柏村家家户户都悬挂了由政府出资定制的"裴氏家训"，主要内容是"敬奉祖先、孝顺父母、友爱兄弟、协和宗族、敦睦邻里、立身谨厚、严教子孙、读书明德、淳厚戚朋、慎重言语、讲求公德"。

家训的重要功能是"齐家"，即对家庭进行有序治理，重视其规范功能。在儒家传统中，修身是齐家的基础，齐家又是治国平天下的前提。裴柏村有位67岁的老人——裴国臣，曾任小学校长，退休之后积极参与家族事业，宣传家族文化。他平时生活中非常注重搜集与裴氏家族、家风家训有关的新闻报道、照片等资料，并将收藏的老照片按照裴氏家训十二条的内容分类整理，每一条家训都有对应的照片。在裴柏村，有很多孝顺的故事。一位裴氏族人说，他以前不知道裴氏家训具体有什么内容，但是他的长辈都告诉他为人一定要孝顺，他的母亲对老祖母非常孝顺，几十年的生活中，从未出言顶撞过婆婆，"和婆婆从没红过脸"，他的妻子也是这样，在二十多年的家庭生活中，婆媳关系非常好，"就像自己的亲妈一样对待"。

裴柏村是裴氏家族的祖居地，但目前已有杨、张等多个姓氏居住，村内统一悬挂"裴氏家训"，并非是宣扬裴氏的家族文化，而是要从裴氏家训中汲取智慧，涵养家风，养护心灵，让生活在这里的人随时都能知道自己应该如何为人处世，以达到利用传统家训文化、推进乡村社会治理的目的。

（五）将家训融入一年一度的"三月三"祭祖仪式中

祭礼中对祖先的感恩，对家族历史的讲述，对家风家训的宣读，这一切都是在强调、突显优秀家风家训在个人成长、社会发展中的重要性。每年的"三月三"，裴氏家族都会举行祭祖仪式，缅怀先祖、重温家训。2017 年"三月三"祭祖仪式上，裴氏后裔集体诵读裴氏家训。通过三月三祭祖活动，全国各地的裴氏后裔聚集一堂，共同学习、重温裴氏家训，将传统家训文化融入现实生活中，融入思想中，融入灵魂中，成为裴氏家训文化"活"的载体。

（六）加大家训的社会传播

2015 年，中央纪委监察部网站和客户端推出"中国传统中的家规"专题，闻喜裴氏家族被纳入视野，以《〈家训〉润无声，〈家诫〉醒后人》进行专题报道。

为了让裴氏文化得到进一步继承和传播，闻喜县又于 2017 年启动了"家国情怀、世代传承"中国闻喜家风家教主题文化系列活动，将开展"弘扬裴氏文化、汇集发展智慧"——裴氏后裔共商闻喜文化旅游发展座谈会、"齐家治国、传承致远"——宰相文化与家国情怀北京座谈会、"传承家风家教、涵养党风政风"——党员干部家风建设"五带头"活动、"传优秀家风、促廉洁从政"——清廉家风"四进"活动、"学儒学、传家训、明家礼"——传统文化进万家活动、"最美是我家"——家庭文化文艺会演和"最美家庭"摄影展、"欣赏传统瑰宝、领略书画风采"——非物质文化遗产、优秀楹联书画及文化旅游产品展示会、"文化添魅力，引凤兴闻喜"——举办招商洽谈会等系类活动。

在裴氏家族方面，也在积极推进家训文化的社会传播。作为裴氏家训的积极践行者，裴建民多年来以各种形式向大家讲解裴氏家训。据裴建民介绍，裴柏村"三月三"祭祖在网络上公开后，浙江金华市、天台县、长山县，江苏徐州，江西桂溪镇、吉安市等地区纷纷邀请他去做有关裴氏家训的演讲，裴氏家训文化由此传播到全国各地。

小结

家训作为训诫、劝导、教育、培养后代的书写文字，是社会精神文明、家庭伦理的集中解说，是家庭文化建设的生动体现。在裴柏村，人们对传统家训的理解并未停留在书面上，而是多层次、立体化的渗透日常生活当中，长者率先垂范，后辈身体力行。裴氏家训的人文精神还充溢在先贤事迹、神圣祭礼、牌匾楹联、碑刻字画、乡土教材之中，它们共同营造了浓郁的家庭文化氛围，使得古老的家训在当代生活中扎下了根，以润物细无声的方式滋养、教化着生活在现代社会的人们。

（原文刊发于《社会治理》2018 年第 8 期）

乡土文化传统对当代农村
社会治理中的价值探讨

——以浙江省松阳县平卿村做福仪式为例[*]

贺少雅

党的十九大报告指出,坚持全面深化改革,就要不断推进国家治理体系和治理能力现代化。这是自党的十八届三中全会明确提出要"推进国家治理体系和治理能力现代化"以来,对国家治理能力提升的再次强调。同时十九大报告也对社会治理提出新的目标,要求加强社区治理体系建设,推动社会治理重心向基层下移,发挥社会组织作用,实现政府调节和社会调节、居民自治良性互动,打造共建共治共享的社会治理格局。这是促进国家与社会互动,实现国家与社会融合的努力和号召,也是实施乡村振兴战略的客观要求。

十九大报告明确提出,实施乡村振兴战略,必须按照产业兴旺、生态宜居、乡风文明、治理有效、生活富裕的总要求,加快推进农业农村现代化,健全自治、法治、德治相结合的乡村治理体系。乡村振兴战略是党和国家针对城乡统筹发展,为进一步解决三农问题的宏大设计,奠定了乡村社会治理的总基调和乡村现代化的总目标。

---

* 作者简介:贺少雅,北京师范大学中国社会管理研究院/社会学院博士后。

基金项目:本文系国家社科基金重点课题《人生礼仪传统的当代重建与传承研究》(项目号:14AZD120)子课题阶段性成果。

正如魏礼群教授所言，没有中国农村的现代化，就很难实现整个中国的现代化。中国广大农村是当前社会发展中问题最集中、最复杂的区域，学界关于乡村社会治理问题的探讨也层出不穷。不少学者认为，造成目前部分乡村社会凋敝的主要原因在于国家与社会二元框架下存在的冲突，国家意志在改造地方社会过程中，并未尊重和遵从地方社会既有运行规范和逻辑。董磊明指出，巨变中的中国乡村呈现出结构混乱的状态，造成地方性共同体解体，传统文化网络部分失效的部分原因之一在于国家话语与乡土运行规范之间的冲突[①]。狄金华从个案研究出发，提出近代国家在"复合治理"模式下造成乡土规范碎片化，组织涣散、秩序混乱[②]。在此基础上，学界强调要重新认识中国本土传统，重视乡土文化的现代性，发掘优秀传统文化的现代价值。比如，郭剑平等著《治理视野下民俗习惯与新农村建设研究》通过田野调查，基于瑶族民俗习惯和习惯法，发现传统民族文化在现代乡村自治、民事调解和司法诉讼中的价值和应用[③]。本文将遵循这样的逻辑，以浙江省松阳县平卿村为例，深入挖掘当地优秀传统文化资源，探讨乡土优秀文化传统在当代农村建设的价值问题。

一 平卿村自然人文概况

平卿村地处浙江省丽水市松阳县新兴镇，东与松阳县古市镇相连，西、北、南三面与遂昌县相接。村内多清代建筑，民居富有特色，建筑装饰典雅别致，是松阳乃至浙西南具有鲜明特色的村落，2014 年入选第三批中国传统村落名录。平卿村始建于元至正二十五（1365）年，以周、张两姓为主，其中周姓入驻较早，据《周氏宗

---

① 董磊明：《宋村的调解》，法律出版社 2008 年版，第 184—200 页。

② 狄金华：《被困的治理》，生活·读书·新知三联书店 2015 年版。

③ 郭剑平等：《治理视野下民俗习惯与新农村建设研究》，中国政法大学出版社 2017 年版。

谱》记载，周姓始祖哲公自扬州江都任遂昌县学官，十三世祖华公迁居松阳十二都大岭根，其子三道公由大岭根游览至平卿，见水草丰美，遂迁居于此。后又有张氏入赘周家为婿，定居下来。

平卿村现有社殿（又称山庙、社庙）一座，周氏祠堂和张氏祠堂各一座，周氏香火堂和张氏香火堂共四座[1]。其中，社庙是村落主要的信仰空间，也是村落做福活动的主要场所。社庙坐北朝南，现存正殿和厨房两间，供奉主神平水禹王，正殿三面山墙上房梁处密密麻麻地钉满170多颗长钉，用于做福时悬挂猪肉。庙内外常年贴有对联，均为春节时村民敬奉。庙门上为村人敬献的吉祥语，正殿内左右墙壁两侧张贴的是当年四位做福头首[2]以及村民18岁上丁[3]时的敬献语。

二　平卿村的岁时节日体系和做福活动

平卿村的节日仪式隆重，活动丰富，春节舞板凳龙、清明节上坟祭祖、端午节炮制端午茶、六月初一包粽子等均具有浓郁地方特色，最具特色的是适应农业生产节序的做福仪式活动。

做福仪式本是浙江省比较普遍的风俗，其沿袭了古代春祈秋报的社日习俗，以一年春秋两次或者秋天举行一次者为多，但平卿村做福一年达八次，若将正月初八择日和六月初一包粽子祭社神计算在内，则有十次。

八次做福又分为四个"大福日"和四个"小福日"，与农业生产活动紧密相关。"大福日"依次为"上山福""下山福""立秋福"和"八月福"。"上山福"在谷雨节气前后，此时柴草初生长，村民开始上山割嫩柴叶积肥，做福保平安，避蛇虫；"下山福"时值小满

---

[1]　香火堂为村内举办红白事等公共事务的场所。
[2]　头首是对当地民间组织者的一种称呼，头首分很多种，有祠堂头首、香火堂头首和做福头首，分别负责祠堂、香火堂管理和做福活动等。
[3]　18岁上丁则是村内世代沿袭的成人礼俗，按照村内习俗，男子18岁成年上宗谱（又称上丁），当年春节要在社庙和祠堂内分别敬献对联。

前后，割柴结束，准备犁田插秧，人们做福还愿，祈祷稻苗生长健壮；立秋之际的"立秋福"，稻苗正孕期，虫害正旺，为祈保稻苗不受虫灾而做福；最后"八月福"时稻谷收割在望，村民为还愿、感谢神灵保佑再做福。"小福日"分别在四个大福日之前，为大福日活动作准备。

福日活动主要是均分肉饭，大小福日稍有不同。"大福日"中要按照18岁至59岁参加做福活动的男丁人数筹米，然后杀猪均分猪肉，按照男丁人数均分下去。分肉包括分生肉和熟肉，熟肉是骨头上剔下来的碎肉，骨头汤熬制的米饭也要均分到人。"小福日"仅由四个头首准备肉、饭等简单祭品，带至社庙拜祭，或因事不能至，由他人代祭即可。头首们当日聚首，敬神议事。

福日由村内的道士择定。通常每届年底，来年要做头首的四位成年男子的父亲需带着孩子准备礼物至道士家择日，福日在来年正月初八前挑选好，初八当天四个头首要到社庙内敬香，并通过抓阄的形式决定一年中每一个福日的主事头首。但是近几年，人们在挑选日子方面也不再行郑重之礼，仪式感减弱。做福头首一般都是18岁的成年男子，个别年份18岁男子不足，则让年龄较小者提前主事。因为按照当地习俗，18岁至59岁为一丁，18岁举行成丁仪式，可以参与家族和村落事务。59岁时则退丁。年龄18岁至59岁的男丁一生可以做一次头首。但因文化大革命时期做福活动被迫中断，1986年再次恢复时，主事头首已逾30岁，故而今村内每年的做福头首均为30多岁的成年男子。

三 做福的仪式过程

做福活动时间前后延宕一年左右，期间头首们要接手上一年的账务、安排主事活动，每年聚首多次，商讨仪式细节。而且，过去村内遇有天旱求雨、道路坍塌和春节舞龙等也由头首们来主持，堪称带有考验性的成人过渡礼仪。

（一）仪式前的准备：择日、经费核算和黑猪采购

按照当地习俗，四位头首于每年腊月二十五，最迟春节之前接手上一年的做福活动，包括活动经费的核算和公布、择日以及下一年活动安排。

经费核算主要包括一年中做福头首们采买社猪、香烛等祭品，请木偶戏和白露节修路等所有活动的收支，其中购买社猪的钱通常先由头首垫付，然后按照男丁数均摊，村民于福日当天或者福日后几天内，最迟当年腊月二十五之前主动上交，请木偶戏按照村内人头集资，修路经费则按男丁数来计算，一年中所有活动经费统一核算后予以公布，并转交给次年头首们。

十年前，福日当天宰杀的黑猪，均由村民自养，现在均为在外采购。通常福日前一天，头首们要去采买黑猪以及所需香烛鞭炮等。一些村民也会前来帮忙准备福日煮肉饭所需的材料和用具。

（二）仪式当天活动

1. 杀猪筹米

福日当天凌晨三四点，头首们就起床忙碌。村民们打扫社庙、点香燃烛、摆桌案、烧热水、杀社猪。接着敲响铜锣，提醒每家每户到空间较大的周氏祠堂送米。送米为村民自愿，可以得到肉汤煮熟的米饭，不送米的人家只能分到肉。头首们自觉分工，按照每家男丁人数收米，并把未送米的丁数做出标记，以免有失公允。据介绍，传统筹米杀猪都是上午开始，近几年由于村民都急于分肉后就去采茶，故时间提前①。

2. 切肉煮饭

社猪杀好后，技术娴熟的屠夫将猪剖肠破肚，骨头、猪头、猪尾

---

① 被访谈人：ZCS，平卿村村民。访谈人：贺少雅，北京师范大学社会学院博士后。访谈时间：2017 年 8 月 28 日。访谈地点：松阳县古市镇。

等碎肉放到锅里煮熟。先割下一份肉，称重后，给福日当天的主事头首，用于招待客人。据介绍，过去村民分肉后要在社庙聚餐，所有的熟肉和米饭都吃掉，但现在由于生活条件改善，人们已不再聚餐，所以内脏和猪血也由主事头首分得①。

剩下的整块猪身肉先称重，一位老者敲响三通鼓，开始按照村内男丁数均分并按户头分成份数挂起，比如一户一丁分一份，三丁则得三份，挂于社庙房梁上。前几年切肉称重用杆秤，捆扎用稻草，现在改用电子秤和塑料袋。电子秤须校准，以确保公平。

分肉过程比较漫长。先是把所有的生肉均分，全部挂好，然后把熟肉取出切碎均分。熟肉不用称，只是估量分份即可。熟肉堆放于社庙内的长桌上，并专门为孩子们留出几份肉饭，分肉前会分给孩子吃，以示爱护幼小之意。熟肉取出以后，锅里放入各家各户送来的米，煮熟后也与生肉一样称重并按男丁数均分。

3. 祭祀神灵

祭神是做福仪式中的重要环节。平卿做福所祭神灵包括社庙前方岩胡公庙②、邻村孟坑附近的大庙、四相公庙、主人神树、三太子庙和遂昌仙岩寺。神灵空间以社庙为中心，庙前方为望祭胡公庙处，门外左前方长方形石灰桌为望祭孟坑附近大庙处，右前方有四相公神位。三太子神位和仙岩寺望祭处位于村西南方。另外社庙右后方一棵百年柳杉树，由大岭根移植过来，被村人奉为主人神位③。

---

① 被访谈人：QSM，松阳县乡村七九八文化创意园创办者。访谈人：萧放，北京师范大学社会学院教授。访谈时间：2016 年 4 月 26 日。访谈地点：平卿村。

② 望祭胡公只有下山福时才有。当日杀完猪以后，把猪头供奉在社庙前，朝向胡公庙。

③ 盖因大岭根为周氏家族先祖所在地，神树也有思乡念祖之意。被访谈人：ZYG，现平卿村主任。访谈人：贺少雅，北京师范大学社会学院博士后。访谈时间：2017 年 8 月 27 日。访谈地点：平卿村。也有的人说，该树是过去常去深山中伐木之人带回来的，栽种于此以保上山平安。被访谈人：ZSS，原平卿村党支部书记。访谈人：贺少雅，北京师范大学社会学院博士后。访谈时间：2017 年 8 月 7 日。访谈地点：平卿村。

祭神通常于分肉进行过半时开始，由两位头首合作完成。祭神顺序并无一定之规，仪式较为简单。一位头首负责前往社庙较远的三太子神位和仙岩寺望祭处祭拜，祭拜者在神位前摆好一杯酒、一杯茶，敬献一碗米饭，点燃两根蜡烛、两支香和几张黄表纸。另一位头首则到主人神树、四相公和望祭孟坑大殿的神位前祭拜。祭拜结束后，社庙内的生肉和熟肉也基本均分完毕。头首点燃鞭炮，告知村民肉已切分好。随后，头首们回到主事头首家吃饭，并迅速返回社庙。主事头首的亲友留守社庙，以防猫狗偷食。

4. 均分肉饭

头首们吃完饭，敲响铜锣，提醒村民前往社庙分肉分米。听到锣声后，村民拿着用来盛放米饭和肉的各种家什，聚集到社庙内外，等待分肉。

随后，头首或者其亲友擂响社鼓，头首们祭拜神位毕，准备分肉。分肉按照筹米时的人名登记簿依次进行。这里有一个默认的规则，即上一年度做福的放在最后，依次类推，前年做福的在去年做头者之前，最早做头首的人也即年龄最大者始终排在最前面，体现出长幼有序。同时，一家当中若父亲已做福儿子未做，那么代表一家人的为父亲，待儿子做过头首，则名单上由儿子代替父亲。若一家多子且已分家，则小家庭以已做福的男主人名字来登记，未做福者仍以父亲名字替代。

分肉时，头首们分工协作，或者念名单，或者分生肉、分熟肉和米饭，有条不紊。一位头首负责念名单，称"周某某一丁、张某某两丁……"念到名字者上前领取相应份数的生肉、熟肉和米饭，例如一丁即领取一份生肉、一份熟肉和一份米饭，以此类推。未到者可由他人代领。

与此同时，肉的重量、单价和钱数等书于黄纸上张贴公布。比如，2016年上山福的账目为："上山福 猪白肉归群184斤，每斤单价

13.5元，白肉合计币2484元。全村社丁164丁，每丁币15元，合计币2460元，欠20.4元。"结束后，账目及筹米时的名单均由主事头首保存，年底统一归总。分肉完毕，头首们清扫社庙，再次归于日常。据介绍，过去福日人们于社庙前聚餐两顿，现在都拿回家吃，仪式感也在减弱。

5. 香火堂祭祀

按照当地习俗，每年"上山福"和"八月福"即首尾福日，人们要把分到的肉饭拿到各自家的香火堂进行祭拜。周氏家族把米和肉拿到周氏香火堂，张氏家族有三房，三房的人下午进本房支香火堂祭拜，二房则在晚间祭拜。长房因人丁较少，只在本家内祭拜。几户李姓人家则在家摆祭。

周、张两姓不仅祭拜时间略有不同，还延续着不同的祭祖方式。张氏家族是摆放五碗米饭一份肉、五双筷子、若干支香、一根蜡烛、一沓黄表纸和一挂鞭炮。摆放的时候一份肉在前，米饭两两相对，共摆四碗，筷子放在碗的左侧。周氏家族准备的祭品与张氏相同，但摆放方式不同，四碗米饭和肉一字排开，每个碗里插上一双筷子。

四　做福仪式的文化内涵及其现代意义

平卿做福仪式活动是遵循农业生产规律的一种岁时节令体现，男丁做社、黑猪祭社、均分胙肉等，皆是古代社日习俗的遗留，同时又吸收吴越文化，将同辈群体组织融入进来，形成了成人礼俗和社日习俗的文化融合体。仪式所构建和维系的社区公共性、对个体生命的教育意义、对社区和谐以及伦理秩序的维护等充分展现出乡土文化传统的现代价值。

（一）构建乡村公共精神的典型样板

平卿做福源于古代社日习俗。社日原为古代祭祀土神的日子，是村落共同体的公共节日。社为土神，《风俗通义》引《孝经》说：

"社者，土地之主。土地广博，不可遍敬，故封土以为社而祀之，报功也。"① 早在先秦时期民间就有封土为社进行祭祀之俗，秦汉时期为适应春祈秋报的需要，形成了春社与秋社两个社日。汉代以后，社日时间虽出现过几次变化，但一般确定在立春后第五个戊日（春分前后），立秋后第五个戊日（秋分前后）社日。节日期间，人们要举行祭祀、分肉和娱乐活动，如《荆楚岁时记》载："社日，四邻并结综会社，牲醪，为屋于树下，先祭神，然后飨其胙。"② 唐宋时期，社日更是成为盛大的狂欢节。成年男子担当主角，祭社神、分酒肉，妇女儿童们也是欣喜若狂。唐王驾《社日》诗"鹅湖山下稻粱肥，豚栅鸡栖对掩扉。桑柘影斜春社散，家家扶得醉人归"就描绘出一幅社日狂欢的热闹场景。

社日作为一个村落公共性节日，其重要价值就是通过遵循公开、公平、公正的精神，保持着村落的和谐稳定。社日的公共性不仅体现在社神信仰的公共性，另一方面也集中体现在社首所秉持的公平公正的精神。《史记》中记载，汉代名相陈平早年曾在里社轮值社首之职，因分胙肉甚均受到称赞。惜社日于宋代后衰微，论者认为，其衰落不仅与民智进步、生产水平提高有关，更主要的是宋以后宗族势力扩展，村落共同体瓦解，宗族活动替代了村社集体活动，村社原有功能被淡化或被转换③。而平卿村由于较为封闭的地理条件和较为低下的生活条件等原因，较好保留了这一习俗，而且体现出独特的地方文化特质。比如，社神为吴越地区大神禹王，这与北方以后土为社不同。据《淮南子·氾论训》载："禹劳天下而死为社。"高诱注："劳天下，谓治水之功也。托祀于后土之神。"《论衡·祭意》亦云："禹

---

① （汉）应劭著，王利器校注：《风俗通义校注》，中华书局 1981 年版，第 354 页。

② （南朝梁）宗懔著，谭麟译注：《荆楚岁时记译注》，湖北人民出版社 1985 年版，第 55 页。

③ 萧放：《社日与中国古代乡村社会》，《北京师范大学学报》（社会科学版）1998 年第 6 期。

劳力天下，死而为社。"①

公共性是乡村存在和发展的重要基础，公共空间、公共活动、公共精神和公共舆论共同汇成乡村公共性②。公共性的缺失是造成农村组织涣散、人心不齐的重要原因之一。平卿做福中所体现出的公平公正精神正是社日文化精神的延续，也是当代乡村公共性重建的典型样本。

（二）培养青年社会责任感的重要途径

人是社会治理的主体。青年人的成长和教育从来都是社会所关注的热点。作为促进青年人成长的重要人生礼仪，成人礼于人类社会较普遍存在，如我国就曾有凿齿、文身以及冠笄之礼等成人礼俗，但这些礼俗形式现在多已消弭于历史尘埃中。进入 20 世纪 90 年代，基于青年教育的需要，团委组织和学校部门重建 18 岁成人仪式教育活动，但是成人仪式本身的形式化、标签化和模式化以及主体的缺失等都影响了仪式的教育效果③。相比之下，平卿做福所体现出的成人教育意义对于学校成人仪式的改进以及青少年教育具有很好的参鉴意义。

做福仪式最突出的特征是对于主体性的强调。在平卿村，成年是做头首的首要条件，只有成年才有做福的资格和权利。传统上头首的成年年龄是 18 岁，18 岁当年要在社庙和祠堂举行简单的"上丁"仪式，得到村落和家族的承认。但是并非达到年龄即能成年，而是要经过一系列带有主体实践意义的仪式。他们要作为头首按部就班地参与一年十次做福活动，而且还要主持当年村落中很多公共事务，包括天旱祈雨（现已无）、修桥补路、环境整治和春节舞龙灯、六月初一请木偶戏等。在主持活动中，做福头首组成同辈群体，集体协商、集体

① 杨琳：《社神的源流》，《文献》1998 年第 1 期，第 212 页。
② 吴理财主编：《文化治理视域中的公共文化服务体系建设》，高等教育出版社 2016 年版，第 293 页。
③ 贺少雅：《中国成人礼俗的历史传承与当代实践研究》，博士学位论文，北京师范大学，2017 年。

主持完成一项集体事务。他们所做的事情关系到自身的成长、村民的日常生活以及人神沟通，是切实可感具有实际意义的事件，而非现今部分学校 18 岁成人礼上宣誓那么简单。同时，做过福的男子才可以堂堂正正地成为一家之主，承担起家庭的责任。

虽然由于年龄的延迟，现在的平卿做福更多的是成人男子成年以后的身份标签和心灵安慰，但是主持这种带有强烈主体参与性的仪式活动仍然是平卿每一个成年男子的人生重要转折，其不仅有助于锻炼个体社会交往能力，培养个体的家庭责任感和社会责任感，同时也加强了群体内部联系，强化了社区文化认同，促进了社区文化传承。

（三）促进社群沟通和社区和谐的平台

和谐无疑是我国自古以来国家治理和社会治理所一致追求的理想状态，也是社会主义核心价值观的重要内容之一。追求和谐、造就和谐的途径可以有很多种，平卿做福活动展现出一个促进社区和谐的平台。

应该说，在平卿村这样一个资源紧张的地带，周张两姓历来都有竞争甚至冲突。比如《周氏宗谱》曾记载两个家族的因树木归属产生的纠纷和处理过程。而且调研中看到，周、张两姓在祭祀方式上还保持着一定的宗族认同。但是，在这里，作为信仰空间的社庙和以社庙为信仰核心的做福仪式就成为调和宗族、社群关系的神圣性中介，促成双方的交流合作、和平共处。在做福活动中，头首们都是村落中同辈的成年男子，他们不分姓氏，共同主事，分肉过程也超越了宗族和姓氏，按照村内成年男丁人数进行均分，人们于每年的几个特殊时间聚会于带有神圣性的空间内，共餐共食，沟通交流。

仪式活动对于公共精神的宣扬，客观上消弭了不同宗族和姓氏之间的隔阂，起到了调节宗族关系，维系村民之间精神纽带的作用，促进了双方更多的合作和和谐共处。比如，从社庙中保存的一块戒赌碑就可以看到，周、张两族人士以及其他姓氏人群因解决共同危机而团结合作的场景。所以，源于地方性知识的仪式活动对于基层社会治理仍然具有不可忽视的作用。正因为如此，平卿做福也作为县级非物质文化遗产得到文化部门重视。

（四）构建和维护伦理秩序的重要手段

中国是伦理本位的国家，当今社会的伦理道德失序也是困扰整个社会发展的顽疾。重建伦理秩序的呼声此起彼伏，但事实上，在农村伦理秩序从来都在那里。平卿做福仪式所体现出的有序的伦理体系值得思考。

当地的神灵信仰体系可以分为几个层次，一是家庭层面的祖先信仰，村民几乎家家堂屋都悬挂着父母或者祖辈的遗像，体现着对先人的尊奉和敬仰。做福分肉之后的家庭祭祀也是必不可少。二是宗族层面的祖先信仰，除了个别小姓以外，周、张二姓均有祠堂和香火堂，族人通过祭祀先祖以及其他神灵，维持着宗族层面信仰的稳定。每年的福日祭祀正是对宗族和神灵关系的调整。三是高于宗族层面的社神信仰，社神以地缘为本，超越了家庭和家族的血缘关系，寻求社群之间的和谐共处。从仪式的细节来看，分肉时会提前给孩子们留出小份肉，家户分肉时又是按照从老至幼的顺序来进行。同时，从做福择日再到所有活动结束，年轻头首们需要不断向老年人请教，传承着尊老敬老的良好美德，实现着代际知识的传承。所以，做福仪式为家庭内部、家族之间、社区人群之间以及人与神灵之间的沟通搭建出有序的信仰体系也成为村落文化治理的重要手段。

五 结语

乡村振兴战略是农村发展的百年大计，需要着眼于民众日常生活，深入发掘本土文化资源，充分肯定乡土文化价值，从本土文化传统出发，建设符合地方社会本土文化运行逻辑的新农村。本文中的平卿做福仪式这一典型文化事例充分体现出地方文化的内在体系性和自生自治的活力，说明乡村振兴离不开具有强大生命力的优秀地方文化传统的支撑，需要以优秀传统文化的活化来促进社会治理和发展。

（原文刊发于《社会治理》2018 年第 5 期）

代际关系视角下的仪式变迁研究

——以川村"坐月子"为例[*]

周群英

涂尔干指出，宗教是一种文化结构，由信仰和仪式构成。信仰是思想观念，仪式指行为方式[②]。仪式具有建构社会关系、强化社会秩序、维持社会稳定的功能。女性是仪式的虔诚参与者，仪式规范女性的行为并塑造其人格。"坐月子"是女性为主体的仪式性活动，践行者和照顾者都是女性，反映了具体民族的文化形态、生存状态与生活方式，是地方性知识的集中展演。格尔茨通过理解异文化的宗教、意识形态与社会背后的故事开创了地方性知识观。他指出，地方性知识是普遍存在于社会生活之中的文化现象，社会的形态即是文化的实体[③]。"地方性"包含了特定地域及其衍生的实践智慧[④]。有论者认为，知识的本性是地方性的，根本不存在普遍性知识，看似普遍性的

　* 作者简介：周群英，女，博士，北京师范大学中国社会管理研究院/社会学院讲师。
　基金项目：国家社科基金项目"当代中国农民价值观变迁研究"（项目编号：14BSH055）。

　② ［法］爱弥儿·涂尔干：《宗教生活的基本形式》，渠东、汲喆译，上海人民出版社2006年版，第32页。
　③ ［法］克利福德·格尔茨：《地方知识——阐释人类学论文集》，杨德睿译，商务印书馆2015年版，第6页。
　④ ［法］克利福德·格尔茨：《文化的解释》，韩莉译，译林出版社2014年版，第36页。

东西实际上是地方知识经过演绎导致的表面的普遍性①。回溯历史可以发现，"坐月子"最早的文字记载始于先秦《礼记·内则》，最早的医学记载始于宋代《妇人良方大全》。《礼记》主要记载先秦的礼制，是儒家典章制度选集。可见，"坐月子"是关于古代妇女行为规范的礼仪性限制，"礼仪"的价值早于"医疗"的功能。"礼仪"作为维护国家和民众秩序的社会制度②，是嵌入在特定空间文化语境下的身心体验。这是一种情感态的存在，既依托身心关系传递到结构与制度层面，又依附具身性（embodiment）特征释放情绪反应③。有关身体的仪式形成了一种社会关系，经由躯体的象征性，仪式对身体政治（body politic）产生影响④。人类学家通过身体与社会秩序的象征关系，应用身体的象征来整合家庭、定义社区和诠释文化⑤。

近代中国时局动荡，西方医学适逢其会，兼具科学技术和意识形态双重功能渗入中国社会，柳叶刀带来的神奇效果推动西医作为科学和文化在中国落地生根。经过 100 多年的发展，西方医学占据医疗格局中的主导和核心地位，对中国人的生活方式产生极大影响的同时，彰显与传统文化（习俗）的张力。其中，涉及女性生育的"月子仪式"凸显了这种张力，体现为如何"坐月子"，"听老人的"的还是"听医生的"抉择困境。"听医生"的意味着遵从代表普遍性知识的科学观念，隐喻身体技术（知识）不再是代际文化的传承，科学理

---

① 吴彤：《复归科学实践——一种科学哲学的新反思》，清华大学出版社 2010 年版，第 118 页。

② ［美］罗莎莉：《儒学与女性》，丁佳伟、曹秀娟译，江苏人民出版社 2015 年版，第 85 页。

③ ［英］克里斯·希林：《身体与社会理论》，北京大学出版社 2010 年版，第 110—112 页。

④ ［英］玛丽·道格拉斯：《危险与洁净》，黄剑波、柳博赟、卢忱译，张海洋校，民族出版社 2008 年版，第 128—130 页。

⑤ ［美］黛博拉·乐普顿（Deborah Lupton）：《医学的文化研究：疾病与身体》，苏静静译，北京大学医学出版社 2016 年版，第 38 页。

性渗入并影响月子仪式的传承方式。由于孕产育儿类书籍多由产科或儿科医生编纂，按照书本坐月子的实质也是"听医生的"。"听老人"的是在家庭场域内依靠代际互动传递身体恢复和哺育幼儿等母职经验，是地方性知识、传统礼仪和伦理关系的再生产。家庭作为传统社会构成的经济基础和活动中心，家庭关系变迁是中国社会由传统向现代转型的缩影。在此背景下，本文关注仪式变迁与代际关系的互动，从妇女的日常生活与仪式实践切入，从微观视角探究代际关系的动态演变，通过分析仪式实践中"地方性知识"与"普遍性知识"间的碰撞与融合，进而探讨仪式主体在传统文化结构与现代医学知识冲突下的抉择机制。研究发现，仪式主体在月子实践中以"听老人的"为主，即遵从传统地方性礼仪规范，其形成机制是文化价值的延续与代际间养老带孙功能共同作用的结果。

一 研究回顾与理论反思

19 世纪中末叶，仪式研究进入人类学者的研究视野，从仪式与特定场域的关系来看，仪式研究历经了从"宗教/神圣"到"社会/世俗"的发展逻辑。从仪式关注的焦点来看，仪式的研究形成了"神话—仪式"学派与"结构—功能"学派两大经典范式。

"神话—仪式"学派关注神话与仪式的关系。一种观点认为，神话与仪式相互交融，为原生性共存体，即"神话就是对仪式进行描述，仪式就是对神话的表演"。另一观点认为神话与仪式的关系似乎没那么一致和紧密，认为仪式与神话独立存在、彼此互动，即"神话是观念的，仪式是实践的"。在同一社会结构中，相对于"观念模式"的神话，作为"行为模式"的仪式更容易发生变迁。事实上，"神话—仪式"学派的研究既关注神话和仪式的原生形态，也关注相关形态的变化与意义，早期人类学研究可以归入"异文化"研究范畴。

"结构—功能"学派着重研究仪式的功能性，视仪式为社会关系的黏合剂，聚焦仪式在社会内部的作用。涂尔干研究仪式与社会结构的关系，他关于"神圣—世俗"的二分法被视为仪式研究的圭臬，即使杰克·古迪反对将其看作行动者所处情境的普世原则。[①] 马林诺夫斯基将仪式行动与"功能"关联，提出"仪式从根本上说是满足人们的基本需求（basic needs）"，确立"功能主义"仪式理论范式。法国"社会学派"和英国"功能学派"将仪式的"结构—功能"研究发挥到了极致，形成仪式研究的经典范式。仪式研究的后继者范热内普、特纳和道格拉斯等承袭了这一学术传统，关注仪式的边界（进程）与象征意义。范热内普研究过渡仪式，将其分为"分离—过渡—聚合"三阶段。特纳继承范氏理论的基础上，提出了"结构—反结构—结构"理论，借助对"阈限"与"交融"概念的阐释，他突破性地把仪式嵌入动态的社会结构中加以解读，超越了静态研究仪式的视角，进而指出，社会就是在"对立冲突"的结构和"平等同质"交融中不断交替循环发展的辩证过程。特纳借助仪式透视社会结构，开创了象征人类学研究范式。可以说，特纳关注仪式过程与文化整体间的互动关联。道格拉斯在此基础上更进一步，把象征体系作为社会结构与心理机制的中介，致力于建立象征体系与社会秩序间的关系模型。她指出，观念和思维方式对结构的维持起决定性作用，制度构筑于文化而非实践的基础之上。格尔茨看到了人类生活的"文化面"与"社会面"间的断裂和推动社会变迁的动力，在他看来，仪式并不仅仅是意义模式，也是社会互动模式。格尔茨关注社会结构的同时关注个体的能动性。

如果说古典仪式研究非常恢宏的话，那么现代仪式研究可以说非

[①] ［英］杰克·古迪：《神话、仪式与口述》，李源译，中国人民大学出版社2014年版，第30—34页。

常精致。对仪式过程的关注使象征人类学陷入微观而具体的仪式技术、细节性的研究；涉及推原性的关于仪式研究的发生形态则陷入哲学或美学上的提升与总结。两者间形成巨大的分歧或断裂（gulf）①。仪式研究的形而上与形而下之间存在一种起桥梁作用的中介系统，即家庭。家庭作为人们共同生活的基本社会组织，主要由家庭结构、家庭功能与家庭关系构成，本文的重点放在家庭关系，尤其是代际（婆媳）关系互动上。

关于家庭代际关系的研究有文化范式和结构范式。文化范式将观念的变化作为家庭代际关系变化的首要因素；结构范式将诸多关于家庭代际关系的思想作为一种衍生物，将家庭结构的变化作为代际关系变化的首要因素。家庭衰落论和代际团结论都属于结构范式。奥格本和帕森斯认为，代际共同居住的减少，意味着家庭代际关系的减弱和养老功能的衰退。他们关于家庭衰落的观点得到了以古德为代表的经典家庭现代化理论学者的支持和响应。该理论认为，核心家庭孤立化是经济高度发达社会的必然产物②。代际团结理论延续了家庭整合理论的传统，认为代际团结仍是现代家庭关系的重要特征。文化范式和结构范式都试图从宏观结构的角度分析和解释代际关系变迁，但忽略了主体的能动性，无法解释同样社会结构和文化背景中存在的诸多不同形态的代际关系现象。随着理论界对宏大叙事的反思，20世纪后期代际关系研究从整体的、静态的分析向个体的、动态的方向转向。个体从传统的家庭制度和血缘关系中脱嵌出来，规范不再先于个体行为，而是被个体不断定义和改变③。受实践论和冲突论的影响，微观

---

① ［美］武雅士：《中国社会中的宗教与仪式》，彭泽安、邵铁峰译，郭潇威校，江苏人民出版社2014年版，第9页。

② ［美］威廉·J. 古德：《家庭》，魏章玲译，社会科学文献出版社1986年版，第35—40页。

③ ［德］乌尔里希·贝克、伊丽莎白·贝克—格恩斯海姆：《个体化》，李荣山、范譞、张惠强译，北京大学出版社2011年版，第26—28页。

代际关系研究学派关注代际关系中的冲突性，承认冲突是不可避免的，冲突对代际"情感与互助"的影响具有双重功能。代际冲突并不意味着分离和不可解决，相反冲突的最终解决有利于提高家庭代际关系的整体水平①。代际冲突关注代际关系中主体的能动性和结构规范对代际关系的制约作用，弥补了文化范式和结构范式微观缺陷的同时，开阔了代际关系研究的视野②。

20世纪八九十年代以来，中国学者开始关注社会转型对家庭代际关系变迁的影响。研究者们假定传统与现代的对立，沿着经典家庭现代化理论的分析路径发现，家庭规模小型化、家庭结构核心化、纵向血缘的亲子主轴转向横向情感的夫妻主轴，等等。然而，批评者发现中国社会核心家庭并不孤立、成年子女与双亲的联系频繁而紧密、为抚育后代组成的临时主干家庭现象普遍存在③。于是，学者们开始尝试从结构与个体的视角进行解释并指出，临时性主干家庭的普遍存在，既具有功利性互助因素，也具有亲属权责的情感因素。

上述相关仪式研究与代际关系的理论回顾是本文思考的逻辑起点，仪式作为地方文化的展演，仪式上的变迁与其他社会变迁相关，笔者将"坐月子"仪式放置在家庭代际关系变迁的场域中，试图了解代际关系互动对仪式变迁的影响，探究实践主体在传统结构与科学权威冲突背景下的抉择机制，指出形成"听老人的"坐月子权力关系模式的核心机制是文化价值的延续和养老带孙功能的互补，并进一步指出对"礼仪"的遵循实质是建立和维护社会身份与社会结构的差异性，"礼仪"在传统社会兼指一切民俗习惯与社会制度，象征着

---

① 石金群：《独立与依赖：转型期的中国城市家庭代际关系》，社会科学文献出版社2015年版，第19页。

② 石金群：《转型期家庭代际关系流变：机制、逻辑与张力》，《社会学研究》2016年第6期。

③ 沈奕斐：《个体家庭 IFamily：中国城市现代化进程中的个体、家庭与国家》，上海三联书店2013年版，第7页。

社会秩序。

二 研究方法与地点

本文田野调查的地点是京西川村①，之所以选择川村，一是因为其规模不大并能提供足够研究的资料；二是川村既具有传统的地方文化特色，又正受到外部世界的强烈影响；三是旅游经济的发展带来双重影响，既保障了家长的权威，也促使了家庭的现代化转型。笔者收集资料的主要方法是参与式观察与深度访谈。为了解女性的坐月子情况，调查者利用探望机会多次去朋友、同事、亲友家中进行观察，获取她们坐月子的一日甚至半日图景。考虑到坐月子的季节性和地域性差异，调查者在不同的季节对不同籍贯的产妇进行了探访，获取了丰富的一手资料。在川村，访谈对象以育龄妇女及她们的家人为主，村干部也是被访者，包括一对一的访谈，也有调查员两人一组，一人提问一人记录的访谈。在征得被访者同意的情况下，多数访谈留有录音，获取了被访者的语音语调等非文字表达。然而，令人深感遗憾的是被访者大多数是女性，男性较少。

川村始建于明、发展于清，曾是通往关外的军事和交通并重的要道②。村内拥有保存相对完好的明清山地四合院 74 座，村落布局呈"元宝"状。川村独具风貌的明清古宅和优美的自然景观，被评为北京市重点文化保护单位和中国历史文化名村③。川村商旅文化的传统在近现代曾经凋敝，但 20 世纪 80 年代开始复苏，村民返村创业且吸纳大量邻村劳动力。经过近 40 年的探索与积累，村富民丰，村民在守望相助的邻里关系和你争我夺的商业竞争中和谐共处。川村是

---

① 根据学术规范，本文所有的地名和人名均为学名。
② 陈志强：《北京门头沟村落文化志》，北京燕山出版社 2008 年版，第 10 页。
③ 《建筑创作》杂志社和北京市门头沟区斋堂镇政府编：《皇都古镇斋堂》，天津大学出版社 2006 年版，第 58 页。

"韩"姓单姓村①，村民共同的责任和愿望是保证韩姓宗族绵延不断。经济的发展弱化了生育承载的养老功能和强化了传宗接代的价值意义。在川村，"坐月子"是隆重的喜庆仪式。

根据 2016 年《川村第十届村民委员会选举花名册》统计得出：川村户籍人口为 76 人，其中男性户籍 36 人，女性户籍 40 人；常住人口 64 户共 107 人，其中男性 47 人，女性 60 人②。32 位被访者由客栈老板娘、服务员和小商贩组成，最大的郝女士 79 岁，最小的潘女士 28 岁，60 岁以上的老年人共 9 人，占 28%，中年人 11 人，占 34%，青年人 12 人，占 38%③。受访者的年龄跨度较大，试图了解老中青三代对"坐月子"的理解与行为实践。文化程度小学及以下的 7 人，占 22%，高中及以上的 10 人，占 31%，初中的 15 人，占 47%。

三 "听老人的"与"听医生的"

中国有"天地之大德曰生"④ 的传统。多子的观念产生于宗祠祭祀和香火延续的需要。然而，产后死亡是传统社会最常见和意料之中的结局。产妇和孩子面临的危险从分娩结束持续到满月。"生儿好比爬血山，满月才过鬼门关"成为悬挂在产妇及其家人头上的达摩克利斯之剑（The Sword of Damocles）。产妇和新生儿处于阈限阶段⑤，母

---

① 笔者田野调查时发现该村有两户周姓人家，经了解后得知，原来老周是被韩家"招拐"的，即招来的养老女婿、也叫"倒插门"。哥哥来到川村落户后，又把弟弟带来此地谋生。按传统，倒插门女婿是为女方家里传宗接代的，所生的子女应该随女方姓，但老周违背了当初的诺言，在韩家长辈去世后，把子女的姓改为周。因此，出现了该村唯一的周姓人家。

② 村干部潘女士提供《川村第十届村民委员会选举花名册》。

③ 此处根据联合国世界卫生组织的划分标准：44 岁以下为青年人，45—59 岁为中年人，60 岁以上为老年人。

④ 黄寿祺、张善文：《周易译注》，上海古籍出版社 2001 年版，第 17 页。

⑤ ［英］维克多·特纳：《仪式与过程：结构与反结构》，黄剑波、柳博赟译，中国人民大学出版社 2006 年版，第 95 页。

亲身份的获得既依赖新生儿的成活也需要夫家的接纳，传统社会中新生儿夭折是普遍现象，没人能预知新生儿是否能幸存下来。于是，产妇和新生儿的身份是"模棱两可"（betwixt and between）的，既不具有原来状态的特征，也不具有未来状态的特征①。仪式主体的社会位置极不稳定，由此衍生颇具地方特色的规范与禁忌。在川村，"坐月子"有两种理想模式，"听老人的"和"听医生的"。总体来说，产妇月子里的行为方式以"听老人的"为主，比如静养少动。饮食安排方面以"听医生的"为主，比如增加蔬果类等的摄入。产妇食忌的变化可能与我国古代医、巫不分，即使是医学典籍中记载的孕妇食物禁忌也毫无科学依据有关②。

（一）听老人的：遵从传统

为保证产妇和婴儿平安度过危险期，老辈产妇奉行"一静二多三不原则"，"静"指的是行为方式，提倡卧床静养，"多"指的是饮食安排，主张多吃多喝，如果说"静、多"意指月子规范，那么"三不"原则涉及月子禁忌，即不受风、不劳动、不生气。其中，饮食安排是月子里的重头戏，食材兼具身体恢复和乳汁分泌的双重功能，具有"软、稀、热"三个特征。访谈发现，老辈产妇补养的食材主要是鸡蛋、红糖水③、小米粥、挂面汤、鸡汤等。青年产妇的食谱更丰富，增加了传统禁忌的鱼类和牛羊肉等。产妇身体恢复的方式似乎聚集在食物的摄入上。防风保暖的环境安排和着装要求是月子里的次重点。在不同季节和气候条件下，防风保暖的要求和禁忌各异。酷暑忌讳产妇恣情取凉，寒冬要求室塞镶隙，初春需内外生火，深秋应保暖

---

① ［法］阿诺尔德·范热内普：《过渡仪式》，张举文译，商务印书馆 2010 年版，第 10 页。

② 万建中：《中国禁忌史》，武汉大学出版社 2016 年版，第 188 页。

③ 笔者注：由于生孩子失去大量血液，所以和血液颜色相似的红糖水是传统中提倡产妇每天要喝的，以此达到补血目的。

避潮①。

> 我妈说，夏天坐月子要特别注意。必须穿长衣长裤，戴薄帽子，穿包脚后跟的软鞋，不能穿拖鞋，不然脚后跟疼。（访谈编号 20161006：客栈老板娘，底女士，1981 年生）

> 我预产期是 11 月，村里已经入冬了。婆婆让我去城里的楼房坐月子，这样更方便和舒适些。城里房子不漏风，老人说受风易得病，大人身体恢复不好会影响小孩，并且有后遗症。我妈说她月子没坐好，现在老了腰酸腿痛，骨头关节不舒服。（编号 20161008：客栈老板娘，王女士，1987 年生）

对月子里的洗浴卫生，民间有严格的禁忌。如绝对禁忌"不避风寒，脱衣洗浴，或冷水洗濯"，因为这可能使产妇"当时未觉大损，满月之后即成蓐劳。手脚及腰腿酸重冷痛，骨髓间飕飕如冷风吹，继有名医亦不能疗"②。这种禁忌在川村依然盛行，产妇绝对不可以接触冷水，温水也要少碰。洗漱时，即使盛夏，也只能用煮沸的开水搁凉后再用。不听话的媳妇如坚持要洗澡，婆婆会反复强调可能的后果以规避责任免于日后受媳妇责难。

> 我坐了 60 天月子，没有洗澡洗头，那不能洗，只是擦擦身子洗洗手，我妈说你 30 天好过，30 年就难过了，我的朋友们也没有洗。（编号 20161020：客栈老板娘，李女士，1945 年生）

---

① 万建中：《中国禁忌史》，武汉大学出版社 2016 年版，第 199 页。
② 陈自明：《妇人大全良方》，天津科学技术出版社 2003 年版，卷之十八"产后门"、"产后将护法"。

我没有洗过，忍着吧，大家都这么过来的。听父母长辈的，我不敢冒险。毕竟是家里人照顾我坐月子，你也要听一点家里人的话。（编号20161030：村计生委员，黄女士，1969年生）

当问及"月子里听谁的"这个问题时，32位受访者中有27位表示"听老人的"，4位年轻受访者回答"听老人和医生的"，仅有1位年轻受访者因为是从贵州嫁到邻村的，婆婆年纪太大无法照顾她，娘家离得太远未能到场，由丈夫照顾"坐月子"，她回答"听我姐的"[①]。受访者的姐姐比她大十几岁，可以归类为父辈一代，所以"听我姐"的实质上也是"听老人的"。陈起燕、章梅芳等的调查得出了相似的结论：长辈的意愿及其传统观念对产妇的月子行为起主导作用[②]。台湾学者翁玲玲的调查结果显示，几乎每一位受访者表示"传统就是这样，当然要照传统坐呀；当然是听婆婆的啦，有经验嘛"[③]。苏海英指出，三峡地区女人在婆家坐月子，月内的衣服、饮食、伺候皆以婆婆为主，婆婆是否尽心照顾与媳妇月子坐的好坏密切相关[④]。

宋人陈自明指出："妇人百病，莫甚于生产。"妇女产后身体处于极度虚弱状态，月子里要求产妇尽量不下炕，衣食住行皆由人照顾。在父权制社会，分娩被认为是污秽且充满危险。传统忌讳妇女在娘家分娩和"坐月子"，认为会给娘家（兄弟）带来厄运。"坐月子"的

---

① 受访者罗女士，1980年出生，在川村卖玉米为生，老家贵州山区，偏远且贫穷，追随远嫁的堂姐嫁给邻村一位大龄男性，育有1个男孩。

② 陈起燕、陈烈平：《产妇月子行为和传统习惯及其影响因素》，《中国妇幼保健》2008年第26期；章梅芳、刘兵：《"坐月子"传统及现代意义——以北京某高校女教师群体为例》，《广西民族大学学报》2018年第2期。

③ 翁玲玲：《作月子的人类学探讨：医疗功能与文化诠释的关系》，《妇女与两性学刊》1993年第4期。

④ 苏海英：《婆婆煮的"定心蛋"——三峡汉族妇女坐月子行为的人类学调查》，《西南民族学院学报》1997年第1期。

空间规范意味着照顾者为婆家临近女性，主要由婆婆担任。福柯认为权力是透过不断的社会互动生产出来的。婆媳在月子里的互动受制于代代相传的规范与禁忌，从而形成了社会控制和权力关系体现的场域[①]。决定婆家给予媳妇何种待遇的主要因素包括新生儿的性别、娘家的社会地位及与婆家的相处。所考量的大多是家庭或集体的利益，女性本身的自主性不高[②]。这说明个人利益必须服从家族利益[③]。虽然现代婆婆的权威今非昔比，婆婆们不能决定子代的生活方式，但在月子仪式中的介入力量依然强大。需要指出的是，"从夫居"产生的空间距离被便捷的交通工具和智能手机的普及所消弭，女儿与娘家联系频繁，月子仪式的主导者呈从婆婆向母亲过渡的趋势，但老人主导"坐月子"的权力关系模式客观存在且被普遍接受。

（二）听医生的：遵从科学

随着川村旅游业的蓬勃发展，村落群体的边界日益模糊，熟人社会的整体文化规范与训诫程度逐渐弱化。同时，西医主体地位的确立与现代性进村裹挟着传统文化不断推陈出新。月子仪式的内容与形式在被普遍传承的同时发生嬗变，其中不合理的因素被删减，增添了科学与健康等内容。科学坐月子隐喻了传统坐月子的"迷信与落后"，消弭了传统社会的代际秩序与权力关系。接受现代西方科学和个体化思潮洗轧的青年产妇质疑传统的饮食安排与行为方式，主张科学坐月子。表现为，一是去传统。她们从意识形态上接受了现代科学倡导的饮食多样化原则和适当活动有利于身体恢复的理念，摒弃了月子里不摄入蔬果的食忌传统和不洗漱的行为方式。她们成为仪式变迁的推动

①　翁玲玲：《从外人到自己人：通过仪式的转换性意义》，《广西民族大学学报》2004年第6期。

②　翁玲玲：《台湾都市女性的新身体观：以台北市女性为例》，《广西民族大学学报》2002年第2期。

③　［美］阎云翔：《私人生活的变革——一个中国村庄里的爱情、家庭和亲密关系（1949—1999）》，龚小夏译，上海人民出版社2017年版，第1页。

者，正如格尔兹的观点，仪式中的行动者，不只是仪式或象征物的奴隶，也是仪式的创造者或塑造者①。

> 我吃了水果，我妈给我蒸了熟苹果吃。梨是凉性的，没有吃。差不多一天一个苹果。菜也吃了，煮的很烂。不吃不行，月子里也不动，活动少，容易便秘。（编号 20161017：客栈老板娘，王女士，1986 年生）

> 产后第三天我感觉头不晕了，能独立下床，我就自己用温开水漱嘴，大概一周以后我开始刷牙，轻轻刷。（编号 20161005：客栈老板娘，杨女士，1979 年生）

有一位访谈者和笔者说了她在月子里的越轨行为，她顶住婆婆和邻里的压力，坚持科学坐月子的理念，简单洗了澡和头发。

> 生完 2 周后洗了澡，出汗太多，身上味儿太重，实在太难受了，我就洗澡了。婆婆不同意我洗澡，再三告诫我说洗澡会得月子病，老了身体会疼。年轻人不要任性，老辈的话要听等等。经不住我软磨硬泡，她给烧的艾叶水，等开水放凉后擦的身子。头也简单洗了洗，洗后没有用吹风机吹，用毛巾擦干的。我感觉恢复得还好，没落下月子病。（编号 20161025：客栈服务员，艾女士，1985 年生）

二是遵医嘱。婴儿的发育需要从母体吸收大量的钙，为预防钙流

---

① ［法］克利福德·格尔茨：《文化的解释》，韩莉译，译林出版社 2014 年版，第136 页。

失，产妇从建档伊始便主动服用钙剂。产后第一周产妇会服用医生开的益母草颗粒帮助排除恶露和促进子宫收缩。新的禁忌，尤其是对药的禁忌开始出现。多数被访者都提到月子里不能随便吃药，感冒发烧主要通过多喝开水多休息扛过去，即使面临月子里的大敌"乳腺炎"，也以服用"蒲公英"等中成药为主。对中成药的重视意味着传统坐月子文化并未远去且呈回归趋势。"药"的范畴还可以从人吃的药物扩展到蚊虫的药，比如蚊香和灭蚊剂。多位城市被访者表示蚊香有微毒对婴儿不好。这说明在现代社会中，西方医学和科学知识影响产妇认知与行为的同时，妇女成为社会变迁的参与者，仪式的变迁是女性主动选择的结果。近年来，月子中心野蛮生长①，其公开的月子食谱将食材的功能与身体恢复的阶段紧密结合，讲究不同时段采用不同食谱，将月子划分为四周，各周的主要功能分别是排（恶露）、通（乳腺）、补（气血）、催（乳汁）。除了食谱更加细致，更多传统食材如王不留、通草、穿山甲等应用在月子食谱中，反映了传统与科学既对立又融合的关系。

"听医生的"意味着权力发生了转移，从父辈流向子辈。代际权力的下位转移隐喻了传统力量的式微。年轻人读写能力的提升与和阅读习惯的养成拓宽了她们知识的来源，传统仪式所代表的"地方性知识"可以通过孕妇课堂和育儿书籍习得，代际身体知识的传递变得可有可无，她们认可书本的内容和医生的话语。在饮食上，她们注重感官体验与体态维持。过去被视为犒赏，讲究肥脂浓膏的大补特补，现代产妇避犹不及。传统为了孩子好而"大吃大喝"的理念已经落伍，身体外观成为自我认同的核心。社会把体型与道德控制、自我规训和"关爱自我"密切联系，肥胖的身体象征较弱的自我控制能力，正如布迪厄所说"身体是阶级品味最不容置疑的体现"。

---

① http://www.chinabgao.com/k/yuezizhongxin/30390.html.

产妇"听老人的"还是"听医生的"抉择过程，既反映了代际互动关系，也说明了代际权力关系。无论哪种坐月子模式在助力女性身体恢复的同时，都延伸出一套管束的策略①。如下图所示。

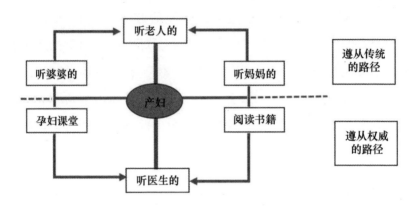

四　月子仪式的抉择机制

在传统农业社会，代际关系是连续的。玛格丽特·米德用"前喻文化"解释父辈向子辈传递基本的生存技能以及他们对生活的理解、公认的生活和简拙的是非观念，子辈在父辈的监管下社会化，并完全沿袭父辈的生活路径②。卡尔·曼海姆曾经提出，任何一代社会成员只能参与有限的历史进程，因此文化遗产需要代际传递，代际更替是一个连续的过程。中国社会从传统向现代过渡过程中，家庭代际关系延续了敬老爱幼的文化传统。虽然从"五四"开始，祖先崇拜、家庭亲合观念和孝道文化受到侵蚀，但老人权威的真正衰落主要发生在改革开放之后。经济结构转型中资源与权力的下位优先隐喻了父辈失去了掌控子代生活的权力③。部分研究者甚至认为代际失衡现象在农

① 李贞德：《性别、身体与医疗》，中华书局2012年版，第5页。
② ［美］玛格丽特·米德：《文化与承诺——一项有关代沟问题的研究》，周晓虹、周怡译，河北人民出版社1987年版，第83页。
③ ［德］乌尔里希·贝克、伊丽莎白·贝克—格恩斯海姆：《个体化》，李荣山、范譞、张惠强译，北京大学出版社2011年版，序二。

村普遍存在，传统的"反馈模式"趋于解体。然而，批评者认为家庭亲属网络依然保留并发挥重要功能，年轻夫妇能获得父母的援助以保持中产阶级的地位与生活。子代与父代因价值的延续和功能的互补保持着密切的互动，家庭代际关系的形态呈多样化趋势。

（一）价值的延续："姑令妇从"余威犹在

在宗法社会，家长之权，定于一尊，子女是父母的所有物，女子是男子的所有物。女子无人格，只能依附男子，嫁人并生子，列为祖先牌位是女性毕生所求。女子不必学怎么做人，只需学怎样做媳妇。女子未嫁，先将就事父母之道，学做媳妇的训练①。女性一生需要扮演的四个角色：女、妻、妇、母②。"妻"是对应"夫"形成的身份，"成妻"是个生理过程。"妇"是针对"姑嫜"和其他家庭成员而形成的身份，囊括了已婚女性除妻子之外的角色。"成妇"是礼俗的必然结果。婆媳关系的建立始于"妇见"，即拜见舅姑。若舅姑已亡，则以"庙见"替代。正如陈鹏所言"中世之后，婚姻之效果，始于交媾成妻之时，成于拜姑嫜成妇之后"。四个角色需次第完成，女性才获得了完整意义上的身份。正如费孝通指出，广西花篮瑶的结婚仪式要到孩子满月了才算结束，延期的意义具有经济和文化双重意义，隐喻了女性角色从"妻、妇"向"母"转变与婚姻稳定的关系③。

关于婆媳间的相处之道，《内则》说："妇将有事，大小必请于舅姑。在舅姑之所，有命之，应唯敬对，进退周旋慎齐。升降出入揖，游不敢哕噫嚏咳、欠伸、跛倚、睇视、不敢唾洟。"如此拘束，后世妇女的生活却以此为"经"。班昭的《女诫》论述了女性在夫家需要处理好三大关系，即敬夫悦夫、曲从舅姑、和悦叔妹。可见古代

---

① 陈平原：《中国妇女生活史》，商务印书馆 2017 年版，第 30—33 页。
② 陈弱水：《隐蔽的光景：唐代的妇女文化与家庭生活》，广西师范大学出版社 2009 年版，第 7 页。
③ 费孝通：《乡土中国 生育制度》，北京大学出版社 1995 年版，第 160 页。

的婚嫁并非夫妻两个人的事情，同时牵涉家庭中的其他关系。《女论语》说："敬事阿翁，形容不睹，不敢随行，不敢对语。如有使令，听其嘱咐。姑坐则立，使令便去。"《女孝经》也强调侍奉舅姑。新妇过门后需"替家母、知家事"，辅助婆婆操持家务。布迪厄认为，权力嵌在结构性的关系中，透过语言和日常生活的实践加以建构。婆媳关系的形成与实践隐喻了传统社会"姑令妇从"的价值观。婆婆掌握大家庭的主导权和控制权。婆媳关系本质上是"顺从—冲突"关系。沃夫（Wolf）提出"子宫家庭"概念，指出女性通过控制媳妇巩固在夫家的地位。丈夫为符合伦理规范，他们选择牺牲妻子的利益来维护母亲的权威。母权仅次于父权，是不可挑战的权威。这种上下有序、分工明确的家庭关系背后深藏着性别与代际不平等的政治结构①。不过，婆媳间的权力结构在社会转型中朝扁平化的平等关系发展，但正如文化堕距理论所宣称的那样，制度与观念的变化慢于物质文化和科学技术的变迁②。礼俗作为文化的一部分，改变的速度很缓慢③。生育上的革命比生产上的革命慢了许多④。这也与中国人安土重迁、默守成规的国民性有关⑤。

川村是韩姓宗族构成的小村落，村民的关系接近于库利的"首属群体"关系，腾尼斯的"通体社会"关系，费孝通的"礼俗社会"关系。这种关系的范围固定在一个小小的自然村里。保证韩姓宗族绵延不断是村民共同的责任与愿景。葛学溥认为家族主义（Familism）

① 翁玲玲：《从外人到自己人：通过仪式的转换性意义》，《广西民族学院学报》2004年第6期。

② ［美］威廉·菲尔丁·奥格本：《社会变迁——关于文化与先天的本质》，王晓毅译，浙江人民出版社1989年版，第26—29页。

③ 叶国良：《中国传统生命礼俗》，上海书店出版社2017年版，第159页。

④ ［美］贺萧：《记忆的性别：农村妇女和中国集体化历史》，张赟译，人民出版社2017年版，第230页。

⑤ ［美］明恩溥：《中国人的文明与陋习》，李向晨译，陕西人民出版社2014年版，第117—118页。

是一种社会制度，所有的行为、标准、思想和观念产生于或围绕着基于血缘聚居团体利益的社会制度。家族是所有价值判断的基础和标准①。费孝通指出家族通过"香火"来延续，"香火"象征了传宗接代的信念，父辈以"不孝有三无后为大"为训，子辈以"光宗耀祖"为奋斗目标②。许烺光用"父子同一"概括中国家庭代际关系，指出父子在"祖荫下"有共同的责任：家族血脉世代绵延。父子作为一条纽带，父辈连接着众多祖先，子辈牵引无数后代。父子双方不可或缺，否则传承即将中断③。如此一来，个体有限的生命通过宗族的绵延获得无限的永恒，原本无血缘关系的两代女性通过延续夫家的"香火"构成了利益共同体。在此意义上，家庭中的成员既是生物学意义上的自然个体也是社会关系中的特定身份与角色。明恩溥认为，因为结婚早，产妇在生育时她自己还是一个孩子，照管婴儿像做其他事一样要完全听从婆婆以及一大群反复无常的姊子、大娘、祖母的旨意④。也有学者解释过去听婆婆的原因在于受教育低和长幼有序的家庭权力关系。"听老人的"坐月子模式并不因文化程度和城乡差异而发生改变。章梅芳发现，高校女知识分子在"坐月子"过程中，大多数产妇选择遵从老人的意愿⑤。此外，年长女性将她们身体的不适归结于年轻时没有坐好月子，她们的现身说法强化了"听老人的"行为选择。

---

① ［美］丹尼尔·哈里森·葛学溥：《华南的乡村生活——广东凤凰村的家族主义社会学研究》，周大鸣译，知识产权出版社 2012 年版，第 8 页。

② 费孝通：《江村经济：中国农民的生活》，商务印书馆 2001 年版，第 117 页。

③ ［美］许烺光：《祖荫下：中国乡村的亲属、人格与社会流动》，王芃、徐德隆译，南天书局有限公司 2001 年版，第 55—60 页。

④ ［美］明恩溥：《中国的乡村生活》，陈午晴、唐军译，电子工业出版社 2016 年版，第 224—225 页。

⑤ 章梅芳、刘兵：《"坐月子"传统及现代意义——以北京某高校女教师群体为例》，《广西民族大学学报》2018 年第 2 期。

　　我婆婆说，月子坐坏了没有机会弥补，现在不注意，等年纪大了，毛病就没法治了。她自己因为月里干了活，洗了尿布，现在手腕疼，腱鞘炎，治不好。我不敢去尝试，万一留下后遗症怎么办，老人说近期可能没事，但过 20 年，或者 30 年爆发出来了怎么办，不敢拿身体开这样的玩笑。（编号 20161006：客栈老板娘，底女士，1981 年生）

传统观念认为"月子病月子养"，现代女性生育次数少，月子一旦坐坏，没有弥补机会。纵使青年产妇试图越轨，但由于害怕老了以后会落下"月子病"，因此抱着"宁信其有，不信其无"的谨慎态度，积极配合长辈们（尤其是婆婆和妈妈）的要求，对某些具体禁忌稍作调整后耐心"坐月子"，一些体弱的女性甚至把月子当作调整体质的重要机会。

　　（二）功能的互补：姑妇协作普遍存在

近现代以来新旧制度的交替瓦解了宗法组织，民主科学、个性解放等观念深入人心。传统家庭中以老为重、长幼有序的内部关系正在被代际平等、独立的关系所取代[1]。经济转型带来的巨变在家庭领域表现为家庭结构松散和代际关系紧密。前者表现为扩大家庭的实际消失和核心家庭主导地位的确立。后者表现为"情感—经济"代际互助模式普遍存在。受外来文化的影响，年轻人渴望独立和追求自由。"分家"是人们接受并被期望的事情。年轻人（媳妇）因其可以增强个人经济和人格的独立、缓解婆媳矛盾而青睐"分家"，父辈认为"分家"能降低子代的依赖性和增强进取性也希望"分家"[2]。贺萧认

---

　　[1]　［美］威廉·J. 古德：《家庭》，魏章玲译，社会科学文献出版社 1986 年版，第 62 页。

　　[2]　［加］朱爱岚：《中国北方村落的社会性别与权力》，胡玉坤译，江苏人民出版社 2010 年版，第 138—141 页。

为分家是年迈父母保护自己，促使年轻人更努力工作的间接委婉表达方式①。理想的居住模式在农村表现为"独立居住、分灶吃饭"，在城市表现为"两扇门的距离、一碗汤的温暖"②。家的实质是空间和账目的双重独立。需要指出的是，无论城市还是农村，"家"是理解家庭成员做出决策的关键，家庭结构核心化并没有破坏家庭关系，个体做"分家"决策时通常会把其他家庭成员纳入考虑之中。

分家后的核心家庭与原生家庭保持经济独立的同时延续了代际合作关系。子辈与父辈在功能上彼此依赖，子辈需要父辈带孙，父辈需要子辈养老。代际合作成为常见的家庭分工模式③。在农村，和父代相比，子代具有技能和年龄上的双重优势，在职场更具竞争力和经济价值。在经济动机和市场驱动双重作用下，妇女主动进入职场且表现活跃，赚取更多金钱。外出务工已经成为年轻人向往的一种生活方式。婆婆因较少的人力资本优势退守家庭以照顾孩子和料理家务。这种劳动分工有利于家庭利益最大化④。"六普"数据显示，农村直系家庭数量近年呈上升趋势。在城市，以育儿为中心的代际互助直系家庭普遍存在，低龄老人进入子女的核心家庭，帮助照看孙辈，料理家务⑤。这种代际互助固然存在父辈养老需求的工具性意义，但其蕴含的情感逻辑也不言而喻，对许多中国老人来说，含饴弄孙可能是他们向往的理想生活状态。

---

① ［美］贺萧：《记忆的性别：农村妇女和中国集体化历史》，张赟译，人民出版社2017年版，第278页。

② 王素素：《中国老龄化背景下家庭养老的经济学分析》，博士学位论文，山东大学，2018年。

③ ［美］范芝芬：《流动中国：迁移、国家和家庭》，邱幼云、黄河译，社会科学文献出版社2013年版，第109页。

④ ［加］朱爱岚：《中国北方村落的社会性别与权力》，胡玉坤译，江苏人民出版社2010年版，第138—141页。

⑤ ［德］乌尔里希·贝克、伊丽莎白·贝克—格恩斯海姆：《个体化》，李荣山、范譞、张惠强译，北京大学出版社2011年版，第1—2页。

"坐月子"的空间规范意味着婆婆是照顾者的理想人选。这是因为伺候"月子"是维系"子宫家庭"最有效的手段①。道格拉斯认为身体的表现是习得的，人类透过身体创造了社会秩序②。在川村，婆婆伺候"坐月子"既是义务也是互助。父权制社会中女性的功能性角色在于成功生下男性后嗣以延续家庭血脉，确保宗庙中祭祀典礼的延续③。因此，诞下子嗣的媳妇得到婆婆的细致照顾是天经地义的。如果婆婆倾尽所有照顾了儿媳妇的月子，是日后可以要求养老的资本。反之，则可能成为儿媳妇不养老的借口。阎云翔指出，对子代来说，代际间的相互报答与其他形式的报答相同，需通过不间断的互动来维持。如果父母对儿女不好，或者父母没有尽责，儿女也就有理由减少对父母的相应的义务④。王跃生认为，亲子关系在以抚养为前提的基础上还需发生互惠性质的交换关系，否则，代际关系将被减弱⑤。通过照顾"坐月子"的代际互动与情感交流，再生产了家庭内部的人伦关系，姑慈妇孝、宗亲和睦成为社会理想的家庭愿景。

（三）科学的力量：功能依赖与价值怀疑

如果说"听老人的"模式是坐月子作为地方性知识的展演，那么，"听医生的"模式隐喻身体技术不再是代际文化的传承。科学理性的入侵深刻影响了传统坐月子的文化理性，传统坐月子隐含的"情感—功能"代际关系转化为"理性—现代"契约关系。西方科学兼具科学技术和意识形态双重功能。一方面，产科学作为可以降低妇婴

① 苏海英：《婆婆煮的"定心蛋"——三峡汉族妇女坐月子行为的人类学调查》，《西南民族学院学报》1997年第1期。

② ［英］玛丽·道格拉斯：《危险与洁净》，黄剑波、柳博赟、卢忱译，张海洋校，民族出版社2008年版，第98页。

③ ［美］罗莎莉：《儒学与女性》，丁佳伟、曹秀娟译，江苏人民出版社2015年版，第10—11页。

④ ［美］阎云翔：《私人生活的变革——一个中国村庄里的爱情、家庭和亲密关系（1949—1999）》，龚小夏译，上海人民出版社2017年版，第165—170页。

⑤ 王跃生：《中国家庭代际关系的理论分析》，《人口研究》2008年第4期。

死亡率的"长技"在中国快速发展,产科知识通过书籍、教育机构和医院等转为为医疗实践。病人因无法理性权衡医疗选择而将决策权留给医生,对医术的信任保证了医生的权威地位。产妇对医学认同的增强隐喻了家庭代际伦理关系的弱化,分娩医疗化的普及意味着身体知识和技术的提供者由临近的老人变成了陌生的医生,熟人关系转变为契约关系,身体的主人将身体的管辖权让渡给医生。另一方面,作为意识形态的医学知识从国家的层面宣传"科学坐月子"理念,实质是劝诫人们维护自己的身体健康。"健康导向"的公共卫生聚焦个体,借用科学的说辞,通过劝导公众控制自己身体行为达到减少发病的结果。公共卫生话语具有规训效力,个人在认识到自己受到公众凝视的同时,会通过自我管理对身体进行规训,其中的权力关系变得隐秘且分散,被主体自觉保存下来,并被施加在自己或他人身上①。健康教育具有将意识形态和社会活动合法化的功能。孕妇课堂的健康宣教和产褥期的家庭访视立场鲜明的陈述个体应如何使用自己的身体,包括何种类型的食物进入身体、身体行动的性质与频率,以及身体的性表达等,国家以健康的名义控制个人的身体。孕妇在医院遭遇的西医关于产后护理的知识体系冲击了传统坐月子的"地方性知识"。科学话语将"坐月子"习俗贴上"陈规陋习"的标签,视其为产褥热的始作俑者和产妇死亡的罪魁祸首。在福柯看来,身体已经成为行使规训权力的焦点,是对政治和意识形态进行控制、监督和规范的终极场所②。

受西方科学知识的影响,尽管身体管理的医学化是一个普遍趋势,现代科学通过规范性产检、医院分娩和产后家庭访视等制度影响

---

① [美]黛博拉·乐普顿(Deborah Lupton):《医学的文化研究:疾病与身体》,苏静静译,北京大学医学出版社2016年版,第53页。

② [法]米歇尔·福柯:《规训与惩罚》,刘北成、杨远婴译,三联书店2015年版,第235—241页。

产妇并弱化传统坐月子身体技术的代际传承。然而，礼俗作为一种社会制度涉及社会秩序和社会伦理，其变迁速度明显滞后于经济结构与政治制度，文化的传承与变迁有其自身的逻辑。在此背景下，"听医生的"坐月子模式并不认为是安全和可信的。老人关于身体疼痛与坐月子关系的述说加深了产妇的疑虑，进而影响了坐月子模式的抉择机制。

五 传统习俗、代际关系与社会秩序

现代社会快速变迁影响着个体与结构的关系①。结构决定论认为结构是静态的，隐喻了稳定，人类的行动很难改变结构。文化决定论将文化与社会行动切割开来，力图理解符号和意义体系的"内在逻辑"。文化被理解成一个独立的体系，并深受结构主义的影响，实践主体的能动性被忽略。依照结构主义的语言，社会变迁成为一件极为困难和笨拙的事情。其实质是一种决定论取代另一种决定论，陷入经济/文化二元对立的思维窠臼。实践论试图解释人类的行动与作为"体系"的文化之间的相互关系，提出结构制约个体行动，实践突破并改变结构。行动的累积性、集聚性效应使结构发生变化，从而为历史的发展留下了空间。所以，文化在个体的行动中被改变和再生产，表现为延续了几千年的礼俗文化发生嬗变，"坐月子"的理念与方式受现代性影响并被重塑。民俗与传统礼仪具备了双重属性，一方面，激进的知识分子认为，"科学坐月子"是妇女解放、性别平等和社会文明的标志，是通往实现民族现代性的康庄大道。"传统坐月子"成了女性愚昧无知和故步自封的替罪羊。研究者将其当作攻击儒家意识形态和封建社会制度的武器，鼓励现代女性抛弃陈规陋习科学坐月

---

① ［法］皮埃尔·布迪厄、［美］华康德：《实践与反思——反思社会学导引》，李猛、李康译，邓正来校，中央编译局出版社 1998 年版，第 104 页。

子，从而将民间习俗与民族现代性联结起来。① 另一方面，传统与习俗被看作是中华文明的根基与源泉，被理解为民众生活的地方性知识与历史性的创造，进而把它们当作"民族精神"或祖国文化的瑰宝，提升到"文化自信"的高度。无论是把传统习俗看作是国民文化建设的资源或依据，抑或是把它当作国家进步的包袱和阻碍，传统习俗都会在国家的文化体制与社会公共政策中反复不断被重新定义和不断被"再生产"出来。② 习俗作为分析理解人类行为的途径，曾被当作民族的立国之本，在经济结构转型与社会结构变革的当代社会出现了文化传统上的转变与断裂，从而促成仪式发展的现代转型。

此外，家庭的概念既清晰又模糊。一方面，家庭是以婚姻和血缘关系为纽带的社会生活组织形式。核心家庭是现代社会的主流模式，是西方人理想的居住选择和家庭理念体系。另一方面，家庭形式多样化模糊了家庭的界限。中国家庭具有伸缩性强的特征，作为一个象征符号，家可以扩展到社会和国家，卿大夫的家诸侯的国周王的天下可以是一体的；作为一种具体结构，家表现在姓氏（家户）、家庭与宗族之上，家庭概念在宗族、家庭、家户三个层次间伸缩。"房"的概念具有联结家、家族和宗族的系谱性意义，明确了家族成员间的远近关系，强化"生活共同体"的意义。家庭概念的双重性隐喻了东西方文化的异质性与冲突性。以古德为代表的家庭社会学研究提出家庭制度变化的全球性趋势——扩大家庭的瓦解和核心家庭的建立——这一理论潮流影响中国家庭研究的同时，对中国社会出现的"结构松散、关系密切"的临时主干家庭的普遍性存在现象解释力式微，根本原因是西方家庭研究强调了家庭对社会变迁的适应，忽略了中国传统文化结构与家庭变迁间的互动关系。在家庭核心化的潮流中，亲子主

---

① ［美］程为坤：《劳作的女人：20世纪初北京的城市空间和底层女性的日常生活》，杨可译，三联书店2015年版，第77页。

② 周星：《国家与民俗》，中国社会科学出版社2011年版，第2—3页。

轴并没有被夫妻主轴替代,个体与家庭通过代际关系互构。

需要指出的是,传统社会迈向现代社会是个渐进的过程,传统与现代之间并不存在本质的断裂,连续性和传承性始终介于传统与现代之间。代表"传统"的仪式与彰显"科学"的现代性之间貌似互不相干①,实际上,仪式变迁既体现传统社会的宗法思想和礼乐制度,又昭示现代科学的发展趋势,呈现出一种从传统到现代嬗变的态势,其背后是强大的惯习。布迪厄认为,惯习来自于社会制度,又寄居在身体中②。仪式经由身体实践累积形成礼仪制度,并反过来规定身体实践。月子仪式中婆媳共同遵守民俗习惯的实质是遵从社会制度与社会秩序。因为"礼仪"具有"经国家、定社稷、序民人、利后嗣者"的功能③,对"礼仪"的遵循实际上是建立和维系不同身份、角色之间的社会分工和社会差异的社会秩序,正如《淮南子》所言:"夫'礼'者,所以别尊卑、异贵贱"④,形成"民不迁、农不移、工贾不变"的理想秩序。

(原文刊发于《求索》2019 年第 1 期)

---

① 赵崔莉:《被遮蔽的现代性:明清女性的社会生活与情感体验》,知识产权出版社 2015 年版,第 2 页。

② [法]皮埃尔·布迪厄、[美]华康德:《实践与反思——反思社会学导引》,李猛、李康译,邓正来校,中央编译局出版社 1998 年版,第 171 页。

③ 王处辉:《中国社会思想史》,中国人民大学出版社 2017 年版,第 51 页。

④ [美]罗莎莉:《儒学与女性》,丁佳伟、曹秀娟译,江苏人民出版社 2015 年版,第 87 页。

"木客"传说、历史记忆与社会生活

——以赣南鹭溪社会的身份认同为中心[*]

张　丽　万建中

四　作为"木"的义项而出现的"豫章"等地名

在对"木客"传说的情节要素人、木、水的文本分析基础之上，可以意识到木、水基本是故事构成中的稳定要素，由这两个要素构成了故事类型中的 B 类型。在由人的要素进入之后，故事的类型发生了分裂，跟木发生关系的人不仅局限于当地的人，也包容进了由区域之外历史、传说、国家、征战、赋税等多重复杂社会内容的传说内容。这些成为赣南"木客"传说有机的生长点，由此而进一步进入了区域社会的乡土传统的叙事及建构中去，但乡土的叙事，无论如何也是以区域的自然地理环境为基点的，这也是"木客"传说所以稳定于赣南社会的一个重要原因。

＊ 本文分两次刊发于《民俗典籍文字研究》，上半部分刊发于《民俗典籍文字研究》2017 年 10 月第 20 辑，此文为下半部分。——编者注

作者简介：张丽，太原理工大学政法学院副教授；万建中，北京师范大学民间文学研究所教授。

本文是以下基金项目的阶段性成果：2015 年教育部人文社科青年基金项目"民间传说与宗族社会关系研究"（批准号：15YJC751059）、中国博士后科学基金第 57 批面上资助项目"祠堂、信仰与钟氏宗族"（批准号：212400245，资助编号：2015M570949）阶段性成果。

木材并不仅为赣南山区所特有，沿赣江而上的庐陵、豫章、饶州等地基本都盛产木材。初唐王勃《滕王阁序》颂美过"豫章故郡，洪都新府"，以郡之意出现的"豫章"二字本身也包含着木材之意。《神异经·东荒经》记载：

> 东方荒外有豫章焉，此树主九州。其高千丈，围百尺，本土三百丈，本如有条枝，敷张如帐，上有玄狐黑猿。枝主一州南北并列，面向西南，有九力士操斧伐之，以占九州吉凶。斫之复生，其州有福；创者州伯有病；积岁不复者，其州灭亡。①

此类神异叙事的文章，在《搜神记》《搜神后记》《述异记》一类的文本中有所传承，也说明作为树木的"豫章"在当地极多，而受到了中央政权的重视，有占卜吉凶之功效，而以神木视之。东汉应劭《汉官仪》中也提道："豫章城之南门，曰松阳门，门有樟树，高五丈五尺，大二十五围，枝叶扶疏，垂荫数亩"，又云"树生挺中，故以名郡"，可见豫章郡的得名与其产樟树是密切相关的。

樟树的价值除去经济药用价值之外，有独特的雕刻艺术价值。百科辞典记载樟木，木质细密，有天然的美丽纹理，质地坚韧，不易折断，也不宜产生裂纹，是自古以来雕刻工艺的首选材料。在赣南山区中，树形高大的樟树也常所得见。当地人对杉树、樟树的描述有所区别，杉树木质较软，不适宜雕刻；而樟木则坚硬，雕刻花纹好看，所以成为农闲人家艺人的选取材料。除去作为木材的指称之外，豫章也还有豫章水之意，也即今天的赣江。南朝刘宋雷次宗《豫章记》中，提到了豫章水的记载。

与《豫章记》同处南朝时期的任昉，其《述异记》流传到了今

---

① （汉）东方朔《神异经·东荒经》，龙威秘书一集，第六册，汉魏丛书原本。

天，出现了多样化的文本。笔者在整理过程中将其归类为一卷系统和二卷系统，由于此处论述是以"木客"传说及其木材为分析对象，对《述异记》版本、内容辨析及其故事形态并不做具体探讨，另待专文论证。一卷及二卷系统是现存《述异记》版本的粗略概括，除此之外，在傅增湘校跋的题名为明代万历程荣所刻的汉魏丛书本中，在二卷本之外，有傅增湘先生在文后附录的自《太平御览》《太平广记》中辑出的佚文一卷。一卷本与两卷本系统基本保持了相对独立完整的内容体系，在二卷本的系统之内可以见到关于"豫章"的记载两则，此以明会稽商濬所校的稗海本为例予以说明。在卷下第31、32条处分别记载：

> 豫章之为木，生七年，而后与众木有异。
> 汉武帝宝鼎二年立豫章宫，于昆明池中作豫章水殿。①

这两处文字，见存于两卷本系统。第一条材料描述樟树的生长过程，有口语化叙述的特点，也明显蕴含了民间生活的经验总结，这样一种经验性的叙事进入文人的案头化写作经验中，成为进入豫章之地后经常会形成的一种叙事性话语。唐代白居易云"豫樟生深山，七年而后知"（《寓意》）也是对这一经验性叙事的再次重现。材料二中的昆明池，在《三辅黄图》卷四有记载，云"武帝元狩四年穿，在长安西南，周回四十里"。而武帝所以造昆明池的原因则是"天子遣使求身毒国市竹，而为昆明所闭。天子欲伐之，越嶲昆明国有滇池，方三百里，故作昆明池以象之，以习水战，因名曰昆明池"。②作为演练场地的昆明池，"地三百三十二顷"，其中有"戈船各数十，楼船

---

① （南朝梁）任昉：《述异记》，（明）会稽商濬所校的稗海本。
② 《三辅黄图》卷四引《西南夷传》内容，（清）毕沅校。

百艘，上建戈矛，四角悉垂幡旄葆麾盖"，后来又于池中作"豫章大船，可载万人，上起宫室"。这里的豫章大船与材料二中的豫章宫、豫章水殿，无疑是以豫章之地的地理位置为依托的，从古豫章地区客观的地理形态来看，赣江连接了中原地区进入闽粤的交通要道，北边可自长江进入鄱阳湖，而转入赣江，经大庾岭进入岭南地区。武帝所造昆明池，内中设豫章宫、豫章水殿，宫内又置豫章观，也可见出豫章在南下进入山越地区，征服百越之民的理念中所占有的重要位置。以此来看，长安城内所立的豫章宫、豫章水殿、豫章观，体现着帝王的政治意图，至于营建宫室的木材源自何处，如何将木材运送至宫内，可能体现出了较多的民间政治诉求。

豫章命名的本意脱不出其物产及地理交通特征，仔细辨析这一则材料中的豫章宫及豫章水殿，在命题背后隐藏着豫章水作为交通要道的重要性。而以豫章水为交通流转的时空画面中，作为交通工具的船，与能引航的人是极其重要的。上述《南康记》所引材料中的"木客"能砍榜、制榜，说明山区的居民习惯于山林、江湖之上的生活。再进推一层，不仅山林之内的"木客"有此种能力，可能在南康郡城内的不少人家也或有这种生活能力，从经济发展的形态来看，初期自给自足的经济形态下，山林江湖可以满足于基本的日常生活需求，即便在经济形态不甚发达的晋时，榜或版，已经作为居民的日用之物被储备，也说明在南康当地是以一种重要的商品形式在流通了。

从地方与国家的关系来看，豫章地方所有的"木"一直受到了国家的注意，直至清代，每年都有从江西采木供应京城及其他大型都市的官府需求。康熙六年（1667），户科给事中姚文然疏言："浙江、江西五省采办楠木，每有不肖官役，借事吓诈，封锁民房，砍伐坟树，百姓受殃，必用贿求免。况采木原有丈尺定式，乃不问大小，砍山陆运，假公行私，致累小民，请敕严禁。"① 这一则事件虽然后面以"不肖官役及奸商土棍，借名生事"的缘由及最后的"著督抚严禁"来定性，却仍然可以见到地方社会内部官与民之间围绕着木材所产生的剧烈矛盾。江西赣南地区素重风水、重丧葬，坟树既是为离去的亲人遮蔽风雨之用，也有泽荫后人，家族绵延的心理寄托，由于此样的文化理念，在坟树的选择上也较多花费心思。官府对坟树的征用，清寒人家势力不济，自然希望用贿赂打发勒索征讨，这也部分满足了官员阶层中的利益需求。康熙二十七年（1688），江西巡抚宋荦也曾上疏言及豫章地区每年采木所带来的社会弊病，"江省每年采买竹木，名为捐，实系累民……并严禁科派采买"，律令屡下而屡不止，说明了豫章地区内各层级官员之间的相互联系及与地方民众之间的对立，同时，也说明作为重要生活物质的木材，是地方民众赖以生活之本。

五 赣南的"木客"及"木客村"形态探微

前文所涉及的十种"木客"传说文本②，笔者先以赣、浙、桂、闽四区域为标准做了划分，在此不同的区域内部及区域之间看到了相互的联系。赣南的"木客"传说以东晋南北朝为中心，形成了特定的"木客"传说文本。如果以清代《赣州府志》的记载为区别，可以辨别出这类传说没有出现秦遗民采木隐匿的故事情节，文本中的"木客"形态是相对稳定的，本土自生性是其主要特征。

从国家与地方的关系来看，东晋及南朝的宋、齐、梁、陈，长江以南的大片区域归属于南朝政权，南朝建立的以南渡中原世家贵族与

① 邵鸿主编：《〈清实录〉江西资料汇编》卷二十二，第 4 册，江西人民出版社 2005 年版，第 312 页。

② 张丽、万建中：《木客传说、历史记忆与社会生活（上）》，《民俗典籍文字研究》第 20 辑，商务印书馆 2017 年，第 35—46 页。

南方土著的世家大族相互吸收接纳，建立了相对稳定的政权，这一政权是与北方政权相对独立的，虽然在南北边界线之间有剧烈的战争，但属于赣南地区的南康等地则处在相对稳定的政治生态中，南朝的变乱基本也是以长江以南的区域为范围的，在南康当地，发生的徐道复北上采买船木一事，其中所涉及的南康山区是以木材的原料供应点的方式而出现的，而以此为特征的"木客"构成了一个相对稳定的传说表达方式，可以推想在东晋及南朝，南康山区很可能真实存在有一个特殊的以"木客"为身份的群体，在外围的话语圈对话中，南康并不涉及遥远范围之内的中原地区，在南康与中原之间并不存在直接的联系，"木客"传说的形态生成是以南康为中心的，并有可能沿着赣江河道向北发展，所以南朝的庐陵地区会出现"木客鸟"的叙事。当然，也并不排除作为隐喻性叙事的"木客"群体沿着赣江而下经过庐陵地区，然后进入南康地区的。

此外，"木客"传说并没有局限于南康地区，而是在吴越地区也有流传，传说的主体是在吴国与越国之间展开的，也说明在吴越地区流传的"木客"传说有其稳定性，故事结构中形成了吴王与越王对话的故事模式，并以吴越地区为区域性的流传空间。

将同时段赣、浙地区流传的"木客"传说进行比较，浙江地方的"木客"传说叙事是在两个具备国家形态的政权人物代表之间展开的，"木客"传说已经渗透了当地的国家叙事话语，在国家的叙事层面上，进一步推源到了春秋时期的吴越政权，并在吴越文化的梳理下来建构自己的传说谱系。而此时南康地区的"木客"叙事基本在当地的话语系统中呈现，进入"木客"叙事内容的关键性人物因素为徐道复、官兵及当地人，并没有涉及国家话语层面的叙事，"木客"的身份依旧是在南康山区"高岩绝峰"的异类。从文献记忆的角度来看，"木客"出现了国家层面的叙事话语，尤其是秦王遗民采木的结构进入"木客"叙事中，至晚在明清时期出现，广西地区流传的

"木客"传说可能是清以来南康山区流传的"木客"传说的早期形态，传说中秦王修筑阿房宫采木的因果关系，呈现出的是一种国家与民之间的集中对立关系，如果说在浙地流传的"木客"传说还携带有为越王勾践伐木献给吴王的不得已因素时，到了广西、赣南地区则变成直接的秦王修阿房宫的反面叙事，而"木客"的话语体系则在与秦王的对话中直接建立了，地方与中央、中原遗民与国家暴政，"木客"在秦王故事的追溯中建立了自己的中原谱系，并且回到一个漫长的正统王朝的文化轨道上去。

清代《闽都别记》中所流传的"木客"传说，已经看到"木客"的生活形态与避秦的叙事主题完全脱离了，避秦不再跟"木客"相关联，而成为"木客"的雇佣者的话语叙事。

至此，似乎可以从不太明晰的文献中看到一个"木客"传说的结构，如果将文本中记忆的"木客"生活形态的描述看作是当地人真实的记载，以南康山区来看，这种真实性有其叙事的自然、社会环境为基础，那么在文本的排比中，可以看到秦王遗民采木隐匿的故事结构在文本中并不稳定，而是在不同时空流转中以不同面目出现，秦王的故事结构背后的逻辑存在要素是秦代的长安，及以长安政权为中心的洛阳等中原都邑的文化谱系。这样的民间叙事话语建构方法进入南康山区，成为当地人进行祖源叙事的重要坐标。这一部分流动的结构本文随后再述，此先阐述对于"木客"及"木客村"的分析。

如前所述及的作为"木"的义项而出现的豫章地名，山区木的形态是稳定的，豫章郡作为提供木材的功能性区域，也与地方及国家之间建立了关系，"木客"传说的文本叙事基本上是在地方与国家叙事结构的不同层面来展开的，由居住于高岩绝壁上的南康山区的"木客"的本土叙事到秦王遗民的外来叙事，涉及地方对国家，族群对中央政权的认识。而当地的"木客"则可能是一种真实性的历史存在，本文以为"木客"有自我的生活习惯、组织规则，擅长于山林、江湖生活，并且工于各种木制工具的制作，在赣南地区是一个特别的族群，形成了近似于村落的组织形态——木客村。虽然秦王遗民的故事结构悬置于"木客"传说的结构体系之上，但却不妨碍对"木客"的功能性认识。

回到笔者所调查的赣南山区的官村、白鹭一带，现在所见到的白鹭乡政府所在地并不始终是区域的政治经济中心，至少在明代，当地的行政区划是以官村坊为中心的，而官村坊可能是以兵营的形态存在的，即田野中所了解的官村营。笔者在田野调查中经常可以听到当地人对官村真实的文化身份的质疑，与此同时还伴随着当地的谣谚，"三个田村比不上一个白鹭，三个白鹭比不上一个官村"。白鹭村外，官村与洞田相隔的大片水田之间，当地人描述稻田下面是大片的石板，可能以前是以交通通道的形态存在的，而官村可能是这一代的政治文化中心。笔者在白鹭的家谱资料中进一步检索到官村与白鹭的婚姻关系，其中白鹭人家有嫁给官村赵统领的，可见在官村存在一个军事性的行政级别建构。这个带有军事性形态的村落组织存在的时间段，可能也并不局限于清代，而可能推源到明代，或者更早的时间段。从其职属来看，伐木造船可能是其主要职守，同时也兼有军事性质的进攻、保卫组织。由于其独特的政治军事性质，在鹭溪一带的聚落社会可能享有较高的社会生活地位。而官村坊的衰落及白鹭的兴起，是伴随着官村营作为兵营性质的聚落逐渐衰败而转移的，官村坊的解体势必要求新的宗族村的出现，在这个序列中，吉塘的陈姓、林头的方姓及白鹭的钟姓等聚落社会中的强宗顺利登上了舞台。

六　流动的叙事结构——秦遗民采木隐匿

前文对以白鹭、官村为主的山区内遗留的"木客"传说文本进行了结构分析，在文献的排比中，提炼出了秦遗民采木隐匿的叙事结构与"木客"的生活形态及与山区的木的日常生活性关系这样两个部分，在文献的类比中，后者处于稳定的叙事层面，变异的层面存在于秦遗民采木隐匿这样架构过来的叙事结构中，由此在时空的流转中，呈现出稳定性与变异性相结合的特点。

前文述及了稳定性层面中的客观的地理自然环境，以及山区的人与木、水的关系，揭示了"木客"中人与木、水的结合处于稳定性的叙事层面，文献中出现的"木客""木客村"的记载极大程度上是真实形态的族群及其历史生活描述，由单个的"木客"结构起来的"木客村"可能是区域范围内重要的为国家及地方提供木材原料的村落组织，在清代，村落组织内部可能存在军事化的管理模式，并有行政级别存在，在社区生活中有极大影响。从变异性的结构层面来看，"木客"传说中的人的来源涉及了地方与国家的关系，也正是在国家对地方逐渐的认识过程中，"木客"传说一步步被国家化了，作为高度形态化的标志是秦遗民采木隐匿这样的叙事结构成功地链接在了"木客"传说的源头之上，并至少在明清时期的长维度内得到了广泛的认可和流传。

美国的人类学家詹姆斯·C. 斯科特在《弱者的武器》中，对塞达卡的穷人及富裕阶层的叙事文本进行了分析，认为"塞达卡阶级关系的'完全文本'，并不能简单地从富人与穷人、强者与弱者之间的公开互动中获知。为了超越作态和掩饰盛行的范围，事实上必须与穷人单独交谈或者在他们都是朋友的小群体中交谈。只有在这个时候，人们才会看到完全文本的局部，而如果在其他情境中公开宣布这种文本，就会危及穷人的生计"①。本文借用斯科特对文本分析的分类，将之提炼为"公开的文本"与"隐藏的文本"这样两个对立的概念，并认为田野调查的目的实践存在一个由"公开的文本"向"隐藏的

---

① ［美］詹姆斯·C. 斯科特：《弱者的武器》，郑广怀、张敏、何江穗译，译林出版社 2007 年版，第 345 页。

文本"逐渐靠近的中间化过程。以此再来看秦遗民采木隐匿的叙事结构，秦降卒、谪卒、隐匿成为显性的叙事因素，连接起了"木客"身份的公开文本，但这样的叙事架构在鹭溪聚落社会中并没有进入到宗族族群自我身份的建构中去，而是将其作为一段传说来处理。如果我们将秦遗民采木隐匿的"木客"传说做进一步的解构，将之区分为秦降卒的公开文本与其背后容纳的中原之民的隐藏文本之后，可以看到这一叙事结构中的重要的作为中原之民的隐藏文本进入村落社会的身份建构中去，成为公开的文本。不仅如此，有关隐匿藏身的文本也完全消失，聚落社会中的钟姓宗族构建一个强势的唐朝宰相钟绍京后人的叙事身份。顺此途径，进入中原王朝正统统治序列中去。三国的钟繇、成为远祖叙事的内容。从宗族发展的近源来看，钟姓族人在叙述宗族强盛之时，经常会将"十八天井金银"放在叙述的逻辑中展开，而宗族所以强盛的原因一般会推源到致敬堂的钟正瑛，而正瑛公所以能带领宗族强盛起来，重要的原因在于对周围山区木材的开发及借助鹭溪河天然的河道便利条件：

> 过去我们这里圈圈都是森林竹木，杉木、樟木、枋木等各样的木材，正瑛公搞了竹排、木排去卖，到了万安、良口就集中换成大排，直接进入了赣江，绕过了赣县到万安地段的十八险滩，过去这里是经常出事的。这样就比别家的木材赢得了先机。顺着赣江到了九江、汉口、南京，这些地方设有关卡，规定时间才能开关，我们白鹭的船到了之后，就直接放行了。这样很快木头就卖了出去，回来的时候又带着那边采买回来的货物，到这边来销售，这样两边获利。①

---

① 2016 年 6 月 28 日上午九点，笔者在老街上钟益善老人家里，由其讲述。

村落叙事中流行的致敬堂的六子十八孙，都是跟钟正瑛这一支相关的，正瑛公在家族的发展路径中实现了宗族积贫为富的转折，而由富而官的过程经历了两代人，由钟正瑛到其子愈字辈的六个儿子，再到其后崇字辈的十八个孙子，钟崇俨做了嘉兴知府，钟崇俨、钟谷父子进一步将在浙江等地流传的昆腔、黄梅戏等演唱技艺带回白鹭，与当地的高腔艺术相融合，形成了东河戏的新剧种。① 笔者推测这一阶段宗族经济、政治形态过矿的过程，促成宗族文化的转型，而文化的转型无外乎也是朝向王朝的正统秩序建构，尤其是儒家文化的建构中去，家谱记忆由此呈现出民间儒家化的文化色彩。也正是在这一文化转型中，宗族的文化标杆朝向正统王朝的认识序列，作为秦遗民的"木客"传说外壳完全不可能适应于此一时期的宗族发展，从对宗族的社会发展与"木客"传说的传承来看，这一迅速国家化儒学化的过程也可能正是"木客"传说中的秦遗民采木的叙事结构迅速被抛离当地聚落社会的流传过程。此后的宗族叙事以中原正统之民的身份自居，白鹭洪宇堂的对联题写"洪波千里鹭溪长弘祖业耀颖川扬越国，宇宙万年龙脉壮蔚人文兴赣邑振世昌"，颖川成为祖源的南迁之前标记出来的中原居住之地，也成为白鹭钟记忆祖源——"颖川堂钟氏"的方式。由此，秦遗民采木隐匿的隐藏文本中原之民、南迁而来的叙事理路进入宗族身份的自我建构中去，在家谱记忆、祠堂标志、村落口头文化中得到了传承，并成为新的公开文本在聚落社会中得到承认和流传。

在秦遗民采木隐匿到达赣南山区的文本描述中，"溯鹭溪河，从万安来到赣南上洛山"是一条由北方进入南方，经长江、鄱阳湖，进入赣江，到达豫章、庐陵，过万安，到达良口后转入鹭溪河，由五

---

① 参见笔者《民间叙事视角下的东河戏研究——基于赣县白鹭村田野调查之整理》一文，《嘉应学院学报》2015 年第 2 期，第 18 页。

陂、下富竹、上富竹、龙富、龙裕、龙溪、龙头而到达白鹭、官村的过程。这一条河道交通线路在当地的精英文化人士眼中，是外来文化资源进入白鹭的重要通道，也是白鹭内部自身文化更替，经济发展及社会更替的重要原因之一。这一条白鹭流向省城、都会、京城的水路交通，与今日鹭溪河的闲置大相径庭，以致话语权掌握在老一辈的精英人士手中。较年轻的一代人见不到鹭溪河的水运过程，甚至会怀疑这条河流是否能够运送竹筏。

鹭溪河的关键在于连通了赣江，却又绕过了赣江十八滩。赣江十八滩是章水、贡水合流在赣州城下合流成赣江后，向下游行船的万安方向依次经历桃园滩、白涧滩、鳖滩、横弦滩、天柱滩、南风滩、狗脚滩、往前滩、良口滩、昆仑滩、武索滩、小蓼滩、大蓼滩、棉津滩、漂神滩、茶壶滩、惶恐滩等十八处滩涂，这也是行经赣江的南北旅人极为恐惧的。不仅如此，即使掌控航运的官方，对此处的滩涂也有顾虑。乾隆十八年（1743），户部议奏："两江总督宗室德沛奏称，江西吉、南、赣三府，距淮扬道路窎远，滩险难行，兼之乾隆七年歉收，民食维艰。所有上年奉拨运淮扬仓谷八万石，请停拨运，即留为本地之需。"① 围绕着这些滩涂，形成了赣江上一道特色的职业——滩师。笔者在赣县档案馆查阅到的民国时期的文献中，有一些地方性的滩师行业组织，表现出了家族传承性的特点。围绕十八滩的传说故事处于隐性叙事的范围，也是 A 型故事所以形成的天然地理背景，由鹭溪河进入之后的山区，林木茂盛，河流蜿蜒，山林湖泊之间有取之不尽的自然资源使得外来的人口能够生存下来，并且繁衍子嗣。白鹭村兴盛的过程，是秦人伐木传说进入上洛山区的反向过程，也是钟氏宗族在生息繁衍，形成一定力量之后向外扩张势力，连接外部世界的

---

① 邵鸿主编：《〈清实录〉江西资料汇编》，《清高宗纯皇帝实录》卷184，第11册，江西人民出版社2005年版，第375页。

一条通道。

七　相对稳定的叙事结构

本文将清以来赣南山区的"木客"传说视作一个完整的文本，将秦遗民采木隐匿的故事结构逐渐进入"木客"传说的过程，将文本分为流动的叙事结构及相对稳定的叙事结构这样两个部分。相对稳定的叙事结构与流动的故事结构中同样存在"木客"传说作为人、木及水的情节要素。流动的叙事结构中作为人的要素，存在一个由本土的人变为南迁中原移民的变化过程，而稳定的叙事结构在于除掉人的身份来源发生变化之外，其与当地环境的关系，生活方式基本是前后承续的。

乾隆五年（1740），官方文献曾有谕告：

> 向因闽省漳州、泉地方，民俗剽悍，好勇斗狠，而族大丁繁之家，往往恃其人力强盛，欺压单寒，偶因细故微嫌，辄聚众逞凶，目无宪章。泉、漳大率如此，而他府亦复不免……江西之宁都一县与汀州府亦属毗邻，悉皆熏染刁风，号称难治。数处之人，犯罪发觉，则互相窜匿，彼此为遁逃之薮，奸宄丛生。[①]

这一则材料是由清廷的中央政权向闽南、赣南等地发布的，这个时间段也正是白鹭宗族走向兴盛的关键时期，致敬堂及其背后的十八天井金银、六子十八孙等人物的原型几乎都在这个时间段内孕育，也正是在鹭溪宗族向国家政权、儒家文化高度认可的时期。而在国家叙事中，与赣县毗邻的宁都、长汀等地是以"熏染刁风""奸宄丛生"

---

① 邵鸿主编：《〈清实录〉江西资料汇编》卷146，第10册，江西人民出版社2005年版，第1097—1098页。

及"遁逃之薮"这样的形象来晓谕全国的。国家叙事与地方叙事呈现出了不同的形态，国家也正是在对地方难以控制的局面下会有此类的文告，而宁都、长汀区域内的宗族并不是不相往来的，这一带的山区连绵起伏，构成了一条由赣南到闽西的民间要道，也即国家叙事层面所提及的"互相窜匿，彼此为遁逃之薮"。笔者在鹭溪沿线的村落调查中，也经常会访谈到村人讲述自己的祖先是从长汀迁到兴国等地，然后回迁到赣县白鹭地方的。这一线的交通来往一般是经由赣县、于都、会昌到达瑞金、兴国、宁都、石城，再翻阅武夷山进入连城、长汀等地。由长汀到兴国也存在一个反向的迁徙路径。在这一带的山区中，形成了地方性的宗族文化，其形成可能与国家权力遥控不济相关，也是民间文化自我发展，自我保护而形成的独特文化现象，虽然这样的民间交通及民间自发的生活往来官方并不予承认。

将闽西地区与赣南一线的地理环境相关联，同时思考文献中所出现的"木客"传说，可以看到清代以来赣南、闽地作为"木客"传说的主要流传地，与其天然的地理环境是有关系的，也正是山区稳定而封闭的特点，使得赣南、闽地可能流传着相似的"木客"传说文本。与赣南、闽西地区的民间交通不被官方认可相一致的是，赣南、闽西之间的交通民间往来也并没有进入到公开的文本中去。公开的文本中是两条主要的交通线路，一条是前所提及的由鹭溪河流入良口，进入赣江、鄱阳湖到达长江的交通线路；另一条是民间取用私盐的道路，从赣西南进入广东的梅关古道、大庾岭，到达梅州等地，这也是一条赣南地区民间社会经常行走的交通路线。

结语

作为鹭溪社会外围叙事的"木客"传说并没有完全与官村、白鹭的聚落社会相脱离，相反，对"木客"传说的文献梳理及其文本分析，是进入鹭溪社会历史发展透析的关键性因素之一。本文在对文献中出现的"木客"传说文本进行了时间、空间的切分之后，提炼出作为流动性叙事结构的秦遗民采木隐匿的文本类型，及相对稳定的本土自生的"木客"传说文本这样两种类型。从赣南地区的文献来看，秦遗民结构是一个不稳定的变异型叙事，早在唐代的《十道四蕃志》中，作为秦遗民的"木客"已经进入"木客"传说的文本叙事中心去，在清以来形成了相对稳定的文本。比较唐代流传的《十道四蕃志》与南朝陈《舆地志》，可以看到秦遗民的"木客"身份特征并不稳固于文本本身，而是一个动态的进入过程。进入"木客"传说之后，这一身份也并不稳定于"木客"本身，而有可能移动到文本叙事中的其他人物身上，如在《闽都别记》中出现的"避秦"主题，已经游移到了"木客"的雇佣者身上。从田野调查来看，当下的鹭溪社会虽然有流传秦遗民的"木客"传说，但秦遗民的身份特征并没有进入到村路社会的主流话语叙事体系中去，而存在一个"木客"传说与鹭溪社会相"脱落"的过程。

本文以为"木客"传说与村路社会"脱落"的关系过程，极可能是伴随着清中晚期以来的宗族社会发展，走向国家化、民间儒学化的过程而产生的，在"木客"传说及其身份特征脱落之后，宗族变为儒家化的宗族，地方社会实现了民间儒学的国家面貌。而国家对地方的认识并不与民间社会的期待相一致。笔者以"脱落"的民间叙事文本为中心，将历史文献中的"木客"传说文本做了时空的划分，呈现如下的叙事线索：

文献中"木客"传说流传的时空梳理

	汉代	东晋南朝	唐	明	清	当下 （"木客"传说）
赣南		"木客"（本土）	秦遗民		秦遗民	秦遗民

续表

	汉代	东晋南朝	唐	明	清	当下 ("木客"传说)
浙江	吴越	勾践献吴				
广西				秦遗民		
福建					避秦 (非"木客")	

文献出现的两种类型的"木客"传说是否与鹭溪社会没有关系，民间叙事中的文本是否能真实反映民间社会，笔者在对总祠堂的风水象征调查中，先后采访到"莲花型"与"螃蟹型"两种不同的宗族象征，结合以往的田野经历，重新思考了民间叙事的文本特征，借用斯科特的文本类型划分，将民间叙事文本分为公开文本与隐藏文本，在文献中出现的秦遗民采木隐匿的叙事文本与民间叙事中的多种文本形态进行比较，从秦遗民采木隐匿的文本类型中抽离出具有国家象征层面的中原、迁徙等意象，在文本与语境关系的反复思考中，认识到这些意象成为脱落过程中的隐藏文本，进入村落社会中去。在宗族建构自身文化身份的同时，又结合了祖源叙事、民间儒学、忠孝思想等因素成为公开的文本在村落社会中得到流传。

与聚落社会民间叙事的关系

公开文本	秦遗民（外来）	脱落：赣南闽西的山区环境 赣南、宁都、长汀 （国家）遁逃之数，奸宄丛生	新的隐藏文本 赣闽关系
隐藏文本	中原、迁徙	结合：祖源叙事 民间儒学 官宦身份 宗族的联宗 鹭溪河的交通 （村落）道路、茶亭	新的公开文本 赣与中原

　　民间叙事与民间社会结构起了复杂的文本关系，处于中心的民间叙事文本与民间叙事主体之间也并不总是直接的对等关系，而存在一个公开与隐藏的类型特征，这种类型的划分又受到民间文化自身的发展及其与国家关系的进入过程的影响，在此过程中的隐藏文本会脱落掉原有文本的特征，生成一些新的民间所期待的文化要素，而汇流成新的公开文本，从而标志了新的族群身份。从另一个侧面来看，民间对国家的认同，与国家对民间的认同又并不是同步的，鹭溪社会对中原文本的积极构建及谱系梳理，建构起了自身渊雅的文化精粹身份，民间叙事中的鹭溪河交通，北上连接了赣江、鄱阳湖，进入了长江流域，这一条河流交通成为民间热衷的叙事文本，并建构起了宗族的财富之源。而处于国家话语层面的赣南、闽西交通及民间来往则成为隐性叙事，而由赣闽地理环境连接起来的天然生态圈及可能有的族群身份也携带有了灰色的身份印迹。

（原文刊发于《民俗典籍文字研究》2018 年 6 月第 21 辑）

脱贫攻坚与乡村振兴研究

从"过密化"到"机械化"：
中国农业机械化革命的历程、
动力和影响（1980—2015）

焦长权　董磊明[*]

一　问题和回顾

工业化和城市化过程中的农业转型，一直是理论界的一个重要问题。理性化的资本主义的发展必然会导致传统农村经济的淘汰，并将导致农村共同体关系的瓦解。"一旦农业生产由劳动密集变成资本密集，小耕作的优势便告消失，农民也就会成为资本的奴隶"（韦伯，1997）。

马克思则依据英国工业革命中农业转型的历史经验，对此做了更细致的分析。随着资本主义的扩张和英国农村圈地运动的发展，传统农业经营形式发生了巨大变化，类似于资本主义机器大工业中发生的阶级分化一样，农村土地日益集中，农民日益分化为拥有大规模土地的少量农场主和完全失去土地的大量农业工人（马克思，2008）。考茨基进一步完善了马克思的说法，他认为，"现代农村经济就是资本

---

* 作者简介：焦长权，北京师范大学中国社会管理研究院/社会学院讲师。董磊明，北京师范大学中国社会管理研究院/社会学院教授。

主义的经济,具有资本主义生产方式的一切特征";与小生产相比,农业中的大生产具有极大的优越性(考茨基,1955)。

沿着马克思、考茨基的路径,列宁进一步系统论证了传统小农经济分化与资本主义国内市场形成之间的关系(列宁,1959)。列宁的论述直接以民粹派的"小农经济稳固论"为靶子,从而引发了著名的持续性的"列宁—恰亚若夫之争"(Bernstein,2009;Banaji,1976)。

借用列宁评论考茨基的《土地问题》一书的话说,他们讨论的关键问题是,在资本主义发展的过程中,"资本是不是掌握了农业,资本是不是改变了农业的生产形式和所有制的形式,以及这个过程是怎样进行的"(列宁,1984)。仔细来看,他们提出了两个既相互关联又差别很大的重大问题:第一,与传统农业相比,资本(肥料、机器等)的大规模投入,对农业生产力产生了多大影响?第二,资本的大规模投入,对传统农业的生产关系会产生多大影响?"列宁—恰亚若夫之争"的焦点在后一问题,列宁等认为资本的大规模进入会彻底改变传统农业的生产关系,形成一种"大农场 + 无产化的农民"的"资本主义农业";恰亚若夫则强调家庭经营在这一过程中的稳固性。因此,二者在理论视角上的分歧更为关键,相关经验证据方面的分歧往往容易被夸大和过分解读(Lhamann,1982)。因此,同样是运用地方自治局的统计资料,恰亚若夫与列宁得出了非常不同的结论。

关于资本投入对传统农业的影响,在第二次世界大战后,发展中国家农业"绿色革命"过程中得到更充分的讨论。20 世纪 60 年代,在印度和其他一些发展中国家开始了一场以使用高产种子、化肥、农药等生产要素为标志的技术革命,一般被称为"绿色革命"[①]。在传

---

① "绿色革命"这个术语,1968 年由美国国际开发署(USAID)前主任威廉·高德首次使用。参见(Gaud, William S., 1968;Borlaug, N. E., & Laureate, N. P. P., 2000;Raj Patel., 2013)。

统农业中，土地和劳动力是两种最关键的生产要素，传统农业的变迁是在人口压力下的农业集约化的过程：既是土地利用的集约化，也是劳动投入的集约化（埃斯特·博塞拉普，2015）。随着人口对土地压力的增长，单位土地面积承载的劳动力越来越多，农业的"过密化"就成了一个不可避免的过程（黄宗智，2000a）。传统农业的部分技术变迁，也主要是增加了农业生产的劳动密集度，以提高单位面积的农业产量。"绿色革命"却是一种新的农业技术革命，它主要是增加农业生产中的资本投入，包括化肥、种子、农药、拖拉机、现代灌溉设备等配套设施，由此使资本替代土地和劳动成为农业生产和变迁中的关键因素（埃斯特·博塞拉普，2015）。

因此，"绿色革命"的本质就是农业的"资本化"，资本成为农业生产的关键因素，而这些资本品恰恰又是工业对农业的"反哺"。在这种情况下，农业由传统的劳动密集型产业开始朝资本密集型产业转型。换句话说，"绿色革命"就不是自 20 世纪 60 年代在发展中国家才开始兴起，而是自工业革命以来现代工业和科技因素不断对传统农业进行"改造"的一个过程，即马克思、列宁等所指出的资本主义发展过程中的农业转型问题①。

明清以来，中国形成了一种"过密化"的小农经济（黄宗智，2000a），人地关系的高度紧张一直是制约农业突破性发展的核心因素，以致迈入了一种"高水平均衡陷阱"（Mark，1973）。在人口压力未能有效缓解的情况下，1949 年以来，中国农业虽然也部分经历

---

① 当然，"绿色革命"绝不只是简单地提高了农业的生产能力（生产力），对农业的生产组织形式和农村社会结构（生产关系）也产生了深远影响。学界对"绿色革命"的反思和批评，就主要集中于它所推动的农业的"资本主义转型"，并由此引起的农民的阶级分化等问题。例如，学者对印度的"绿色革命"这一技术变迁所引起的政治经济问题就给予了多方面的讨论。参见：（T. J. Byres.，1981；Rita Sharma & Thomas T. Poleman，1993；Aggarwal，P. C.，1977；Baylisssmith，T.，1984）。

了"绿色革命"的过程①（Stavis，1974，1975），化肥、农药等现代生产要素投入显著增长，但结果还是未能摆脱"过密型增长"的结局，农业增长的大部分被大规模的新增人口所吸纳（黄宗智，2000b）。

2000年之后，随着城市化的加速推进、农村人口的大规模外流、人民消费结构的转型等多种因素的交叉影响，中国农业走到了新的十字路口。中国正在经历一场"隐性农业革命"，这主要是由人口消费结构转型所推动的，同时也包括了资本投资对传统农业的改造。黄宗智对这一过程中的农业"资本化"的构成和来源，及其对农村雇佣关系的影响——"没有无产化的资本化"，都进行了初步论述（黄宗智、彭玉生，2007；黄宗智，2010；黄宗智、高原、彭玉生，2012；黄宗智、高原，2013；黄宗智，2014；黄宗智，2016）。与此同时，主要由于国家对工商资本进入农业的宏观政策的调整，工商资本下乡经营农业进展迅速，由此也引起了学者对中国农业的"资本化"方向、政府主导型农业转型道路的利弊等问题的激烈讨论②。

无论是考茨基—列宁早期关于农业"资本主义"转型的讨论，还是20世纪中期以来学界关于"绿色革命"过程中的农业"资本化"的研究，农业机械化始终是其中的重要问题。比如，列宁在讨论农业的资本主义转型问题时，就特别指出了农业机器的使用可能造成的"去小农化"（depeasantization）的社会后果（列宁，1959）。Byres在对印度农业"绿色革命"的研究中也指出，绿色革命包含了两类不同的"技术变革"，一类是以高产种子、化肥、除草剂等为代表的生

---

① 早在1974年，Stavis，B. 就对中国农业在20世纪60年代的"绿色革命"进行了系统研究。他发现，20世纪60年代，中国农业在机电灌溉、种子改良、化肥使用、农业机械化和农村电力化等现代农业投入方面都取得了长足进步，由此引起了粮食产量的快速增长。除日本和中国台湾以外，中国农业在20世纪60年代的增长速度和"现代化"水平，要明显快于其他亚洲国家（地区）。

② 典型的研究参见《开放时代》2012年第3期，2015年第5期分别组织的专辑讨论。

物化学创新，这类技术能够吸纳劳动力和节省耕地，能够被任何规模的农户所使用，不同阶层的农民都能从中获益；而农业机械化（拖拉机、播种机、脱粒机、联合收割机等）则是对劳动力的替代，适用于规模农业，需要大量的资本投资，只有大规模农场才能使用和获益（Byres，1981）。博塞拉普也将现代农业中的工业品投入分为以化肥、农药为代表的化学投入和以拖拉机为代表的机械化两部分（博塞拉普，2015）。显然，农业机械化是农业"资本化"的重点领域之一，而且，它不仅对农业的生产力有重要推动，而且对农业生产关系也会产生重要影响；同时，机械化的引入也与农村既有阶层结构密切相关，机械化的拓展还会反过来重塑农村社会结构。

国外学者对不同国家和地区农业机械化的过程，及其对农村社会的影响已经进行了大量研究。比如，1939 年，美国《农村社会学》（Rural Sociology）杂志就针对当时正在展开的农业机械化对美国农村社会的全方位影响开辟专辑进行了讨论。Hamilton 在文章开篇即指出，最近正在这个国家展开的农业机械化的速度和规模都大大超出了普通人所能想象和理解的范围。他细致考察了美国农业机械化的历程，及其对农村社会的全方位影响：农业生产中劳动力的大规模下降、农业生产固定资本投入的大规模增长、农民越来越依赖于外部市场和经济条件，等等。同时，农业机械化过程中增加的不少成本还通过一些机制转移到了国家肩上：政府承担了原来有家庭农场自身承担的农场安全、农民就业、住房保障等项目，也就是说机械化还间接影响了国家和农民之间的关系。Hamilton 最后指出，农业机械化的全方位社会影响当然不能从其他技术变革和经济因素中孤立出来考虑，但是，在造成不断变化的秩序（ever changing order）的所有变量中，农业机械化无疑是一个非常关键性的因素。"我们正处在这样一个阶段，若要让机械化停止前进，我们将花费巨大社会代价，若要进一步推进机械化，我们同样要付出巨大社会代价"①（Hamilton，1939）。

1981 年，《农村社会学》（Rural Sociology）再次刊登了一篇回顾农业机械化对美国农村的社会经济影响的论文，对相关讨论进行了系统性的总结，发现农业机械化是导致美国农村的经济、社会和环境变迁的最主要因素之一，它对农村社会的最大影响是大规模解放了劳动力，由此推动了农村人口大规模向城市的迁移，对城乡社会结构的重构起到很大作用（Berardi，1981）。与此同时，学者对其他国家和地区农业机械化的社会影响也进行了非常丰富的讨论②。

应该说，集体化时期是中国农业机械化起步和快速发展时期，20 世纪 80 年代"家庭联产承包责任制"初期，农业机械化不仅未能持续推进，反而因经营体制的巨变使集体化时期发展起来的农业机械化基础在不同程度上受到了损毁，农业机械化水平有所下降。进入 20 世纪 90 年代，由于三农危机的影响，农业经营效益低下，农业经营环境糟糕，农业机械化虽有一定发展，但速度非常缓慢。

2000 年之后，农业经营环境大为改善。2004 年，国家出台了《农业机械化推进法》，2005 年开始，中央开始对农业机械化进行大规模政策补贴，使农业机械化在过去十多年时间得以突飞猛进，形成了一场影响深远的农业机械化革命。

学界对近年来中国农业机械化的快速发展也给予了一定关注，相关研究主要聚焦于两方面。一部分学者对中国农业机械化的现状特征和政策体系给予了分析（白学峰等，2017；段亚莉等，2011；曹阳、

---

① 同时参加同专辑中 R. C. Smith 和 W. E. Grimes 对该文的评论和讨论。对于美国南部地区的农业机械化过程和社会影响，学者们也给予了重点关注，参加（Bertrand, A. L., 1948；Bertrand, A. L., 1950；Moses S Musoke., 2006）。美国其他地区农业机械化的社会影响的相关讨论还有：Valdés, D. N. 2010；Olmstead, A. L., & Rhode, P., 1988。

② 具体可参见：Karpat, K. H., 1960；Andrew Schmitz & Charles B. Moss, 2014；Kayayan, A. K., & Francis, D. G. 1973；Pingali, P. L., 2007；Binswanger, H., 1986；. Bigot, & Yves., 1987；Bryceson, D., 1989；Agyeiholmes, A., 2016；Jansen, A. J., 1969；Clements, H. M., 1969。

胡继亮，2010；沈国舫、汪懋华，2008；易中懿，2011；刘恒新等，2015，2016；周晶等，2013；侯方安，2008；罗锡文等，2016）。这些研究主要从农业工程或农业机械技术变革的角度切入，部分揭示了中国农业机械化的现状特征，为深化相关研究提供了重要基础。但是，他们的主要缺陷是比较片段化地讨论农业机械化进程，对农业机械化的发展历程和总体水平尚缺乏一个全局性的论析。2000 年之后的十多年时间，是中国农业机械化由初级阶段迅速跨入中级阶段，并很快迈入高级阶段的历史性变革时期，已有研究并未对这一历史进程进行全局性的把握，更未对推动这一过程的动力机制进行深度分析。

另外一些学者集中于讨论农业机械化与农村劳动力之间的替代关系，及由此给农业生产带来的可能影响（周振等，2016；郑旭媛、徐志刚，2017；刘凤芹，2006；徐建国、张勋，2016；潘彪、田志宏，2018；王欧等，2016；林善浪等，2017；王水连、辛贤，2017；王晓兵等，2016；杨进等，2018；Liu，Y.，etc.，2014；Wang et al.，2016；Zhang，et al.，2017）。这些研究捕捉到了农业机械化对农业生产（尤其是对劳动力的替代）的重要影响，但是，其中一个严重缺陷是有意无意地将农业机械化问题"孤立"起来，仅将其当作一项重要农业技术变革来分析，对农业机械化与工业化和城市化的密切互动机制，以及农业机械化对城乡关系格局的深度影响均很少触及。其实质是将农业机械化"抽离"出中国正在剧烈展开的工业化和城市化的大转型之外来讨论，因此在分析农业机械化对农村劳动力的替代和农业生产经营的影响时，是脱离了具体的时空背景的抽象论述。

本文试图在上述两方面有所弥补，一方面对农业机械化的发展历程进行一个总体性的把握，同时将农业机械化纳入中国工业化和城市化的大转型之中，对农业机械化与农业经营模式、城乡关系格局的互动机制进行初步探讨。

二　农业机械化革命的历程（1980—2015）

1949 年之后，中国农业机械化的发展有 3 个重要时期。一是农业集体化时期，农业机械化得以启动和初步发展；二是"家庭联产承包责任制"之后到 2000 年左右，农业机械化取得一定进展，但总体速度缓慢；三是 2000 年之后，尤其是 2005 年以来，农业机械化发展速度明显加快，在短期内完成了农业生产的机械化革命。

（一）起步阶段：1980—2000 年

农业集体化时期，在"三级所有、队为基础"的人民公社体制下，中国农业机械化获得了初步发展（Stavis，1978；Datta，1980）。20 世纪 80 年代初期，"家庭联产承包责任制"推行之初，由于体制变动，原集体所有的农业机械的管理和使用都受到了很大冲击，农业机械化发展速度明显放缓，发展水平略有下降。比如，最典型的表现就是农村大中型拖拉机的拥有量自 80 年代中后期就开始持续下降，一直到 90 年代后期才开始重新增长，2000 年左右才重新回到 20 世纪 80 年代中期的水平；大中型拖拉机配套农具的拥有量也呈现出同样的变化趋势（见图 1）。农作物机耕水平、机播水平、耕种收综合机械化水平在 20 世纪 80 年代初期的下降也反映了这一问题。

20 世纪 80 年代初期到 2000 年前后，中国农业机械化取得了一定进展（见表 1），农业机械化的主要动力源于农民对小型农业机械的自主采用。比如，农民拥有的小型拖拉机在此期间快速增长，1980 年仅 187.4 万台，到 1990 年增长到了 689.1 万台，到 2000 年已达 1264.4 万台。农村每百户家庭拥有小型和手扶拖拉机的数量（见表 2），由 1985 年的 2.71 台，增长到 1990 年的 5.3 台，2000 年达到 16.72 台。小型拖拉机的总动力，也由 1980 年的 1615.63 万千瓦，增长到了 1990 年达 6231.4 万千瓦，到 2000 年则达到 11663.87 万千瓦。其他小型农业机械，如机动脱粒机、农用水泵、喷雾器等也快速增长。这些小型农业机械的大规模采用，尤其是小型拖拉机的运用，大大减轻了农民劳动强度，对传统牲畜动力形成了一定替代，农民每百户家庭拥有的役畜数量，由 1993 年 59.98 头的高峰下降到了 2000 年的 41.75 头，下降近 1/3。在此期间，联合收割机也缓慢得以运用，20 世纪 90 年代中后期采用速度明显加快，1980 年全国农村联合收割机仅 2.7 万台，到 1990 年也仅只有 3.87 万台，但到 2000 年增长到了 26.26 万台。主要得益于小型农业机械的采用，农业机械总动力由 1980 年的 1474.6 亿瓦，增长到了 1990 年的 2870.8 亿瓦，到 2000 年则达到了 5257.4 亿瓦（见表 1）。

从农作物机械化作业面积来看（见图 2），1980 年机耕面积为 4210.25 万公顷，1990 年增长到 4832.53 万公顷，2000 年达到了 6208.78 万公顷；显然，20 世纪 80 年代机耕面积增长量非常有限，20 世纪 90 年代，机耕面积也只增长了不到 40%。1980 年机播面积为 1555.17 万公顷，1990 年增长到 2158.79 万公顷，2000 年达到了 3990.23 万公顷，其增长趋势和机耕面积相似，80 年代增长非常有限，90 年代增速则相对加快。1980 年机收面积为 435.44 万公顷，1990 年增长到了 1101.07 万公顷，2000 年达到了 2646.02 万公顷，机收面积的增长速度明显快于机耕和机播面积。

从农作物机械化作业水平来看（见表 3），1980 年机耕水平为 42.4%，1990 年增长到 51%，2000 年增长到 65.19%[①]，20 年时间共增长约 20 个百分点；1980 年机播水平为 10.9%，1990 年增长到 15.0%，2000 年增长到 25.8%，20 年时间共提高约 15 个百分点；1980 年机收水平为 3.1%，1990 年增长到 7.0%，2000 年增长到了 18.3%，20 年时间共提高约 15 个百分点。1980 年农作物耕种收综合

① 若按照 1996 年全国农业普查的耕地面积数据计算，2000 年的机耕水平只有 47.8%，耕种收综合机械化水平只有 30.59%。

机械化水平为 21.16%，1990 年增长到 27%，2000 年增长到了 39.31%，二十年时间共增长不足 20 个百分点。而且，由于一直以农业部统计耕地面积数据为基础计算，较大地高估了机耕水平，若按照 1996 年全国农业普查耕地面积计算，2000 年实际机耕水平仅 47.8%，耕种收综合机械化率仅 30.59%，这从 2000 年机耕面积较 1980 年只增长不到 40% 中也能反映出来。

总体来看，1980 年到 2000 年初期，中国农业机械化虽有一定进展，但速度比较缓慢，耕种收综合机械化率年均增速不到 1 个百分点。2000 年，第一产业从业人员占全社会从业人员的比重仍然高达 50%①，较 1980 年（67.85%）只下降了 18 个百分点，年均下降不足一个百分点。因此，到 2000 年左右，中国农业实际耕种收综合机械化水平刚刚超过 30%，人力畜力仍然是中国农业生产主要动力，农业机械化处于起步和初级阶段②。

表 1　　　　　　　　主要农业机械年末拥有量（1980—2015）

年份	大中型拖拉机（万台）	小型拖拉机（万台）	大中型拖拉机配套农具（万部）	联合收割机（万台）	农业机械总动力（亿瓦）
1980	74.50	187.40	136.90	2.70	1474.60
1981	79.20	203.70	139.00	3.13	1568.00
1982	81.20	228.70	137.40	3.39	1661.40
1983	84.10	275.00	130.80	3.57	1802.20
1984	85.40	329.80	123.50	3.59	1949.70
1985	85.20	382.40	112.80	3.46	2091.30
1986	86.70	452.60	100.60	3.09	2295.00

---

①　数据来源于国家统计局相关统计。

②　耕种收综合机械化水平＜40%，第一产业从业人员占全社会从业人员比重＞40% 的发展阶段。

年份	大中型拖拉机 （万台）	小型拖拉机 （万台）	大中型拖拉机配套 农具（万部）	联合收割机 （万台）	农业机械总动力 （亿瓦）
1987	88.10	530.00	103.50	3.38	2483.60
1988	87.00	595.80	97.10	3.50	2657.50
1989	84.80	654.30	99.10	3.66	2806.70
1990	81.40	689.10	97.40	3.87	2870.80
1991	78.50	730.40	99.10	4.40	2938.90
1992	75.90	750.70	104.40	5.11	3030.80
1993	72.10	788.30	100.10	5.63	3181.70
1994	69.30	823.70	98.00	6.39	3380.30
1995	67.10	864.60	99.10	7.54	3611.80
1996	67.10	918.90	105.00	9.64	3854.70
1997	68.90	1048.50	115.70	14.13	4201.60
1998	72.52	1122.10	120.40	18.26	4520.80
1999	78.42	1200.30	132.00	22.60	4899.60
2000	97.45	1264.4	140.00	26.26	5257.40
2001	82.99	1305.10	146.90	28.29	5517.20
2002	91.17	1339.40	157.90	31.01	5793.00
2003	98.06	1377.70	169.80	36.50	6038.70
2004	111.86	1454.90	188.70	41.05	6402.80
2005	139.60	1526.90	226.20	48.04	6839.80
2006	171.82	1567.90	261.50	56.56	7252.20
2007	206.27	1619.10	308.30	63.38	7659.00
2008	299.52	1722.40	435.40	74.35	8219.00
2009	351.58	1750.90	542.10	85.84	8749.60
2010	392.17	1785.80	612.90	99.21	9278.10
2011	440.65	1811.30	699.00	111.37	9773.50
2012	485.24	1797.20	763.50	127.88	10255.90

年份	大中型拖拉机（万台）	小型拖拉机（万台）	大中型拖拉机配套农具（万部）	联合收割机（万台）	农业机械总动力（亿瓦）
2013	527.02	1752.30	826.60	142.10	10390.70
2014	567.95	1729.80	889.60	158.46	10805.70
2015	607.29	1703.00	962.00	173.90	11172.80

说明：自 2000 年起，大中型拖拉机、联合收割机统计口径变化，数字有调整；自 2008 年起使用农业部农机化司统计数字。数据来源：《中国农村统计年鉴（2016）》，第 36 页。

表 2　　农村居民家庭平均每百户拥有主要生产性固定资产数量

（1985—2012）

年份	汽车（辆）	大中型拖拉机（台）	小型和手扶拖拉机（台）	机动脱粒机（台）	胶轮大车（辆）	役畜（头）
1985	0.25	0.35	2.71	1.91	5.49	57.15
1990	0.28	0.45	5.30	3.55	7.89	57.27
1991	0.24	0.51	6.61	3.85	8.24	53.93
1992	0.28	0.55	7.25	4.16	8.46	52.95
1993	0.33	0.64	8.40	5.30	9.60	59.98
1994	0.40	0.79	8.77	5.15	9.32	58.79
1995	0.51	0.77	9.93	6.33	9.29	55.99
1996	0.78	0.99	12.46	6.87	8.78	54.99
1997	0.82	1.39	14.26	7.41	8.83	55.58
1998	1.01	1.22	14.34	8.58	8.52	48.39
1999	1.09	1.44	16.28	8.35	7.87	45.02
2000	1.32	1.41	16.72	9.59	13.26	41.75
2001	1.20	1.5	17.41	9.28	14.52	39.67
2002	1.29	1.53	18.48	9.62	14.31	39.38
2003	1.40	1.79	18.93	10.06	13.71	35.52
2004	1.43	2.24	18.78	10.12	12.88	34.83
2005	1.76	2.13	20.24	8.69	9.85	29.33
2006	1.83	2.39	21.06	9.44	9.49	28.75

年份	汽车（辆）	大中型拖拉机（台）	小型和手扶拖拉机（台）	机动脱粒机（台）	胶轮大车（辆）	役畜（头）
2007	1.91	2.85	19.10	9.76	8.86	27.5
2008	2.03	3.12	18.99	10.26	8.73	26.00
2009	2.29	3.37	19.39	10.48	8.64	25.39
2010	2.40	3.36	19.45	10.62	8.42	23.42
2011	3.78	3.98	19.85	10.43	4.32	26.48
2012	4.05	4.40	20.49	11.49	4.31	26.36

资料来源：《中国统计年鉴（2013）》，表13—11。2013年之后，相关统计暂时没有这一数据。

表3　　　　　农作物机械化作业水平（1978—1999）　　　　（单位：%）

年份	机耕水平	机播水平	机收水平	耕种收综合机械化水平
1978	40.90	8.90	2.10	19.66
1979	42.40	10.40	2.60	20.86
1980	42.40	10.90	3.10	21.16
1981	38.40	9.70	2.70	19.08
1982	37.70	9.40	3.20	18.86
1983	36.90	8.80	3.20	18.36
1984	39.10	8.60	3.30	19.21
1985	38.83	9.43	3.55	19.43
1986	40.85	9.12	3.41	20.10
1987	43.63	10.80	4.49	22.04
1988	46.49	11.66	5.37	23.71
1989	48.13	12.96	5.95	24.93
1990	51.00	15.00	7.00	27.00
1991	52.45	16.47	7.78	28.26
1992	53.75	17.72	9.10	29.55
1993	54.50	18.13	9.73	30.16
1994	55.27	18.97	10.48	30.94
1995	56.32	20.04	11.15	31.89

年份	机耕水平	机播水平	机收水平	耕种收综合机械化水平
1996	57.81	21.38	12.05	33.15
1997	60.66	22.60	13.87	35.21
1998	63.06	24.67	15.07	37.15
1999	65.02	25.59	16.29	38.57

资料来源：农业部农业机械化管理司、中国农业机械工业协会，2007，《国内外农业机械化统计资料》，中国农业科学技术出版社，第100—102页。

（二）飞速发展阶段：2000—2015年

2000年之后，中央进行了农村税费改革，改善了农业经营环境。2004年，国家出台了《农业机械化推进法》；2005年开始，中央开始对农业机械进行大规模政策补贴，中国农业机械化进入了一个突飞猛进的时期。

从主要农业机械年末拥有量来看（见表1），2000年以后，大中型拖拉机和联合收割机得以大规模采用。大中型拖拉机在2000年初期（不足100万台）还仍然增速缓慢，2004年开始快速增加，当年突破了100万台，2010年达到了392.17万台，2015年则达到了607.29万台，在约10年的时间中总量增长了6倍；大中型拖拉机总动力也由2004年的3713.09万千瓦增长到了2012年的14436.39万千瓦，八年时间内增长了约4倍。大中型拖拉机配套农具也迅速增长，由2000年的140万部增长到了2010年的612.9万部，到2015年达到了962万部，10多年时间增长了近7倍。2000年，联合收割机拥有量仅26.26万台，2005年达到了48.04万台，2010年则增加到了99.21万台，2015年继续增长到173.9万台，在10年时间内也增长了3.5倍以上；联合收割机总动力由2000年的660.93万千瓦，增长到了2012年的5670.54万千瓦，10多年时间内增长了近10倍。

小型拖拉机则延续了1980年以来的快速增长态势，但到2010年左右，其增长已基本达到了峰值，2011 年开始还略有下降。主要得益于大中型农业机械的快速增长，农业机械总动力也快速增加，由 2000 年的 5257.4 亿瓦，增长到了 2010 年的 9278.1 亿瓦，2015 年则达到了 11172.8 亿瓦。可从这 3 种主要农业机械总动力的变化中看得更加清楚（见图1），小型拖拉机总动力自 1980 年以来即一直快速增长，近年已基本达到峰值，而大中型拖拉机和联合收割机总动力则从 2005 年前后开始加速增长，近年增长速度尤其可观。

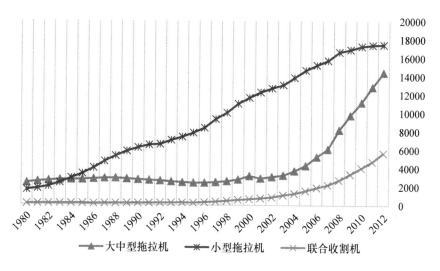

图1　三种主要农业机械总动力（1980—2012）（万千瓦）

与此相应的是农业生产对传统牲畜动力的依赖急速下降，机械动力逐步替代牲畜和人力成为农业生产的主要动力来源。比如，农村家庭每百户拥有的胶轮大车数量（见表2），在 2000 年之前还基本处于不断上升阶段，到新世纪初期达到了峰值（2001 年 14.52 辆），此后则急速下降（2012 年仅 4.31 辆）；每百户农村家庭拥有的役畜数量，则在 1993 年达到峰值（59.98 头），此后开始逐步下降，2000 年以后下降速度进一步加快。

就农业机械化作业面积和作业水平来看（见图2、图3、表4）。

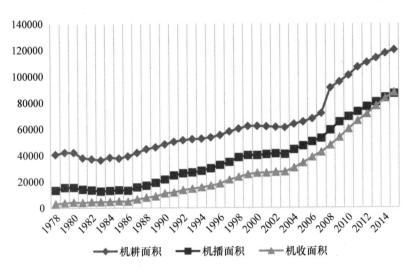

图 2 机械化作业面积（1978—2014）（千公顷）

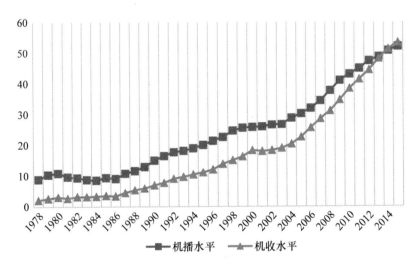

图 3 机械化作业水平（1978—2014）（%）

资料来源：2004 年之前来源于《国内外农业机械化统计资料》，2005 年后来自于各年《中国农业机械工业年鉴》。

2000 年机耕面积为 6208.78 万公顷，2015 年增长到了 11987.64 万公顷，15 年时间几乎翻了 1 倍；2000 年机播面积为 3990.23 万公顷，2015 年达到了 8665.12 万公顷，翻了 1 倍还多；2000 年机收面积为 2644.60 万公顷，2015 年增长到了 8764.44 万公顷，增长了 3 倍多。2000 年机耕水平为 47.8%，2015 年增长到了 80.43%，尤其是 2005—2015 年之间，由 50.15% 增长到了 80.43%，足足增长了 30 个百分点，年均增长 3 个百分点。2000 年机播水平为 25.8%，2015 年增长到了 52.08%，2005—2015 年之间增长了 20 个百分点，年均增长 2 个百分点。2000 年机收水平仅 18.3%，2015 年达到了 53.4%，2005—2015 年增长了 30 多个百分点，年均增长超过 3 个百分点。耕种收综合机械化率由 2000 年的 30.59% 增长到了 2015 年的 63.8%，其中，2005—2015 年间增长近 30 个百分点，年均增长近 3 个百分点；预计到 2020 年，综合机械化率将达到 70% 以上。

表 4　　　　　　农作物机械化作业水平（2000—2015）　　　（单位：百分比）

年份	机耕水平	机播水平	机收水平	耕种收综合机械化水平
2000	47.80	25.80	18.30	30.59
2001	47.40	26.00	18.00	32.16
2002	47.10	26.60	18.30	32.34
2003	46.84	26.71	19.02	32.13
2004	48.90	28.84	20.36	34.32
2005	50.15	30.26	22.63	35.93
2006	55.39	32.00	25.61	39.29
2007	58.89	34.43	28.62	42.47
2008	62.92	37.74	31.19	45.85
2009	65.99	41.03	34.74	49.13
2010	69.61	43.04	38.41	52.28
2011	72.29	44.93	41.41	54.82

续表

年份	机耕水平	机播水平	机收水平	耕种收综合机械化水平
2012	74.11	47.37	44.4	57.17
2013	76.00	48.78	48.15	59.48
2014	77.48	50.75	51.29	61.60
2015	80.43	52.08	53.4	63.8
2020	—	—	—	70以上（预计）

资料来源：2008年以后数据见各年《中国农业年鉴》；2000—2007年之前的数据来源于各年《中国农业机械工业年鉴》。综合机械化率计算公式参照中国农业机械工业年鉴方法：综合机械化率 = 0.4 × 耕种机械化率 + 0.3 × 播种机械化率 + 0.3 × 收割机械化率。

注：2000年后统计口径较此前有调整。2000年前的耕地面积数据以1996年农业部的统计数据为基础，2000年后的耕地面积数据以1996年全国农业普查数据为基础，较农业部统计数据明显要更大（也更准确），由此导致机耕水平（机耕面积占耕地总面积比重）统计的调整。

农业生产中机械作业费及其占农作物生产成本比重的增长，也非常直接地反映了农业机械化的快速发展（见图4）。以稻谷、小麦、玉米等七种主要农作物为例。1985—2015年，机械作业费（租赁机械作业的费用）占现金成本的比重都大幅上升，1985年，除小麦机械作业费占比达到了5%外，机械作业费占其他作物现金成本的比重都低于5%。1985—2000年前后，各种农作物机械作业费占比虽均有上升，但除小麦外，其他农作物上升比重都较小（均低于10%），小麦由于农业机械化进展更早，机械作业费占比明显提高。2000年以来，各种农作物的机械化程度明显加快，机械作业费占现金成本的比重均大幅提高，到2015年，七大农作物机械作业费占比均超过了10%；除棉花和花生外，其他五种农作物机械作业费占比均超过了25%，水稻和小麦机械作业费占比都已接近30%。显然，机械作业费已经成为这些农作物的主要生产成本之一，农业机械化率越高的农作物，机械作业费占现金成本的比重也越高，这直接表明了农业机械化的快速推进。

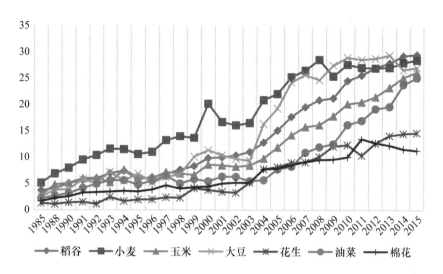

图4　机械作业费占现金成本比重（1985—2015）（%）

资料来源：根据历年国家发展计划委员会价格司编辑的《全国农产品成本收益资料汇编》整理。

2000年之后，尤其是2005年以来农业机械化的加速推进，不仅体现在农业机械化总体水平的提高，还表现在主要农作物及其生产关键环节的机械化作业突破。

就三大粮食作物而言（见表5、表6、图5），小麦是机械化启动最早、进展最快的作物。2000年，小麦机播水平即达到了69.3%，机收水平也达到了66.84%，到2015年，机播和机收水平已分别达到了87.54%和95.23%，综合机械化水平达到了93.66，基本实现了耕种收全程机械化。2000—2015年，机插水稻面积由92.7万公顷增长到了1198.24万公顷，增长了10多倍；机收水稻面积由462.49万公顷增长到了2569.83万公顷，增长了5倍多；机播玉米由1059.27万公顷增长到了3301.98万公顷，增长了3倍多；机收玉米由38.91万公顷增长到了2413.54万公顷，增长了6倍多。2000—2015年，水稻机械栽植水平由4.43%提高了42.26%，基本翻了10倍，水稻机收水平由 15.42% 提高到了 2015 年的 86.21%，也提高了 5.5 倍以上；玉米机播水平由 45.87% 提高到了 86.62%，接近翻了 1 倍，玉米机收水平由 1.69% 提高到了 64.18%，增长了约 40 倍，年均增长 4 个百分点以上。显然，2000 年以来，尤其是 2005 年之后，三大粮食作物机械化作业水平快速发展，小麦实现了全程机械化，水稻、玉米的种植和收获环节的机械化水平快速推进，取得了突破性进展，2015 年，水稻、玉米综合机械化水平分别达到了 78.12% 和 81.21%，较 2008 年就分别提高了近 30 个百分点，年均增长 4 个百分点以上。

表5　　　　三大粮食作物机械化作业水平（2000—2015）　　　（单位：%）

年份	水稻机械栽植	水稻机收	玉米机播	玉米机收	小麦机播	小麦机收
2000	4.43	15.42	45.87	1.69	69.30	66.84
2001	4.78	18.02	45.43	1.63	72.79	69.72
2002	6.10	20.60	46.64	1.73	72.99	69.89
2003	6.00	23.40	46.9	1.90	74.10	72.80
2004	6.34	27.34	47.78	2.50	80.85	76.20
2005	7.14	33.50	52.69	3.12	79.54	76.14
2006	9.00	38.80	58.72	4.73	79.57	78.32
2007	11.60	46.20	60.47	7.23	78.01	79.17
2008	13.73	51.16	64.62	10.61	81.28	83.84
2009	16.71	56.69	72.48	16.91	84.37	86.07
2010	20.86	64.49	76.52	25.8	85.32	88.46
2011	26.24	69.32	79.9	33.59	85.95	91.05
2012	31.67	73.35	82.3	42.47	86.52	92.32
2013	36.10	80.91	84.07	51.57	86.8	93.12
2014	39.56	84.63	83.86	57.78	86.98	95.08
2015	42.26	86.21	86.62	64.18	87.54	95.23

资料来源：各年《中国农业机械工业统计年鉴》，2013 年数据系根据《中国农业机械工业统计年鉴》中的机械作业面积（机播、机收）数据与当年农作物播种面积数据计算而成，2005 年玉米机收水平亦按照此方法计算而得。

表6　　　　　　主要作物关键环节的进展（2000—2015）　　　（单位：千公顷）

年份	机插水稻	机收水稻	机播玉米	机收玉米	机收油菜	机收马铃薯	机收花生
2000	927.02	4624.91	10592.71	389.18	377.03	—	—
2001	988.18	5193.43	11031.01	395.92	330.94	—	—
2002	1046.12	5808.81	11488.69	428.29	389.13	—	—
2003	955.57	6202.03	11275.01	454.31	332.08	—	—
2004	1095.09	7757.99	12159.24	636.94	392.12	—	—
2005	1353.24	9663.18	13887	821.79	382.89	—	—
2006	1894.88	11365.45	15478.43	1248.03	356.46	—	—
2007	2508.38	13361.37	17683.61	2113.73	360.6	—	—
2008	3234.61	14961.1	19298.86	3168.5	459.73	466.43	766.24
2009	4161.45	16794.95	22600.54	5273.25	643.43	623.58	788.71
2010	5427.6	19266.76	24855.83	8379.53	764.34	715.11	873.41
2011	7177.71	20834.82	26800.53	11267.62	978.4	958.65	1069.57
2012	8919.12	22222.82	28762.02	14844.23	1240.5	1052.94	1194.45
2013	10262.85	23952.21	30535.08	18293.32	1490.02	1167.6	1374.38
2014	11323.29	25172.7	31131.94	21049.92	1885.47	1249.86	1354.19
2015	11982.39	25698.34	33019.81	24135.42	2184.9	1333.55	1373.34

资料来源：各年《中国农业机械工业统计年鉴》。

其他主要农作物的农业机械化水平也快速提升（见表6、表7）。比如，2000—2015年，机收油菜面积由37.7万公顷增长到了218.49万公顷，增长了约6倍。2008—2015年，马铃薯机收面积由46.64万公顷增长到了133.36万公顷，增长了约3倍；花生机收面积由76.62万公顷增长到了133.73万公顷，增长了近一倍。2008—2015年期间，大豆、油菜、马铃薯、花生、棉花的综合机械化率分别由69.85%、23.00%、20.9%、35.8%、43.12%提高到了65.85%、46.85%、39.96%、51.22%、66.81%，除大豆机械化水平处于波动

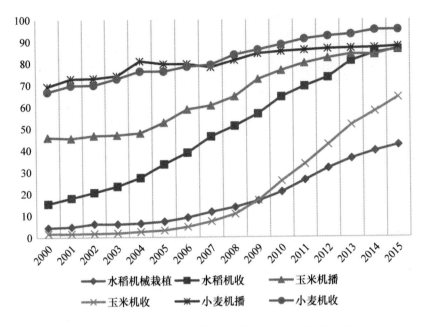

图5 三大粮食作物机械作业水平（2000—2015）（%）

中外①，油菜、马铃薯、花生和棉花综合机械化率分别提高了23.86、19.06、15.42、23.69个百分点，油菜、马铃薯和棉花综合机械化率年均增长3个百分点左右，花生综合机械化率年均增长也超过了2个百分点。显然，过去10年左右的时间内，粮食作物之外的其他主要农作物的综合机械化水平也迅速提高，推动了农业生产的总体机械化进展。

当然，不同农作物农业机械化水平的差距也是明显的，主要表现为粮食作物农业机械化进展较快、水平更高，棉油糖等经济作物生产关键环节机械化虽然有明显进展，但仍然处于较低水平，是制约农业生产向更高水平机械化迈进的薄弱环节。

---

① 主要原因在于我国大豆受国际市场的极大冲击，进口量剧增，极大冲击了国内大豆生产，大豆种植面积短期内大规模波动，近年减少近三分之一；由此导致生产的不稳定性。

表7 八大主要农作物综合机械化率（2008—2015） （单位：%）

	2008	2009	2010	2011	2012	2013	2014	2015
小麦	86.54	89.37	91.26	92.62	93.21	—	93.52	93.66
水稻	51.15	55.33	60.51	65.07	68.82	—	76.48	78.12
玉米	51.78	60.24	65.94	71.56	74.95	—	77.66	81.21
大豆	69.85	68.68	73.18	69.81	63.2	—	65.38	65.85
油菜	23.00	23.83	26.08	29.05	35.44	—	43.11	46.85
马铃薯	20.90	23.23	26.59	32.25	34.20	—	37.78	39.96
花生	35.80	36.34	38.45	42.96	46.06	—	49.97	51.22
棉花	43.12	47.83	51.03	53.88	59.99	—	66.71	66.81

资料来源：2008—2009 年数据来自于《中国农业机械工业统计年鉴》；2010—2012 年来自于《全国农业机械化统计资料汇编》（2005—2013），第 467—468 页；2014—2015 年资料来源于《2015 年全国农业机械化统计年报》（农业部农业机械化管理司编）。

（三）前景与展望

显然，2000 年之后，尤其是 2005 年以来，中国农业机械化发展加速推进，过去十多年农业机械化所取得的成就和进展，超过了 2000 年之前 50 年的总和。

目前，中国农业机械化仍然处于快速推进过程中。根据农业部《全国农业机械化发展第十三个五年规划》的统计和测算（见表 8），2015 年，我国部分农作物生产关键环节机械化率为，水稻种植：42.3%，玉米收获：64.2%，马铃薯种植：25.2%，马铃薯收获：24.2%，油菜种植：22%，油菜收获：29.4%，大豆种植：64.6%，大豆收获：58.7%，花生种植：41.9%，花生收获：30.2%，棉花采摘：18.8%。预计到 2020 年，这些大宗农作物生产关键环节机械化率均会有大幅提升，绝大多数将提升 10 个百分点以上，全国农业耕种收综合机械化率预计将达到 70% 左右。农业机械化发展一般分为 3

个阶段①：耕种收综合机械化水平小于40%，第一产业从业人员占全社会从业人员比重大于40%的发展阶段，为农业机械化初级阶段；耕种收综合机械化水平达40%—70%，第一产业从业人员占全社会从业人员比重在40%—20%之间的发展阶段，为农业机械化中级阶段；耕种收综合机械化水平大于70%，第一产业从业人员占全社会从业人员比重小于20%的发展阶段，为农业机械化高级阶段②。结合第一产业从业人员占全社会从业人员比重的变化来看，我国农业机械化发展正在由中级阶段向高级阶段快速迈进。2000年，第一产业从业人员占全社会从业人员比重为50%，农业耕种收综合机械化率为31%，明显处于农业机械化的初级阶段。自2000年以来，第一产业从业人员占比快速下降，大体在2007—2008年左右下降到了40%左右（2008年39.6%），也正是在此阶段，农业耕种收综合机械化率超过了40%（2007年42.47%）。2015年，第一产业从业人员占比已下降到28.3%，按照2000—2015年年均约1.5个百分点的下降速度测算，2020年第一产业从业人员占比将下降到20%左右，届时农业耕种收综合机械化率也将达到约70%。因此，综合考虑，中国将在2020年左右进入农业机械化的高级发展阶段。

表8　农作物耕种收综合机械化率及大宗农作物生产关键环节机械化率

（2015—2020）

	2015	2020（预计）	提升
耕种收综合机械化率	63.80	70	6.20
水稻种植机械化率	42.30	≥50	7.70以上
玉米收获机械化率	64.20	≥80	15.80以上

① 农业机械化发展阶段的划分标准以农业部农业机械化管理司1999年组织进行的"农业机械化发展水平评价指标体系及评价标准研究"课题研究成果为依据。

② 农业部2001年发布的《全国农业机械化发展第十个五年计划》。

续表

	2015	2020（预计）	提升
马铃薯种植机械化率	25.20	≥40	14.80 以上
马铃薯收获机械化率	24.50	≥40	15.50 以上
油菜种植机械化率	22.00	≥40	18 以上
油菜收获机械化率	29.40	≥50	10.60 以上
大豆种植机械化率	64.60	≥80	15.40 以上
大豆收获机械化率	58.70	≥70	11.30 以上
花生种植机械化率	41.90	≥60	18.10 以上
花生收获机械化率	30.00	≥50	19.80 以上
棉花采摘机械化率	18.80	≥30	11.20 以上
甘蔗收获机械化率	—	≥10	—

资料来源：农业部：《全国农业机械化发展第十三个五年规划》。

作为一个人口众多的农业大国，2000 年以来，尤其是 2005 年之后，中国农业机械化进程明显加快，由农业机械化的初级阶段很快进入中级阶段，目前正在由中级阶段快速向高级阶段迈进。在如此短的时期内，中国农业由主要依赖人力畜力向利用机械动力转变，由一个农业从业人员占全社会从业人员主体地位的典型农业国家向一个农业从业人员占比相对较小的工业化国家转型，这是一场深刻的历史变革，将其称为一场农业生产的机械化革命是非常恰当的。

三　农业机械化的动力机制

那么，在中国农业机械化发展的三个阶段中，为何前两个阶段农业机械化发展的速度偏慢和动力不足？进入新世纪之后，为何农业机械化发展突然加速？这主要是工业化与城市化的推动以及政府因势利导的结果。

（一）工业化和城市化的推动

农业机械化的本质是工业化和城市化对传统农业的"再造"，是工业部门对农业部门的一种"反哺"，是城乡社会结构深层调整的表现和原因。一般而言，只有一个国家的工业化发展到一定水平，才会有能力对传统农业进行机械化的"改造"①。原因在于：一方面，工业化发展到一定水平之后，工业部门才会发育出一个供农业部门多样化需求的、完整的农业机械工业体系，为农业机械化提供基础条件；另一方面，只有工业化发展到一定水平，才会大规模推动城市化进程，城市化的一个主要结果就是农村人口向城市的大规模转移，吸纳传统农业中的大量剩余劳动力，导致农业生产中的劳动力短缺，对农业机械化才会有强大的内生需求。中国农业机械化的发展历程，正是工业化、城市化和农业生产密切互动的一个过程。

在农业集体化时期，在"三级所有、队为基础"的人民公社体制下，生产队是最基本的生产和分配单位。从生产组织方式上讲，这为农业机械化提供了较好的条件，生产队经营规模较小农户要大很多，同时生产队又能够以集体的名义置办农业机械。但是，集体化时期农业机械化水平却非常低，原因主要有3个方面。其一，当时我国的工业化体系仍然薄弱，没有建立一个完整的农业机械工业体系，彼时真正能够获得像样的农业机械的人民公社和生产队是非常有限的；其二，由于国家长期高比重的从农业中汲取农业剩余，各生产队真正的集体剩余或"积累"非常有限，普遍没有能力支付相对价格很高的农业机械；其三，最主要的是，农业机械实质上是对劳动力的一种大规模替代，但是，农业集体化时期，除极少数区域外，中国绝大多数农村都面临着严峻的人口压力，人口向农业外转移的规模又非常小，农村普遍面临着实质性的劳动力过剩和"隐性失业"问题，没有大

---

① "只有在第二次工业革命的第二、第三阶段，当用于规模化生产的生产工具和手段本身的规模化、机械化生产能够实现而且有利可图时，加上对化学和农业生物技术的巨大投入成为可能时，农业的全面机械化和现代化才成为可能，原始的小农生产方式才能完全结束"。参见《伟大的中国工业革命》，清华大学出版社2016年版，第246页。

规模采用农业机械的内在动力。

1980 年至 21 世纪初这一时期,农业机械化的发展非常缓慢,甚至在 20 世纪 80 年代初还出现了下降趋势。除改革初期因生产经营体制调整对原有的农业机械生产管理体系的冲击外,农业机械化发展速度较慢的主要原因在于,集体化时期严峻的人口压力释放出来,原来"隐性"的劳动力过剩问题"显性化",工业化和城市化对农村劳动力的吸纳能力又相当有限,农业生产没有大规模采用机械的动力。比如,就农业从业人口的绝对数来看(见图 6),20 世纪 80 年代以来一直不断上升,到 20 世纪 90 年代初才达到峰值(3.9 亿),90 年代初期略有下降;但 90 年代中后期,由于乡镇企业转制和亚洲金融危机等多方面影响,农民向非农产业的转移速度再度放缓,农业从业人员规模重新回升,2002 年回到了 3.66 亿的峰值,此后,随着工业化和城市化的快速发展,农业从业人口下降速度才大为加快。就农业从业

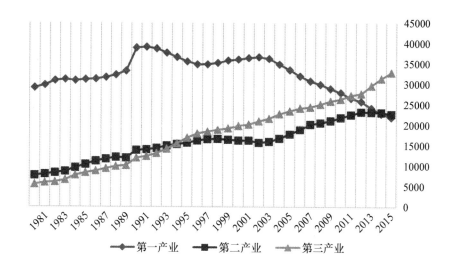

图 6 三大产业从业人员人数(1980—2015)(万人)

注:全国就业人员 1990 年及以后的数据根据劳动力调查、人口普查推算,2001 年及以后数据根据第六次人口普查数据重新修订。2012 年行业采用新的分类标准,与前期不可比。

人员占全社会从业人口的比重来看（图7），虽然1980年以来这一比重一直在不断下降，但下降速度非常缓慢，1980年为68.75%，一直到2003年才真正下降到了50%以下①（49.1%）。显然，由于农业从业人员规模大，占全社会就业人口的比重高，劳动力对土地的压力大，小农经济的"过密化"是中国农业长时期的一个既存前提，农业生产明显缺乏大规模采用机械化的动力。同时，20世纪90年代以来，农民负担过重，农产品价格下跌，农业生产的收益降低，严峻的"三农危机"导致农业生产的环境恶化，农民既没有动力也缺乏资本用于农业机械投资，这也是阻碍农业机械化发展的重要原因。

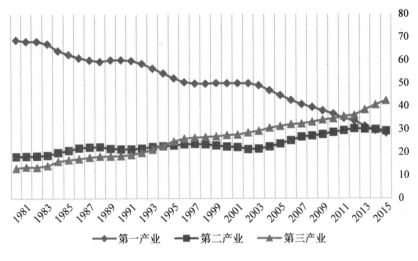

图7 三大产业从业人员占比（1980—2015）

2000年之后，两方面的因素共同作用，大为改善了农业机械化发展的内外环境。一方面，针对严峻的"三农危机"，中央先是对农村进行税费改革，后又很快取消了农业税，同时对农业生产进行扶持和补助，农业经营环境大为改善，农民生产积极性大为提高。另一方

---

① 1997、1998年曾下降到49.9%和49.8%的水平，但后面几年又缓慢回升。

面，工业化和城市化的加速发展，使农村人口向工业和城市的转移速度大为加快。2001 年，中国顺利加入 WTO，外向型经济格局很快形成，中国东部沿海地区迅速成为全球制造业中心，东部沿海地区对农村劳动力的吸纳能力大为增强。同时，农民工的务工环境也有了很大改善。党的十六大之后，中央对城乡关系格局做出了"以城带乡、以工促农"新阶段的判断，对三农施予多项优惠举措，对进城农民工也出台了多项服务支持政策，对农民工子女就学、农民工工资拖欠、生活居住等问题进行了重点关注。

在这些因素的共同作用下，2000 年之后，中国农业人口向非农就业领域的转移速度明显加快，最典型的表现是进城务工的农民工数量呈现"井喷式"增长。据统计，2000—2004 年，全国农民工每年增长 600 万—800 万人，2004 年，全国农民工总数达到了 2 亿人左右（国务院研究室课题组，2006）。2008 年，全国农民工总量增长到了 2.25 亿人，2016 年则达到了 2.81 亿人，进入 2010 年之后增速明显放缓，近年已基本达到峰值①。结果，第一产业从业人员占比也快速下降（见图 7）。1980—2000 年，第一产业从业人员占比年均下降不足 1 个百分点，2000 年之后，第一产业从业人员占比下降速度明显加快，年均下降约 1.5 个百分点，2015 年下降到了 28.3%，农业从业人员绝对数由 2002 年的 3.66 亿人下降到了 2015 年的 2.19 亿人，年均下降 1000 万人以上。预计到 2020 年，农业从业人口绝对数将下降到 1.7 亿人以下，占比也将下降到 20% 左右。在此期间，我国城市化也得以加速推进，城市化率由 2000 年的 36.22% 增长到了 2016 年的 57.35%，年均增长近 1.5 个百分点，预计 2020 年将达到 60% 以上。

工业化和城市化对农村人口，尤其是青壮年劳动力的大规模吸

---

① 自 2008 年开始，国务院每年发布一份全国农民工监测报告，对农民工的规模、结构和务工特点进行大致通报，此处农民工总量和增长情况数据系根据历年监测报告所得。

纳，使农业从业人员规模及其占比都快速下降；而且，在继续从事农业生产的劳动力中，青壮年劳动力严重短缺，老人和妇女成为农业劳动力的主体，重体力劳动成了农业生产的一个明显阻碍。在这种情况下，农业生产对机械化有了强劲的内生需求。同时，随着我国工业化体系和制造业生产能力的提升，一个完整的农业机械工业体系也逐步建立起来，为农业机械化的大规模发展提供了保障。

（二）政府推动的农业机械化

2004 年，中央颁布了《农业机械化促进法》，自 2005 年起，中央开始大规模提高对农业机械化的投入和补助，在工业化和城市化加速发展的背景下，政府主动对农业机械化的大力推动，极大促进了农业机械化发展。

从政府财政对农业机械化的投入来看（见表 9）。2000—2004 年，中央和地方财政合计对农业机械化的投入由 22.16 亿元增长到了 30.86 亿元，增长还比较缓慢。自 2005 年起，政府财政对农业机械化的投入力度明显加大，2005 年较 2004 年增长了近三分之一，此后多年一直保持高速增长，2013 年已达到了 342.31 亿元，是 2004 年的 11 倍多。在此过程中，中央财政的投入增长尤其迅速，2004 年中央仅投入 1.61 亿元，2005 年增长到了 4.98 亿元，此后多年急速增长，2009 年即达到了 135.08 亿元，到 2014 年达到了 237.55 亿元，自 2009 年起，中央财政对农业机械化的投入即超过了地方财政，成为政府投入的绝对主体。政府对农业机械化投入的快速加大，也带动了农民个人对农业机械化投入的增长，2004 年农民个人投入 249.92 亿元，2013 年增长到了 642.73 亿元，是 2004 年的 2.5 倍。政府财政和农民个人一直是农业机械化投入的两大绝对主体，二者合计占总投入的比重一直在 95% 以上，随着政府财政投入的骤增，政府投入占农业机械化总投入的比重也快速增长（见表 10），2000—2004 年只有 10% 左右，2010 年之后即增长到了 1/3 左右，农民个人投入占比则由 2004 年的 85% 下降到了 2013 年的 63%，下降近 20 个百分点。

正是由于政府主动大规模的财政投入，带动了农民个人对农业机械化的加大投入，推动了农业机械化的迅速发展。同时，政府不仅对农民购置农业机械进行补助，还对农业机械科研、使用推广、安全作业等各方面进行了全方位保障，是 2005 年以来推动农业机械化快速发展的主要动力之一。

表9　　　　　　　　农机购置资金来源（2000—2014）　　　　（单位：万元）

	2000	2001	2002	2003
中央和地方财政合计	221649.17	220046.91	241053.69	270892.06
单位、集体和农民个人	1979201.73	1853988.30	2114043.90	2377971.20
其他	17211.20	22926.80	24395.53	33547.35
总投入	2218062.10	2096962	2379493.10	2682410.60

	2004	2005	2006	2007	2008
中央财政	16115.96	49779.34	99176.6	247768.93	489593.91
地方财政	292528.78	357621.83	388690.99	484311.56	620199.11
财政合计	308644.74	407401.17	487867.59	732080.49	1109793.02
单位和集体	107037.24	91823.74	88201.90	91693.30	120525.46
农民个人	2499191.18	2827467.53	3060160.98	3206669.71	3560648.20
其他	40592.28	67792.03	58020.95	43081.11	28229.46
总投入	2955465.44	3394484.47	3694251.42	4073524.61	4819196.14

	2009	2010	2011	2012	2013	2014
中央财政	1350802.73	1772898.65	1920370.09	2269047.15	2279622.61	2375480
地方财政	691912.28	827624.21	949459.89	1083869.89	1143461	—
财政合计	2042715.01	2600522.86	2869829.98	3352917.04	3423083.61	—
单位和集体	130089.60	147822.55	193482.29	238044.75	257339.94	—
农民个人	4685340.02	5265165.43	5512195.95	6167169.43	6427344.65	—
其他	38545.63	53099.76	26396.56	44678.34	31150.85	—
总投入	6896690.26	8066610.6	8601904.78	9802809.56	10138919.05	10086912

资料来源：2000—2003 年数据来源于《国内外农业机械化统计资料》，第161 页；2004 后的数据来源于《中国农业机械工业年鉴》，2014 年后未细分类型。

表10　　　　　　　　机械化投入占比（2000—2013）　　　　　（单位：%）

	2000	2001	2002	2003
政府财政	9.99	10.49	10.13	10.10
单位、集体和农民个人	89.23	88.41	88.84	88.65
其他	0.78	1.09	1.03	1.25

	2004	2005	2006	2007	2008	2009	2010	2011	2012	2013
政府财政	10.44	12.00	13.21	17.97	23.03	29.62	32.24	33.36	34.2	33.76
单位、集体	3.62	2.71	2.39	2.25	2.50	1.89	1.83	2.25	2.43	2.54
农民个人	84.56	83.3	82.84	78.72	73.88	67.94	65.27	64.08	62.91	63.39
其他	1.37	2.00	1.57	1.06	0.59	0.56	0.66	0.31	0.46	0.31

四　简略的国际比较

世界其他主要国家（地区）也是在工业化和城市化快速推进过程中实现了农业生产的机械化（见表11），主要原因在于工业化和城市化对农村劳动力的大规模吸纳，导致农业生产中劳动力的短缺，为农业机械化提供了内生动力。在这种情况下，作为新大陆国家的美国和加拿大，由于人口相对较少，工业化和城市化造成了农业劳动力的严重紧缺，他们在1910—1920年就启动了农业机械化进程，结果，美国成为世界上最早实现农业机械化的国家。其他主要工业化国家（英、法、德、意、苏），都基本在1930年前后启动农业机械化进程，并用20—30年时间基本实现了农业机械化。作为东亚人多地少农业的代表，日本、韩国和中国台湾则都是在第二次世界大战后启动了农业机械化，日本由于第二次世界大战前已完成工业化，第二次世界大战后用了约20年时间即基本实现了农业机械化；中国台湾和韩国则是第二次世界大战后新兴工业化国家（地区）①的代表，他们在

———————

① 韩国、新加坡、中国台湾和中国香港一般被称为"亚洲四小龙"，是第二次世界大战后顺利实现工业化和现代化的新兴国家（地区），但新加坡和中国香港都基本没有农业，所以韩国和中国台湾是新兴工业化国家中实现农业机械化的代表。

20世纪60—70年代工业化快速发展的过程中，也启动了农业机械化进程，经过20多年的时间，他们也分别在20世纪80—90年代基本实现了农业机械化。

显然，这些国家（地区）基本都是在工业化的中后程启动农业机械化，在他们基本实现农业机械化时，他们都已经完成了工业化进程，城市化进程也已经结束。比如，当他们完成农业机械化时，农业从业人口占全社会从业人员的比重都下降到了15%以下（法国15.6%），很多国家甚至下降到了10%以下；农业人口占总人口的比重，则下降到了30%以下①，也就是城市化率超过了70%，已基本完成城市化。

表11　　　　　世界部分国家（地区）农业机械化发展历程

国家/地区	起始时间及历时（年）			基本实现农业机械化时的农业劳动生产率			
	开始	基本实现年份	历时	农业人口占总人口比例（%）	农业从业人口占全社会从业人口比例（%）	每个劳动力负担耕地面积（公顷）	每个农业劳动力生产粮食（公斤）
美国	1910	1940	30	23.20	8.30	14.70	9800
加拿大	1920	1950	30	20.00	7.20	39	28200
原苏联	1929	1953	24	57.00	14.20	7.10	3100
英国	1931	1948	17	—	2.50	5.90	5867
法国	1930	1955	25	23.20	15.60	3.80	4375
原西德	1931	1953	22	—	12.50	1.30	1715

---

① 苏联是一个特殊案例，在基本实现农业机械化时，农村人口占比仍然高达57%，城市化进程明显滞后，这主要是由于前社会主义国家"工业化快于城市化"造成的普遍"低度城市化"问题。Szelényi将这种城市化和工业化发展不协调的现象称之为社会主义国家的"低度城市化"（under urbanization）。与此相对的是，拉美国家的主要问题是，城市人口增长快于其工业化水平，即面临着"过度城市化"的问题。参见撒列尼·伊万等《社会主义企业家：匈牙利乡村的资产阶级化》，史普原等译，中国社会科学出版社2015年版。

续表

国家/地区	起始时间及历时（年）			基本实现农业机械化时的农业劳动生产率			
	开始	基本实现年份	历时	农业人口占总人口比例（%）	农业从业人口占全社会从业人口比例（%）	每个劳动力负担耕地面积（公顷）	每个农业劳动力生产粮食（公斤）
意大利	1930	1960	30	29.60	12.80	2.50	1915
日本	1946	1967	21	29.90	10.60	0.60	1810
韩国	1976	1996	20	11.27	6.24	0.62	3083
中国台湾	1960	1985	25	21.40	17.40	0.97	2120

资料来源：《国内外农业机械化统计资料》，第200—201页，第220—221页；第402—403页；韩国、中国台湾农业机械化的开始年份和基本实现农业机械化的年份，系根据该统计资料并结合其他有关资料确定；中国台湾地区每个劳动力生产粮食系根据稻米产量计算，中国台湾地区数据来源于政府网站：http://agrstat.coa.gov.tw/sdweb/public/inquiry/InquireAdvance.aspx。

与这些国家实现农业机械化的历程相似，中国目前正处于工业化的中后程和城市化的快速发展阶段，农业机械化也处于高速推进过程中。作为一个人口众多的农业大国，中国农业人口向非农领域和城市的转移过程尤其艰难，到2000年前后，农业从业人口占全社会从业人口占比仍然高达50%，城市化率则刚超过35%，处于工业化和城市化过程的前程阶段。2000年之后，中国的工业化和城市化进程明显加快，加之人口自然增长率的下降，明清以来中国农业生产中高度紧张的人地关系得以缓解，同时，由于青壮年劳动力大规模外出务工，农业生产中的劳动力（尤其是重体力劳动力）明显不足，国家因此加大了农业机械化的推进力度。

与这些已经实现农业机械化的国家相比，中国农业机械化的启动步伐并不迟缓，但在很长时期内进展并不迅速。直到2000年以来，尤其是2005年之后，农业机械化的进度才明显加快，主要原因在于中国是一个人口众多的农业大国，工业化和城市化需要一个漫长的过程才能实现。因此，中国农业机械化的实质性启动时间应该是在20世纪90年代，在农村人口开始加速向工业和城市转移的时期，2000年之后，农业机械化的推进速度则明显加快。预计到2020年，中国将进入农业机械化发展的高级阶段，在此基础上再经过5—10年的巩固和发展，中国将基本实现农业机械化，届时中国工业化和城市化的进程也将基本完成。

显然，农业机械化是工业化和城市化对传统农业的一个"反哺"或"改造"。只有工业化发展到一定阶段，城市化进展到一定程度，才能将农业人口吸纳转移到非农领域，同时建立一个完整的农业机械工业体系，为农业机械化提供基础和条件。另外，农业机械化的全面实现，还依赖于工业化之后农业生物、化学技术的发展和改进，使化肥、农药等现代生产要素大规模投入农业之中。同时，在工业化完成之后的经济体系中，农业总体上都处于弱势地位，因此，在世界上其他国家（地区），农业机械化的实现，也都高度依赖于政府的推动和扶持。（杨印生、陈旭，2018；罗剑，2016；单爱军等，2007；王瑞杰等，2006）

五 农业机械化的社会影响

农业机械化的快速推进，对农业生产和城乡关系格局的变化产生了深远影响。

（一）小规模家庭农场的"兼业化"和"集约化"

农业机械化的首要和直接作用即是对农业中的劳动力的解放和替代，尤其是对重体力劳动的全面替代，使"老人农业"或"妇女农业"得以可能，农业生产日益"兼业化"。这主要表现在两方面。

首先，农业机械化和其他农业技术创新一起，大为减轻了单位土地生产所需要的劳动量，它使得农业生产由主要对畜力和人力的依赖转向对机械动力的采用，劳动生产率大为提高，同时农民还从长期烦琐的役畜养殖中解放出来，这也直接解放了劳动力。从宏观统计上来看，随着农业机械化的推进，20 世纪 80 年代以来，尤其是 2005 年之后，我国主要农作物亩均用工量都得以大幅下降（见表 12）。比如，水稻亩均用工量 1985 年是 21.9 个，1995 年下降到 19 个，2005 年下降到 11.39 个，2015 年仅 6.23 个，是 1985 年的 28%；玉米亩均用工量 1985 年是 16.3 个，1995 年下降到 16 个，2005 年下降到 9.49 个，2015 年仅 5.95 个，是 1985 年的 36%；小麦亩均用工量 1985 年是 14.5 个，1995 年下降到 12.7 个，2005 年下降到 7.91 个，2015 年仅 4.65 个，是 1985 年的 32%。其他农作物亩均用工量的变化趋势与三大粮食作物相似，2015 年亩均用工量较 1985 年基本都下降了 2/3 以上，最少也减少了 60%，最多降低了近 80%。从趋势上看，1985—1995 年亩均用工量减少幅度较小，1995—2005 年减幅明显加快，2005—2015 年则急速下降，这和不同农作物农业机械化水平的增长趋势是完全一致的，最近 10 多年快速的农业机械化进程，大规模减少了农作物的亩均用工量。当然，农作物亩均用工量的变化，不是机械化单一因素作用的结果，它还与其他农业新技术的应用有关，比如新型育种技术、新农药等等，但无疑机械化是其中最重要的原因。

表 12　　　　　　　　八大作物亩均用工量（1985—2015）　　　　　　（单位：天）

年份	稻谷	小麦	玉米	大豆	花生	油菜	棉花	甘蔗
1985	21.90	14.50	16.30	11.60	23.50	18.70	42.90	50.10
1995	19	12.70	16	10.70	20.40	16.80	41.70	37.20
2005	11.39	7.91	9.49	5.11	12.27	9.55	24.86	21.44
2015	6.23	4.65	5.95	2.68	8.89	7.25	17.06	14.11
占1985年比重（%）	28.45	32.07	36.50	23.10	37.83	38.77	39.77	28.16

其次，从劳动性质上看，农业机械化对农业生产中的重体力劳动

环节进行了全面替代，这不仅减少了单位土地生产的劳动量，还极大减轻了劳动强度，为青壮年壮劳动力大规模脱离农业提供了可能，农业仅依靠一批具有一定经营管理经验的老人和妇女就能完成，"老人农业"和"妇女农业"成为可能，农业生产也日益"兼业化"。本文在各地的田野调查都发现，农业生产已经变得日益轻松和便利，农作过程中的重体力环节已经几乎全部被机械化所代替，即使是南方地区"抢收抢种"的"双抢时节"，农民在机械化帮助下，也仅仅只是忙碌，而不再因高强度的劳动而辛苦异常。在全国大部分以小规模家庭经营为基础的农业区，在青壮年劳动力大规模长期外出务工的情况下，依靠有一定经营管理经验的妇女和老人，在机械化的帮助下也顺利完成了农业生产。这些留守在村庄的妇女或老人，也不需要终年在土地上辛苦劳作，只要在农业生产的主要环节参与进去，再辅以日常管理即可，农业日益"兼业化"和"休闲化"。

与此同时，传统小规模家庭经营在种植经济作物的过程中，其集约化程度大为提高。比如，笔者曾经对湖北省一个乡镇的烟叶农户种植进行过细致的调查研究，结果发现，在过去10多年中，农民烟叶种植模式发生了一个明显的集约化过程。农民主要通过土地流转等方式，明显扩大了种植规模，由10多年前户均种植3—5亩的规模扩展到了2013年的近20亩，达到了一个典型烟农家庭（一对青壮年夫妻＋老年和小孩辅助劳动力）的适度经营规模。这种烟农家庭是烟农种植户中的主体，他们主要依赖家庭劳动力完成生产，在农忙时也可能临时雇佣部分劳动力，通过这种方式，他们每年能够从烟叶种植中获得5万—6万元（或者略高）的纯收入，这对他们而言是一个不错的选择（与外出务工相比），因为既维持了家庭生活的完整，还能享受农闲时的自由（Jiao & Chen，2017）。与10多年前相比，烟叶生产的集约化程度明显提高，这里的集约化，既包括烟农通过土地流转适度扩大了种植规模，更包括在烟叶生产过程中现代资本要素（特殊农药、育苗工厂、灌溉网络、机械化等）的快速增加，生产的集约化，使得农民能够在一个仍然是相对小规模的家庭农场中，通过种植烟叶这种经济作物获得更高的收入。烟叶生产的集约化，最关键环节就是农业机械对高密度、高强度的重体力劳动的大规模替代，否则无法得以展开。

（二）农业规模化经营加速推进

目前，虽然小规模家庭经营仍然是中国农业体系的经营主体，但最近 10 来年，农业经营主体的分化速度明显加快，尤其是最近几年，工商资本下乡从事农业经营的现象越来越普遍，加快了农业规模经营的步伐（见表 13）。比如，2005 年以来，全国土地流转的规模明显加大，2005 年全国土地流转总量不足 5000 万亩，占农民家庭承包土地总量的比重不到 5%，2009 年，土地流转面积达到了 1.5 亿亩，占承包地面积比重超过了 10%。2010 年之后，土地流转的速度进一步加快，到 2016 年，全国土地流转面积达到了 4.79 亿亩，占比超过了三分之一，在一些东部沿海地区，流转比重已经超过了 50%，全国经营耕地面积在 50 亩以上的规模经营农户超过了 350 万户，经营耕地面积超过 3.5 亿亩①。学者对不同地区工商资本下乡进行农业经营活动的研究也发现，地方政府有意鼓励规模化的土地流转，对其进行政策和项目上的扶持（焦长权、周飞舟，2016），结果培育了一批规模化经营的农场主，其经营面积甚至多达数千上万亩。农业规模化经营之所以在过去 10 年中飞速发展，与农业机械化的快速推进是分不开的，在一段时期内，国家的农业机械补助政策，也有意倾向于规模较大的经营主体，由此使规模化农场更快实现了农业机械化。

---

① 《农业部：全国承包耕地流转比例已超过三分之一》，新华网：http：// news. xinhuanet. com/politics/2016—11/17/c_ 1119933443. htm。

表13　　　　　　　　　全国土地流转面积统计

年份	2005	2006	2007	2008	2009	2010	2011	2012	2013	2014	2015	2016
流转面积（亿亩）	0.47	0.56	0.64	1.09	1.50	1.87	2.28	2.78	3.51	4.03	4.47	4.79
占家庭承包土地总面积（％）	4.06	4.57	5.20	8.90	12.07	14.70	17.85	21.50	25.70	30.40	33.30	35.10

资料来源：农业部有关公开数据整理计算。

显然，农业机械化对传统小农经济体系的"改造"是全方位的，它一方面使大多数小规模家庭农场日益"兼业化"，"老人农业"和"妇女农业"成为可能，同时它也使部分小规模家庭农场日益"集约化"。不仅如此，它还为农业规模经营提供了条件和可能，加速了农业经营主体的分化。

（三）城乡格局加速调整

中国工业化和城市化的快速发展，也得益于农业机械化的支持和推动。农业机械化和农村劳动力向工业（城市）的转移，是一个双向互动关系，二者是互相支持、互相推动和互为条件的。2000年之后工业化和城镇化进程的加速，使得城市对农村剩余劳动力的吸纳能力大规模增强，因此为农业机械化的发展创造了条件，农业有了大规模采用机械化的内生动力。反过来，农业机械化的快速推进，也进一步释放了农村中既存和"潜在"的富余劳动力，使青壮年劳动力长期大规模进城务工成为可能，农业机械化对劳动力的解放，尤其是对重体力劳动的全面替代，也进一步加速了农村人口向工业和城市的转移，加速了我国工业化和城市化的进程。

农业生产的一个突出特点是季节性，尤其是对劳动力需求的季节性变化，传统农耕制度下，农忙时节需要大量劳动力，尤其是重体力劳动需要大量青壮年男性劳动力才能完成。在这种情况下，虽然从总体上看农村有大量剩余劳动力，但是在农忙时节却离不开他们，因此导致了农业生产中的不经济。当农业机械化程度较低，无法大规模降低农作物的劳动投入，难以对重体力劳动进行全面替代时，青壮年劳动力的大规模长期外出务工就变得很困难，要么造成农业生产的大面积抛荒（如20世纪90年代的云贵川地区），要么是农忙时节农民工大规模季节性返乡务农（如20世纪90年代的华北平原地区）。最近10多年，在青壮年大规模长期外出务工和农村人口不断向城市转移的情况下，仅依靠留守在村庄中的具有一定经营管理经验的妇女和老人，就顺利完成了农业生产，既没有出现大面积抛荒，也不再有农忙时节农民工的大规模季节性返乡。这些都主要得益于农业机械化水平的提高，它不仅解放了农村既有的富余劳动力，还释放了大量"潜在"剩余劳动力，加速推动了农村人口向工业和城市的转移。

最近几年，无论是国家宏观数据调查[①]，还是我们从微观田野调查的经验来看，农业生产中劳动力的成本都在快速上升，雇佣劳动力的价格上升尤其迅速，这主要是由于工业化和城市化对村庄青壮年劳动力的大规模吸纳所致。在这种情况下，农民对机械化的内在需求更加强烈，以机械化来推动农业生产"减工降本"，成了推动我国农业现代化的必由之路。同时，农业生产作为国民经济的基础，农村作为现代化的蓄水池和稳定器，它们能否在农村青壮年劳动力大规模向城市转移的过程中保持稳定和发展，对中国城市化和现代化进程的顺利推进也具有基础性的意义。

六 结论和讨论

关于中国小农经济的研究，黄宗智总结的"过密化"模型是一个很好的起点，后续研究基本都以此为基础展开。但是，这也有意无意造成了一个问题，即对1949年之后，尤其是1980年以来中国小农经

---

① 参见由国家发改委价格司编辑的历年《全国农产品成本收益资料汇编》。

济内部发生的诸多重要变化缺乏应有的敏感，以至于关于当前中国小农经济转型的研究，还都以黄宗智对 1949 年之前华北平原的总结为出发点。倒是黄宗智本人敏锐地捕捉到了中国农业发展中的一些重大变化，他称之为"隐性农业革命"；他认为这场革命主要是由传统农业之外的因素——人民的消费结构转型——引起的。这提醒我们，对当前小农经济的研究，必须关注到其内外部已经发生的巨大变化，而不能简单地以黄宗智对 1949 年之前小农经济的总结为起点，或者认为当前农业转型的基础和环境，仍然和"过密化"模型所总结的没有重大区别。

1949 年之后，中国小农经济除了在生产关系（生产经营组织方式）方面发生过几次重大变化之外，它在生产力方面也发生了诸多重要变化，其中最典型的就是以现代技术和资本因素进入农业之后引起的"绿色革命"。"绿色革命"的本质是农业的"资本化"，农业机械化，是农业"资本化"的重要组成部分。

中国农业机械化的发展，及其对小农经济的影响和改造，必须放在工业化和城市化的大转型过程中才能得到更深入的理解。工业化和城市化是推动农业机械化的最大动力，中国农业机械化虽然在 20 世纪 60 年代就启动，但一直发展非常缓慢，直到 2000 年之后，尤其是 2005 年以来，农业机械化才得以突飞猛进的发展，农业生产在一个很短的时期内发生了一场机械化革命，预期将在不长的时间中基本实现农业机械化。主要原因在于，2000 年之后中国的工业化和城市化进程明显加速并进入了新阶段，为农业机械化创造了动力和条件，当然，农业机械化的快速发展也离不开政府的大力推动。反过来，农业机械化对工业化和城市化发展过程也起到了重要支撑和推动作用，二者之间是一个互为条件、互相支撑、互相推动的过程，从这个角度讲，农业机械化是整个中国大转型的重要组成部分。

当前，在工业化和城市化的大转型背景下，中国小农经济所面临的历史情景，和列宁、恰亚若夫所集中关注的 20 世纪初俄国农业的情况相似。包括机械化在内的现代资本投入，不仅会对传统农业的生产力产生革命性的影响，塑造了新农业，而且也会对传统农业的生产关系产生重大影响。但是，在学者关于中外农业转型的诸多讨论中，一个共同的弊病是，人们经常将农业的"资本化"和"资本主义化"予以混淆，这从列宁—恰亚若夫关于农业转型的道路之争开始，一直到近来学者关于中国农业"资本化"的研究①，都存在这个问题，即把资本投入对农业"生产力"和"生产关系"可能带来的影响混到一块讨论。事实上，农业的"资本化"和"资本主义化"是两个内涵很不相同的概念，农业的资本化是农业生产中资本投入的日益增长，成为推动农业变革的关键要素，农业的资本主义化则是指资本主义式农业大农场逐渐替代传统小农家庭生产的过程，并伴随着农民的大规模"无产化"和农村社会的阶级分化。当然，农业的"资本化"和"资本主义化"之间有比较复杂的关系，农业的"资本化"有可能导致"资本主义化"，但其中没有一种必然的因果关系，更不能将二者直接等同起来。这是学者在讨论中国农业转型问题时必须注意的，不然不仅可能会把不同的问题混为一谈，还可能陷入不必要的意识形态之争。

显然，当前，中国小农经济面临的最大历史性背景就是工业化和城市化的急速推进。在中国这样一个人口众多的农业大国，工业化和城市化的深度推进，使传统小农经济走到了历史性的十字路口。即使如黄宗智所言的由人民消费结构转型所引起的"隐性农业革命"，也是在工业化和城市化的内在框架中发生的，也只有放在这一大转型的

---

① 比如，严海蓉等在一定程度上就将中国农业的"资本化"和"资本主义化"混合到一起使用。参见（严海蓉、陈义媛，2015）尤其参见严海蓉为该专辑撰写的导言（严海蓉，2015）。其中的原因，很可能是其直接接受了农业的"资本化"必然导向"资本主义农业"的这一隐含理论假设，而这个假设也是考茨基、列宁等关于农业的"资本主义"发展道路所隐含的核心假设。

历程中才能得到更系统的理解。这正如博塞拉普所说，"认为通过现代工业和科学化的手段就可以使还未达到城市地区工业化阶段的国家在不久的将来实现农业技术革命的观点是不切实际的"（博塞拉普，2015）。传统小农经济，必须在一个国家的工业化和城市化发展到一定阶段后，才可能发生根本性的变革。但是，中国小农经济究竟会走向何方，目前还是不明朗的，当然，这也正预示了希望，我们期待其在多种可能性中选择最符合人民利益和国情实际的一种。

参考文献

［1］白学峰等：《中国农业机械化现状与发展模式研究》，《农机化研究》2017 年第 10 期。

［2］博塞拉普、埃斯特：《农业增长的条件：人口压力下农业演变的经济学》，法律出版社 2015 年版。

［3］曹阳、胡继亮：《中国土地家庭承包制度下的农业机械化——基于中国 17 省（区、市）的调查数据》，《中国农村经济》2010 年第 10 期。

［4］段亚莉等：《中国农业机械化发展区域差异性研究》，《西北农林科技大学学报》（自然科学版）2011 年第 6 期。

［5］国务院研究室课题组：《中国农民工调研报告》，中国实言出版社 2006 年版。

［6］黄宗智：《华北的小农经济与社会变迁》，中华书局 2000 年版。

［7］黄宗智：《长江三角洲小农家庭与乡村发展》，中华书局 2000 年版。

［8］黄宗智：《中国的隐性农业革命》，法律出版社 2010 年版。

［9］黄宗智：《超越左右：从实践历史探寻中国农村发展道路》，法律出版社 2014 年版。

［10］黄宗智：《中国的隐性农业革命（1980—2010）》，《开放时代》2016 年第 2 期。

［11］黄宗智、彭玉生：《三大历史性变迁的交汇与中国小规模农业的前景》，《中国社会科学》2007 年第 4 期。

［12］黄宗智、高原：《中国农业资本化的动力：公司、国家还是农户？》，《中国乡村研究》2013 年第 10 辑。

［13］黄宗智、高原、彭玉生：《没有无产化的资本化：中国的农业发展》，《开放时代》2012 年第 3 期。

［14］侯方安：《农业机械化推进机制的影响因素分析及政策启示——兼论耕地细碎化经营方式对农业机械化的影响》，《中国农村观察》2008 年第 5 期。

［15］焦长权、周飞舟：《"资本下乡"与村庄的再造》，《中国社会科学》2016 年第 1 期。

［16］考茨基、卡尔：《土地问题》，商务印书馆 1955 年版。

［17］列宁：《俄国资本主义的发展》，《列宁全集（第 3 卷）》，人民出版社1984 年版。

［18］列宁：《卡尔·考茨基〈土地问题、现代农业倾向和社会民主党的土地政策概述〉书评》，《列宁全集（第 4 卷）》，人民出版社 1984 年版。

［19］罗剑：《美国、法国和日本农机经营模式及启示》，《世界农业》2016年第 2 期。

［20］刘恒新等：《我国农业机械化结构贡献的测度：方法与数据》，《中国农机化学报》2015 年第 3 期。

［21］刘恒新等：《我国农业机械化发展潜力研究：方法与数据》，《中国农机化学报》2016 年第 2 期。

［22］刘凤芹：《农业土地规模经营的条件与效果研究：以东北农村为例》，《管理世界》2006 年第 9 期。

［23］林善浪等：《农村劳动力转移有利于农业机械化发展——基于改进的超越对数成本函数的分析》，《农业技术经济》2017 年第 7 期。

［24］罗锡文等：《提高农业机械化水平促进农业可持续发展》，《农业工程学报》2016 年第 1 期。

［25］卡尔·马克思：《资本论》，人民出版社 2008 年版。

［26］农业部农业机械化管理司、中国农业机械工业协会：《国内外农业机械化统计资料（1949—2004）》，中国农业科学技术出版社 2006 年版。

［27］农业部农业机械化管理司、中国农业大学《全国农业机械化统计资料

汇编（2005—2013）》，中国农业科学技术出版社 2016 年版。

［28］撒列尼·伊万等：《社会主义企业家：匈牙利乡村的资产阶级化》，史普原等译，中国社会科学出版社 2015 年版。

［29］潘彪、田志宏：《中国农业机械化高速发展阶段的要素替代机制研究》，《农业工程学报》2018 年第 9 期。

［30］单爱军、孙先明、于斌：《发达国家农业机械化促进政策对我国的启示》，《农机化研究》2007 年第 4 期。

［31］沈国舫、汪懋华：《中国农业机械化发展战略研究综合卷》，中国农业出版社 2008 年版。

［32］马克斯·韦伯：《民族国家与经济政策》，甘阳译，生活·读书·新知三联书店 1997 年版。

［33］文一：《伟大的中国工业革命》，清华大学出版社 2016 年版。

［34］王瑞杰等：《发达国家促进农业机械化发展经验及对我国的启示》，《云南农业大学学报》2006 年第 5 期。

［35］王欧等：《农业机械对劳动力替代强度和粮食产出的影响》，《中国农村经济》2016 年第 12 期。

［36］王水连、辛贤：《中国甘蔗种植机械与劳动力的替代弹性及其对农民收入的影响》，《农业技术经济》2017 年第 12 期。

［37］王晓兵等：《玉米生产的机械化及机械劳动力替代效应研究——基于省级面板数据的分析》，《农业技术经济》2016 年第 6 期。

［38］徐建国、张勋：《农业生产率进步、劳动力转移与工农业联动发展》，《管理世界》2016 年第 7 期。

［39］严海蓉：《"中国农业的发展道路"专题导言》，《开放时代》2015 年第 5 期。

［40］严海蓉、陈义媛：《中国农业资本化的特征和方向：自下而上和自上而下的资本化动力》，《开放时代》2015 年第 5 期。

［41］杨进、吴比、金松青、陈志钢：《中国农业机械化发展对粮食播种面积的影响》，《中国农村经济》2018 年第 3 期。

［42］杨印生、陈旭：《日本农业机械化经验分析》，《现代日本经济》2018

年第 2 期。

［43］易中懿:《中国农业机械化区域发展战略研究》,中国农业科学技术出版社 2011 年版。

［44］郑旭媛、徐志刚:《资源禀赋约束、要素替代与诱致性技术变迁——以中国粮食生产的机械化为例》,《经济学(季刊)》2017 年第 1 期。

［45］周晶、陈玉萍、阮冬燕:《地形条件对农业机械化发展区域不平衡的影响——基于湖北省县级面板数据的实证分析》,《中国农村经济》2013 年第 9 期。

［46］周振等:《农业机械化对农村劳动力转移贡献的量化研究》,《农业技术经济》2016 年第 2 期。

［47］Aggarwal, P. C., 1977, "Some Social Aspects of the Green Revolution in Ludhiana," Punjab. Dimensions of Social Change in India; Papers of the National Seminar.

［48］Agyeiholmes, A., 2016, "Technology Transfer and Agricultural Mechanization in Tanzania: Institutional Adjustments to Accommodate Emerging Economy Innovations." 6 (2), 1 – 17.

［49］Banaji, Jairus, 1976, "Chayanov, Kautsky, Lenin: Considerations towards a Synthesis," *Economic and Political Weekly*, Vol. 11, No. 40 (Oct. 2, 1976), pp. 1594 – 1607.

［50］Bayliss – Smith, T., 1984, *Understanding Green Revolutions: Agrarian Change and Development Planning in South Asia*. Cambridge University Press.

［51］Berardi, G. M., 1981, "Socio – economic Consequences of Agricultural Mechanization in the United States: Needed Redirections for Mechanization Research," *Rural Sociology*, 46 (3), 483 – 504.

［52］Bernstein, H., 2009, "V. I. Lenin and A. V. Chayanov: Looking Back, Looking Forward," *Journal of Peasant Studies*, 36, (1): 55 – 81.

［53］Bertrand, A. L., 1948, "The Social Processes and Mechanization of Southern Agricultural Systems," *Rural Sociology*, 13 (1): pp. 31 – 39.

［54］Bertrand, A. L., 1950, "Some Social Implications of the Mechanization of Southern Agriculture," *Southwestern Social Science Quarterly*, 31 (2), 121 – 129.

［55］Bigot, & Yves. , 1987, *Agricultural Mechanization and the Evolution of Farming Systems in Sub – Saharan Africa*, Johns Hopkins University Press.

［56］Binswanger, H. , 1986, "Agricultural Mechanization: A Comparative Historical Perspective," *World Bank Research Observer*, 1 (1), 27 – 56.

［57］Borlaug, N. E. , & Laureate, N. P. P. , 2000, "The Green Revolution Revisited and the Road Ahead," *Special Anniversary Lecture*.

［58］Bryceson, D. , 1989, "Mechanization and Maize: Agriculture and the Politics of Technology Transfer in East Africa," *Economic Development & Cultural Change*, 92 (5), 228 – 236.

［59］Byres, T. J. , 1981, "The New Technology, Class Formation and Class Action in the Indian Countryside," *Journal of Peasant Studies*, 8 (4), 405 – 454.

［60］Clements, H. M. , 1969, *The Mechanization of Agriculture in Brazil: A Sociological Study of Minas Gerais*, University of Florida Press.

［61］Hamilton, G. Horace, 1939, "The Social Effect of Recent Trends in the Mechanization of Agriculture," *Rural Sociology*, 4: pp. 3 – 19.

［62］Datta, R. , 1980, "Technology Choice in Collectivized Agriculture: Farm Mechanization Policy of the People's Republic of China," *China Report*, 16 (5), 3 – 30.

［63］Elvin, Mark, 1973, *The Pattern of the Chinese Past*, Stanford: Stanford University Press.

［64］Gaud, William S. , 1968, "The Green Revolution: Accomplishments and Apprehensions," AgBioWorld: http://www. agbioworld. org/biotech – info/topics/borlaug/borlaug – green. html.

［65］Jansen, A. J. , 1969, "Social Implications of Farm Mechanization: Final Report on a Cross – national Research," *Sociologia Ruralis*, 9 (4), 340 – 407.

［66］Jiao, Changquan & Chen, Yingjiao, 2017, *From "Involution" to "Capitalization": The "New Agriculture" and the "New Peasant" —A Case Study of Tobacco Growers in a Chinese Township*, Volume 14, Issue 2, pp. 405 – 432.

［67］Karpat, K. H. , 1960, "Social Effects of Farm Mechanization in Turkish

Villages," *Social Research*, 27 (1), 82 – 103.

［68］Kayayan, A. K. , & Francis, D. G. , 1973, "Mechanization and the Division of Labor: A Study of Farm Families in the Beka'a Plain of Lebanon," *Journal of Asian & African Studies*, 8 (1 – 2), 17 – 26.

［69］Lehmann, David, 1982, "After Lenin and Chayanov," *Journal of Development Economics*, (11): 133 – 161.

［70］Liu, Y. , Hu, W. , Jetté – Nantel, S. , & Tian, Z. , 2014, "The Influence of Labor Price Change on Agricultural Machinery Usage in Chinese Agriculture," *Canadian Journal of Agricultural Economics/revue Canadienne Dagroeconomie*, 62 (2), 219 – 243.

［71］Musoke, Moses S. , 2006, "Mechanizing Cotton Production in the American South: The Tractor, 1915 – 1960," *Explorations in Economic History*, 18 (4), 347 – 375.

［72］Olmstead, A. L. , & Rhode, P. , 1988, "An Overview of California Agricultural Mechanization, 1870 – 1930," *Agricultural History*, 62 (3), 86 – 112.

［73］Patel, Raj. , 2013, "The Long Green Revolution," *Journal of Peasant Studies*, 40 (1), 1 – 63.

［74］Pingali, P. L. , 2007, "Agricultural Mechanization: Adoption Patterns and Economic Impact," *Handbook of Agricultural Economics*. Elsevier B. V. 3 (06): 2779 – 2805.

［75］Sharma, Rita & Poleman, Thomas T. , 1993, *The New Economics of India's Green Revolution: Income and Employment Diffusion in Uttar Pradesh*, Ithaca: Cornell University Press.

［76］Schmitz Andrew, & Moss, Charles B. , 2014, "Mechanized Agriculture: Machine Adoption, Farm Size, and Labor Displacement," AgBioWorld. 18 (3): 278 – 296: http: //agbioforum. org/v18n3/v18n3a06 – schmitz. html.

［77］Stavis, B. , 1975, "Making Green Revolution: The Politics of Agricultural Development in China," *Rural Development Committee*, Cornell University.

［78］Stavis, B. , 1974, "China's Green Revolution," *China – Japan Program*,

Cornell University.

［79］Stavis，B.，1978，*The Politics of Agricultural Mechanization in China*，Cornell University Press.

［80］Valdés，D. N.，2010，"Machine Politics in California Agriculture，1945 – 1990s，"*Pacific Historical Review*，63（2），203 – 224.

［81］Wang，X.，Yamauchi，F.，& Huang，J.，2016，"Rising Wages，Mechanization，and the Substitution between Capital and Labor：Evidence from Small Scale Farm System in China，"*Agricultural Economics*，47（3），309 – 317.

［82］Zhang，X.，Yang，J.，& Thomas，R.，2017，"Mechanization outsourcing clusters and division of labor in chinese agriculture，"*China Economic Review*，43，184 – 195.

（原文刊发于《管理世界》2018 年第 10 期）

宁夏易地扶贫安置点的"自流移民" 问题研究

——兼议农村户籍制度改革的现实性*

王海侠　　张徐丽晶

经国务院批准，从 2001 年开始，国家发展改革委员会安排专项资金，在全国范围内陆续组织开展了易地扶贫搬迁工程。截至 2015 年底，已累计搬迁贫困人口 680 多万人。② 在《"十三五"易地扶贫搬迁规划》中提及，未来 5 年需要搬迁的建档立卡贫困人口约 1000 万人，搬迁数量在中外历史上前所未有。保守估计，加上地方统筹与配套，全国累计的搬迁人口将在 2000 万人以上。基于当前扶贫攻坚的复杂性与艰巨性，尤其是民族地区的易地扶贫问题，调研团队在宁夏回族自治区中宁县"太阳梁移民安置区"做跟踪研究，发现有计划、有组织的大规模开发式扶贫冲破了自然条件恶劣地区的发展桎梏，改善了移民的生活环境和生活水平。但在易地扶贫搬迁地区存在

---

　*　作者简介：王海侠，北京师范大学中国社会管理研究院/社会学院讲师；张徐丽晶，北京师范大学社会学院本科生。

　　基金项目：本文系教育部人文社会科学研究青年基金"农村基层治理多元化与创新实践研究"（项目批准号：17YJC840036）阶段性成果。

　　②　国家发展改革委：《全国"十三五"易地扶贫搬迁规划》，发改地区〔2016〕2022 号，http://www.ndrc.gov.cn/ zcfb/zcfbtz/201610/t20161031 _ 824886.html，访问日期：2017 年 9 月 10 日。

大量的"自流移民"，这些"自流移民"处于地方公共服务与社会治理的盲区之中，给移民社会的生计恢复、社群融合及村庄治理都带来影响和挑战。

一 调研地点基本情况介绍

"太阳梁移民安置区"是经宁夏回族自治区发改委〔宁发改（2004）549号文件〕和农垦集团批复实施国家易地扶贫移民安置试点项目区。位于中宁县和青铜峡市南北分界线之间，属卫宁平原扬黄灌溉区，处于跃进渠下游。东靠渠口农场，南邻石空镇，西至内蒙古边界，北接青铜峡广武，距离中宁县城40公里。分为"十一五"移民和"十二五"移民，两期共计搬迁人口4882户、21155人。移民迁出地为西海固地区，西海固是1972年被联合国粮食开发署确定为"最不适宜人类生存的地区之一"。迁入地中宁县，位于宁夏中部、宁夏平原南端，地处银川至六盘山、银川至沙坡头两条旅游路线的交汇地带，是贯通西北的"旱码头"和人流、物流、信息流集散地。物产丰富，盛产枸杞、红枣、粮油、瓜果、畜禽等产品，也是中国枸杞、商品粮、瘦肉型猪生产基地。1995年，被国务院命名为"中国枸杞之乡"。

太阳梁乡原为宁夏农垦集团"太阳梁生态移民安置区"，由太阳梁生态移民管理委员会管理。但鉴于脱贫难度大、时间紧，于2016年7月5日移交中宁县管理，2017年2月8日设置太阳梁乡行政建制。太阳梁乡总面积47.46平方公里，土地总面积7.7万亩，其中耕地4.4万亩。现有5个生态移民村，且全部为贫困村，共有建档立卡户2047户（8800人）。太阳梁乡的生态移民工程以吊庄移民为主，约占总人口的77%，还有约15%的自流移民和8%的插花移民，其中空挂户移民约占20%至30%。下文重点介绍自流移民的生存困境和社会治理难点。

二 文献回顾与问题梳理

（一）户籍制度的历史变迁与现实挑战

"户籍制度是指通过各级权力机构对其所辖范围内的户籍进行调查、登记、申报，并按一定的原则进行立户、分类、划等和编制。以此作为掌握人口信息、征调税役、分配资源和维护秩序的基础，它是一项涉及政治、经济、军事、文化教育和法律的综合性社会制度。"[①]户籍制度是随着国家的产生而形成的一种社会制度，中国户籍制度有着悠久的历史，从商朝的"登人"发展到后来的"编户齐民"、保甲制等，可以说户籍制度在历史上一直扮演着重要角色，是治理国家的一个重要手段。

自新中国成立后，户籍制度渐渐地与"粮油供应、劳动就业、福利保障、义务教育等等社会制度紧密地结合在一起，从而为现行户籍制度衍生出固化公民先赋身份、控制人口自由迁移等附属职能"[②]。然而，从户籍的核心功能来看，户籍只是身份标识，与资源分配并不必然相连。所以，在讨论户籍的公共服务差异时，需要辨识户籍与户籍利益，也就是不同的社会形态下户籍及其附带的户籍利益。

不论是城市户籍还是农村户籍，都存在相对应的户籍利益捆绑问题。通常理解上，城市户籍利益主要体现在城市的优等公共资源供给和社会保障方面。由于户籍天然具有身份标识性，所以，其也具有排外性，这也就使得不同地域的户籍人口享有不同的公共服务。这种差别不仅体现在现代都市与传统乡村的分割关系中，在同一省份的不同县市间也同样存在区别。总的来讲，城市户籍和发达地区的户籍因附

---

① 陆益龙：《超越户口：解读中国户籍制度》，中国社会科学出版社 2004 年版，第16 页。

② 俞德鹏：《城乡社会：从隔离走向开放——中国户籍制度与户籍法研究》，山东人民出版社 2002 年版，第 1 页。

带更好的公共服务供给（教育、医疗、五险一金等），其户籍也就显得更"值钱"，而农村和欠发达地区则不然。就从农村户籍及其捆绑的户籍利益而言，农村户籍可以分解为：户籍＋宅基地＋土地＋农村公共服务，其中，宅基地与土地是附着在农村户籍上最大的特殊利益，也即农村人口的成员权利益。之所以说新中国建立了一个更加公平和有发展潜力的社会，最重要的原因在于她提供了宅基地和土地这一生存供给，使得"居者有其屋、耕者有其田"。

纵观户籍改革过程，城市户籍历经几次改革，使得户籍与户籍利益日渐剥离，所以，城市户籍越来越具有开放性，但农村户籍基本上是封闭运行体系，户籍与户籍利益紧密捆绑。具体到太阳梁乡的自流移民，因没有所在村庄的户籍，所以享受不到一切捆绑在户籍上的公共服务和社会保障，因而自流移民的生存相较于其他移民更加艰难。

（二）公共服务均等化与脱贫攻坚的关系

党的十八大报告提出，加快形成政府主导、覆盖城乡、可持续的基本公共服务体系。基础设施与公共服务的均等化对于提升群众生活水平至关重要，健全和完善公共服务体系与脱贫攻坚密切相关。目前很多扶贫研究关注扶贫与公共服务均等化之间的关系，指出公共物品供给与公共服务完善对于地区经济发展和居民生活水平提升更具基础性和根本性意义。[①] 同时，扶贫工作既要重视精准性，即因户施策，又要结合片区性、开发性，利用公共服务降低民众生活风险、提高社会保障程度。

但是，鉴于自流移民没有当地户籍，缺少合法的村民身份，处于"人户分离"状态，所以享受不到大部分的地方公共服务，诸如教育、医疗、养老等公共服务都需要"议价购买"，极大提高了生活成

---

① 牛华、李雪峰：《西部贫困县基本公共服务与扶贫开发联动关系探析》，《内蒙古师范大学学报》（哲学社会科学版）2013 年第 6 期。

本、加大了脱贫的难度。太阳梁生态移民工程自开工以来，累计投入近十几亿的公共财政，基本做到基础设施的完备化。自移交中宁县以后，公共服务更是陆续跟进，但占其人口比例近15%的自流移民群体仍被排除在公共服务范围之外，这对于太阳梁乡地区如期完成脱贫攻坚任务造成巨大影响。

三　"自流移民"及其公共服务与社会治理状况

（一）村落人口构成

太阳梁乡移民共有两期："十一五"期间搬迁安置2070户8811人，"十二五"期间搬迁安置2812户12344人，共计21155人，其中回族占50.7%，汉族占49.3%。建制乡之前共有五个村庄，建制乡后，将拆分两个村庄而变成七个村庄。

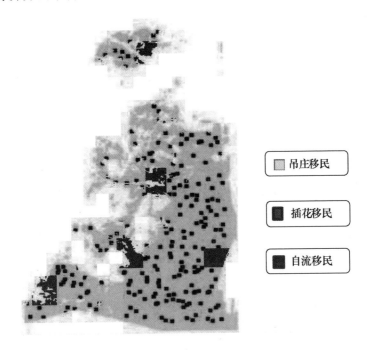

图1　太阳梁乡移民类型及分布

从移民搬迁的类型来讲，主要可分为"吊庄移民"、"插花移民"和"自流移民"三种。"吊庄移民"始于宁夏的扶贫经验，是政府开发性扶贫的主要形式之一。它主要是指将生活在宁夏南部干旱高寒山区的部分绝对贫困人口搬迁到引黄、扬黄灌区，以便从根本上改变其极端恶劣的生存环境，解决温饱问题，进而脱贫致富。概括来讲，就是将生活环境恶劣地区的贫困人口以村庄为单位集体搬迁到有条件安置的地区，"吊庄移民"约占太阳梁人口总量的77%。

"插花移民"一般来讲是不在集体搬迁计划内但有搬迁意愿的人口，通过投亲靠友等方式进行分散安置的移民，有时也指搬迁村落的"化整为零、分散安置"，这部分移民也可称为"插花移民"。在太阳梁乡，"插花移民"一般是七八户或十几户、二十户散落在村庄之中，约占总人口的8%。

吊庄移民与插花移民属于政策性移民，主要来自原州区、海原县、泾源县、隆德县、彭阳县。而"自流移民"是计划扶贫搬迁外，自发进行移民或自主选择移民安置点的移民。他们最主要的特征是无法取得当地的户籍，但已私下购买了当地移民的房屋或土地，是"事实村民"而非"名义村民"。"自流移民"的户籍一般还在迁出地，但长期定居迁入地，所以在公共服务与社会治理方面处于无人管的状态，部分村干部或村民将"自流移民"叫作"黑户"，并指他们是无人管的"外国人"。据大致统计，太阳梁乡共有"自流移民"3221人，约占总人口的15%。

因为"自流移民"需购置本地移民的房屋和土地，所以与自流移民相伴生的是"空挂户移民"。这部分移民已将户籍迁入太阳梁乡，并分得政府提供的土地和房屋，但并没有居住，而是把房屋和土地卖出。他们与自流移民相反，是"名义村民"而非"事实村民"。

表1 <center>**移民户籍与居住状况**</center>

指标	人户状态	移民类型	流动情况	村民身份
无买卖	人在户在	吊庄移民 插花移民	—	事实村民
卖出房屋和土地	户在人不在	空挂户	流出	名义村民
买入房屋和土地	人在户不在	自流移民	流入	事实村民

（二）自流移民的迁移动因与类型

"自流移民"的搬迁行为是建基于理性选择之上，迁出地相对于迁入地无论是自然环境，还是基础设施和基本的公共服务都要更加完备。也就是说只有迁移收益大于迁移成本才会有迁移行为，迁移行为受经典的"推拉力"制约。然而，实际情况表明，除了主观选择和成本收益权衡外，迁移行为还受其他因素的影响。以"自流移民"的迁移原因和动机进行区分，太阳梁的"自流移民"大致可分为"主动选择型"和"被动选择型"。

对于"主动选择型自流移民"，一般而言他们有比较强的发展意愿，经济条件相对较好。在南部山区就多以外出务工为生，更看重交通的便利性和孩子教育资源的优越性。他们选择来到中宁县这样的川区，是因为中宁县有更好的交通条件、更多的务工机会和更便利的就学条件。"十一五"期间的大量"自流移民"，现在已经在太阳梁居住十年有余，已经落地生根，处于自足的生活状态。

而"被动选择型自流移民"，他们的迁移行为更带有从属性，这种从属性或被迫性来自很多方面。比如教育性被迫移民。随着大部分的移民搬出，原本三五个村庄共建的小学就面临着撤并，一旦小学撤并会使得学生就学更加困难，需要到更远的地方或县城上学，这样的农户往往也会选择进行移民，虽然所处村庄并不在计划搬迁之列。再比如"代际被迫移民"。有些农户的子代进行了吊庄移民，而住在隔壁村的父代并没有移民计划，但是为了能共同生活和彼此照顾，父代也会选择一起迁移。因为所有的自流移民都无法分得房屋和土地，而需要另行购买，所以他们家庭条件往往略差一些，尤其是没有劳动能力但却也进行了搬迁的农户，面临更加严峻的生活困境。

（三）"自流移民"与其他类型移民的公共服务与社会支持差异

如前文所述，自流移民没有居住地户籍，没有合法的村民身份，因而无法享受到居住地的公共服务，也在村庄正式治理的范围之处。相比于其他村民，他们处于非常不利的生活境遇之中。表2依据移民类型，对比分析不同类型的移民在公共服务、社会网络、公共事务参与等方面的差异。

表2 移民类型对比

指标	移民类型	吊庄移民	插花移民	自流移民
免费提供	房屋与宅基地	√	√	—
	土地	√	√	—
公共服务	教育	√	√	—
	医疗（新农合＋就医）	√	√	—
	社会保险（新农保）	√	√	—
	社会救济（扶贫户、低保户）	√	√	—
公共事务参与	义务	√	√	—
	权利	√	√	—
社会网络	社会资本	√	—	—
	社会支持	√	—	—
社会排斥	制度性排斥	—	—	√
	事实性排斥	—	—	√
	人为性排斥	—	√	√

注："√"表示"是"；"—"表示"否"。

1. "自流移民"需自费购置房屋和土地，生活成本高。"自流移民"不在移民搬迁计划中，不享受基本住房和农田供给，他们要从

"空挂户移民"手中购买房屋或土地。"自流移民"为了能够在当地有稳定和有保障的生活，一般同时购买房屋和土地，总成本一般在8万元至12万元左右。也有部分"自流移民"主要以务工为生，所以只购买房屋，而不购买土地，一般房屋的价格为6万元至8万元。对于"主动选择型移民"，他们一般有积蓄，体现为改善生存行为。而"被迫选择移民"本身并没有迁移的动机和能力，很多情况是举债购置房屋和土地。但无论是主动型还是被动型自流移民，10多万元对他们而言是一笔不小的经济支出和生活负担。在与村干部的访谈中得知，村中很多特别穷的贫困户，除丧失劳动能力和家里有病人的农户外，主要是"自流移民"群体，他们生活成本高、生活压力大。

2. "自流移民"被排除在公共服务范围之外。太阳梁乡是中宁县重点脱贫区域，其贫困的程度和广度远高于一般水平，五个村庄全部为贫困村，贫困户将近一半。在普遍贫困的大背景下，更突显了公共服务在扶贫和脱贫之中的重要性。然而自流移民因没有居住地户籍，享受不到当地的公共服务，所以需要以"议价"的方式来购买居住地的教育、医疗等公共服务。同时，也无法获得政府提供的社会保障和社会救济。

在教育方面，"自流移民"处于不利境地。首先，孩子入学需要支付择校费，每人2000—3000元。另外，国家的助学贷款、"雨露计划"和其他一系列针对贫困户家庭施行的"教育扶贫"政策，他们自然也没有入选的资格。在这种情况下，家庭面对巨大的"教育致贫"风险。尤其是回民家庭，由于教育观念差异、子女数量多等原因，增加了适龄儿童辍学的风险，也加重了家庭的教育压力。

在医疗方面，即便自流移民能够在其户籍所在地通过集体购买的形式参与到新农村合作医疗之中，但人地分离的状态依旧增加了其就医的难度与成本。日常就医只能在居住地，无形之中增加了日常医疗开销。一旦发生大病需要救治，也只能回到户籍所在地就医，既增加了开支又十分不便利。目前，新农村合作医疗的参保率将近99%，但有些自流移民因为很难使用新农合，所以开始弃保，这对于移民的长远医疗保障来讲非常不利。

在社会救济方面，村民一般可以享受到三种福利，一是申请成为贫困户，二是申请成为低保户，三是申请救济物资。但社会救济的前提条件是有当地地户籍，自流移民在社会救济申领方面存在很多错乱，不仅对于自流移民不利，同时也提高了社会治理的难度。以贫困户申请为例，自流移民无法在居住地申请贫困户，需要回到迁出地申请，但因为自流移民长期生活在外，迁出地的村委对于其自流移民的状况也不了解，无法辨识他们是否符合贫困户的标准，因此村委一般会将"空挂户移民"排除在贫困户评选范围之外。而有申请意愿的农户一般不会满足于这样的处理方式，导致自流移民与迁出地政府存在非常严重的矛盾，产生了很多上访户、闹事户。太阳梁乡有20%的"空挂户"农户，"平日多年不见，但一到贫困户申请时就全都冒了出来。评不上，还到政府告状、闹事。"（一村访谈）太阳梁的自流移民到迁出地闹，迁出的农户回来闹。低保户申请也是同样的道理，这种混乱状况给脱贫攻坚工作造成了很大挑战，也影响了正常的村庄秩序。

3. 公共事务参与程度低。太阳梁乡的自流移民占总人口的15%左右，这15%的人群被制度性地隔离于村庄治理之外。首先，他们没有选举与被选举权。即使在太阳梁乡居住十年，并且今后也将一直在此处居住，成为"事实村民"却仍不能改变自身无法参与村庄治理的现状，这使得他们对村庄公共事物基本处于一种淡漠的状态。通过对自流移民（包括空挂户移民）的访谈发现，他们普遍只关心自己的生活，而且自流移民中的党员长期处于脱党状态，并不能与当地的党组织建立联系，进而影响村党支部的选举工作。其次，自流移民较少参与公共事物，不过各村情形差异也较大，这点与村民的权利行使与义务履行有关。在一村、二村和五村中，自流移民从未参与过任何"义务工"，村委会觉得他们是"外人"，所以从来没有让他们参与筹工筹劳，有任何公共事物也不会通知他们。而在三村和四村中，在一开始的建设中，村委就确定了一个原则，凡是居住在当地的，无论是否有当地户籍，都需要出"义务工"、需要缴纳公共事物的费用，这点在四村表现得尤为明显。四村当年支路不通、水没有入户、电也没有支线，需要村民自己完成后继工程，当时自流移民参与了全部的工作，如今的四村已经路通、水通、电通。感念于自流移民的艰苦付出，村委会和其他村民都认可自流移民的村民身份，认为只要居住在本村、并且履行了村民的义务，那么就应该是本村的村民。四村村委会做了翔实的自流移民统计工作，并建议上级政府能考虑到自流移民的特殊处境，帮助他们解决生活困难。

自流移民在村庄治理和公共事务介入的差异，具有两点启示：一是虽然在村庄治理层面存在对自流移民的制度性排斥，但这种排斥程度却因为合作的关系而有所不同，二是对于自流移民，可否通过"一事一议"等事项，建立义务与权利的关系，使他们通过履行义务而进一步获得村庄民主生活的权利。

4. 脱嵌于原有社会网络、遭受不同程度的社会排斥。吊庄移民由于是整体搬迁，基本保留了村庄的整体结构和社会网络，插花移民在"安插"的时候一般也是小集居的安置方式，具有一定的社会支持网络。自流移民却是以单个核心家庭或者主干家庭为搬迁单位，虽然存在投亲靠友的情形，但基本脱嵌于原有的村社体系，到了新的生活环境中，他们的社会网络和社会支持是最少的，一切都需要重新适应、融合。他们是村社中的"生户"，是熟人社会里的陌生人。为了尽快融入新的生活圈，自流移民会分外重视邻里关系的建构，希望在互帮互助中搭建新的关系网络，甚至会主动完成村民义务、宴请村干部和在村庄内多随人情。在新的社会网络和社群生活中，他们较为小心翼翼。

自流移民在新的环境中遇到的社会排斥可以分为三类。第一类是制度性排斥，因为他们没有当地户籍，村委和村民都把他们当成"黑户"，凡是政策性的社会福利都无法享受。引用一村村主任的话："自流移民是自己搬进来的，户籍不在这儿，就和我们没有什么关系！"第二种是事实性的排斥。就是村社共同体中，在共同的生产和生活中所遭受的排斥。如能否参与村庄发展和事物的讨论，有无集体活动的资格、在灌溉紧张时能否获得正常的供水，等等。这点如前所述，基于不同的权利和义务关系，各村有所不同。就排斥程度而言，四村最轻、一村最严重。第三种是人为性排斥。这一点主要体现在移民社会中民族观念和物质关系上对异文化、外来人的接纳程度。如五村是典型的回民村，对汉族移民的接纳度较低，但四村是汉民村也接纳了回民移民。再有，由于自流移民是通过购买而得到"空挂户移民"的土地，对于"十二五"时期没有分得土地的农户而言，他们认为自流移民分了他们的土地份额，所以略有不满。这种不满既有村庄利益方面的考量，同时也有法理上的依据，因为自流移民与"空挂户移民"买卖合同在法理上并不受法律的保护，因为移民安置房和土地原则上不允许买卖。

总的来说，自流移民没有社会福利和保障，在村庄治理和入党上亦缺少资格，甚至得不到身份上的认可。正所谓"名不正言不顺"，他们脱嵌于村社生活，公共事物参与程度低，并遭受不同程度的排斥，已经严重影响了自流移民的家庭生活和村庄的集体发展。

四 讨论与建议

农村移民的"人户分离"问题，尤其是在太阳梁乡这样的贫困地区，有以下三方面的负面影响：第一，太阳梁乡是重点的脱贫攻坚地区，自流移民却被排除于公共服务之外，生计艰难、脱贫难度大。加之，无法在居住地申请贫困户和低保户，所以需要往返于迁入地与迁出地之间，增加了贫困户的生活成本，同时，也因两地都无法有效识别，而使大多数自流移民贫困户被隔绝于政策支持范围外，从而引发了诸多的矛盾和冲突，自流移民成了当前脱贫攻坚的盲区。第二，对于移民个人和家庭而言，由于缺少村庄的合法身份就意味着无法参与村庄政治生活与公共事物、无法真正融入新的村庄共同体之中。"熟人社会里的陌生人"使得他们游离于村社共同体外，不利于移民的社会融合。第三，以户籍为依据的农村公共服务在流动人口的覆盖方面有很多不适应性，尤其是"人户分离"情况下，使得有效村民的身份确认、"一事一议"、筹工筹劳等都成为问题，引发了各种治理难题，进而影响了社会稳定。

中国的户籍制度在诞生时就被捆绑了多种社会管理功能，是政府管理和村民自治的依据。而当今社会最大的特征是人口的快速流动，使得"人户分离"成为普遍现象，对以户籍制度为依据的管理体制形成了挑战。不论是太阳梁乡的自流移民还是农民工群体，都因为人户分离而不能享受所在地的公共服务和社会保障。因此，本文建议能够针对自流移民进行农村户籍制度的相应调整，以回应现实挑战，秉持"既然搬出，就要稳住，政策改良，持续发展"的信念，保证人户统一，保障村民权益。基于此，本文对宁夏贫困村的"自流移民"问题，提出如下三点建议：

1. 做好人口统计与"自流移民"排查工作。建议对村庄内部的人口与户籍关系进行排查，摸清"人在户在""户在人不在"与"人在户不在"的不同状态下的农户家庭状况，建立基本的人口信息和资料档案。与此同时，要着重关注自流移民的人口统计工作，对自流移民的数量、家庭生计现况与生产生活难题进行了解、调查。

2. 增加"事实村民"的公共服务维度，提升村社对"自流移民"的接纳程度。给自流移民以村民身份，即便现期不能突破户籍而给他们实质村民身份，也应在事实层面接纳他们。一是要增加对自流移民的公共服务，不能再把他们排斥于公共服务范围之外，尤其是对待自流移民的贫困申请，应该在当地予以考核和接纳，不能推回原籍；二是给自流移民赋权，允许他们以"事实村民"的身份参加村庄选举和公共事物；三是接纳自流移民党员进居住地党支部。总之，要发挥村政策和集体力量，帮助自流移民更好地融入村庄生活和治理之中。

3. 理顺财产关系、避免后继纠纷。原则上，太阳梁移民区房屋和土地是政策分配的，不准买卖，但事实上，民不举官不究，买卖行为普遍。而且很多情况下，村委也直接或间接介入并提供政策默许和支持。自流移民高价购买的房屋和土地，其所有权属性却是模糊的。自流移民的财产权益仅建立在买卖双方的不合规范的契约和道德约束下，并未有实质性的法律保护。自流移民既无居住地村民身份，又对购置财产没有明确的所有权，使得他们的权益随时可能被侵害，所以需要在政策层面预先建立矛盾纠纷的解决方案，以避免后续纠纷。

总之，鉴于农村户籍利益的特殊性以及不同地区社会经济环境的差异性，本文建议农村户籍管理制度应当因地制宜，尤其是对待移民安置地区的自移流民问题，地方政府可以做适当的制度创新，积极协调和解决这一现实紧迫的问题。

（原文刊发于《社会治理》2017 年第 8 期）

乡土社会与产业扎根

——脱贫攻坚背景下特色农业发展的社会学研究[*]

付 伟

2018 年《中共中央国务院关于打赢脱贫攻坚战三年行动的指导意见》提出，将"通过发展生产脱贫一批"作为实施脱贫攻坚战略的重要举措，并将特色农业的发展作为产业扶贫的重要内容，明确指出"深入实施贫困地区特色产业提升工程"。"将贫困地区特色农业项目优先列入优势特色农业提质增效行动计划。"我国许多地区在实施脱贫攻坚战略的过程中，结合自身的优势发展特色农业产业，成为农村一二三产业融合发展体系的重要内容。

一 研究特色农业的社会学视角

我国传统农业的模式正发生着转变，即所谓的"新农业"兴起而引发的"隐形农业革命"。而特色农业的兴起正是"新农业"的重要内容。所谓的"隐形农业革命"是指农业经营从传统粮食作物生产越来越多的转向高值肉禽鱼、蛋奶和蔬菜与水果，实现了劳动生产效率的提高和收入的提升[②]。

---

  * 作者简介：付伟，中国社会科学院人口与劳动经济研究所助理研究员。
  ② 黄宗智：《中国的隐性农业革命（1980—2010）——一个历史和比较的视野》，《开放时代》2016 年第 2 期。

黄宗智认为，以特色农业为主要内涵的新农业具有"劳动和资本双密集化"的特点①。特色农业经营与传统农业相比，需要较高的固定资产和流动资金投入，即特色农业有着所谓的"资本密集化"的特征。"新农业"的高资本投入主要来自于国家投入和农户自身积累两个方面，其中农户是资本投入的主体，其资金来自于其外出务工收入②。

随着我国脱贫攻坚工作的推进，各种扶贫资金进入乡村。这种以"国家为主导的资源下乡"，既改变了乡村的经营条件，也在一定程度上解决了贫困地区特色农业发展需要的高资本投入问题。首先，国家加大了对农村地区交通、水利等基础设施建设，极大改善了农业经营条件，解决了特色农业对交通、水利的高要求。其次，许多地区政府为了鼓励发展特色农业，直接建设了温室大棚、标准化产业基地等生产设施，解决了特色农业需要较高固定投入的问题。最后，特色农业的兴起也离不开外部市场环境的改善，各地政府通过培植市场主体、发展农村电商，直接打通了农村农产品的市场渠道。第四，资源下乡加大了对农业技术的投入，推广和改进优良作物品种，提高农业机械化水平③，建立生产的社会化服务体系④。

在脱贫攻坚背景下，虽然政府主导的资源下乡解决了农业高资本投入问题，但是特色农业依然受到诸多因素的影响。因而特色农业不是仅仅依靠国家加大投入、资本下乡就可以发展起来。从政府行为的角度看，地方政府经营产业有自己的逻辑。有学者指出，政府经营产

① 黄宗智：《"家庭农场"是中国农业的发展出路吗?》，《开放时代》2014年第2期。
② 黄宗智、高原：《中国农业资本化的动力：公司，国家，还是农户?》，《中国乡村研究》2013年第1期。
③ 焦长权、董磊明：《从"过密化"到"机械化"：中国农业机械化革命的历程、动力和影响（1980—2015年)》，《管理世界》2018年第10期。
④ 韩启民：《城镇化背景下的家庭农业与乡土社会对内蒙赤峰市农业经营形式的案例研究》，《社会》2015年第5期。

业的动机主要是官员参与锦标赛竞争①。因为内容竞争、时间压力等强激励驱动，基层政府愿意上马新产业，并"大干""快干"②。地方政府发展特色产业的目的是，"通过典型产业的比拼"，"比拼的不再是经济总量的多寡，而是典型产业的特殊、新奇"③。简而言之，地方政府发展产业的特殊逻辑也会影响了产业自身的发展轨迹。

农业产业的特殊性使得特色农业"高劳动力投入"的生产过程面临着组织管理的难题。农业产业的经营过程难以标准化，从而导致了"受雇于他人的农业工人往往难以在生产中尽心尽力，而雇工经营的农业也往往难以达到农场主预期的经营效果"④。在资本下乡过程中，如何处理外来资本与乡村社会的关系更是农业产业发展面临的重要问题⑤。虽然特色农业有高劳动力投入，但是因为劳动过程管理难度大，导致了特色农业的生产过程必须高度嵌入乡村社会。因而，笔者认为，对特色农业产业的研究需要引入一种自下而上的社会学视角。

近来，许多学者也开始强调农业产业发展的社会基础⑥，主张把农业经营过程置于宽广的政治经济和社会文化中去考察。一直以来，从社会学的视角研究经济行动就是社会学重要的研究主题。格兰诺维

① 马明洁：《权力经营与经营式动员——一个"逼民致富"的案例分析》，《清华社会学评论（特辑1）》，鹭江出版社2000年版。

② 刘军强、鲁宇、李振：《积极的惰性——基层政府产业结构调整的运作机制分析》，《社会学研究》2017年第5期。

③ 冯猛：《基层政府与地方产业选择——基于四东县的调查》，《社会学研究》2014年第2期。

④ 陈锡文：《把握农村经济结构、农业经营形式和农村社会形态变迁的脉搏》，《开放时代》2012年第3期。

⑤ 徐宗阳：《资本下乡的社会基础——基于华北地区一个公司型农场的经验研究》，《社会学研究》2016年第5期。

⑥ 熊春文：《农业社会学：经典命题及其延续》，《中国农业大学学报》（社会科学版）2019年第2期；陈义媛：《农业技术变迁与农业转型：占取主义/替代主义理论述评》，《中国农业大学学报》（社会科学版）2019年第2期。

特强调经济行动的"嵌入性",主张在社会关系中去分析经济行动①。学界一直关注各种"关系"是如何影响了经济行动。但是经济社会学许多对"嵌入性"的研究都走向了对关系的形式分析,把经济行动看作是稀缺状态下的理性选择过程,并利用社会网络分析方法分析关系形式与经济行为的关系。

乡土社会有着极为鲜明的特征,生活在乡土社会中的人有着特殊的行动伦理。尤其是我国乡村社会受传统因素的影响,并不能套用西方意义上的理性化组织形态②。波兰尼指出"人类谋生的手段恰恰就嵌入于不同的制度中,而市场只是这些制度的其中一种"③。在特色农业发展过程中,我国农户并非仅仅是参与产业发展中的抽象劳动力。实际上,农民总是处于一定社会关系中,并且是具有特定行为逻辑的"社会人"。因此,研究特色农业的社会学视角就是要把"人"的研究放在突出的地位。费孝通在晚年反思时指出,"回顾我这60年的研究成果总结起来还是没有摆脱只见社会不见人的特点。我着眼于发展的模式,但是没有充分注意具体的人在发展中是怎样思想,怎样感觉,怎样打算"④。

人又处于一定的社会结构中。我们从社会学视角出发讨论特色农业,就是具体讨论特色农业如何在具体的家庭、村庄等社会结构上发展起来。由于特色农业在生产组织中有许多技术细节,因而表明了生产组织过程必须建立乡土社会的基础上。虽然特色农业的生产组织过程在参与者看来,似乎是不言而喻的过程,但正是这些交往过程中

---

① Granovetter Mark："Economic Action and Social Structure：the Problem of Embeddedness," *American Journal of Sociology*，91（3），1985：481－510.

② 韦伯:《经济与历史》,康乐译,广西师范大学出版社2010年版。

③ 卡尔·波兰尼:《经济:制度化的过程》,载许宝强《反市场的资本主义》,中央编译出版社2001年版,第35页。

④ 费孝通:《费孝通全集(十四)》,内蒙古人民出版社2009年版。

"只可意会不可言传"的"心态",成为影响特色农业成败的关键。①近年来,中国社会学将研究从关系的形式分析转向注重关系的伦理意涵,并进一步挖掘伦理的历史意涵②。因而,特色农业组织过程中的"只可意会"的交往过程与中国人特有的心智结构有关,是特定行动伦理的产物③。

本文以 ES 地区茶叶种植为例,讨论特色农业如何在特定的社会基础之上兴起。ES 土家族苗族自治州位于湖北省西南部,属于武陵山连片特困区。值得指出的是,茶叶种植虽然只是特色农业的一种,但是茶叶种植具有特色农业的典型特征——高资本和高劳动力投入。国家脱贫攻坚战略的实施和主导的"资源下乡"虽解决了茶叶种植高投入问题,但是和其他所有特色农业产业一样,茶叶种植也面临着高劳动力投入的生产过程及如何组织的问题。本文以 ES 土家族苗族自治州 ES 市的扶贫产业,具体以茶叶产业发展历程为例,讨论特色农业产业兴起过程中是如何"扎根乡土"。

二 ES 地区茶叶产业发展历程

茶叶种植是 ES 地区重要的特色农业,也是一个历史比较悠久的产业④。ES 茶叶栽培和制茶的历史可以追溯到唐代,至清康熙年间,兰姓茶商研制成功"玉绿",并随中茶公司远销欧洲。历史上,ES 市茶叶的种植面积和产量都很少。根据 ES 市志记载,民国初期,ES 市的茶叶面积为 533.3 公顷(约 8000 亩),此后,种植面积长期维持在

① 付伟:《城乡融合发展进程中的乡村产业及其社会基础——以浙江省 L 市偏远乡村来料加工为例》,《中国社会科学》2018 年第 6 期。

② 周飞舟:《行动伦理与"关系社会"——社会学中国化的路径》,《社会学研究》2018 年第 1 期。

③ 费孝通:《费孝通全集(十七)》,内蒙古人民出版社 2009 年版,第 438—465 页。

④ ES 市地方志编纂委员会:《ES 市志》,武汉工业大学出版社 1996 年版,第 216—220 页;ES 州地方志编纂委员会:《ES 州志》,湖北人民出版社 1998 年版,第 149—150 页。

这个规模。

新中国成立后，国家对茶叶种植采取扶持的政策。1966 年 ES 市茶叶面积发展到 1606.7 公顷（约 24100 亩）。在北方农业会议以后，ES 市大力开垦荒地发展集体茶场，到 1977 年发展集体茶场 182 个，面积 2087 公顷（31307 亩），占全市总面积 54.6%。

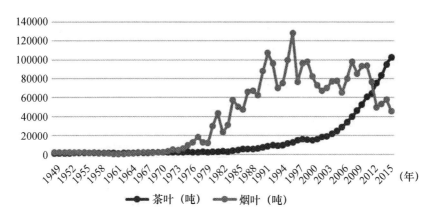

图 1　ES 自治州茶叶烟草产量变化（1949—2015）

资料来源：《ES 州统计年鉴 2017》。

ES 地区茶叶种植的快速发展与脱贫攻坚战略的实施有很大关系。2000 年以后，ES 地区茶叶产量开始快速增长，尤其是深入开展脱贫攻坚以后，ES 地区茶叶产量更是呈现出突飞猛进的态势。

ES 茶叶的产业发展历程，除了茶叶产量的增加，更重要的是茶叶种植在农村经济中的地位发生了巨大变革，表现为从"粮茶间种"到专业化、专门化种植。所谓的"粮茶间种"，是指是茶树种植在粮食作物中间，形成传统的丛式茶园。由于茶叶种植的专门化、专业化程度低，在农家经济中占比较次要的位置。1981 年，ES 市粮茶间作的丛式茶园面积占全市总茶园面积的 52%，其余也以集体茶园为主，农户很少经营专门茶园；2000 年以后，随着茶园面积的扩大，这一时期发展的茶园是专门茶园，不再兼营粮食作物。从"粮茶间种"

到专业化种植，意味着茶叶种植不再作为农户种植粮食作物之外的副业。比如 ES 市 BJ 乡"玉露"的主产区的村庄几乎不再种植粮食作物，几乎全部耕地成为茶园。

新时期兴起的茶叶种植与传统农业逻辑有很大差别，呈现出高资本投入、高度市场化的特征。高资本投入主要表现为茶叶种植的直接成本和机会成本。直接成本是种植茶园的直接投入，每公顷茶苗投入 15000 元至 18000 元（每亩大概 1000 元至 1200 元），还不包括茶园土地整理方面的投入。尤其是茶叶种植的机会成本很高，需要种植 5 年后才进入采摘期。在这五年中，农户虽然可以套种一定的粮食作物，但是会极大影响粮食作物的收益。

所谓的高度市场化是指茶叶产业从一个自产自销的家庭副业演变成为一个高度依赖市场的产业。ES 地区的茶叶种植经历了从集体经营、自产自销到依靠市场主体带动的不同阶段。在集体时期，ES 地区茶叶的种植、加工销售以集体经营为主，集体茶厂炒制干茶并出口东欧。1984 年，我国实行包产到户以后，茶叶的种植、采摘和加工均以家庭经营为主。农户承包茶园，采摘茶叶，炒制干茶，然后在集镇上销售。20 世纪 90 年代中期以后，茶叶加工和销售开始迈入专业化和市场化，逐步兴起了一批茶厂负责茶叶的加工和销售，并围绕着这些市场主体逐步形成了农户种茶采茶，茶厂炒制茶叶销售干茶的模式。

在国家实施脱贫攻坚战略的背景下，地方政府加大投入力度，通过"资源下乡"解决了特色农业高资本投入的难题。从 2004 年开始，ES 市开始为农户种植茶叶提供每公顷 6000 元（每亩 400 元）的贴息贷款；至 2018 年，对农业特色产业的扶持力度进一步加大，整合投入到产业发展的资金达到了 2.64 亿元。为了扶持茶叶产业，ES 市仅给农户的茶苗补贴就达到了每公顷 12000 元（每亩 800 元）。农户种植一亩茶叶自付很少比例。ES 市部分乡镇为了迅速推广茶叶种植，补贴力度更大，这些乡镇的农户种植茶苗几乎不花钱。政府还投入大量资金用于农村道路、水利等基础设施建设。2018 年，ES 市投入到农村基础设施建设的资金就达到了 2.5 亿元的规模；此外，在金融和保险方面也加大了投入力度，改善了贫困地区发展特色产业的外部环境，拉低了特色产业发展的门槛，降低了特色产业发展的风险。

由于地方政府大力培植市场主体，因而不断改善茶叶产业的外部经营条件。在政府扶持下，ES 地区茶叶区域品牌不断做强，形成了"ES 玉露"、"LC 红"等比较知名的区域品牌。在市场化的进程中，茶叶龙头企业的作用逐步加强，在品牌推广和产品质量管控上发挥了极大的作用。以本文调研的 HZS 茶厂为例，该厂基建投入就达到2500 万元，在营销上投入大量财力，全国共开设了 6 个直营展示馆，经销商有近 80 家。

由此，我们看到茶叶种植已经成为一个高度市场化、高投入的产业，而政府的大力投入在一定程度上解决了投入和外部经营环境问题。但是，由于茶叶种植是高劳动力投入的产业，劳动力具体如何组织将是茶叶种植能够成功的关键因素。这也是本文要讨论的关键问题。

三 嵌入乡土的茶叶产业链条

茶叶的种植是一个多主体参与的产业，在生产的不同环节有不同性质的劳动力参与进来，而且不同的环节形成了不同的组织原则。茶叶产业链条见下表。

表 1 　　　　　　　　　　　ES 地区茶叶产业链条

环节	生产过程	详情
种茶、采茶	家庭为主，少量雇佣	ES 市有茶园面积 233333 公顷（约 35 万亩），其中 T 乡有 3333 公顷（约 5 万亩），大概人均一亩茶园
收购鲜叶	茶厂收购 茶叶贩上门收购鲜叶	茶叶贩暂无统计；LZ 村朱氏茶厂就有 23 个茶叶贩供应鲜叶

环节	生产过程	详情
茶叶加工	茶厂加工干茶	T乡有7家规模以上茶叶加工厂；43家小型茶叶加工厂
茶叶销售	品牌销售 外销给本地或外地客商	7家规模以上的茶厂拥有自己的品牌，知名的品牌有HZS；其余43家小型加工厂主要为大厂或者外地客商供货

茶叶产业链具有鲜明的特点，一方面，需要紧密联系市场；另一方面，也需要深深的扎根乡土。从种茶的采茶、收购鲜叶、加工到销售，茶叶是一个一步一步走向市场的过程。而且这个生产链条又是一步一步扎根进乡土的过程。茶叶产业之所以要扎根乡土，是由于茶叶种植、采摘和加工过程的技术细节决定的。

茶叶产业链条的主要参与主体是茶厂和茶农。一方面，茶农负责种植、采摘茶叶；另一方面，茶厂负责加工销售干茶。茶厂与茶农之间有两种组织形态。一种是一些小型的企业收购附近茶农的鲜叶，如朱氏茶厂。一种是规模以上企业，比如HZS茶厂，通过合作社实现对茶农标准化管理，从而达到有机农业的标准，提高茶叶的高附加值。本文调研了三家典型的茶叶加工企业，企业与茶农之间的组织模式如图2。

本文从茶叶种采、加工和管理三个环节的技术细节出发，论述茶叶生产链条"嵌入乡土"的具体内涵。

（一）茶叶种植、采摘

ES地区的茶叶种植和采摘以家庭经营为主，主要模式是家庭利用承包地种植茶叶，利用家庭既有劳动力维护茶园、采摘茶叶。根据在ES市座谈会农业局有关人员估计，企业规模经营的茶园只占较少的10%比重[①]。

[①]　当然，其他地区也存在规模种植茶叶的情况。比如，HF县"大众茶"经营规模较大，一般采用机器采茶。这是由于"大众茶"的市场价格较低，对茶味采摘要求不高。因而，不同的特色农业有不同的技术细节，由此也导致了不同特色农业有不同的经营形态。

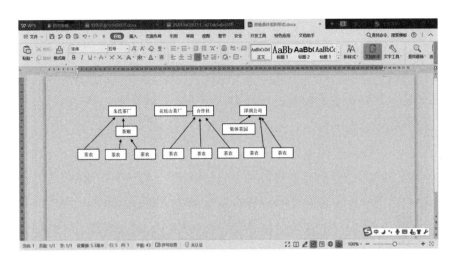

图 2　茶叶产业链条的组织形态

　　茶叶产业是一个典型的"高劳动力投入"的产业，但是茶叶的用工有鲜明的季节性特征。茶叶的田间管理比较简单，只需要在九十月份进行修剪、施肥和除草即可，所用的人工也较少。茶叶大量用工的环节在采摘季节，茶叶采摘一般从清明前后开始，最晚可以持续到 9 月份。一般农户使用自己家的劳动力采摘，一个劳动力最多能够采摘约 0.13 公顷茶园（2 亩）。一个家庭夫妻二人维护和采摘约 0.33 公顷（四五亩）。茶园是 ES 市茶叶种植最为典型的模式。

　　近年来，茶叶种植面积扩大以及专业化种植区域的兴起，出现了茶叶种植专业村，农户几乎将所有承包地栽种了茶叶。T 乡 HZS 村有的农户茶园面积达到了约 0.5—0.6 公顷（8—9 亩）。农户在自己家劳动力不够的情况下，出现了以家庭经营为基础，辅以一定雇佣的采摘模式。

　　茶叶采摘的技术细节影响了茶叶采摘的劳动组织过程，茶叶采摘过程会影响茶树和茶园的后续生长。"茶园不怕采"，就怕采得不认真，留下了茶叶没采，会让茶树长得参差不齐，影响下一轮的采摘。为了维护茶园，茶叶采摘有一道工序叫"捡山"，即将茶叶采摘干净，以便茶树更好的生长。茶叶采摘的这一技术细节对采茶的雇佣过程提出了要求，主要是要防止人"挑茶""采跑茶"——就是专门采好采的茶叶，留下许多茶叶在茶树上。一方面，由于茶叶采摘不当，留下了许多茶叶在茶树上，从而影响了茶园鲜叶产量；另一方面，也影响茶园的后续生长。

茶叶采摘的雇佣模式是"采分茶"。即采茶者与茶园主人按照一定比例分成，一般是五五分成，并且采茶者与茶园主人必须有一定的社会关系。只有双方是亲戚关系、熟人关系，茶园主人才会放心地让别人采摘自己家的茶园，从而保证采茶者不会"采跑茶"。

然而，在茶园面积不断增加的情况下，ES 地区并没有出现茶叶种植规模化的趋势。有公司尝试进行过规模化种植、采摘。如 RZ 公司前几年在 T 乡马者村承包了 266.7 公顷（4000 亩）茶园，雇佣当地农民经营。由于茶叶采摘过程中的技术细节，使得茶叶采摘的劳动过程难以监督管理，从而很难大规模雇佣。这种模式最终宣告失败。然而，农户以社会关系为纽带的"采分茶"却可以有效解决茶叶采摘雇佣问题。当然茶叶采摘过程中还其他复杂的技术细节，比如严格的采摘规格。

（二）茶叶收购、加工

农户将鲜叶采摘以后出售给茶厂，茶叶的加工和销售由散布在乡村的大大小小的茶厂完成。ES 地区的茶叶加工厂可以加工各种品种的茶叶。红茶是 ES 较早炒制的品种之一，早在清代就开始炒制。近年来，玉露茶叶成为 ES 地区一个主打茶叶品种；此外，ES 的茶叶也能够炒制成为毛尖、毛峰、龙井等。

ES 市有将近 600 家茶叶加工销售企业，仅 T 乡便有 43 家茶叶加工企业，其中规模以上企业 7 家。不同的茶厂有不同的经营策略。一类是拥有自己的品牌，这主要是 7 家规模以上企业，拥有较知名品牌如"HZS""立早"等，通过自己的茶叶体验店将茶叶销售出去。一类是小规模的茶厂，主要将茶叶卖给本地或者外地客商，如 LZ 村朱氏茶厂。

茶叶加工的关键是要保证鲜叶加工的时效性。茶叶采摘了以后必须及时加工，因此加工厂尽量就近设在村中。这也是茶叶加工从技术上不能脱离乡土的原因。此外，由于茶叶加工受制于产量的限制，所以加工厂的规模不可能太大，且不同规模的加工厂之间形成了一个经济生态系统，ES 许多大品牌的茶叶，也是由许多分散在各个村里的小厂加工的，形成了"大厂贴牌，小厂生产"生产模式。

农户白天采摘茶叶，傍晚将鲜叶出售给茶厂。茶厂除了直接收购附近茶农销售的鲜叶以外，如果鲜叶不能满足加工需求，茶厂还需要依靠茶贩子收购更多的鲜叶。比如 LZ 村的朱氏茶厂就有 23 个较为固定的茶贩子。他们将山区的农户采摘的茶叶收购上来，每斤茶叶赚取 1—2 元的差额。"茶贩子"茶叶收购是靠乡村社会关系网络完成，每个茶贩都有一个默认的收购范围。

茶叶收购过程中需要注意许多技术细节。茶叶有不同的采摘规格，比如芽茶、一叶一尖、一叶二尖，根据每种采摘标准炒制不同干茶，如果农户不按照规格采摘，则会导致茶厂无法按照要求加工茶叶。农户采摘质量有高有低，常见的鲜叶采摘质量问题一是"红头花边"，另一是蒂太长。所谓的红头花边，是指农户在采摘过程中弄伤了茶叶，让茶叶芽尖变红叶边受伤。为了防止茶叶受伤，装茶叶的工具还要用透气性好的篾篓。

茶厂要保证茶叶的采摘规格和采摘质量必须依靠嵌入乡土社会的人性化管理。茶叶收购必须自己亲自把关，即使是 HZS 茶厂这样规模以上企业，茶叶收购环节也需要老板自己亲自负责，而亲力亲为背后实际上基于"熟人关系"的管理，HZS 村的所有茶农他都了解，知道谁采摘的质量好谁的质量差。

如果真的出现质量问题，茶厂或者茶贩只能是采取"人性化"的方式处理。比如，有的采茶农妇会把茶叶杆混在茶叶里面，茶贩会告诉农户，"今天我就帮你带走了（意思是收购了茶农的茶叶），明天这样可不行了"。这么做的目的是提醒农户我已经知道你的茶叶有问题了，不扣钱是因为给你面子。

（三）茶农管理

为了保证鲜叶的质量，有的企业要对茶农进行精细化管理，但是管理过程也必须依托乡土社会。企业对茶场管理的主要内容是要求农户不使用除草剂和尿素，以达到有机无农残的检查。HZS 和 RZ 公司都试图对农户进行管理，建设茶叶基地。但是两者管理模式有着一定差别。HZS 依托合作社对农户进行管理；RZ 公司则是依托扎根乡土的能人进行管理。但是总体上来看，HZS 和 RZ 的办法都是落实到了"具体人"的人性化管理。

HZS 茶厂位于 T 乡 HZS 村。目前，全村总计 300 户农户中有 286 户加入了茶叶种植合作社，建成有机茶基地 133 公顷（2000 亩）。对于茶园的管理主要技术环节是"只能采用人工和机械除草，严禁使用化学除草剂"，并且"在肥料施用上，只能施用农家肥、沼液沼渣、枯饼肥和合作社统一采购的商品有机肥及专用肥""在病虫防治上，只能采用绿色防控，采取生物和物理防治技术"以及"在茶园修剪上严格执行合作社技术标准"。

企业为防止农户的投机行为呢？首先，采用经济利益刺激，保证高于市场价格 20% 收购，年底按照鲜叶收购总额的 5% 分红（贫困户分红比例达 8%）；其次，依托一套落实到具体人的管理机制，安排既有熟人关系，合作社的管理人员天天去农户家里转，对每家每户都要十分熟悉；最后，产业扶贫过程中形成了一套工作机制，通过开院落会，向农户宣传有机农业的理念，做"人"的工作。所谓的"院落会"，就是尖刀班、包村干部、村两委和合作社一起召集村民小组成员一起开会讨论产业发展和村庄管理问题。院落会除了"每个村民都发言，讲自己家茶叶赚了多少钱"，还一起讨论、一起形成发展共识并互相监督。企业通过改变村民的意识，达到对茶园的标准化管理。

ZR 茶厂位于 LZ 村，该茶厂包了该村 7.6 公顷（114 亩）集体茶园作为其标准化茶叶基地。RZ 茶厂的茶叶基地管理依靠 LZ 村的一个能人 YR 来实施。RZ 公司的鲜叶除了来源于公司承包的村集体茶园，还需要大量收购附近农户种植采摘的茶叶。

管理茶园面临着极大挑战：茶叶采摘有着复杂的规格，并且采摘不好还容易毁坏茶园，集体茶园还容易陷入农户的偷盗的行为。YR 的管理则主要依靠"平时为人"。他是一个乡贤，在村民中有一定威望，周边农户婚丧嫁娶他还担任"总管"。临近过年的那段时间，经常会有人家喊他"吃刨汤"①，最多的一天可能七八家。在茶园管理过程中，他主要的办法也是"将心比心"，将经济关系高度嵌入社会关系，用他的话说就是"待工人跟亲人一样"。所以他管理的集体茶园从来没有偷采茶叶的现象。采摘茶叶快结束的时候，还有农民来主动要求来帮他"捡山"。而"捡山"对于采茶工来说是很不划算的，主要是为了维护好茶园，但是收入很低。

总之，茶叶生产有着生产链条长，参与度高的特点，但是茶叶种植、采摘、收购以及加工环节的许多技术细节，使得茶叶产业链条高度嵌入乡土社会。第一，茶叶种植的大田管理十分简单，投入不高而且都是由政府投入为主，茶叶种植主要以农户以自己承包地种植为主，较少资本下乡的规模种植；第二，茶叶采摘有着较为严格的细节要求，从而才能保证鲜叶的质量和茶园的后续发展；由于茶叶采摘在监督管理上的难题，只有依托人际关系的"采分茶"才会保证鲜叶的质量和茶园的可持续性发展；第三，收购鲜叶的质量决定了干茶的

---

① ES 地区按照习俗，年底杀猪以后会叫亲戚朋友到自己家里吃饭，叫"吃刨汤"。有这么多人叫 YR"吃刨汤"，意味着别人很看重他，他在村庄中的威望很高。

品质，而对鲜叶的质量把控落实到了具体人身上，遍布乡村的茶叶收购贩发挥了重要功能；第四，由于鲜叶容易损坏不宜长途运输，导致了加工厂必须就地就近布点，更是与乡村社会保持了紧密联系；同时也限制了茶叶加工和管理的规模，使得茶叶加工厂之间形成一个生态体系。第五，对茶农的规范化管理，以实现茶叶品质和价值提升也需要利用乡村的社会基础。

四　城乡融合体系中的茶叶产业

本文论述了茶叶的产业链条嵌入乡土社会的特征，详细论述了茶叶种植、采摘、收购和加工如何在乡土社会基础上展开。茶叶产业更是乡村经济生态系统的一环，茶叶种植深度嵌入了乡村多元的产业体系，更是乡村多元产业体系的一环。

乡村社会长期以来存在着一个多元产业体系，这是特色农业得以发展的社会背景。乡村产业体系是历史长期演化的结果，近代以来，乡村社会在商品化的同时发展出发达的乡村工副业。乡村社会在此基础上是一个复杂多元的产业体系，"包括了农、工、商、运输、服务等部门，自为一个完整的体系"①。费孝通也强调了传统时期农村工副业对于农村家庭的重要性②。改革开放以后，我国"异军突起"的乡镇企业是乡村产业体系的延续和发展，在乡镇企业的基础之上，形成了"离土不离乡"的农村劳动力转移模式。乡镇企业虽然以工业为主，但是其内涵十分复杂，也包括了商贸服务业等其他经营内容。乡镇企业也并非完全是镇办、村办的集体经济，也包括了大量的个体、联营经济，甚至许多是家庭经营的工副业。进入21世纪以后，随着沿海地区劳动密集型产业的兴起，中西部地区乡村人口大量外

---

① 吴承明：《中国的现代化：市场与社会》，生活·读书·新知三联书店2001年版，第81页。

② 费孝通：《乡土重建》，岳麓书社2012年版。

流。但是在人口外流的情况下，乡村地区仍然存在着一个复杂的、多元而又自成一体的产业体系。目前，乡村产业体系有着丰富的内涵，乡村工业、商贸服务业是产业体系的重要内容。近年来，随着特色农业兴起，依托特色农业形成的一二三产融合发展，也成了乡村产业体系的重要内涵。

特色农业的兴起与发展必须在乡村多元产业体系这个背景中去讨论。这是由特色农业的劳动力组织过程决定的，以茶叶为例。茶叶具有特色农业典型的劳动力配置特征，第一，高劳动力投入，尤其是在采茶阶段需要大量的人工投入；第二，季节性劳动力投入，茶叶平日不需要太多的田间护理，用工主要是在采摘环节，具有很强的季节性；第三，茶叶的总收入有限，仅靠种植茶叶不足以养活整个家庭，必须辅以其他产业和收入。

总之，按照当地老百姓的说法，茶叶是"部分家庭成员在一年中的特定时间段从事的产业"——部分家庭成员是指妇女和老人，特定时间段从清明节开始采摘到五六月结束，最晚能够到九月。茶叶种植收入也只能满足家庭的一部分收入，ES 地区每公顷茶叶平均收入75000 元（每亩茶叶的平均收入在 5000 元左右），家庭普遍种植四五亩，家庭收入二三万元。收入有限的季节性劳动，收入又不足以满足家庭的主要开支，这使得劳动力必须能在农闲季节还能找到收入来源。因此，特色农业的兴起必须依托一个多元、灵活的产业生态体系[①]。

ES 市本地发达的乡村产业体系构成了茶叶产业兴起的生态环境。以 T 乡 LZ 村为例来看，乡村产业体系具有丰富的内涵，具体包括以下内容。第一，依托集镇的 300 户商贸服务业。这些集镇住户家家户

[①]　付伟：《城镇化进程中的乡村产业与家庭经营——以 S 市域调研为例》，《社会发展研究》2018 年第 1 期，第 81—101 页。

户做生意，为周边农户生产生活提供流通服务。第二，乡村旅游业带动了乡村产业和就业。LZ 村靠近 5A 级景区"ES 大峡谷"，依托景区与乡村旅游，兴起了近 15 家农家乐。第三，农闲时节到 ES 市区打临工，LZ 村到 ES 市区的车程只有 40 分钟，许多劳动力采完茶就开着车去 ES 打工，主要从事建筑、餐饮和家政等行业。第四，乡村工厂、乡村车间，目前 LZ 村集镇上开设了 1 个小型电子加工厂和 1 个农产品加工厂。其中，电子加工厂雇用了 20 人，农产品加工厂雇用了 8 人。这两个加工车间的工人是本地剩余劳动力，尤其是电子加工厂，雇佣的都是集镇上的"陪读妇女"。

我们须在城乡融合的视角中去看待特色农业①。特色农业、乡村多元产业体系是 ES 市人口"打工—回流"机制的一环。ES 地区的传统农家经济是一个适应山地自然环境的自然经济体系，家庭农业投入小、风险低，在家庭经营的基础上形成了"种养结合"的自然经济、循环经济。具体来说，就是家庭种植玉米、水稻、杂粮，收获的粮食满足家庭食用或者少量出售，玉米用来养殖生猪，年底家庭食用猪肉，并出售一部分猪肉作为家庭的主要收入来源。

随着沿海劳动密集型产业的兴起，ES 地区农村劳动力开始纷纷外出打工。在家庭依然保留耕地的情况下，ES 市虽然总体上是一个人口外流的地区，但是其人口流动有着极强的社会性特征，呈现出在家庭成员代际分工和性别分工的基础之上的"半工半耕"②；同时，在"半工半耕"基础上形成的"打工—回流"机制③，即青壮年劳动

---

① 徐宗阳、焦长权：《茶与城镇化：新时期乡村经济生态的案例研究》，《学海》2016年第 4 期。

② 黄宗智：《制度化了的"半工半耕"过密型农业（上）》，《读书》2006 年第 2 期。

③ 王绍琛、周飞舟：《打工家庭与城镇化——一项内蒙古赤峰市的实地研究》，《学术研究》2016 年第 1 期。

力外出务工、中老年劳动力返乡务农[1]。LZ 村的人口流动就是典型的这种模式。该村 1000 多户，4200 多人，其中劳动力约 2200 人，外出打工的劳动力大约 400 人。LZ 村的外出务工建立在家庭分工基础上，举家外出的家庭，估计全村不足 70 户。外出务工群体有很强的年龄和性别属性，外出就业的劳动力以四十岁以下的男青年和未婚女青年为主。

"打工—回流"机制是劳动力生命周期的结果，即乡村转移劳动力在不同的生命阶段，有不同的人生任务。一个男性农村转移劳动力，在婚前可能会选择外出打工，但到了婚龄，则会选择返回家乡结婚成家。如果自身具备一定实力或者当地具有发展条件，这样的农业转移人口可能在当地经营工副业或者特色农业。如果没有这个条件，他会继续外出务工。但是到了四五十岁以后，他一般会有很强的意愿回到家乡。之所以有这样的选择，主要是出于家庭因素的考虑。本文调研中一位常年外出打工的农民的想法就很具有典型性。他认为外出打工到了四十岁左右就得考虑回乡，因为在这个阶段子女都已经快要成人，要考虑子女结婚成家的事情，要把农村的房子和居住环境准备好，"儿子带人回来要看起来还像个家，家不能是个空壳"。此外，ES 地区的女性劳动力也随着生命历程表现出"打工—回流"模式。婚前的女性一般选择外出打工，但是结婚以后一般会选择留在家里照顾孩子，兼顾摘茶或者其他零工（比如在集镇的电子加工厂工作）。

"半工半耕"研究，主要强调外出务工与本地传统农业（粮食作物）的配合，随着我国特色产业以及乡村多元产业体系的兴起，进一步丰富了"半工半耕"和人口"打工—回流"的体系。特色农业的兴起提供了大量的本地就业机会，使得回流的劳动力能够在本地从事

---

[1] 夏柱智、贺雪峰：《半工半耕与中国渐进城镇化模式》，《中国社会科学》2017 年第 12 期。

特色农业种养殖，或者受雇于当地农业规模经营户获得工资性收入。在这种情况下，劳动力可以在外地打工、本地工副业之间根据自身情况做出自由选择。

特色农业的兴起对于人口"回流"有着积极作用。能够为四十岁以上有返乡意愿的劳动力提供就业机会，更重要的是能吸纳有经营头脑的能人返乡。不同农业经营模式吸纳的劳动力性质是不一样的，特色农业吸纳的劳动力更年轻，对于劳动力素质的要求也更高。具体来说，传统种植业如种植玉米、土豆，其收入低但是劳动力投入也少，一般都只需要六七十岁的老人经营即可。但是特色农业则有更强的吸纳能力，常见的扶贫产业如香菇、烟草种植，一般需要有一定经营头脑和资本积累的四十到五十岁返乡创业能人。茶叶产业吸纳的劳动力更为丰富，除了茶叶种植和采摘环节可以把四五十岁的劳动力吸纳进去以外，在收购、加工、销售环节还能吸纳大量有经营头脑的返乡创业能人。茶叶产业与其他产业相互配合，进一步带动了乡村的人气。乡村旅游则进一步吸引了年龄更小的人回来，这主要是由于旅游业需要与外界打交道，并且家里的卫生和环境也需要年轻人维护。乡村加工车间，通过发展劳动力密集型加工业，更是吸纳了二三十岁的年轻人。

因而，特色农业的发展是乡村经济生态体系的一环，深刻嵌入了乡村社会多元产业体系和特殊的劳动力流动过程。人口的"外出—回流"机制解决了在大量人口外流的情况下的劳动力来源问题。虽然ES市是一个人口外流的地区，但是由于四十岁以上的劳动力回流，使得乡村依然能够兴起大规模的高劳动力投入的特色农业。在特色农业基础上，"外出打工＋本地种养"的农村家庭经营演变成了"外出打工＋本地特色农业"的经济模式，进一步丰富了"半工半耕"的内涵。随着特色农业产业化渐渐成规模，又为劳动力回流提供了就业机会。乡村人气的兴旺反过来又能促进农副结合的乡村产业体系的发展，形成一个产业与人口的良性互动。

特色产业与劳动力流动形成的这种良性机制，对乡村振兴和城乡融合发展有着极为重要的意义。

五 总结与讨论

本文介绍了 ES 市茶叶产业"扎根乡土"的特征。从茶叶生产组织过程来看，由于茶叶种植的技术细节，形成了家庭种采、茶厂加工销售的经营模式。而在生产管理过程中，乡土社会是茶叶质量控制和管理的重要资源。茶叶种植更是乡村多元产业体系的一环，只有形成一二三产融合发展的趋势，培植多元的乡村产业体系，才能形成乡村产业与人口流动的良性互动，进一步取得特色农业自身的发展。

特色农业发展有自身的规律，既需要政府加大投入，也需要培育龙头企业，但是更要注重和发挥"人"的作用，需要充分认识和利用乡土社会这一产业存在发展的社会土壤。我国特色农业的兴起尤其是需要解决"产业如何扎根"的问题，而这相比于政府投入和扶持企业来说往往是更为艰巨的任务，但往往也是决定产业成败的关键，尤其需要各地结合特定产业的特征，结合各地具体的社会基础进行更为细致的研究。

（原文刊发于《北京工业大学学报》2019 年第 5 期）

完善县域扶贫开发治理体系[*]

邬平川　　彭庆辉

党的十八大以来，在习近平总书记扶贫开发战略思想的指引下，中国扶贫开发工作进入了脱贫攻坚新的历史阶段，工作理念、方略、路径等都发生了根本转变。"扶贫开发"转变为"脱贫攻坚"，几字之差，却蕴含了丰富的内涵。由"扶贫"转变为"脱贫"，意味着目标性更强，即到 2020 年全面建成小康社会之际，立志于不让一个老百姓掉队。由"开发"转变为"攻坚"，意味着任务更为艰巨，彰显了中国共产党人的政治勇气和责任担当。作为脱贫攻坚主战场的县一级，必须完善和优化扶贫开发治理体系，才能更好地适应中国新时代、新形势、新任务，为彻底打赢脱贫攻坚战奠定现实基础。

一　完善县域扶贫开发治理体系，是打赢脱贫攻坚战的内在需求

打好扶贫开发攻坚战，是习近平总书记在县域治理中特别强调的一项重要工作，所谓治理，就是各种公共机构、私人机构和公民个人处理共同事务，使相互冲突或不同利益得以调和的过程[②]。而治理体

---

[*] 作者简介：邬平川，安徽省教育招生考试院副院长；彭庆辉，北京师范大学中国社会管理研究院/社会学院博士研究生、安徽省六安市青年社会组织联合会常务副会长。

[②] ［美］戴维·赫尔德、安东尼·麦克格鲁、戴维·戈尔德等：《全球大变革：全球化时代的政治、经济和文化》，杨雪冬、周红云、陈家刚等译，社会科学文献出版社 2001 年版，第 70 页。

系，则是规范这些处理事务方式的制度总和①。其中，县域治理是国家治理的重要组成部分，县域扶贫开发治理更是国家治理的核心环节。面对打赢脱贫攻坚战的艰巨任务，完善和优化县域治理体系具有全局性、根本性、基础性和决定性。

习近平总书记指出，在我们党的组织结构和国家政权结构中，县一级处在承上启下的关键环节，是发展经济、保障民生、维护稳定、促进国家长治久安的重要基础。在我国 2000 多年的社会治理体系中，县级是历时最久远、最为稳定的一级，所以古代中国就有了"郡县治天下安"的说法。在全面深化改革、社会加速转型的新的历史时期，随着国家治理体系重心的不断下移，县级承担着越来越重要的职责，发挥着越来越重要的作用，成为改革发展稳定的关键点。在扶贫开发工作中，县一级，特别是扶贫开发工作任务重的县同样具有举足轻重的地位和作用。完善和优化县域扶贫开发治理体系，使县一级切实承担起职责，把中央的决策部署落实到位，脱贫攻坚工作才具有广泛和坚实的基础，脱贫攻坚战才能够取得最终胜利。

经过 30 余年的艰苦努力，中国扶贫开发工作取得了举世瞩目的成就，减贫人口占全球的 70%。但作为发展中的大国，贫困问题仍然是经济社会发展的最大短板，并且呈现出新的特点。一是区域性。14 个集中连片特困地区和 592 个国家扶贫开发工作重点县，是脱贫攻坚的主战场。这也是当前我国经济社会发展不平衡、不协调的主要表现。解决这些区域性整体贫困问题，既是新阶段脱贫攻坚的重要任务，也是落实五大发展理念、全面建成小康社会的现实要求；二是艰巨性。经过多年扶贫，容易脱贫的贫困人口基本摆脱贫困，有的走上了致富的道路，剩下的都是因为生存环境恶劣、基础设施薄弱、公共

---

① 俞可平：《衡量国家治理体系现代化的基本标准》，《南京日报》2013 年 12 月 10 日。

服务滞后造成的深度贫困。同时，随着经济发展进入新常态，传统的以市场主体为牵引的经济增长在减贫方面的作用越来越弱化，农村体制改革所释放的活力在减贫方面的作用越来越弱化，脱贫任务更为艰巨，返贫风险更大；三是复杂性。贫困现象高度复杂，致贫原因高度复杂，不同地区具有不同的特点，这就决定了脱贫路径面临不同选择。习近平总书记指出：发展是甩掉贫困帽子的总办法，贫困地区要从实际出发，因地制宜，把种什么、养什么、从那里增收想明白，帮助乡亲们寻找脱贫致富的好路子。这决定了新时期扶贫开发工作必须树立治理思维，从完善和优化治理体系着手，以适应新的特点和新的需要。

中国新的历史时期脱贫攻坚的总目标是"县摘帽、村出列、人脱贫"，具体来说，就是要稳定实现农村贫困人口"两不愁、三保障"；同时实现贫困地区农民人均可支配收入增长幅度高于全国平均水平、基本公共服务主要领域指标接近全国平均水平；确保中国现行标准下农村贫困人口实现脱贫，贫困县全部摘帽，解决区域性整体贫困。为实现这一目标，党的十八大以来，中央一直致力于顶层设计，着力构建四梁八柱的扶贫开发制度体系。到 2016 年年底，这一任务得以基本完成。在顶层设计完成后，各项决策部署的落实，主要落在县级。无论是资金投入、金融支持，还是政策合力、社会参与，最后都要在县一级落地。为此，脱贫攻坚任务重的地区党委和政府要把脱贫攻坚作为"十三五"时期的头等大事和第一民生工程，始终做到以脱贫攻坚统揽经济社会发展全局。这是对县域治理提出的新要求，必须建立与之相适应的县域扶贫开发治理体系。

2013 年 11 月，习近平总书记在湖南省花垣县十八洞村调研时首次提出了"精准扶贫"的战略构想；2015 年 6 月在贵州视察时再次重申"扶贫开发推进到今天这样的程度，贵在精准，重在精准，成败之举在于精准"。在年底召开的中央扶贫开发工作会议上，习近平总书记系统阐述了精准扶贫的深刻内涵、总体思路和工作要求，"精准扶贫"上升为新时期我国扶贫开发的基本方略。这对县域扶贫开发治理来说，无疑是一个新的挑战。中国 30 多年的扶贫开发，一直实行的是区域瞄准的治理模式，采取的是"大水漫灌"的治理方式。按照"精准扶贫"的要求，扶贫对象的瞄准必须以户为单位，实行"靶向治疗"；必须改"大水漫灌"为"精准滴灌"；必须解决好"扶持谁、谁来扶、怎么扶、如何退"的问题。要落实这些要求，治本之策是对扶贫开发治理体系进行完善和优化。

二　完善和优化县域扶贫开发治理体系，制度供给是基础

制度体系是治理体系的灵魂，是治理过程的基本依据。制度供给不足，是造成一些地方贫困的原因之一，而制度变迁，是扶贫开发最为重要的力量之一。根据新制度经济学的理论，制度变迁的根源是偏好的变化，制度供给的有效性取决于制度相关主体偏好是否一致[①]。打赢脱贫攻坚战是当前国家对扶贫开发的一种新偏好。完善和优化县域扶贫开发治理体系，首先要通过制度供给，最大限度使这一偏好在县域内达成一致。

（一）完善多元主体共同参与的制度体系

30 多年来，中国扶贫开发治理体系最大的特点是一元主体，以政府主导为主，这在我国特定历史时期为实现减贫目标发挥了重要作用。但是，随着国家治理体系和治理能力朝着现代化不断迈进，这种模式迫切需要改革和创新，需要着力完善有利于多元主体共同参与的制度体系。一是要完善有利于贫困人口参与的制度体系。贫困人口参与不够，缺少内生动力，是当前扶贫开发面临的突出问题。尤其是当

---

① 田国强、陈旭东：《制度的本质、变迁与选择——赫维茨制度经济思想诠释及其现实意义》，《学术月刊》2018 年第 1 期。

前各项政策倾斜和扶持力度很大，乡镇、村和帮扶责任人承担了很大的责任，而相比之下，一些贫困户"等靠要"思想严重，形成了依赖心理。这需要从制度上予以彻底改变。要完善宣传和培训制度，使贫困户准确理解国家扶贫开发政策，形成"贫困并不光彩、致富才能光荣"的舆论氛围，使贫困户认识到"脱贫政府帮，致富靠自己"；要准确把握脱贫标准，坚持兜底线、保基本、消绝对，不能人为提高标准，抬高期望值；要建立支持贫困户申报项目、资金、发展产业的制度，调动贫困户脱贫致富的积极性；二是要完善有利于基层组织参与的制度体系。当前农村基层组织建设面临的主要问题是建设弱化、人员老化、力量薄弱，难以适应脱贫攻坚艰巨任务的需要。为此，习近平强调要加强贫困村两委建设，深入推进抓党建促脱贫攻坚工作，选好配强村两委班子，培养农村致富带头人，促进乡村本土人才回流，打造一支"不走的扶贫工作队"。这需要从制度上予以保证，努力克服农村人才外流、农村社会空心化的问题，着力夯实基层基础；三是要完善有利于社会组织和公民个人参与的制度体系。要合理厘清各类扶贫主体的职责和权力边界，正确处理政府、市场、社会的关系，确立政府在扶贫开发中的主导、权威和中坚地位，发挥市场在资源配置中的决定作用，充分调动社会主体参与的积极性。

（二）完善治理过程刚性约束的制度体系

长期以来，中国扶贫开发工作缺乏严格有效的约束，造成目标导向性不强、资金使用效益不高、脱贫成效不明显，一些地方甚至出现扶贫资金被截留、挪用、贪污、浪费等现象。因此，在面对攻坚阶段的硬任务，面对必须实现的硬目标，必须强化治理体系的刚性约束。一是责任约束。习近平总书记强调，要强化扶贫开发工作领导责任制，把中央统筹、省负总责、市（地）县抓落实的管理体制，片为重点、工作到村、扶贫到户的工作机制，党政一把手负总责的扶贫开发工作责任制落到实处。为此，中央和省级党委政府签订了责任状。

省、市、县、乡镇和村也要层层签订责任状，压实各级党政一把手第一责任人的责任。同时，要坚决落实贫困县党政正职在攻坚期内保持稳定的规定，并相应完善贫困地区干部保持相对稳定的制度，在加强贫困地区干部队伍建设的同时，确保干部稳定、人心稳定；二是考核约束。习近平总书记指出，对脱贫攻坚要实行最严格的考核制度，发挥好考核"指挥棒"的作用；对贫困县党政负责同志的考核，要提高减贫、民生、生态方面指标的权重，把党政领导班子和领导干部的主要精力聚焦到脱贫攻坚上来。2013 年年底，中共中央办公厅、国务院办公厅印发《关于创新机制扎实推进农村扶贫开发工作的意见》，规定改进贫困县考核办法，由主要考核地区生产总值向主要考核扶贫开发工作成效转变，取消地区生产总值考核，把提高贫困人口生活水平和减少贫困人口数量作为主要指标。县一级也要出台相应的办法，把脱贫成效作为对乡镇、县直单位考核的主要内容，与干部选拔任用、年度目标考核紧密挂钩。同时，要改进考核方式，减轻基层负担，杜绝形式主义；三是监督约束。要完善信息公开、群众参与、逐级公开制度，增强扶贫开发工作的透明度，充分发挥纪检监察、财政、审计等部门和媒体、社会的监督作用，把项目申报、资金安排、扶贫成效等置于全社会的监督之下。特别是要加强扶贫资金使用的监督，防止雁过拔毛、优亲厚友、截留挪用现象的发生。

（三）完善扶贫对象精准识别的制度体系

把扶贫对象识别出来，解决好习近平所说的"扶持谁"的问题，是脱贫攻坚的基础和前提，也是落实精准扶贫方略的第一道关口，因此必须从制度上夯实精准识别基础，确保源头精准。一是要压实乡镇和村两级干部的责任。乡镇和村干部与群众接触最紧密，对农户的家庭情况最清楚，因此，要建立贫困户识别的责任制和终身责任追究制，保证乡镇和村两级干部准确把握标准、坚持公平公正，把真正贫困的家庭遴选出来；二是要规范程序。制度化、规范化的程序，是杜绝人为因素影响，确保识别公平公正，最大限度克服贫困排斥现象的根本保证。要坚持农户申请、群众评议、分级公示、逐级审核，以规范的程序保护群众的参与权、知情权、监督权，把贫困户的最终决定权交给群众。三要坚持动态调整。贫困是动态的，贫困的标准也是相对的①。一次车祸、一场疾病、一个自然灾害可能就会使一些家庭陷入贫困，而大病治愈、子女就业等，也会帮助一个家庭摆脱贫困。因此，要建立动态调整机制，运用大数据平台，将符合条件的家庭及时纳入贫困户，将已经稳定脱贫、完全摆脱贫困的家庭及时调整出去。

（四）完善帮扶措施精准到位的制度体系

"措施到户精准"和"因村派人精准"是习近平总书记提出的"六个精准"的重要内容，其核心就是要针对贫困户的家庭情况、致贫原因和实际需求，采取有针对性的帮扶措施。这是决定"资金使用精准""项目安排精准""脱贫成效精准"的重要基础。一是要明确帮扶主体。按照习近平总书记扶贫开发战略思想，要建立多元化的帮扶主体。实行单位包村，派驻第一书记和驻村工作队；干部包户，广泛动员各级干部作为贫困户的帮扶责任人。在安排单位包村、干部包户过程中，要合理调配，防止出现因单位资源不同、条件不同、责任落实不同而造成贫困户享受帮扶措施差距过大。乡镇党委、政府和村两委承担主体责任，和包村单位、包户干部一起落实帮扶措施和帮扶责任；二是要转变帮扶方式。要改变传统的送钱送物"救济型"的帮扶方式，对村的帮扶主要是制定规划、谋划项目、完善资料；对贫困户的帮扶主要是宣传政策、联络感情、摸清情况、找准需求；三是要压实帮扶责任。要完善监管制度，确保驻村工作队真正驻扎在村、工作在村；确保帮扶责任人与贫困户保持密切联系，不定期上门走访，熟悉贫困户家庭情况，赢得贫困户满意。同时，也要为驻村工作

---

① 杨正位：《精准理解贫困标准》，《经济日报》2016年9月14日第15版。

队和帮扶责任人开展工作提供必要的条件和经费保障；四是要落实帮扶措施。要围绕贫困户稳定增收和实现"两不愁、三保障"对症施策，具备发展产业的能力和基础的，帮助发展产业；有孩子读书的，落实教育资助政策；家中有病人的，兑现健康脱贫政策。同时，要确保各项帮扶措施形成体系，形成各项帮扶措施的合力。

三 完善县域扶贫开发治理体系，机制创新是根本

体制机制是治理过程中最根本、最有效、最持久、最可靠的因素。制度体系建立后，体制机制就决定了这些制度体系能否得到体现和实现，因此，体制机制和制度体系共同构成了治理体系的基本框架。习近平总书记指出，扶贫开发"关键是要找准路子、构建好的体制机制，在精准施策上出实招、在精准推进上下实功、在精准落地上见实效"。完善和优化县域扶贫开发治理体系，离不开体制机制的改革与创新。

（一）建立规范高效的政策落实机制

国家明确新时期扶贫开发工作机制是"中央统筹、省负总责、市县落实"，县一级的根本任务是确保中央和省市的决策部署在本地的贯彻落实。因此，建立一套规范高效的政策落实机制，是县域扶贫开发治理体系的首要任务。这套机制，至少应包括以下几个核心要素。一是宣传解读。要用老百姓听得懂、能够接受的方式，把政策宣传、解读到位，让他们知晓，让他们理解；二是任务分解。要把各项政策要求分解到相关部门，明确分工、落实责任；三是节点管控。要按照工作性质和特点，找准落实过程中的重要节点，加强调度和监测评估，并及时跟踪问效，确保各项任务有序推进；四是部门联动。要完善部门联动机制和信息共享机制，加强部门之间、部门与乡镇和村之间的联系与沟通。县级党委要加强统筹协调，确保形成合力；五是赋予县级更大的自主权。要在资金使用、项目安排等方面，给予县级党

委、政府更大的结合地方实际灵活处理的权限。在处理灵活性与原则性之间的关系，既要防止以灵活性损害原则性，又要防止以原则性束缚灵活性。

（二）建立配套完善的产业发展机制

产业扶贫是脱贫攻坚的治本之策和长久之计，既可以促进区域经济发展，又可以实现贫困户的稳定增收①。因此，要把建立配套完善的产业发展机制作为完善和优化县域扶贫开发治理体系的战略重点和主要任务。一是项目要选准。产业扶贫的项目种类很多，包括种养业、加工业、旅游、光伏、电商、资产收益等。选择何种项目，要依据各地实际和贫困户自身的情况，尤其是让贫困户发展的产业，必须坚持户为主体，充分尊重贫困户自身的意愿。要充分发挥市场机制的作用，避免政府的越位和错位；二是支持要有力。要加强财政支持，财政专项扶贫资金主要用于产业发展，建设扶贫产业园或扶贫产业基地，完善相关配套设施。同时，建立产业发展补助专项资金，发挥政府引导作用。要加强金融支持。用好小额扶贫信贷政策，为贫困化产业发展提供启动资金。注重发挥保险、担保等在产业发展中的作用。要加强帮扶支持。把产业发展作为单位包村、干部包户的主要任务，发挥帮扶单位和帮扶责任人在选择项目、技术支持、市场开拓、产品营销等方面的作用。发挥农村新型经营主体的带动作用，通过签订带动合同、订单生产、保护价收购、资产资源入股、托管服务、务工就业等方式，建立贫困户与带动主体之间稳定紧密的利益联结。三是服务要配套。要针对贫困户和贫困村产业发展中的实际困难，完善服务体系。科技、信息、技术等方面的服务要贯穿种、育、播、耕、防、收、烘、储、加、销的全过程。

---

① 唐守祥、韩智伟：《产业扶贫是实现精准脱贫之主策》，《理论观察》2017 年第1 卷。

（三）建立精准科学的项目实施机制

项目建设是扶贫开发的重要载体，切合实际、科学合理的项目安排，是加快贫困地区发展、帮助贫困户尽快脱贫的重要支撑。习近平总书记提出的"六个精准"之一就是项目安排精准。因此，建立精准科学的项目实施机制，也是完善和优化县域扶贫开发治理体系的重要内容。一是要完善项目申报机制。到村到户项目要充分发挥村和户的积极性，坚持以村和户申报为主，乡镇审核，县审批。要增强项目安排的透明度，逐级公示，主动接受监督。要围绕县域经济发展和基础设施改善，结合本地产业发展实际、资源禀赋和基础设施、公共服务方面的短板，谋划重大项目。为扩大县级自主权，国家和省把很多项目的审批权下放到县，并且赋予了县级涉农资金的整合权。这有利于改变过去条块分割、资金分散、项目不切实际的弊端。县级要紧密结合经济社会发展规划和脱贫攻坚规划，增强项目谋划能力；二是要完善项目推进机制。要从简政放权着手，进一步简化审批程序、减少审批环节、提高审批效率。建立重大项目协调机制，有效解决项目推进过程中遇到的突出问题。强化项目全程监管机制，对项目报批、开工建设、竣工验收等环节进行全过程监管，同时加强督查调度，确保项目建设进度。

（四）建立严密有效的防范返贫机制

受多种因素的影响，一些贫困户在达到脱贫标准、实现脱贫目标后，又会面临返贫风险甚至再次陷入贫困。因此，防范返贫是精准扶贫、精准脱贫必须解决的重大问题。一是要夯实脱贫基础。要提高脱贫质量，完善相关政策体系，特别是发展产业、实现就业、教育扶贫、健康扶贫等方面的政策要配套完善。在贫困户脱贫之后，帮扶政策和措施要继续保持稳定。要完善村级基础设施，增强公共服务供给能力；二是要建立监测机制。贫困户脱贫之后，帮扶责任人要继续保持联系，随时掌握其家庭情况。要将已脱贫户纳入考核和第三方监测评估的范围，准确掌握家庭信息；县乡镇村也要将已脱贫户作为走访的对象，各级干部要定期回访，了解脱贫后的情况；三是建立预警机制。通过多种途径了解到的情况，要明确报告渠道。一旦已脱贫家庭出现返贫风险，要通过村两委、乡镇扶贫工作站逐级上报到县扶贫办。同时要建立脱贫户自我申报机制；四是要建立调整机制。对于返贫的贫困户，要按照精准识别的程序和标准，进行重新识别。确实符合条件的，要重新调整为贫困户，纳入扶贫开发管理信息系统，采取精准帮扶措施，直至再次脱贫。

（原文刊发于《社会治理》2018 年第 6 期）

乡村生态文明研究

知识、信仰与实践：羌族社会的生态智慧

——基于四川茂县 YL 村的个案研究[*]

　　党的十九大报告指出，人类必须尊重自然、顺应自然、保护自然，要像对待生命一样对待生态环境。中国的少数民族历来重视人与自然的关系，在长期的生活和生产实践中形成了一系列保护生态的各种意识、习俗和规则。树立人与自然和谐相处的行动目标，充分吸收和借鉴少数民族的生态智慧，对于促进我国绿色发展具有重要意义。鉴于此，本研究采用生态人类学的理论视角，基于对四川茂县羌族社会的长期追踪调研，以 YL 村为典型案例，从知识、信仰与实践三个层面，梳理羌族社会的传统生态智慧。

一　调查背景、地点和方法

　　羌族，自称"尔玛"，是中国最古老的少数民族之一，现主要分布在在四川省阿坝州所属的茂县、汶川、理县、黑水、松潘，甘孜州的丹巴县，绵阳市的北川县以及贵州省铜仁地区等地区。羌族又被称为"云朵上的民族"。从地理分布来看，羌族主要分布于青藏高原东

---

* 作者简介：尉建文，北京师范大学中国社会管理研究院/社会学院教授；滕鸿飞，中央民族大学社会学系硕士研究生。

部边缘，是高山峡谷地区；从房屋位置来看，羌族习惯把村寨住房建在河谷或山腰，占据比较有利的较高位置。因此，羌族聚居地地势较高，耕地稀缺，交通不便，其生产和生活高度依赖于天、地、山、水、树木、动物等相关的自然环境。在脆弱的自然环境中，羌族先民创造了独特的生态文化。羌族社会的生态智慧渗透于羌民族的物质文化、精神文化、制度文化中，体现在生产和生活方式、宗教信仰和制度规约等诸多方面，并通过知识和信仰等形式表现出来，维系了人口与生态的和谐①。

　　本研究的调查地点是在四川阿坝州茂县的 YL 村。茂县位于四川省西北部、阿坝藏族羌族自治州东南部的青藏高原东南边缘。茂县境内高山林立，东部为中山地带，地貌以高山峡谷为主，地势由西北向东南倾斜，山峰海拔均在 4000 米左右。茂县总人口 11 万多人，其中羌族人口 10 万余人，占全县总人口的 92.4%，羌族人口约占全国羌族总人口的 30%，是全国最大的羌族聚居县。YL 村位于茂县太平乡境内岷江西岸，平均海拔近 2600 米，南距成都 273 公里，北距九寨沟 150 公里，距茂县县城 78 公里，沿国道 213 线依山傍居。目前，全村共有农户 72 户，村民 357 人，其中羌族人口占 99%，其余少数是从松潘等地嫁入本村的藏族。YL 村的村民们先前住在山顶的老寨之中。1933 年四川叠溪大地震之后，村民们开始从山顶搬迁到山腰间居住。近些年来，村民们开始搬到山下居住。尤其是 2008 年汶川地震之后，YL 村全部村民搬迁到山底的河谷平地居住。

　　需要说明的是，本研究使用的是"理想类型"分析法，一种类似于"浙江村"或"羊城村"的分析方法②。YL 村是本研究重点的调研对象，是分析羌族社会的生态文化和生态智慧的底板和原型，但调

---

① 申秀清：《简论羌族宗教文化中的生态保护思想》，《宗教学研究》2006 年第 2 期。
② 李培林：《村落的终结：羊城村的故事》，商务印书馆 2004 年版。

研范围和调研内容并没有完全局限于 YL 村。其他相关羌族村落生态智慧的内容被压缩到 YL 村，从而达到以 YL 村为理想型的个案充分反映羌族社会生态智慧的目标。

二　文献回顾

传统生态知识是生态学研究的重要范畴，西方国家已有多年的研究，国内的相关研究方兴未艾。[①] 贝尔克斯（Berkes）将传统生态知识定义为一个知识、实践和信仰的集合体。这个集合体在适应进程中不断演化，并通过文化传递在代与代之间进行传承，是关乎生命（包括人类）彼此之间及与其环境之间的关系（如图 1 所示）[②]。卡兰（Kalland）将传统生态知识划分了三个层面：一是经验性或实用性的知识；其次是"范例性知识"，即对经验观察的解释，并将其置诸某个文化背景内；第三个层次是"体系化知识"，即社会的制度化、规则化和规范化的知识[③]。史蒂文森（Stevenson）将传统生态知识划分为特定环境知识、生态系统关联的知识、管理人类与环境关系的伦理典范三个层面，其中后两者的内容将传统生态知识提升到精神的层面。[④] 本研究以贝尔克斯的传统生态知识理论为基础，将羌族社会的生态智慧界定为羌族人民在高山地区实现人与自然和谐相处的知识和经验，包括生态知识、信仰和实践三方面内容。

（一）生态知识

生态知识是指具有稳定性的一套关于人与自然环境互动的成文的

---

① 成功、张家楠、薛达元：《传统生态知识的民族生态学分析框架》，《生态学报》2014 年第 16 期。

② Berkes, Fikret. *Sacred Ecology*：*Traditional Ecological Knowledge and Resource Management*. Taylor & Francis, 1999.

③ Kalland A. , "Indigenous Knowledge – local Knowledge：Prospects and Limitations. " Hansen BV, ed. *Arctic Environment*：*A Report on the Seminar on integration of Indigenous Peoples' knowledge*. Copenhagen：Ministry of the Environment / The Home Rule of Greenland, 1994.

④ Stevenson M. G. Indigenous Knowledge in Environmental Assessment. *Arctic*, 1996, 49 (3)：278—291.

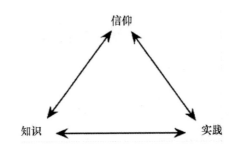

图 1　传统生态知识的三角形框架：知识—实践—信仰

或不成文的知识体系，如习惯法和乡规民约等。在贵州黔东南地区少数民族中，护林规约以"碑文"和"村规"的形式，设置了"禁止乱砍滥伐"的规约与违反规约的处罚制度。在禁止乱砍滥伐等规则之下，确立了"砍一栽十"和"砍一罚三"等原则①。贵州高坡苗族"榔规条约"中明确规定：村民只准捡干柴，不准砍生柴烧；对偷伐者进行严厉的惩罚等②。在民族聚居区域内，全体社会成员执行习惯法、共同维护习惯法权威的积极性是极高的，力量是极强的③。以纳西族为例，为了保证环境保护习惯法的实施，纳西族各村寨都推选出德高望重的老人组成长老会，督促乡规民约和环境保护习惯法的实施。一旦发现有破坏山林的情况，长老会对肇事者视情节轻重进行处罚。④ 少数民族的习惯法和具有惩罚规定的乡规民约对于维护生态环境起到了实质的法的作用。

---

① 杨武松、潘弘：《贵州黔东南地区少数民族护林规约考辩》，《贵州民族研究》2015年第2期。

② 余贵忠：《少数民族习惯法在森林环境保护中的作用》，《贵州大学学报》（社会科学版）2006年第5期。

③ 刘雁翎：《西南少数民族环境习惯法的生态文明价值》，《贵州民族研究》2015年第5期。

④ 兰元富、陈小曼：《丽江纳西族的习惯法与环境保护》，《贵州民族学院学报》（哲学社会科学版）2008年第2期。

（二）宗教信仰

从文化与生态的角度来看，当某一民族的文化发展相当成熟、稳定并自成体系时，它反过来又会对生态产生影响，其中宗教信仰和观念对生态的影响最大。比如水信仰、水崇拜和水知识在傣族的宇宙观、世界观和价值观中占有重要地位并发挥着重要作用。在水文化理念的指导下，西双版纳的傣族形成了一系列与水密切相关的宗教礼仪和用水习俗，形成了一整套可持续利用和管理水资源的技术和制度，有力地保障了西双版纳数千年来人与自然的和谐发展[1]。再如，黎族信仰"万物有灵"，认为一切实体都有生命和灵魂。黎族盛行图腾崇拜、自然崇拜和祖先崇拜，禁止对图腾动物进行伤害，客观上保护了黎族地区的生物多样性[2]。在藏族地区，原始宗教苯教崇尚自然，认为自然界一切生物都有自己的保护神，与人类一起共同居住在世间。这就使得信徒能自发地保护周边的环境，从而达到人与自然的和谐相处[3]。

少数民族民间信仰中的许多禁忌，客观上促进了生态的保护。如藏族有神山禁忌、神湖禁忌、"活地"禁忌、神鸟神兽禁忌、"好吃"禁忌。在藏区，凡未被挖掘的草地被称为"活地"，藏族游牧区严守"不动土"的原则，严禁在草地上胡乱挖掘。一般每一个放牧区域内都有一座神山，禁止在神山上挖掘、采集、砍伐、打猎，客观上保护了神山区域动植物的生存，维护了生态环境[4]。彝族也有不少防止人们过度采猎、砍伐自然资源的约束性仪式。如封山禁砍伐的"斯西"

---

① 郭家骥：《西双版纳傣族的水信仰、水崇拜、水知识及相关用水习俗研究》，《贵州民族研究》2009 年第 3 期。

② 袁楠楠、薛达元、彭羽：《黎族传统知识对生物多样性保护的作用》，《中央民族大学学报》（自然科学版）2011 年第 2 期。

③ 桑吉扎西：《藏族宗教信仰与环境保护关系初探》，《青海师范大学学报》（哲学社会科学版）2012 年第 4 期。

④ 马晓琴、杨德亮：《地方性知识与区域生态环境保护》，《青海社会科学》2006 年第 2 期。

仪式、封山禁砍竹的"玛西"仪式、封河禁捕鱼的"河果禁"仪式和封山禁猎的"赫果禁区"仪式等①。

（三）生态实践

少数民族在衣、食、住、行等方面的文化，不仅仅是物质文化，还具有一定的人文意义和生态意义。在农业生产方面，以侗族为例，侗族的传统稻田是一个天然泽生生态系统的缩版，在稻田中养鱼和鸭子，还有泥鳅、黄鳝等动物，野生的植物水芹菜、莲藕等植物也在此生息。鱼长大之后再放鸭苗到稻田里，如此鱼和鸭各自生长互不干扰，还能对稻田生长有益处，体现了侗族人在利用自然环境和把握生物生长规律上的认识和智慧②。在居住方面，以蒙古包为例，传统的蒙古包建筑几乎不需要用土，这是非常有利于草场植被保护的。蒙古族搭建"哈那"（网状骨架）所使用的柳条具有柔韧性强、受潮不变形等特点，还可以重复利用。蒙古人在游牧过程中一般不轻易破坏植被，禁止在一处久驻，以防此处草场因压力过大而退化③。而在云南，由于森林覆盖率高，木材资源丰富，木材在建筑上的运用最为广泛，几乎是无木不成屋。比如傈僳族的"千脚落地房"、景颇族的"矮脚长屋"、拉祜族的"木掌楼"都带有干栏建筑的特征④。在村落选址方面，哈尼族村寨选址是对自然环境做出的文化选择，也是一种文化对生态环境适应的过程。哈尼族村寨选址时，既要重视所选地区的地形、地势和地貌，又要注重风水，通常还会采用建寨植树的办法来补风水。树木的种植起到挡风聚气的功效，还能使村寨环境在形态上更

---

① 李学林、郑丽娅：《彝族、藏族生态观与川西少数民族地区新能源开发利用》，《西南民族大学学报》（人文社会科学版）2012 年第 2 期。

② 罗康隆、王秀：《论侗族民间生态智慧对维护区域生态安全的价值》，《广西民族研究》2008 年第 4 期。

③ 贺其叶勒图：《蒙古民族游牧经济与传统生态环境意识》，《内蒙古大学学报》（人文社会科学版）1998 年第 4 期。

④ 唐建国：《云南少数民族民居建筑》，《思想战线》2013 年 S1 期。

完整，充分体现了人与自然的和谐①。

三 羌族社会的生态智慧

（一）羌族的生态知识

羌族生态知识是羌族人民在长期与其所处生活环境的相互作用中形成的一套适用于高山或河谷地带等自然环境的知识体系，主要体现在碑刻、村规民约以及传统节日等方面。

1. 碑刻。在茂县羌族地区，羌民通过碑刻规约来保护山林，维护自然生态的平衡。在各羌族村落，各姓村民共同刻立石碑，确保山林不被乱砍滥伐。碑文所刻内容既有原则性的条款，又约定了家林的具体范围界限，能在一定程度上预防与约束砍伐家林的纠纷。茂县现今尚存一块封山石碑，立于清朝光绪十六年。碑文内容为："立写禁惜家林，以培林木，永不准（偷）伐，我村众姓人等公立。想我村地处边陲，九石一土，遵先人之德，体前人之道，禁惜家林，只准捞叶积肥，不准妄伐林株，其家林盘，上至长流水为界，下至河脚为界，左至四里白为界，右至大槽水井为界，四至分明，以遗后世子孙永远禁惜……"碑文内容一方面展示了羌族民众在保护林木资源上所具有的共识性态度——如村民仅能捡自然腐坏的林木树叶使用的规范，另一方面明确了家林的边界，这有利于村民维护各自的利益，减少了相关纠纷。在某种程度上，可以说碑文起到了民事通则的作用，维持着羌族地区资源使用的社会秩序②。

2. 村规民约。羌族地区通过书面形式或者约定俗成的村规民约来规定其生态保护的规则。约定俗成的村规民约不仅宣传了环境保护

---

① 邹辉、尹绍亭：《哈尼族村寨的空间文化造势及其环境观》，《中南民族大学学报》（人文社会科学版）2012 年第 6 期。

② 彭军、蔡文君：《羌族民俗与羌族传统生态文化》，《贵州民族研究》2010 年第 2 期。

的理念，而且通过惩罚措施来倒逼人们践行环境保护。比如，有《村规民约》规定：所有村民应积极植树造林，自觉爱护林木，保护生态平衡，严禁乱砍滥伐，私买私卖木材，乱捕乱猎珍稀动物。如有违反者，除按"森林法"和有关政策处理外，给予一定经济上的处罚。村规民约在既有的法律基础上，起到了进一步保护环境的作用，与法律共同形成了对生态环境的双重保护机制。在习俗方面，羌族社会崇尚火葬，以火葬为主。《荀子·大略篇》中记载："氐羌之虏也，不忧其系垒也，而忧其不焚也。"羌寨一般都会有一个共用的火坟头。火葬有很多优点，在耕地资源有限的山区，火葬不仅可以节约山区珍贵的土地资源，还可以保护自然环境，减少对土地的污染。

3. 节日。羌族人十分重视自然生态环境保护，这种理念也通过节日的形式确立下来，成为羌族传统文化的重要组成部分。"基勒俄聚"就是羌族特有的关于生态环境保护的传统节日，不仅具有节日庆典的意义，而且具有教育意义。每年农历正月初五是羌族一年一度的聚众祭山还愿、祈求神灵护佑地方风调雨顺、讲"规矩"（宣传教育）等议题的节日盛会。"基勒俄聚"节活动的举行仪式由民主推选出德高望重的寨首主持。在节会上，主持人手持燃着的柏枝，向村民重申神人相契的"老规矩"。"老规矩"的主要内容包括："不准破坏神树林的一草一木，不准狩猎；在封山期间不准进林盘砍柴、采药、放牧；不准猎杀孕期和哺乳期的野生动物；不准偷猎珍稀动物；不准私自开发资源……如有违反，就是对神灵的不敬，就要按'老规矩'予以惩罚"①。"基勒俄聚"节实际上是通过重申与环境保护相关的"老规矩"，来实现对村寨成员环境保护的再教育，充分展示了羌族传统文化中对森林资源的节约使用、对动植物的保护等内容。

---

① 陈兴龙、陈松：《基勒俄聚——羌族生态环境保护节》，《四川民族学院学报》2014年第4期。

（二）羌族的宗教信仰

1. 神树林。神树林是羌族的信仰习俗，羌族每个村寨都有一片神树林。神树林中通常为柏、杉等树，其被视为圣地，不能任意砍伐，严禁狩猎、放牧。人们对神树林的尊崇和热爱，在无形中起到了保护森林和促进人与自然和谐相处的作用。YL 村西侧的山林就是一片神树林。在神树林，凡是能看到的树都禁止砍伐。神树林通常留有一块空地作为祭祀的场所，供奉着象征山神的白石。羌族人每年定期在这里举行隆重的祭山仪式。祭祀期间，严禁入山采樵、狩猎。在人生礼俗方面，羌人每出生一男孩都要新栽幼树。一般是柏、樟、楠等常绿树种，俗称"花树"，奉为这个孩子的保护神①。"成年冠礼"也要在神树林中进行，由"释比"领着加冠少年向杉树或松树进行叩首跪

图 2　茂县 YL 村的神树林

拜仪式，然后将羊毛线或者彩色布条系在杉木或松树上，表示命有所系，并希望该少年与树同长，生命之树长青。羌人这样的习俗，在客观上为扩大森林覆盖率，防止水土流失，减少滑坡、泥石流等地质灾害作出了贡献。

在宗教经典方面，《羌族释比经典》多次出现了"释比"对于毁坏"神林"者的警告。如"毁坏神林者，我施法埋葬了。毁坏神龛者，我施法埋葬了……""毁坏神林冒失者，我施法埋葬地狱。"在

---

① 　冉光荣等：《羌族史》，四川民族出版社 1985 年版。

平时的生产活动中也有这样的告诫："丁卯之日禁播种，次日播种不发芽；逢戊之日禁动土，次日上山干重活；平常出门在劳动，禁忌砍伐神树林。"① 这种信仰和禁忌深深的植根于羌族人的日常生活与思维之中，使得羌族人具有原始而朴素的生态环境保护意识，从而在客观上具有涵养水土、保护资源的作用。

2. 多神崇拜。羌族的原始宗教是多神崇拜，羌族崇拜的神共有三十多种，大致可以分为四类。一是自然界诸神，如天神、地神、山神、树神、火神、羊神、牲畜神等等，是一种自然崇拜性质；二是家神，这基本是一种祖先崇拜的性质；三是劳动工艺之神，如建筑神、石匠神、铁匠神和木匠神等，是手工业在羌族社会中占据一定地位和手工业者受到特殊尊敬的反映；四是寨神，即地方神。有的是石狗，有的是石羊，随各地不同的历史传说而异，或许是图腾崇拜的遗迹②。羌族各村寨有各不相同的地方神，大多数属于自然崇拜性质。其中，对自然界诸神的崇拜反映了羌族人对自然环境的敬畏，人们需要从自然界中获取生存所需资源，在人类没有驾驭自然的能力时，选择相信由神灵主宰一切。在羌族的宗教观念中，自然界首先是他们崇拜的对象，如天神、地神、山神、山神娘娘等。这种宗教信仰使羌族人形成了对于自然环境的尊崇态度，这种敬畏自然、保护环境的意识深入到他们生产生活的各个方面。多神崇拜中对自然界的诸种崇拜奠定了羌族人有序利用自然资源、注重保护生态环境的超前生态意识。

（三）羌族的生态实践

1. 房屋选址。羌族社会建房选址非常讲究，他们充分考虑了生活便利、生产发展和自然可承载能力等诸多因素，非常具有生态智慧。在高山地区，水源和土地都是稀缺的自然资源，这也是羌民在房

---

① 四川省少数民族古籍整理办公室：《羌族释比经典》，四川民族出版社 2008 年版。
② 邓宏烈：《羌族的宗教信仰与"释比"考》，《贵州民族研究》2005 年第 4 期。

屋选址时最重要的考虑因素。首先要有水源，房屋与水源之间的距离不能太远，否则生活就不方便；同时，房屋离水源也不能太近，否则在夏天下大雨时，房屋容易被淹；其次，在有耕地的地方建寨造房，在房屋周边种植作物和蔬菜，满足日常生活的需求。最后，建房要充分考虑到水源、土地对人口的可承载能力，实现人口与生态之间的和谐共处。在 YL 村的老寨，羌民的房屋零零散散分布在山间地头，一般 2—3 户聚居，最多不超过 5 户。房屋距离水源都不太远，但也不太近，大约在 200—300 米。几户人家共享一处水源，一方面可以在水源使用上互相监督，另一方面在生产和生活中利于互相帮助。羌民具有保护水源的意识，他们将厕所设立在与水源保持一定安全距离的地方，以避免水源受到污染。在房前屋后或离房屋稍远处都有一块耕地，用于种植作物和蔬菜。房屋、水源、土地与环境之间呈现出和谐的景象。

2. 建筑材料。羌民在建筑房屋时，建筑材料是就地取材。在 YL 老寨，我们可以发现，房屋墙体呈现一定弧度，类似于城墙，用各种不规则的石头混合泥土建成。房屋的门窗、楼梯和地板，以及各种家具都是就地取材，使用木材打造。房顶采用的石片瓦是取自山中的页岩。页岩不透水，即使是大雨也可以起到防水的作用。夏天温度很高时，页岩吸热较慢，即使吸热到一定量，也不会很烫。石片与黄土能大量吸收白天的热量并储存起来，晚上再慢慢地散发出去，使室内冬暖夏凉。这是传统民居解决房屋微气候的常用手法，既利用了自然资源，又保证了人类舒适的居住[①]。老寨的建筑材料是可以循环使用的。建房子需要的石头、页岩、木材等都要采集。建好一个房子需要半年时间，若要从收集原材料开始算起，则需要好几年的时间。因此，这

① 余志红：《浅析羌族碉楼中体现的生态建筑设计》，《福建工程学院学报》2006 年第 3 期。

些原材料都会反复使用。比如建新房子时会用从老房子拆下来的石头、瓦片等，这就实现了建筑材料的循环利用。

图3　YL村的房屋外观

3. 木桶养蜂。在羌族人民的日常生产和生活中，同样体现着生态智慧。蜂蜜是羌族人饮食中重要的一部分。羌族人养蜜蜂所采用的

图4　YL村的木桶养蜂棚

办法体现了羌族人熟知生物特性并能为己所用的实践智慧。木桶养蜂的具体办法是：将一段木头剖开，中间掏空，放置一些糖或蜂蜜。如此，空心且放有蜜或糖的木桶，就会让蜜蜂误以为是自己的蜂巢，于是它们就在此筑巢并储藏蜂蜜。在木桶棚上，羌民会挂着一个类似铃铛的东西，上面涂了牛粪，用来吸引蜜蜂。木桶放置一段时间之后，羌民就可以在木桶中收集蜂蜜。木桶养蜂是一个既经济又实惠的做法，采蜜工具取自于大自然，收集方法简单不费力，成本很低，体现了人与自然的和谐相处之道。

四　总结

从世界各民族的生态环境来看，凡是处于传统社会即前现代社会的民族居住的地区，生态保护较好，生态系统较平衡；而进入工业社会之后，生态破坏则较为严重。随着中国经济的发展和工业化程度的不断提高，环境问题已经成为中国社会的严重问题。因此，回顾和梳理少数民族地区的生态文化和智慧，对于推进中国的绿色发展具有重要意义。本研究基于茂县羌族社会的个案研究，从生态知识、宗教信仰和生态实践三个方面总结了羌族社会在长期生产和生活中所积累的生态智慧。研究羌族社会的生态智慧，对于当下中国的生态保护和绿色发展具有重要启示。

羌族传统生态智慧有助于确立人与自然和谐统一的文化观点，推动人与自然的和谐共存与发展。在知识层面，羌族社会强调利用地方知识，在环保法规、政府力量之外，充分发扬羌族社区生态自组织的传统，建立弥合"文本规范"与"实践规范"鸿沟的村落生态环境管理制度，改善当地的生态环境治理。在宗教和信仰层面，羌族传统生态文化强调世间万物皆有灵魂，赋予所有的生物和自己同等的人格，尊重生物，敬畏自然。强调人与自然的平等相处，避免破坏自然生态，维持生态平衡。在生活实践层面，强调生产生活、经济发展与环境承载力相互协调，对环境脆弱地区，降低人类干预的强度，建构环境友好型增长模式和消费模式，促进经济发展和环境保护的和谐统一。

（原文刊发于《社会治理》2018 年第 4 期）

乡村旅游发展中的环境保护问题及对策研究[*]

刘　冰　周剑洋　卢　霞　何紫棠

近年来，乡村旅游成为一些农村脱贫致富、发展经济的重要途径。正如习近平总书记所强调的"绿水青山就是金山银山"[2]，乡村旅游的可持续发展高度依赖生态环境保护。生态环境为乡村旅游提供资源条件，同时也对乡村旅游的开发限度和模式形成约束[3]。如何在乡村旅游开发中坚持绿色发展理念、平衡旅游开发和环境保护之间的张力，是推进生态文明、建设美丽中国的重要课题。

一　研究背景

课题组于 2017 年 7 月在湖北省恩施土家族苗族自治州 C 市 Y 村就旅游型乡村经济发展模式中的环境保护问题展开了田野调查，试图

* 作者简介：刘冰，北京师范大学中国社会管理研究院/社会学院副教授；周剑洋、卢霞，北京师范大学中国社会管理研究院/社会学院本科生；何紫棠，中国医学科学院/北京协和医学院公共卫生学院硕士研究生。

基金项目：本文系北京市哲学社会科学规划研究项目（项目号：13JDJGA027）阶段性成果。

② 中共中央宣传部：《习近平总书记系列重要讲话读本（2016 年版）》，学习出版社、人民出版社 2016 年版，第 230 页。

③ 顾筱和：《论乡村旅游自然环境的可持续发展》，《北京理工大学学报》（社会科学版）2006 年第 5 期，第 98—105 页。

分析我国乡村环境治理过程中的问题及原因，并提出相应对策建议。

本研究采取典型性单案例研究方法。典型性单案例研究有助于加深对同类事件、事物的理解。本文选取的研究案例湖北省 C 市 Y 村地处我国中部地区，当地经济发展水平较为落后，乡村旅游处于初步发展阶段，在处理经济发展和环境保护张力中面临挑战。当地居民、基层管理者、环境监管者表现出来的行为模式和行动选择具有代表性，为类似经济发展模式中的环境保护行为提供了研究标本。

C 市位于湖北省西南部，属云贵高原东北的延伸部分，山地、峡谷、丘陵、山间盆地及河谷平川相互交错，2015 年森林的覆盖率约为 58.9%①，远高于全国平均水平 21.63%②，旅游资源丰富。旅游市场辐射武汉、重庆以及恩施等大中型城市居民，市场需求旺盛。借助于优越的自然环境，C 市提出了"生态立市"的发展战略，大力发展乡村旅游经济。

C 市经济发展水平在全省排名靠后，2016 年仍为湖北省 25 个"国家级贫困县"之一，但第三产业比重占到四成，旅游业发展较快。2016 年，市内旅游人数超过了 1000 万人次，比 2015 年增长了 17.3%，旅游综合收入 59.26 亿元，增长了 22.4%，其中民宿旅游接待游客 101.8 万人次，实现旅游综合收入 2.6 亿元③。2017 年 C 市的《政府工作报告》提出，要在全市建立市级生态村 150 个以上、省级生态村 20 个以上④。

乡村旅游经济的快速发展与当地政府的政策引导密不可分。C 市政府因地制宜提出"政府引导、企业主体、全民参与"的方式建设民宿小镇，全力实施旅游扶贫。Y 村抓住机遇，从 2016 年 7 月开始

---

① C 市环保局：《C 市生态文明建设规划（2015—2020）》，第 10 页。

② 国家统计局：《中国统计年鉴（2016 年）》，http://www.stats.gov.cn/tjsj/ndsj/2016/indexch.htm。

③ C 市环保局：《2016 年 C 市经济运行情况分析》，http://tjj.enshi.gov.cn/2017/0220/458189.shtml。

④ C 市环保局：《关于加强 2017 生态乡镇、生态村的建设工作的通知》，第 2 页。

启动"Y 村生态园民宿度假村"建设计划，目前 Y 村已有 6 栋民宿楼，34 户民宿经营户共 250 多个房间，可同时接待游客 500 余人[①]，对周边地区的乡村旅游形成辐射效应。民宿经济的规模仍在不断扩展。由于旅游经济发展尚不充分，用于环境保护的资源有限，当地居民和外地游客的环保意识较为薄弱，Y 村在经济快速发展的情况下，当地环境治理面临挑战。

二 乡村旅游发展中的环境保护问题

乡村旅游由于市场需求旺盛、富民效果突出、发展潜力巨大，成为促进农民增收、农业增效和农村经济社会全面发展的重要力量。国家大力鼓励发展乡村休闲旅游产业，同时提出了绿色发展理念，并要求严守生态红线[②]。但旅游开发和环境保护仍难以避免地存在张力[③]。首先，游客激增带来了直接的环境负担，观光、休息、住宿、餐饮等活动产生的生活垃圾超出了乡村原有的垃圾处理能力；其次，超规模的旅游可能超过当地环境承载力，造成植被、空气等生态条件的恶化；再次，在经济利益导向下，不合理、不科学的兴建人工景观可能形成对环境的过度开发。旅游开发如果没有强有力的环境保护措施同步实施，将可能导致环境修复能力减退，甚至出现无法修复的环境恶果。本课题针对 Y 村的实地调查印证了"发展与环境张力假说"，发现的主要环境治理问题包括：环境治理资源投入短缺、环境治理能力低下、村民环保参与主动性不足等。

（一）环境治理资源投入短缺

资源支持市环境保护的重要保障，环境的保护治理需要通过一系

---

① 资料来源：Y 村村委会主任访谈记录，2017 年 7 月 10 日。

② 国家发改委等多部门发布《关于印发〈促进乡村旅游发展提质升级行动方案（2017 年）〉的通知（发改社会〔2017〕1292 号）》，http：//shs. ndrc. gov. cn /gzdt /201707/t20170718_ 854769. html。

③ 孙江虹：《乡村旅游对农村环境的影响两面性探析》，《农业经济》2013 年第 5 期。

列具体措施将其落到实处，如基础设施的建设及其后期的运行维护等。但受资金、人力等资源的限制，环境的保护治理难以到位。Y村通过向政府申报"美丽乡村建设"项目获得300万的建设资金，在村内建设了一系列环保基础设施：污水处理厂1座、垃圾处理站1座，设立垃圾池、垃圾桶，并配备垃圾车定时清运，进行集中处理。这些基础设施的种类较为齐全，但因项目资金有限，基础设施的数量及容量难以满足整村环境保护治理的需求：相邻的垃圾池间隔较远，每个垃圾池辐射的家庭数量少，其容量远小于所覆盖家庭的生活垃圾的总和，垃圾溢出垃圾桶、垃圾池的情况常有发生。该村所获取的项目资金仅能满足前期基础设施建设的需要，无法支撑其后期运维。例如，垃圾车因运行资金短缺，时运时断，不能长期正常运行，村内垃圾经常不能按时清理。

此外，人力资源也较为短缺。村委会人数少，没有足够的人员巡逻监督，部分村民趁此漏洞乱排污水、乱丢甚至私自焚烧垃圾。另外，Y村也没有足够的清洁工维护公共空间的环境，村道等公共空间的环境状况相对较差。Y村虽建设了一系列环境保护治理的基础设施，也制定了相关的运行规范，但因资金、人力资源的短缺，后期监管缺失，长期运维受阻，其效用减损，甚至带来新的污染。

（二）环境治理能力低下

Y村为吸引游客举办各类大型活动，带来了大量的游客及可观的经济效益的同时也生产了大量的垃圾，给原本的生态环境造成较大的冲击。如美食文化节活动举办时烟雾缭绕，烧烤的浓烟污染了空气；活动后产生了大量的可降解或不可降解的垃圾。面对活动过后的大量垃圾，Y村未形成快速有效的处理模式，受技术、人员等条件的限制，垃圾由清洁工及当地村民共同清扫，清理时间长且效果差，往往需花费近一个星期的时间才能将活动后的垃圾基本清除干净。

此外，垃圾、污水的处理方式较为原始，缺乏科学性。受到交通条件和农户在山地间分布等自然条件的约束，Y 村在"民宿度假村"规划下划分了"民宿区"和"非民宿区"。民宿区每户皆设有垃圾桶、排污管道，垃圾车将垃圾集中收集后排入"天坑"①，利用自然力量进行垃圾消解；污水进入污水处理站后，仅经过简单的过滤、吸附程序就将处理过的水排到山上的山洞里进行自然下渗，存在面源污染的潜在风险。而非民宿区设有公共的垃圾池，并沿着马路修挖了排水沟渠。垃圾池的垃圾同样被排入"天坑"，生活污水顺着沟渠排到山下自然下渗。一些居民为图方便，将生活垃圾直接用火焚烧，而生活污水则被排入屋后的稻田里。不管民宿区还是非民宿区，Y 村的垃圾、污水的处理方式都较为原始且缺乏科学性。

（三）村民环保参与主动性不足

乡村的发展方向发生转变使村民的生活方式发生改变，在新的生活方式下，居民的环保行为也有了新的选择。

在"民宿度假村"规划下，非民宿区居民的生活方式及环境行为未发生改变，大部分居民缺乏环保意识，不能主动参与到环境保护中，且村委会对其环境行为没有作出规范和要求。而民宿区的居民重点经营民宿，在村委会的外在督促下，其环境行为发生了改变，变得更加亲环境。除了村里为每户居民配备较为完备的环保设施，且有村规民约和生产队成员的外在监督，因此民宿区的环境状况良好。但此种亲环境行为以利益为导向，其动机是为了吸引、留住游客，以良好的环境换得可观的经济收益，缺少绿色发展理念；且十分被动，亲环境行为受外在约束力影响出现，是居民的非主动选择，可持续性差。

---

① "天坑"为该村所辖山地区域中自然形成的大型洼地，当地居民以前也在"天坑"倾倒生活垃圾。但由于民宿经济使得垃圾总量猛增，不可降解的生活垃圾增多，已开始出现垃圾堆积、难以消解的情况。

三　乡村旅游发展中的环保困境原因分析

本文从政府、村民和市场主体的角度出发，认为村民环保意识低下政府职能转换不畅与村级治理机制不完善是现存环境治理问题的主要原因，其中经济发展水平低是环境治理问题产生的根本原因，与政府职能转换不畅一起造成的政府的失灵，欠发达地区的村级治理不完善是环境治理能力低下的直接原因。

（一）经济水平和发展理念滞后

在 2016 年 7 月 10 日 Y 村正式启动"生态园民宿度假村"建设计划之前，当地居民的生计模式以务农和外出务工为主，村庄经济没有卷入现代市场结构之中，Y 村整体的经济情况比较落后，人口可支配收入低于湖北省平均水平 4000 多元。发展经济、提高收入是当地村民的迫切需求。乡村旅游发展模式使农村卷入市场经济的大潮，农民的生存机制发生改变①。当地优越的自然环境成为村民"赚钱的工具"，村民环保意识薄弱与这种迫切的经济追求是密切相关的。

处于乡村旅游开发初期的 Y 村，受到发展阶段和发展理念的局限，缺乏前期资本投入和专业规划，沿用传统"发展优先"的开发思路。为了吸引和留住游客，Y 村陆续开发了人工景观，通过修建公路改善交通，造成路面过度硬化，丧失了原始的乡村风貌。这种行为是在现有的经济约束条件和开发模式下不可避免的。反观沿海较发达地区的乡村旅游发展模式，环境问题突破库兹涅兹曲线拐点，进入环境治理良性循环阶段，发展与环保并重。然而，Y 村处于市场培育初期，对资本的吸引力十分有限，只能依靠自身力量进行低水平投资建设，尚无余力展开环保规划，难以融合绿色发展理念。

---

① 吴桂英：《生存方式与乡村环境问题——对山东村环境问题成因及治理的个案研究》，博士学位论文，中央民族大学，2013 年。

（二）政府职能转换不畅

《全国农村环境综合整治"十三五"规划》规定村级治理为主体，推动"主导型政府"向"引导型政府"转变，但实践结果却表明政府职能转换并不顺畅。

在自身投入能力受到约束的情况下，Y 村的环保资源投入高度依赖政府提供的公共投入，尤其是"中央农村节能减排'种子'资金"。调研显示，C 市 2012 年农村连片整治项目中投入的资金为 4066万元，其中中央财政环保专项资金 2033 万元，省级配套 945 万元，县级配套 1088 万元。中央、省、县投资占比分别为 50%、23% 和27%。项目涉及该市 8 个乡镇，26 个行政村①，理论上每个乡镇可获得 508.25 万元，每个村可获得 156.38 万元专项投入。拨付资金远差于实际使用金额。白鹊山村发展民宿之初，美丽乡村建设的 300 万资金都无法满足建设需要。相对于经济欠发达地区而言，政府的项目资金是环境整治的主要资金来源，种子资金较为稳定，但是地方配套财政用于后续运维支持的却资金难以保障，很容易造成资金链条的断裂，从而导致农村环境综合整治陷入困境。

（三）村级治理机制不完善

不完善的村级治理机制难以调动村委会和村民两大治理主体的能动性。首先是村委会治理主体能力有限。乡土社会中成长起来的村干部难以对工业裹挟下的农村环境问题形成全面的现代化认识，执着于环境对经济发展的贡献率，却少有可持续发展概念。且 Y 村的村规民约涉及环境保护的条约数量少，内容简单，缺少具体限制性条约，导致村委管理困难，权责边界不明晰，治理成本高且效果差。

其次，环境治理成为农民所无从把握的事情②，参与意识弱。在

---

① 资料来源：调查小组实地调研中收集的文件资料《C 市环保专项资金项目实施情况的报告》。

② 王晓毅：《沦为附庸的乡村与环境恶化》，《学海》2010 年 2 月。

环境治理中，村民既缺少知情权和保护环境以守卫乡土的意识，也缺少能力①。在 Y 村，村民文化程度不高，对污染源的危害性和严重性缺乏认识，其行为在无意识中表现出环境致害倾向②。即使认识到了危害性，他们也不知道如何保护生态，只好安于现状，充当顺民角色③。另外追求短期经济利益的狭隘思维模式难以更改④，在乡村旅游热潮下，农民往往选择出卖环境以快速致富，却忽视了经济开发给环境带来的危害。Y 村村民一般认为，开展旅游活动产生的垃圾会被清理运走，不会危害当地环境。此外，农民分散的状态难以形成有效制衡⑤，加大了农村环保整治难度⑥。

四 对策建议

乡村环境的公共属性决定了在乡村环境保护需各主体积极参与，采取必要的行动，建立团结高效、权责分明的多元共治的乡村环境治理机制，发挥政府、社会和市场的三方力量，共同推动乡村环境可持续发展。

（一）政府明确角色定位，加强乡村旅游绿色发展的引导和监管

在农村环境治理的过程中，政府由主导者向引导者转变，合理配置资源。在村庄发展前期给予一定的政策、物质支持，激发村庄发展

---

① 王晓毅：《当农村环境遭遇治理危机》，《中国社会科学报》2016 年 2 月 26 日第 4 版，第 1—2 页。
② 吴桂英：《生存方式与乡村环境问题——对山东村环境问题成因及治理的个案研究》，博士学位论文，中央民族大学，2013 年。
③ 沈费伟、刘祖云：《农村环境善治的逻辑重塑——急于利益相关者理论的分析》，《中国人口·资源与环境》2016 年第 5 期。
④ 参考调查小组实地调研中收集的文件资料《C 市环保专项资金项目实施情况的报告》，第 1 页。
⑤ 王晓毅：《当农村环境遭遇治理危机》，《中国社会科学报》2016 年 2 月 26 日第 4 版，第 1—2 页。
⑥ 参考调查小组实地调研中收集的文件资料《C 市环保专项资金项目实施情况的报告》，第 1 页。

及环境治理的内生活力，减少其对政府的依赖性。

进一步加强"既要注重乡村旅游开发的经济效益，又要注意维护和提升乡村生态环境的质量"的宣传，定期指派人员下乡，深入到乡村内部进行环保知识的宣传培训，帮助村民认识到环境保护的重要性及其主体地位，使"绿色发展"观念深入人心；加强监管，定期检查村环境状况，并制定具体的生态保护红线及科学保护指标。此外，政府与村委可引进案例宣讲等新的宣传形式，增加网络媒体等宣传培训渠道，有效引导村民牢固树立绿色发展意识。

（二）明确村级组织的治理主导地位，提高村民环保意识，建立村庄内部治理机制

村级组织应在治理过程中起主导作用。一方面，村民自觉加强环保知识学习，提高自主环保意识。从"理性经济人"转变为"生态社会人"，要求村民进行行为选择时，不能仅是从经济理性的角度选择能够导致效用最大化的行为，而应该是从合乎生态理性的行为中选择具有经济理性意义上效用最大化的行为①。要从意识上实现根本转变，除政府村委的引导外，还需要村民自觉学习，通过电视、网络、广播、报纸、图书等平台和载体增强自身的环保知识②，内化吸收，增强环境保护主体认知，从而树立其自觉自主的环保意识。

另一方面，村委会引导建立村庄内部治理机制。Y村发展乡村旅游经济，社区村民是最大的受益者，因此，他们也是日后乡村环境治理的主体。首先，村委会应组织村民做出科学绿色的可持续发展规划，避免落入贵州民族村寨旅游"先发展后治理"的治理陷阱当中，

---

① 吴桂英：《生存方式与乡村环境问题——对山东村环境问题成因及治理的个案研究》，博士学位论文，中央民族大学，2013年。

② 参考调查小组实地调研中收集的文件资料《C市环保专项资金项目实施情况的报告》，第1页。

坚持经济与环境协调发展。规划应充分结合地方发展现状，进行科学合理的乡村旅游生态环境保护功能分区，严格划定乡村生态环境保护红线，制定科学的乡村生态环境保护指标体系，做好乡村生态环境治理的基础设施规划布局①。Y 村应着重规划好民宿区与非民宿区的管理布局，协调好二者在经济发展中出现的矛盾，统筹治理两大发展区域环境问题，在着重保护民宿区环境的同时，兼顾对非民宿区环境的保护。如通过村委投资加村民自筹的方式，增加对非民宿区环保设施的投入；其次，村委会应为组织者，民宿区居民为主力，非民宿区居民为监督者。在村委会主导下采取集体提留的方式，按一定比例从每位民宿区居民收入中收取定额资金，整合起环境治理的资金。非民宿区居民可对村委及村民的环境行为及治理行为进行监督，保证环境治理的有效进行；再次，公众是否关心和参与各种环境治理取决于自身利益得失②，因此，需要建立完善奖赏制度，通过村民环保行为评定，予以奖惩，激发村民更多的亲环境行为。可以成立环保小组，作为村民日常环保行为的监督单位和最小责任主体，每位村民的环保行为都关乎小组月末环保评定等级。依靠群体性压力，实施组内监督，实现低成本高效率的管理。

（三）探寻市场参与的盈利模式

在集体投入、政府投入不足的情况下，现有政策鼓励社会资本投入，"通过政府购买服务、政府和社会资本合作（PPP）③等形式，推动市场主体加大对农村生活垃圾、污水收集处理等设施建设和运行维

---

① 邓谋优：《我国乡村旅游生态环境问题及其治理对策思考》，《农业发展》2017 年 4 月。

② 黄森尉、唐丹、郑逸芳：《农村环境污染治理中的公众参与研究》，《中国行政管理》2017 年第 3 期。

③ PPP，Public - Private Partnership，即政府和社会资本合作，是公共基础设施中的一种项目运作模式。在该模式下，鼓励私营企业、民营资本与政府进行合作，参与公共基础设施的建设。

护的投入"①。市场主体以逐利为主要目标。C 市曾大力引入再生资源公司助力环境保护的尝试无果而终，其主要原因是市场主体难以从资源循环产业链条中获取利润，反而需要投入大量的回收设施。这种现象在其他地区同样存在，这说明循环经济和环保产业的发展还不成熟，还需要大量的政策和资金扶持。市场参与实现了环保融资渠道的多元化和风险分担的合理化，有利于提高环境治理效率，但是目前市场参与的瓶颈在于缺乏良好的法律和政策环境。因此，政府应当针对农村环境治理的特定问题和可能的商业机会，从政策上予以支援，包括充分授予权力、减免项目运营的税收、政府承担部分初期投入等，还应及时出台因地制宜的地方法规，规范相关部门的职能和环保项目的规范化运作。

（原文刊发于《社会治理》2018 年第 6 期）

---

① 环境保护部、财政部：《全国农村环境综合治理"十三五"规划》，2016，http://www.jxepb.gov.cn/resource/up‐loadfile/file/20170710/20170710165417809.pdf。

后　记

2017 年，北京师范大学中国社会管理研究院/社会学院正式启动"百村社会治理调查"项目，2018 年该项目被列入国家社科基金重大委托项目"新中国 70 年社会治理研究"。三年来，项目组已经聚集了校内外百余名专家学者，在全国 25 个省（市、自治区）的 76 个村落开展调研。全体项目组成员克服困难，协同一致，围绕中国乡村社会治理主题，已发表学术论文 70 余篇，成果显著。为进一步推进项目成果转化，编者决定编纂这本论文集。

几年来，"百村社会治理调查"项目得到了项目指导人原国务院研究室主任、北师大中社院院长魏礼群教授的大力支持和亲切关怀，多次受到项目顾问北京师范大学中国教育与社会发展研究院宋贵伦教授、北师大中社院李建军副院长、中社院院长助理鹿生伟的鼓励和指导，得到项目领导小组组长北师大党总支书记、副院长赵秋雁教授的全力支持，以及所有项目组成员的倾力付出。这本论文集是项目组全体成员凝心聚力、共同奋斗的可喜成果。在此，我们对所有关心、支持和参与项目工作的领导、同仁们致以衷心的感谢。对于本书所收论文的各位作者授权论文集编选的理解和支持，我们深表谢意。

本书是北京师范大学中国社会管理研究院/社会学院"中国社会治理智库丛书·百村社会治理调查系列"的成果之一，得到丛书主编魏礼群院长和学院主管领导的大力支持，我们为此表示诚挚的感谢。

北师大民俗学专业硕士研究生王媛、李嫣然承担了大量的文字校对工作，向她们的热心奉献表示感谢。

编者期待本书能够增进广大读者对中国乡村及党中央实施乡村振兴战略的关心、关注和思考，也期待得到大家的批评和指教！

本书编者

2020 年 4 月于北京师范大学后主楼 22 层百村社会治理调查办公室